好金融 好社会

中国普惠金融发展报告(2015)

GREEN PAPER OF FINANCIAL INCLUSION IN CHINA(2015)

主　　编　贝多广

执行主编　李　焰

经济管理出版社

ECONOMY & MANAGEMENT PUBLISHING HOUSE

图书在版编目（CIP）数据

好金融　好社会：中国普惠金融发展报告（2015）/贝多广主编．—北京：经济管理出版社，2016.2

ISBN 978-7-5096-4057-9

Ⅰ.①好…　Ⅱ.①贝…　Ⅲ.①金融事业—经济发展—研究报告—中国—2015　Ⅳ.①F832

中国版本图书馆 CIP 数据核字（2015）第 268280 号

组稿编辑：胡　茜
责任编辑：胡　茜
责任印制：黄章平
责任校对：雨　千

出版发行：经济管理出版社
　　　　　（北京市海淀区北蜂窝 8 号中雅大厦 A 座 11 层　100038）
网　　　址：www. E-mp. com. cn
电　　　话：(010) 51915602
印　　　刷：北京易丰印捷科技股份有限公司
经　　　销：新华书店
开　　　本：185mm×260mm/16
印　　　张：21.5
字　　　数：421 千字
版　　　次：2016 年 2 月第 1 版　2016 年 2 月第 1 次印刷
书　　　号：ISBN 978-7-5096-4057-9
定　　　价：168.00 元

发　布

2015 中国普惠金融国际论坛
中国·北京

主　　编：贝多广

执行主编：李　焰

顾　　问：刘澄清

课题组成员：

陈　岩	段洪波	高　巍	姜林林
李存刚	李珍妮	连安禾夏	罗　申
罗　煜	施佳宏	孙　宝	王　琳
王亚镭	许华岑	张迎新	周　琳

前言

　　最近，股票市场的巨幅震荡，使得很多人对金融的认识产生了疑问：金融究竟是推动了经济还是拖累了经济？金融危机是否会引发经济危机？股票市场是为经济创造了价值还是不断地消灭了价值以至于经济甚至社会为救助股市又付出了巨大的代价？确实，金融对经济的利弊得失再一次赤裸呈现，供人们审视。有趣的是，我们的团队从2014年开始就一直在思考这一问题，我们越来越深信，就社会和金融而言，社会有善恶之分，金融有好坏之别。

　　经过30多年的努力，中国经济已经成为世界第二。中国金融也已形成比较复杂的结构和运行规则。概括地说，中国金融结构的特征就是从单一的银行体制向多元化的金融市场体制演进，如主要银行都已成为资本市场中的上市公司、股票市场日益牵动经济神经、各种类型的非银行金融机构耕耘着各自的一亩三分地，更何况遍地蜂起的互联网金融挟着市场化大旗正面挑战现有的监管框架。不可否认，在中国经济伟大奇迹的背后，金融做出了卓越的贡献。

　　然而，另一个事实也让我们清醒地看到，现有经济结构乃至社会结构中的一些痼疾与金融结构脱不了干系。市场经济的一个孪生兄弟就是贫富差别。中国经济在改革开放之初，允许一部分人先富起来，正是看到了市场经济因其效率之高而成为社会发展的强大推动力。因每个人的风险承受能力不同、生产效率不同而形成的贫富差别，是发展市场经济过程中无法避免的产物。一定程度的贫富差别可以加快经济增长，但严重的贫富差别甚至贫富悬殊，社会暴戾之气蔓延，则会阻碍社会进步甚至引发社会动乱。社会经济结构的根源在于金融结构。为什么？因为富人更容易获得金融资源，穷人很难甚至无法获得金融资源。金融资源向谁倾斜，谁就有机会向社会经济结构的上层攀登，而社会的中下层企业及家庭因缺乏金融资源而被困于社会经济结构的中下层甚至底层。当富人因获得了金融资源而酒足饭饱之时，穷人正在为金融资源的物以稀为贵而发愁。最应该关心穷人处境的应当是富人，因为贫富悬殊造成的社会动荡，遭受损失最大的必然是富人。由此可见，金融已经不仅指融资、估值、资管和风控，金融资源的合理配置应当而且能够成为促进社会良性运转的杠杆、缩小贫富差别的利器。从这个意义上说，能够促进社会向好的方向发展的金融，有利于有效配置资源的金融，有利于经济结构调整的金融，有利于既促进经济增长又推动社会公平的金融，有利于缩小三大差别的金融，有利于下层人士、低端群体、草根阶层往社会中端攀升的金融，有利于金字塔形社会向橄榄形社会转型的金融，有利于避免掉进"中等收入陷阱"的金融，就是好的金融。总而言之，好金融是充满了正能量的金融。

建设好金融不是一场劫富济贫的过程，更不是推倒重来。恰好相反，好金融是在现有金融基础上通过更大力度的市场创新和技术创新使现代金融服务的成果能够被更广大人群所享受。因此，它更像是在现有体系中不断增加增量，增加好的成分，形成推动向好社会迈进的一个过程。在现有金融体系里，充分考虑到人性的贪婪和恐惧，熨平金融波动以减小金融对经济的拖累，改善监管，本身也是向好金融转化的一个重要方面。

好金融并不排斥高端金融，如私人银行、财富管理，但好金融的特征是让每一个社会公民都有机会享受到金融服务。基于此，普惠金融是成为好金融的重要方面。普惠金融强调金融服务的公平性和包容性，重点就是如何使金融服务覆盖到社会的中下层，包括企业和个人。实际上，无论是发展中国家还是发达国家，在这方面都有不尽如人意之处。中国金融在过去30多年的进步中，留下普惠金融领域长长的阴影。小微企业融资贵、融资难已然成为新闻媒体的"老生常谈"，而低收入家庭空有消费意愿但苦于囊中羞涩。直截了当地说，当前宏观经济面临的消费不足，很大程度上与占人口大多数的家庭缺乏有效消费能力有关。有专家指出，在提高穷人收入水平的同时，通过金融手段提高穷人的消费能力显得更为及时、更为简便。

当然，要给普惠金融下一个精确的定义，恐怕不是一件易事。有人说，普惠就是普及和优惠的缩写，这是一种误读。普惠仅指普及和惠及，并没有优惠的含义。理论和实践反复证明，补贴性的优惠往往会使市场扭曲，效果不彰。普惠金融更像是一种理念，每个人都有获得基本金融服务的权利。谁没有获得这方面的权利，或者理论上获得但事实上很难获得？当然是企业领域中的小微企业，以及居民领域中的中低收入人群。所以，理所当然地，普惠金融着重关注中下阶层的金融服务覆盖面、服务品质以及与此相关的所有问题，如资金可得性、资金成本、消费者保护和教育以及相关的监管框架等。普惠金融是一个动态的概念，必须与时俱进。当今天我们把基本的存款、贷款和汇兑列为普惠金融的基本服务项目时，我们要考虑到这些基本服务项目会发生变化，如保险产品、租赁产品，甚至日益丰富的理财产品也会成为中下层人士的基本要求。当互联网深入乡村，手机银行成为每个手机用户的必备软件时，你能说炒股只是少数人能玩的奢侈品吗？

诚如前述，普惠金融体系不是重新建立一个与现有金融体系并行的新体系，现有的金融机构已经或能够提供大量的普惠金融服务。现有机构无法或因商业模式等原因未能提供普惠金融的领域，给新机构、新业态、新手段提供了良好的发展空间，如专注农村家庭微贷的机构，专注城市低收入人群的消费信贷机构，互联网金融中的众筹、第三方支付、利用手机平台的各种金融服务。这些新颖的普惠金融服务商并非永远处于非正规金融范围，发展普惠金融事业本身就包含了容纳这些新机构、新业态、新手段，并将正规金融与普惠金融重叠。

普惠金融是一项国际共识，联合国为此制定了2020规划。然而，中国的普惠金融可能有其国情特征，如正在中国兴起的小微金融包含了为中小科技企业创业创新服务的各类金融服务；又如中国大小城镇活跃的消费信贷，虽不在正规金融之列，但主要是为低收入人群扩大消费能力，如支持大学生创业的小额贷款等。由此可见，普惠金融具有很强的包容性，所以，也有人将这一外来语直接翻译成"包容性金融"。从某种意义上说，后一种翻译更为贴切，歧义较少。

中国的普惠金融方兴未艾，撰写《中国普惠金融发展报告2015》旨在真实反映中国普惠金融事业的进步和问题所在。我们的团队力求用事实和数据说话，本书中若干案例分析正是这种努力的结果。需要承认的是，由于时间约束和基础工作的薄弱，2015年的发展报告只能算是这项工作的一个尝试性开端，大量的改进以及提高的空间留待未来加倍努力来填补。值得自豪的是，从这本书开始，我们提出了好金融与好社会的概念，并且加以阐述和发挥。如果此书能够让更多的人认识到好金融的意义所在并为之奋力而为，那正是我们团队全体人员的期盼所在。

当报告即将付梓之时，我要感谢我们小微金融研究中心主任、中国人民大学商学院李焰教授和她的研究团队，她（他）们倾心投入，夙夜匪懈，这段经历一定会成为我们研究中心未来的美好记忆。我还要感谢中国民生银行对这个项目的鼎力资助，洪崎董事长的躬身关注和小微金融部徐捷副总经理的莅临指导，这都给团队增添了信心。最后，我还要感谢研究中心理事会全体理事，特别是担任理事会联席主席的陈雨露校长，他们在2014年12月中心成立之时所寄予的殷切期待一直是我们行动的指南。

贝多广

2015年8月29日于北京后沙峪

Preface

The stock market has been suffering from shock recently, leaving many people in doubt about finance. Whether finance is driving the economy or a drag on the economy? Will the financial crisis lead to an economic crisis? Has the stock market created value for the economy or constantly eliminates the value, so that the economy and even the whole society have to pay a huge price to rescue the market? Indeed, the pros and cons of finance for economy are once again presented clearly in front of people to look at. Interestingly, our team has been thinking about these issues since last year. On the social and financial aspects, we are increasingly convinced that the society are classified to good and evil, and there are good and bad finance.

After more than 30 years of efforts, China's economy ranks No. 2 in the world. In China's finance, the complicated structure and operation rules have already been formed. Broadly speaking, China's financial structure evaluates from the single banking system to diversified financial market system. For example, the leading banks have been listed on the capital market, the economy is increasingly sensitive to the stock market and various kinds of non-banking financial institutions are striving in their own fields, let alone the surging internet finance, which directly challenges the existing supervision framework under the flag of marketization. It is undeniable that finance has made great contributions to the economic miracle in China.

However, the facts on the other side clearly remind us that some chronic illnesses in economic structure and even in society as a whole are closely related to the financial structure. The divide between poverty and wealth co-occurred with the market economy. In the early days of reform and opening up, some people were encouraged to get rich first because the great driving force for social development of the market economy existed. Every individual has a different risk tolerance and capacity for productivity, generating the difference between poverty and wealth. In fact, such difference is the inevitable product of market economy development. Whereas a moderate difference between poverty and wealth may accelerate economic growth, a serious difference or extreme disparity between the rich and the poor can lead to the prevalence of unhealthy ways and customs, hindering social development and even causing social turmoil. The root of economic structure is the financial structure. Why? Because it is easier for rich people to obtain financial resources, while the poor find it difficult or even impossible. Whoever the financial resources tilt towards will have more opportunities to climb higher in the social economic structure. Without financial resources, middle and lower class enterprises and households are limited to the middle and lower class or even the bottom of the structure. While the rich are satiated with existing resources, but the poor turn their hair grey in efforts to get resources. The rich should care about the situation the poor are in, for the extreme disparity between the rich and the poor will cause social turmoil, which in turn will cause the rich to suffer losses. Thus, it is clear that finance is not just about financing, value assessment, and asset management and risk control. The reasonable allocation of financial resources should be and will be the driving force for sound operation of society and for reducing the gap between the rich and the poor. To this end, finance can drive society to better develop by being beneficial for effective resource allocation, economic structure adjustment, driving economic growth and social equity, reducing the three major financial differences, helping lower-class people climb higher, transforming the pyramid society into an olive-shaped society and avoiding falling into the "middle income trap". These are the possibilities of good finance. In general, good finance is a system of finance with full of positive energy.

The construction of finance and assist the poor the construction of good finance is not necessarily a process to rob the rich for the poor or reinvents the wheel. Instead, good finance aims to let more people share the achievements of modern financial services via greater market innovation and technical innovation. It aims to keep adding increments and elements to the existing system in order to drive society forward. In the existing financial system, the human nature of greed and fear should be taken into account and financial fluctuation should be solved so as to reduce its negative effect on finance and improve supervision; this is already an initiative for the improved development of finance.

Good finance doesn't reject such high-end finance as private banks and wealth management, but it has the characteristic of letting every citizen enjoy financial services. In this light, Inclusive Finance is one of key aspects of good finance. Inclusive Finance emphasizes the fairness and inclusiveness of financial services, specifically in providing financial services to the middle and lower classes, including micro-enterprises and individuals. In fact, both developing countries and developed countries are not satisfactory in this regard. China's finance has made great progress in the past 30 years, leaving a long shadow in the field of inclusive finance. The difficulty and costly of financing for micro and small enterprises has become a commonplace talk of an old scholar in news of media, and what is more, low-incomes household often can't afford what they want to buy. To be straightforward, the present under-consumption facing the macro economy is closely related to the lack of consuming power of the larger part of the people. As experts point out, while helping the poor to earn more, it's more effective to help them improve their purchasing power.

Well, it isn't easy to give an accurate definition for "Inclusive Finance". Some say that "Inclusive" means popularizing and favoring, but this is a misunderstanding. "Inclusive" simply refers to popularizing and benefiting, not favoring. As theories and practices have proven, subsidized favor might distort the market, and thereby prove less than effective. "Inclusive Finance" is more like a concept; everyone has the right to access basic financial services. Who has no such right? Is it obtained easily in theory but difficult in reality? Absolutely, micro and small enterprises are entitled, as well as middle and low-income people. As such, Inclusive Finance stresses the coverage of middle and lower-level financial services, service quality and other related issues including fund availability, fund cost, consumer protection, education, regulatory framework and so on. Inclusive Finance is a dynamic concept that must keep pace with the times. Presently, deposit, loan and remittance are listed in the basic services of Inclusive Finance. However, we should consider what changes could occur to these basic services as time goes by; for example, insurance products, leasing products and even the increasingly expensive financing products would become the basic needs of the middle and lower income group. When the internet is popularized in rural areas and mobile banking becomes the essential software of every mobile phone user, Can you say that stocks are the luxury products that only few people could play?

As mentioned above, the Inclusive Finance system is not a new system running aside the existing one. The existing financial system has already provided or been able to provide lots of inclusive financial services. Existing financial institutions are unable to or have not provided inclusive services due to their business model, which leaves the new players in the field development space. The new players include institutions focusing on microcredit to households in rural areas, consumption loans to low-income people in cities, crowd funding, and third-party payment in internet finance and all kinds of financial services on mobile phone platforms. These new inclusive financial services providers could be included in formal financial system. The cause of developing Inclusive Finance involves those new institutions and new services, and formal finance and Inclusive Finance will eventually overlap.

Inclusive Finance is an international consensus. The UN has made a 2020 plan for it. Even so, China's Inclusive Finance may yet have its own unique characteristics, such as all kinds of innovative financial services provided by medium and small technological enterprises including the consumption loans currently active in large cities and small towns in China. Although they are not in the formal finance, they are designed to increase the consumption power of low-income groups. Another example is the microloan for supporting undergraduates to start businesses. Thus, it's clear that Inclusive Finance is very inclusive, and that's why it is called as such.

China's Inclusive Finance is in the ascendant. To write the Development of Financial Inclusion in China is to reflect the real advancement and problems of China's Inclusive Finance. The work of our teams is based on facts and data, which can be found in the cases and analyses of this book. We fully aware that due to time constraints and weak fundamental work, this year's Report is just the tentative start, so the improvement and concretion work are still needed to make with more efforts in the future. Nonetheless, we are proud of putting forward and elaborating the concepts of *Good Finance and Good Society*. If more and more people become aware of good finance and strive for it that is just the hope of our team's efforts. As the Report is about to be printed, I would like to express my gratitude to Mrs. Li Yan, Director of our Center for Microfinance Initiatives & Networks of Ruc, and Professor of School of Business, the Renmin University of China, and her research team. Their great efforts and hard work from morning until night will be the beautiful memory of our research center. I would also like to express appreciation for the strong financial support of China Minsheng Bank. Our confidence was greatly increased by the personal attention of Chairman Hong Qi and the guidance from Mr. Xu Jie, Vice General Manager of the Micro and Small Loan Department. Finally, I would like to thank all the board members of our Research Center, especially to Mr. Chen Yulu, President of RUC who holds Co-Chair of our board, for their earnest hope expressed upon the establishment of the center last December. That hope is our action plan.

Bei Duoguang

Houshayu，Beijing

August 29th，2015

目录

Contents

PART TWO MAJOR TOPICS

PART THREE   CASE STUDIES

图目录

表目录

研究团队与致谢
Research Team and
Acknowledgements

本报告由中国人民大学小微金融研究中心《中国普惠金融发展报告2015》课题组集体完成。报告的完成凝聚了课题组全体成员的心血和汗水，其中贝多广、李焰、刘澄清对全书进行了策划和指导；李焰、陈岩执笔第一章，高巍执笔第二、第三章，李存刚执笔第四章，王琳执笔第五章，孙宝、李珍妮执笔第六、第十二章，罗煜执笔第七章，施佳宏、周琳执笔第八章，许华岑执笔第九章，王琳、姜林林、罗申执笔第十章，张迎新执笔第十一章；段洪波、连安禾夏、王亚镭也对本报告的相关研究做出了贡献；李焰对全书做编辑审核。李存刚、李珍妮、张迎新、王琳对全书后期编排和中英文校对做了重要工作。

本研究报告得益于中国人民大学小微金融研究中心理事会理事长及理事的重要建议和指导，并得到来自中国银监会普惠金融部、中国人民银行研究局、中国小额贷款公司协会的研究建议和数据支持。

本报告的完成得到了民生银行小微金融业务部的参与和支持，特别是来自徐捷的帮助；得到了中和农信的参与和支持，特别是来自高鸽的帮助；得到了拍拍贷公司的参与和支持，特别是来自胡宏辉的帮助；得到了来自郑州"3＋1"诚信联盟的参与和支持，特别是来自邢勇的帮助；得到了百融至信的参与和支持，特别是来自张韶峰、熊薇的帮助；得到了南充美兴的参与和支持。

中国人民大学商学院对本书写作提供了行政支持。此外，我们对民生银行提供的资助表示感谢。

我们对所有本报告的参与者和帮助者表示感谢。

这份研究报告的发现和结论来自作者的思考，不代表政府部门和企业部门的观点。

缩略词
Abbreviations

AFI	Alliance for Financial Inclusion	普惠金融联盟
BAAC	Bank for Agricultureand Agricultural Cooperatives	泰国农业和农村合作社银行
BPR	Bank Perkreditan Rakyat	印度尼西亚人民信贷银行
BRI	Bank Rakyat Indonesia	印度尼西亚人民银行
CDIA	Consumer Data Industry Association	美国征信局协会
CFI	Center for Financial Inclusion	普惠金融中心
CGAP	Consultative Group to Assist the Poor	世界银行扶贫协商小组
GB	Grameen Bank	孟加拉乡村银行
GDP	Gross Domestic Product	国内生产总值
IPC	International Projekt Consult GmbH	德国国际项目咨询公司
MFI	Microfinance Institution	小微金融机构
MSME	Micro，Small and Medium Enterprise	小微金融
NBSC	National Banking and Securities Commission	国家银行与证券监督委员会
NGO	Non-Governmental Organization	非政府组织
SEWA	Self Employed Women's Association	印度自我就业妇女协会银行
SME	Small and Medium-sized Enterprises	中小企业
UNCDF	United Nations Capital Development Fund	联合国资本开发基金

概要

　　《好金融　好社会·中国普惠金融发展报告 2015》是中国人民大学小微金融研究中心推出的第一个系统性研究成果。作为第一部发展报告，我们拟从社会价值与道德价值的高度提炼普惠金融的内涵与外延，将其纳入"好的金融与好的社会"的理念框架。为此，我们明确提出"好金融"定义，并指出普惠金融就是好金融，助益实现好社会。

　　全书围绕好金融与好社会的主线，对普惠金融的定义、普惠金融在中国的发展做了基础性的讨论和总结，并在此基础上，对普惠金融发展与金融资源配置机制的市场化调整、普惠金融体系中信用风险控制、大数据征信对普惠金融发展的意义等问题进行了专题讨论。在本书的最后部分，我们用六个案例专门讨论了微型金融的边界、传统大银行做小微金融的信用风险控制、微型金融中双重目标的平衡机制、第三方互助联盟在破解中小企业融资难中的作用、中国 P2P 网络借贷平台的发展与问题、大数据征信对于小微金融的征信支持六个问题。我们期望通过对这些问题的讨论，引发社会各界关注好金融、普惠金融，关注普惠金融发展中亟待解决的问题，推动实业界、理论界以及政府部门为发展普惠金融、做好的金融而尽力。

　　全书分为三个部分。第一部分为基础篇，在基础篇中，我们首先提出好金融与好社会的理念，并将普惠金融包含在这个更深、更广的含义中；其次我们对普惠金融的概念进行全面讨论，提出一个明确的普惠金融定义；最后总结国际和中国普惠金融发展的实践，并做了全面的数据统计。

第二部分是专题篇，分别讨论金融资源配置与普惠金融发展、小微金融的信用风险控制、基于大数据征信的征信体系与小微金融发展三个专题。第三部分是实践篇，通过我们调查研究的六个案例讨论普惠金融发展中的相关问题。

金融的价值在于提高经济效率，但金融并不总是发挥好的作用

金融活动的价值在于提高经济活动效率，并以此推动社会发展和进步。但实践证明，金融并不总是呈现其积极的一面。进入 20 世纪以来，如梦魇一般反复出现的金融危机提示人们：金融也可能给经济带来冲击甚至是毁灭性的后果。从 1929 年金融危机引发全球经济危机开始，直到 2008 年美国金融危机以更加凶猛之势波及全球，引发全球经济衰退，一次次的金融危机展现了金融之于经济与社会的狰狞一面。不仅如此，金融还助长社会财富分配不均和不平等。诺贝尔经济学奖得主约瑟夫·斯蒂格利茨表示，"在这场金融（2008）危机爆发之前，所有企业利润的 40% 都流向了金融部门……金融系统正在让社会损失而私人获利……这是一个扭曲的经济"[①]。2013 年，法国经济学家托马斯·皮凯蒂的著作《21 世纪资本论》出版，进一步将以大资本、大金融为标志的大工业社会与社会贫富两极分化的加剧联系起来。按照皮凯蒂的研究，工业革命以来，全世界资本收入增长大于劳动收入增长，食利者财富增长大于劳动者财富增长，社会财富分配更加不均衡，贫富两极分化日趋严重。以帮助食利者实现投资收益为主要功能的金融活动，客观上为社会财富向少数人聚集发挥了重大作用。

中国也存在金融业对实体经济的攫取

金融行业获取巨额利润的情况似乎不仅发生在资本主义国家，中国也出现了类似的情况。2010～2015 年，中国 GDP 增长速度持续下滑，同期中国主要商业银行的净利润增长速度虽然下滑，但始终快于 GDP 增长速度，并且，金融业利润占全社会的利润比重在逐年增加，2014 年达到 1/3，金融行业利润几乎等同于工业企业利润，达到 96%。从中国上市公司非金融行业的数据看，2010～2014 年，除

---

① 约瑟夫·斯蒂格利茨. 不平等的代价（中译本）[M]. 北京：机械工业出版社，2013.

2013 年以外，平均息税前利润表示的总资产回报率基本接近甚至低于银行一年期贷款利率，这说明企业的利润全部贡献给银行还不够。

历史与现实告诉我们，金融发展与经济稳定增长、社会和谐发展之间并不是简单的正向关系。那么，什么样的金融有助于社会、经济和谐稳定发展？什么样的金融会破坏这种发展？这是我们必须面对的问题。

2013 年诺贝尔经济学奖获得者罗伯特·希勒发表《金融与好的社会》一书，激发了我们对金融之于经济社会的作用的进一步思考。金融活动实质是将人与人之间相互帮助的责任和义务转化为债务这种赤裸裸的金钱关系，"钱生钱"的金融活动在调剂资源余缺的同时，也创造了财富积累的正反馈，加大了收入分配不均。希勒教授将"追金逐银"的金融活动与好社会联系起来，将金融提升到一个道德的高度。他给我们的重要启示是：是否存在这样一种金融，它的存在有助于实现经济、社会和谐稳定发展，缩小贫富两极分化？这样的金融可否谓之好金融？如果金融以这样的形式出现，以好金融帮助实现好社会，就不仅是一个梦想。

"好社会"也许有不同定义，但一个共同的理解是，在好的社会中，每个认真生活的人都应该被平等对待；每个努力工作的人都应该有生存、发展和成功的机会。所以，好社会的公平，不仅是结果公平，更是过程公平；不仅表现为财富分配的公平，更重要的是获取自我发展机会的公平。"和谐"与"发展"是好社会的两个关键词，"停滞"与"贫富两极分化"则与好社会不相容。

好金融应该是帮助实现好社会的金融。既然好社会的核心内容是公平，特别是人们获取自我发展机会的公平，那么好金融的含义，是能够为每个有能力的人提供创业、创新、发展所必需的资金和金融服务，使其拥有公平发展机会的金融。在好的金融中，金融服务能公平地惠及所有有权利（有资质）的个人与企业，不存在金融歧视。好金融在提供公平金融服务的同时，能促进社会和谐发展。

从《金融与好的社会》得到启发——"好的金融"与"好的社会"

好金融的含义，是能够为每个有能力的人提供创业、创新、发展所必需的资金和金融服务，使其拥有公平发展机会的金融金融的本质是经济活动的润滑剂，金融活动可以通过资源的合理配置，帮助社会最大效率地创造社会财富，实现经济的发展；为每个有能力的人提供创业、创新、发展所必需的资金和金融服务，使其拥有公平发展的机会。因此，金融天生具有助益实现好社会的内在基因。但是该基因的实现还需要有合适的环境，这个环境就是充分竞争的市场与高度对称的信息。充分竞争的市场使价格引导资源流向稀缺的地方，高度对称的信息使所有有资格获得社会资源的个人和企业能按照合理价格获得所需要的社会资源，不存在金融歧视。遗憾的是，经济制度、技术水平及其他因素使上述环境不能完全实现，于是社会资源配置会因为错误定价、信息不对称而出现扭曲，形成金融权利分配的不公平，影响人们谋生与发展所必需的金融资源获取，影响社会公平发展。因此，这不是好的金融。在不好的金融下，金融服务相对于经济活动产生的金融需求，存在总量以及结构上的过度或者不足，表现为金融供求失衡。

因此，我们可以用金融服务的"供给与需求"的语言，将"好金融"诠释为：在金融服务总量和结构上能够满足社会经济发展需求的金融。"满足"意味着在恰当的制度设计下，金融服务的供给相对于需求既不过度，也无不足，不存在总量和结构上的供求失衡。此时，所有的个人和部门都能按照合理价格，获得应该获得的金融资源，没有金融歧视。按照这一逻辑，"好金融"的经济学含义应该是：保证金融服务供给与需求相均衡的金融。

一个无法回避的事实是，中国存在严重的金融结构失衡。民营企业，尤其是中小型民营企业创造了国内生产总值的60%，解决了城镇就业的80%，但仅获得银行信贷额总额的30%，而以国有经济为主体的大中型企业却拥有信贷总额的60%。如果将社会的自就业群体、农户以及消费者个人也列入金融服务的对象，中国金融结构供求失衡的问题更加严重，表现为位于金字塔顶尖的大中型企业和富裕阶层获得了最好的、过剩的金融服务，处于中间段的中小微企业和工薪阶层获得严重不足的金融服务，而对于金

用经济学语言将"好金融"诠释为：在金融服务总量和结构上能够满足社会经济发展需求的金融。所以，"好金融"的经济学含义应该是：保证金融服务供给与需求相均衡的金融

字塔底端的贫困与弱势群体（包括农户）的金融服务则严重缺失。一边是金融资源过剩，另一边是金融资源不足，中国金融供给与需求的金字塔完全倒置，形成了严重的结构失衡，使最具有发展活力、创新活力的中小微企业缺少金融服务。长此以往，金融将对经济发展产生严重的负面影响。

按照世界银行的定义，普惠金融是指通过不同渠道，为社会所有群体，特别是那些被传统金融体系排斥的群体提供金融服务的体系。中国目前被传统金融体系忽视（排斥）的群体主要是中小微型企业、"三农"、个体工商户、社会低收入人群、创业和失业人群、特殊群体（如残疾人），因此，现阶段中国的普惠金融，是指立足机会平等和商业可持续原则，在成本可负担的前提下，以包括上述需要金融服务的群体为服务对象，通过合理的价格，有效、全方位和持续地提供及时的、方便的、差别化的金融服务的体系。

从普惠金融的定义可以看出，普惠金融的社会思想，是帮助弱势群体，让普天下有金融需求的群体获得与其能力相匹配的金融服务，使所有个人和群体具有公平获取经营资源的权利和公平把握创造财富机会的权利，所以，普惠金融就是好金融。普惠金融的经济效果，是引导金融资源流向金融供求结构失衡导致的需求缺口，调整金融资源的供求失衡，因此，普惠金融推动实现好金融。所以，需要大力发展普惠金融。

普惠金融具有金融权利的公平性、服务对象的包容性、服务群体的可变性、服务产品的全面性和多样性、服务方式的创新性、参与主体的广泛性，以及发展的可持续性的特点。除了已谈及的公平性与包容性以外，所谓服务群体的可变性，是指普惠金融重点辅助的对象，是随主流金融忽视的对象变化而变化的。由于金融结构顺应经济结构改变，主流金融重点关注的服务对象以及忽略的对象也会发生变化，因此，对处于不同经济发展阶段的国家，以及同一国家的不同时期，被主流金融"歧视"的群体会有所不同。中国目前的这个群体不仅包括低收入人群和特殊人群，更包括中小微企业。所谓服务产品的全面性，是指其包括

普惠金融是为社会所有群体，特别是那些被正规金融体系排斥的群体提供金融服务的体系

普惠金融就是好金融，是需要全力发展的金融

储蓄、保险、转账汇款、代理、租赁、抵押和养老金等在内的全功能、多层次的金融服务，服务范围远远超过传统小额信贷的贷款业务。所谓服务方式的创新性，是指普惠金融充分体现了制度、机构、技术、产品和服务等方面的创新，尤其是技术创新。中国目前表现为互联网/移动互联网、大数据技术在普惠金融领域中的创新应用，使普惠金融的服务在覆盖面和渗透率方面实现跳跃式的增长，让每个人都能获得便捷的商业可持续的金融服务。所谓参与主体的广泛性，是指在"互联网＋"的时代，普惠金融的参与主体不仅包括金融机构，而且还包括大众，他们通过各种便利的交易平台直接参与到小微金融活动中，如P2P网络借贷模式、众筹模式等。所谓发展的可持续性，是指普惠金融不等同于政府拨款，它按照金融商业原则运作，在还本付息的要求下，既激发客户自我发展的内在动力，又实现金融组织的商业可持续性。

国际普惠金融的发展经历了：①萌芽阶段（15世纪至20世纪70年代），此阶段的普惠金融表现为小额信贷初步形成；②发育阶段（20世纪70年代至90年代），此阶段的普惠金融表现为小额信贷稳健发展；③成长阶段（20世纪90年代至21世纪初），此阶段的普惠金融表现为微型金融初步形成；④发展阶段（21世纪初至今），此阶段的普惠金融表现为小微金融在互联网金融的加盟下的快速发展。普惠金融的主要模式在发展中国家被总结为孟加拉乡村银行（Grameen Bank，GB，又称"格莱珉银行"）模式、印度尼西亚人民银行（Bank Rakyat Indonesia，BRI）乡村信贷部（Unit Desa，UD）模式、玻利维亚阳光银行（BancoSol）模式、巴西代理银行模式、肯尼亚手机银行模式、危地马拉COLUMNA微型保险计划等，在发达国家被总结为美国的社区银行模式、P2P网络信贷模式等。这些成功的、有代表性的普惠金融实践经验，对于中国普惠金融的发展具有重要的启示作用。

中国真正意义的普惠金融发展始于20世纪90年代，是从扶贫金融开始的。在世界银行（World Bank）、联合国开

中国普惠金融发展已经进入快车道

发计划署（UNDP）等国际金融组织的帮助下进行以扶贫为目的的小额信贷，启动了第一批小额信贷示范项目。2000～2005 年进入微型金融发展阶段，此阶段普惠金融的重点还是在农村，但开始关注城市。农村信用社、城市商业银行等正规金融机构开始进入小额信贷领域。业务领域从"扶贫"扩展到"为一般农户以及小微企业服务"。2005 年以后中国普惠金融逐步进入快行线。伴随小额贷款公司、村镇银行、互联网银行以及 P2P 网贷平台等新的金融组织加入，普惠金融服务对象从农村拓展到城市，并迅速扩展到中小微企业。

与中国普惠金融实践的快速发展相比，"金融抑制"以及基础设施建设滞后，成为影响普惠金融发展的两个主要障碍。

一是金融抑制的障碍。中国 1979 年之前长达 30 年的计划经济体制，以及之后 30 年的市场化转型，构造了中国目前的金融机构以大型银行垄断为主、金融资源调节以政府为主的金融体系。对应于具有包容、多样、动态、创新特征的普惠金融发展需要，现有金融体系有很大的不适应。这种不适应首先表现为金融资源配置不适应。传统金融拥有 90％以上的社会资金资源和金融人才资源，为全社会企业中 40％左右的大型企业和国有经济提供服务，金融资源严重错配致使普惠金融发展必须面对颇为严重的资金少、资金贵、人才稀缺、管理落后的问题。其次表现为金融抑制下资源流动的"肠梗阻"。金融抑制的第一个特征是利率管制。尽管 2013 年中国全面放开贷款利率，但长期利率管制限制金融资源向金融稀缺部门流动的局面不会很快得到改善。金融抑制的第二个特征是严格的准入制度。尽管 2006 年银监会发文鼓励符合条件的民营资本参与银行业，2013 年 7 月国务院发布《指导意见》提出尝试让民间资本发起设立民营银行，但批准依然十分严格，到目前为止，中国仅有 5 家民营银行被批准设立。严格的准入制度限制了竞争，保护了垄断，能够轻松获取垄断利润的传统金融机构自然无意进入普惠金融领域。金融抑制阻碍了对金融资源错配的调整。

"金融抑制"是金融资源合理配置以及普惠金融发展中的"肠梗阻"

基础设施滞后使普惠金融活动缺乏市场秩序

普惠金融服务的客户群体信息不对称特征和资产可抵押特征，决定小微贷款信用风险控制的特殊性

小微金融要求对客户行为做"实时全息画像"，要求有效的贷款担保，要求小额分散投资，要求较高的利率覆盖风险

二是基础设施建设滞后。普惠金融体系基础设施建设中的主要问题是法律与监管滞后、社会征信体系建设滞后。法律与监管滞后的主要表现是，缺乏对新型金融机构的监管法规和监管，如对"只贷不存"的小额贷款公司享有非银行金融机构的法律地位问题、对互联网金融等金融组织的监管等，会出现比较严重的市场失序问题；社会征信体系建设滞后表现为缺乏与社会征信体系有关的《个人隐私保护法》等征信法律，影响社会征信体系的发展，尤其是大数据技术在征信体系上的应用，缺乏有社会公信力的第三方征信机构服务，政府主导的征信体系建设严重低效率。普惠金融的特点使其对社会征信体系有极强的依赖性，征信体系建设滞后加大了普惠金融活动的风险，提高了行业成本。

同传统金融一样，小微金融中信用风险控制是风险控制的核心，其客户群体的经营特质，决定了小微贷款中信用风险控制的特殊性。小微金融客户群体与传统金融相比，首先，信息不对称问题更加严重。他们经营规模小、知名度低、自身经营风险大，且缺乏规范的财务信息、可验证信息以及完整信息，因此必须有特殊的信用风险识别办法，包括频繁走访客户，以大量非财务信息替代财务信息，强调对企业主个人信用信息的采集，关注借款人的动态信息。其次，缺乏可抵押资产，贷款的安全更多依赖其他手段，包括贷后实时监控、要求各类担保（专业担保公司担保、其他个人或企业担保、借款人联合担保等）、金融机构进行小额大批量分散化投资、提高贷款利率以覆盖风险等。

因此，小微金融与传统金融贷款相比，在信用风险的识别与度量上，更强调对"软"信息的采集和识别能力、对所有信息的实时监测能力，对此，我们称之为"实时全息画像"能力；在信用风险的管理控制上，更强调担保的作用，特别是集体担保的作用。此外，在投资决策中，更强调小额分散投资；在定价策略上，更强调利率覆盖风险。小微金融对"实时全息画像"的需求决定了其对于"地面部队"的依赖，以及对于大数据征信技术的依赖；小微金融对于担保，尤其是联合担保的需求要求提高担保的能力，解决借款人联合担保中的委托—代理问题；小微金融对于利率覆盖风险的诉求决定了普惠金融利率水平偏高的内在合理性。

　　实践中不同从事小微金融业务的金融机构根据其经营区域定位形成各具特色的风控模式。跨区域经营的大型金融机构倾向于采用模型化、流程化、模块化的信贷工厂风控模式，以克服人工成本高、缺乏地面部队的劣势；地域性金融机构倾向于采用近距离走访、"中医问诊"风控模式，充分发挥地面部队优势；互联网金融则充分发挥网络信息实时采集和分析优势，形成主要依赖大数据的风控模式。

小微金融机构的区域特征影响其对风控模式的选择

　　小微金融风险控制对社会征信体系有很强的依赖性的原因主要体现在三个方面：第一，中小微企业群体及个人的信用信息特征，要求对这个群体信用风险识别时，必须更强调非财务信息、动态信息以及个人信息。小微金融机构依靠信贷员近距离走访、熟人圈网络、借款小组、互联网大数据信息等办法，可以在一定程度上解决信息收集和识别问题。但是，如果有内容丰富、功能强大的第三方征信机构为其提供服务，既可大大降低其自身征信成本，也可节约社会成本。第二，专业征信机构汇聚的信息量大，可以包含来自司法、银行、个人履历方面的静态可核实信息（硬信息），也可以包括来自生活、交友、消费等方面的动态软信息，更符合小微贷款机构对借款人信用信息的"实时全息画像"需求。第三，小微金融客户群体相较于大金融客户群体，知名度低、地域移动性大，在社会征信体系不完善的情况下，违约的声誉受损程度不大（做坏事无人知晓），恶意违约成本低。社会征信体系覆盖全国，可以大大提高声誉受损程度和违约成本，达到降低因恶意违约带来的信用风险。

小微金融风险控制对社会征信体系有很强的依赖性

　　大数据征信是数据信息技术在征信领域的应用。大数据征信的主要特点是，能够获取即时、动态信息以补充历史、静态信息的不足；以多维度、大量信息弥补单维度、少量信息的不足。大数据征信以其信息量的广度、精度和

大数据征信契合小微贷款的征信需求，对我国普惠金融发展具有基础性意义

即时性实现对被征信者的"实时全息画像"，完全契合小微金融对于识别借款人信用风险的需求，并且，大数据征信有社会化的覆盖面，有助于抑制恶意违约形成的信用风险。因此，加快大数据征信的发展对于发展以小微贷款为重要内容的普惠金融来说，具有基础性意义。

大数据征信有助于迅速改善我国征信体系落后的局面，产生"弯道超车"的效果，但前提是法律监管体系的完善

目前，我国社会征信体系发展滞后，主要问题集中在四个方面：征信系统覆盖人群窄；法律建设滞后；政府主导的征信模式效率低下；缺乏信息共享机制，存在严重信息孤岛问题。我国目前从事大数据征信的主体是从事基于互联网/移动互联网的电子商务、网络银行、网络社交以及数据挖掘等商业活动的民营企业，这些企业按照市场机制运作，弥补政府主导征信模式的低效率，为我国社会征信业的发展带来勃勃生机。此外，大数据征信行业借助网络终端用户快速增长的环境，快速增加征信人群覆盖面，在短短1～2年内覆盖人群甚至超过历经十余年建设的政府征信机构。此外，大数据征信可以发挥其多维度数据来源、数据清洗、处理和匹配技术以及动态建模技术的特长，化解"信息孤岛"这个长期影响我国新事业发展，带来信息匮乏的问题。

因此说，大数据征信有助于解决我国目前征信体系中的主要问题，迅速改善我国社会征信业落后的局面，产生"弯道超车"的效果，但前提必须是尽快完善行业法律法规和监管。技术创新推动制度变革，这是我们所处时代的显著特点，是法律与监管部门必须迎接的挑战。

本研究报告结合六个案例，分别讨论微型金融的边界、传统银行做小微金融的信用风险控制、普惠金融中双重目标的平衡机制、第三方互助联盟在破解中小企业融资难中的作用、中国P2P网络借贷平台的发展与问题、大数据征信对于小微金融的征信支持六方面的问题。

微型金融是普惠金融的重要内容，是以贷款额度在1万～10万元（不超过50万元）为主要业务的金融活动。微型金融在国际上积累了大量的实践经验并有丰富的研究成果。目前，我国微型与中小型金融并列，成为我国普惠金融的主要内容。中和农信就是一家从事微型金融的非营利组织。

微型金融是传统金融客户端的向下延伸，上边界决定了微型金融在客户定位、贷款额度、信贷产品、风控方式方面与主流金融存在本质差异。例如，在客户定位上，中和农信的客户群以农民为主；在贷款额度上，单笔贷款额度以 1 万~2 万元为主；在信贷产品上，以联保贷款为主；在风控模式上，以信贷员近距离走访和联保小组相互监督为主。中和农信信贷员以当地农民为主的做法大大降低了运营成本。

普惠金融的惠不是恩惠的惠，而是惠及的惠。普惠金融是通过为主流金融排斥的群体提供金融服务，实现"授人以渔而非授人以鱼"的效果，这决定了普惠金融不是公益慈善。作为普惠金融重要内容的微型金融，存在与公益慈善之间的下边界。这个下边界就是保证微型金融可持续发展的收益水平，对于以贷款活动为主的微型金融来说，就是最低贷款利率水平。根据世界银行扶贫协商小组（CGAP）和 MIX-Microfinance Information Exchange（CGAP，2003）的调查，微型金融机构实现财务可持续的贷款利率平均为 26%。本案例研究人员根据中和农信的相关数据，使用 Rosenberg 模型和成本加成定价法，计算出中和农信在维持一个较低的 1% 利润率目标时应收取的利率与中和农信实际贷款利率 20.64% 几乎相等，这说明中和农信基本处于财务自足状态，并且中和农信收取的利率低于全球中值水平。

按照国内的一般说法，小微金融是包含微型金融和中小型金融在内的金融活动。用贷款额度表达，包括 500 万元以下的贷款项目。在中国，小微金融也是普惠金融的重要内容。按照微型金融上边界的说法，主流金融机构如果从事小微金融活动，必须改变其风险控制模式，否则将寸步难行。我国传统大商业银行规模大、管理层级多、跨区域经营，做小微金融的主要障碍是偏高的人力成本、偏少的地面部队。这个局限性要求民生银行这类金融机构在下沉到普惠金融领域时，需要扬长避短，选择适宜的风险控制模式。民生银行的优势在于有足够的资金实力和研究能力，

微型金融的上边界是与传统金融的边界

微型金融的下边界是与公益慈善的边界

有跨区域投资以分散风险的能力。

民生银行小微金融 2.0 升级版弱化了过去经验控制、人工监测为主的模式，转向数据分析模型

在经历了近4年的探索后，随互联网/移动互联网的普及和大数据征信技术的发展，民生银行逐渐将风险控制模式向类似信贷工厂模式转化，强调风控模型化、流程化、规范化。这种风控模式更加依赖数据信息，民生银行正在加大力度扩大数据获取维度和数据分析整合能力。与风控模式转变配合的是民生银行组织结构的调整，将基层支行权力上移到分行，发挥分行在信贷工厂模式下的大脑和决策中心作用。民生银行风控模式的转变为传统银行做小微金融提供了经验。

小微金融如何实现社会绩效与财务绩效的双重目标

普惠金融服务弱势群体的社会目标与财务盈利的商业目标在实践中往往难以兼顾，这成为困扰小微金融机构发展的重大问题。中国首家全外资小额贷款公司——南充美兴通过实施社会绩效管理瞄准社会目标。同时，在资源约束的条件下，通过平衡服务深度和服务广度，平衡生产效率和管理效率，在有效控制经营成本的前提下，以利率为杠杆获取财务盈利，实现财务目标，从而构建了兼顾双重目标的内在机制。南充美兴的成功经营，为小微金融机构兼顾双重目标提供了宝贵经验。

第三方互助联盟组织对破解中小企业 (SMEs) 融资困境的创新

中小企业是一个特殊的群体，它们规模不大但也不"微"。这个群体处于发展扩张的变化点、管理上档次的转折点，较微型企业和大中型企业有更大风险，同时，由于其可抵押的资产少，信息透明度低，银行缺乏抵御贷款损失的手段；由于利润水平不高，银行难以通过高利率覆盖风险。因此，与大中型企业和微型企业相比，中小企业是更加不受银行等金融机构欢迎的企业，中小企业融资更难。解决中小企业融资困境的关键点是信用风险控制。目前我国金融机构对中小企业贷款主要采取担保贷款方式，主要担保方式是专业担保公司担保、其他企业/个人担保、借款人联合担保。

民营担保公司担保不稳定，借款人联合担保存在代理人问题

但是已有的担保方式均存在不同程度的问题，例如，民营担保公司存在不稳定问题，由贷款人指定借款人联合担保（互保）存在受托人自己管理自己的道德风险问题以及风险传染问题。郑州"3 + 1"诚信联盟以"善·诚信"理念为引导，以诚信积分和风险评价为手段，通过引导会员企业做"自组织"的管理，实现贷后风险控制。目前已经初步形成了一个具有监督、控制、缓释、转移中小企业信贷风险功能的金融服务组织。

"3 + 1"诚信联盟为破解中小企业融资难问题提供了宝贵经验。更难能可贵的是，"3 + 1"诚信联盟"以善的理念做助人的事"的指导思想，以及以帮扶为主而不是防范惩罚为主的正向激励措施，体现了好金融的理念。

"3 + 1"诚信联盟"以善的理念做助人的事"，体现了好金融的理念

依托互联网的个人间直接借贷——P2P 网贷，开创了数据信息时代借贷交易的新模式。P2P 网贷取消了银行等专业中介机构，让最终的借款人和最终的贷款人直接见面，降低了交易成本，大幅提高资金使用效率，在借贷领域开辟了大批量的个人间直接投融资模式，是普惠金融领域中的一个重要创新。

P2P 网络借贷是普惠金融领域中的一个重要创新。P2P 网络借贷于 2007 年被引入中国，2013 年形成爆发式增长，通过 P2P 网络借贷平台实现的借贷总额为世界第一，平台数量也达到世界第一。但与井喷式增长相伴随的，是不断有平台倒闭或者卷钱跑路，市场秩序混乱。

原生态 P2P 网贷平台是撮合借贷双方交易的平台。但该模式进入中国后不断发生变异，体现在平台从单纯撮合交易的信息中介变为保证本金安全、"刚性兑付"的信用中介，纯线上交易转为线上与线下交易，踩政策红线。我们的研究发现，导致 P2P 网贷平台发生中国式变异的主要原因是社会征信体系严重滞后，影响平台提供信息的质量，迫使平台以提供兑付保证的方式提供安全保障以吸引客户，以线下交易方式发展客户并核实信息。

拍拍贷是中国第一家 P2P 网贷平台，自成立开始，长达 8 年时间坚守最初的商业模式，做信息中介而不是信用中介。坚持不为用户提供本金安全保障，坚持不做线下的交易，为解决信息不充分的问题，拍拍贷自行开发大数据征信体系。拍拍贷为它的坚守付出了低增长和高成本的代价。

拍拍贷坚持不垫付、纯线上的原生态 P2P 商业模式，但付出了低增长、高成本的代价

幸运的是，拍拍贷终于坚持到监管政策出台，2015 年中央十部委签署的《指导意见》肯定了 P2P 网络借贷平台是撮合借贷双方实现个人间直接借贷的信息中介性质。拍拍贷迎来了发展的春天。

监管空白是造成 P2P 网贷行业失序的重要原因

从 2007 年中国第一家 P2P 网贷平台出现开始直到 2015 年 7 月，在长达 8 年的时间内该行业法律与监管真空。法律监管真空导致：①守法者无法可依，只能自谋出路，不断出现触碰金融监管红线的情况；②诈骗者混迹其中，扰乱行业声誉和秩序；③坚守者生存更加困难，导致"劣币驱逐良币"。与此相反，美国 P2P 借贷市场 2006 年开始运作，2008 年即有明确的法规与监管，前后不到两年时间。

大数据征信对社会征信体系的推进作用

一方面是金融业尤其小微金融，对于有公信力的第三方征信服务有极大需求；另一方面是我国远远落后的社会征信体系。互联网、电子商务和大数据等新型技术为征信业快速发展提供了契机。百融至信依托自身大数据技术及来自零售、社交、媒体、航空、教育、运营商、品牌商等线上线下的多维数据源，形成了有效的风险评价。

百融至信的实践证明，大数据征信技术能够采集线上线下大量、多维度信息，利用先进的数据分析技术改善传统征信与风险评价的效果，形成质量更优的征信与信用评价结果，包括针对恶意违约风险的反欺诈技术服务。大数据征信以其特有的"动态信息"机制，迅速扩大覆盖人群的范围，缓解金融活动中的信息不对称程度。

Summary

The Good Finance, Good Society—Development of Financial Inclusion in China 2015 is the first systemic research achievement published by the Center for Microfinance Initiatives & Networks of RUC. In the first development report, we intend to refine the connotations and denotations of Inclusive Finance from social value and moral value and include them in the framework of concepts of "Good Finance and Good Society". To this end, we clearly put forward the definition of "Good Finance" and point out that Inclusive Finance is good finance and conducive to the realization of a good society.

Focusing on good finance and good society, this report basically discusses and summarizes the definition of Inclusive Finance and its development in China, and specially discusses the development of Inclusive Finance and market-oriented adjustment to the financial resource allocation mechanism, credit risk control in the Inclusive Finance system, the significance of big-data credit reporting to the development of Inclusive Finance, and other problems on that basis. In the last part of this report, we specifically discuss the boundaries of microfinance, credit risk control in the small and micro finance that traditional big banks engage in, the balance mechanism for dual goals in microfinance, the role of third-party mutual aid unions in solving financing difficulties for small and medium-sized enterprises, the development and challenges of China's online P2P lending platforms, and credit support of big-data credit reporting for microfinance with six cases. We hope that discussions on these issues may draw attention from all sectors of the society to good finance, Inclusive Finance and pertinent questions in the development of Inclusive Finance, and promote industrial circles, theorists and government departments to make their own contributions to the development of Inclusive Finance and good finance.

The whole report is consists of three parts. Part 1 is the Fundamentals, in which, firstly, we propose the concepts of good finance and good society, and include Inclusive Finance in these deeper and broader concepts; secondly, we completely discuss the concept of Inclusive Finance and put forward an explicit definition of Inclusive Finance; finally, we summarize the development practice of Inclusive Finance in the world and in China and make comprehensive data statistics. Part 2 is the Special Topic, respectively discussing financial resource allocation and the development of Inclusive Finance, credit risk control in small and micro finance, the credit reporting system based on big-data credit reporting, and the development of small and micro finance. Part 3 is the Case Studies, discussing relevant problems in the development of Inclusive Finance with six cases we have investigated and researched.

The value of finance is to improve the economic efficiency, but finance does not always play a good role

The value of financial activities lies in enhancing the efficiency of economic activities, thus carrying forward social development and progress. However, practice has proved that finance does not always live up to its positive potential. Since the 20th century, financial crises, recurring like a nightmare, remind people that finance may also exert impact or even devastate the economy. From 1929, when a financial crisis caused a global economic crisis, to 2008, when the American Financial Crisis spread around the world in a fierce manner and triggered global, economic recession, various financial crises have shown the negative role of finance in the economy and society. What's more, finance may also facilitate the uneven distribution of social wealth and inequality, etc.. Joseph Stiglitz, winner of the Nobel Prize in Economics, said that "Before the financial crisis (2008), 40% of all corporate profits flowed to financial sectors... The financial system is leading to social loss and private profitability... The economy is distorted"[1]. In 2013, Thomas Piketty, a French economist, published *Capital in the Twenty-first Century*, further associating the great industrial society marked by large capital and big finance with the ever-increasing gap between the rich and the poor in society. According to Piketty's study, since the Industrial Revolution, the increase in global capital income has been greater than that in labor income, and the rise of rentier wealth was greater than that of laborers wealth, thus resulting in more uneven distribution of social wealth and increasingly drastic polarization between the rich and the poor. Objectively, financial activities with the main function of helping rentiers realize the return on investment play an important role in the concentration of social wealth in the hands of a few.

The situation in which the financial industry obtains huge profits seems to occur not only in capitalist countries but also in China. From 2010 to 2015, China's GDP growth rate has been declining. Meanwhile, the growth rate of net profits of China's major commercial banks has been falling, but always higher than that of GDP; and the proportion of profits of the financial industry to that of the whole society has been increasing by years, reaching one third in 2014, while profits in the financial industry have reached 96%, almost equal to that of

In China, the financial industry also grabs the real economy

---

① Joseph Stiglitz. *The Price of Inequality* (*Chinese Version*) [M]. Beijing: China Machine Press, 2013.

industrial enterprises. From the data of China's listed companies in non-financial industries, from 2010 to 2014, except 2013, the total return on assets based on average earnings before interest and tax was essentially close to or even less than the one-year loan interest rate of banks, which suggests that it is not enough, even though all corporate profits are contributed to banks.

History and reality tell us that there is not a simple, positive correlation between financial development and stable economic growth with social harmonious development. So, what finance may be conducive to the harmonious and stable development of the society and economy? What finance will bring negative influence thereon? This is the issue we must address.

Enlightenment from *Finance and Good Society*— "Good Finance" and "Good Society"

Robert J. Shiller, winner of the Nobel Prize in Economics in 2013, published *Finance and Good Society*, which has inspired us to further think about the role of finance in the economy and society. In essence, financial activities convert the responsibility and obligation of mutual help between human beings into debts, which are naked cash relations. While regulating the surplus and deficiency in resources, financial activities that enable "money to beget money" also create positive feedback on wealth accumulation and make income distribution more uneven. Professor Shiller linked financial activities "pursuing money" with a good society and elevated finance to a moral height. He gave us an important revelation: Is there such a kind of finance that can contribute to the achievement of harmonious, stable development of the economy and society and the reduction of the polarization between the rich and the poor? Is such a kind of finance good finance? If finance appears in such a form, realizing a good society with the help of finance is not merely a dream.

Despite the different definitions, "Good Society" is subject to a common understanding that, in a good society, everyone who lives earnestly shall enjoy equal treatment and everyone who works hard shall have the opportunity to survive, develop and succeed. Therefore, the equity in a good society refers to not only fair results but also fair process, and is embodied not only in wealth distribution but also in the acquisition of self-development opportunities. "Harmony" and "development" are two key words in a good society, while "stagnation" and "polarization between the rich and the poor" are incompatible with a good society.

Good finance shall be conducive to the achievement of a good society. Since the core content of a good society is equity, especially the fair access to self-development opportunities, then good finance means that it is able to provide each competent person with the capital and financial services necessary to start a business, innovate and develop, and to give them fair development opportunities. Under good finance, financial services can benefit all entitled (qualified) individuals and enterprises on an equal basis, without any financial discrimination. Good finance may promote the harmonious development of society while offering fair financial services.

Finance is the lubricant of economic activities in nature. Through the reasonable allocation of resources, financial activities may help society create social wealth with maximum efficiency and achieve economic development; provide each competent person with the capital and financial services necessary to start a business, innovate and develop and give them fair development opportunities. Therefore, finance is borne with the innate gene for contributing to the realization of a good society. However, the gene cannot be realized until in an appropriate environment, which refers to a fully competitive market with highly symmetric information. A fully competitive market guides resources to flow to places where re-

Good finance means that it is able to provide each competent person with the capital and financial services necessary for starting a business, innovate and develop, and to give them fair development opportunities

sources are scarce by virtue of prices, while highly symmetric information enables all individuals and enterprises eligible for social resources to get the needed social resources at reasonable prices, without any financial discrimination. Unfortunately, the above environment cannot be fully realized due to economic systems, technical levels and other factors. Hence, the allocation of social resources will be distorted on account of wrong pricing or information asymmetry, and the unfair distribution of financial rights will take shape, thus influencing people's access to the financial resources required for making a living and developing, and the development of the society. For this reason, it is not good finance. Under bad finance, relative to the financial needs of economic activities, financial services are excessive or insufficient in total amount and structure, which manifests as an imbalance between financial supply and demand.

In the language of economics, "good finance" will be interpreted as finance that can meet the needs of social and economic development in terms of the total amount and structure of financial services. Therefore, in economics, "good finance" shall ensure the balance between the supply and demand of financial services

So, we may, with the language of the "supply and demand" of financial services, interpret "good finance" as that: the finance can meet the needs of social and economic development in terms of the total amount and structure of financial services. "Meet" means that, with the proper system design, the supply of financial services rightly matches the demand thereof, without imbalance between supply and demand with regard to the total amount and structure. In this case, all individuals and departments can obtain deserved financial resources at reasonable prices, without financial discrimination. Following this logic, in economics, "good finance" shall ensure the balance between the supply and demand of financial services.

An unavoidable fact is that China is faced with serious structural imbalance in finance. Private enterprises, especially small and medium-sized private enterprises, which create 60% of GDP and account for 80% of urban employment, only enjoy 30% of the total bank credit, while medium and large-sized enterprises mainly engaging in state-owned economy occupy 60% of the total credit. If self-employed groups, farmers and consumers are also included in objects of financial services, the imbalance between the supply and demand existing in China's financial structure will be more serious, which is shown as medium and large-sized enterprises and the wealthy at the top of the pyramid receiving the best and excess financial services, while micro, small and medium-sized enterprises and the salaried class at the middle only share gravely inadequate financial services, and poor and vulnerable groups (including farmers) at the bottom of the pyramid are confronted with a serious lack of financial services. With overabundant financial resources for one side and insufficient financial resources for the other side, the pyramid of China's financial supply and demand is completely inverted, forming serious structural imbalance; as a result, the most dynamic and innovative micro, small and medium-sized enterprises lack financial services. If things continue this way, finance will have a serious, negative impact on economic development.

As defined by the World Bank, Inclusive Finance refers to a system providing financial services for all social groups, especially those rejected by the traditional financial system, via various channels. At present, the groups ignored (excluded) by the traditional financial system in China mainly include micro, small and medium-sized enterprises, groups of agriculture, rural areas and farmers, individual businesses, low-income groups in society, groups starting a business and the unemployed, and special groups (such as the disabled). At the present stage, China's Inclusive Finance refers to the system offering timely, convenient and differential financial services in an effective, comprehensive and continuous man-

Inclusive Finance refers to the system providing financial services for all social groups, especially those repelled by the formal financial system

ner and at reasonable prices so as to service objects, including the above groups in need of financial services, based on the principle of equal opportunity and commercial sustainability and on the premise of affordable costs.

Inclusive Finance is good finance and needs every strength to be developed

It can be seen from the definition of Inclusive Finance that Inclusive Finance is good finance, because its social thought is to help the vulnerable groups, enable all social groups needing financial needs to get financial services that match abilities, and assist all individuals and groups in enjoying fair access to business resources and the fair opportunity for creating wealth. The economic results of Inclusive Finance are to guide financial resources to flow into the demand gap arising from the structural imbalance between financial supply and demand, thus adjusting the imbalance between the supply and demand of financial resources. Therefore, Inclusive Finance promotes the achievement of good finance and for this reason, great efforts shall be made to develop Inclusive Finance.

Inclusive Finance is featured with the equity of financial rights, the inclusiveness of service objects, the variability of service groups, the comprehensiveness and diversity of service products, the innovativeness of service means, the universality of participants, and sustainable development. In addition to the equity and inclusiveness mentioned, the so-called variability of service groups refers to the objects for which Inclusive Finance provides key assistance varying with the changes in objects ignored by mainstream finance. As the financial structure changes along with the economic structure, service objects that mainstream finance focuses on and ignores will also change accordingly; therefore, the groups that mainstream finance "discriminates against" may vary from countries at different stages of economic development and at different stages in the same country. Currently, such groups in China include not only low-income people and special groups, but also micro, small and medium-sized enterprises. The so-called comprehensiveness of service products refers to service products including fully-functional and multi-level financial services covering savings, insurance, transfer and remittance, agency, lease, mortgage and pensions, with a service scope far greater than the loan business of traditional microcredit. The so-called innovativeness of service means refers to Inclusive Finance fully embodying the innovation in systems, institutions, technologies, products, services and in other aspects, especially technological innovation. As embodied in China, the innovative application of Internet/Mobile Internet and big data technology in the field of Inclusive Finance facilitates the leap in the coverage and penetration rate of Inclusive Finance services, making convenient financial services with commercial sustainability available to everyone. The so-called universality of participants refers to, in the era of "Internet Plus", Inclusive Finance participants including not only financial institutions but also the public who directly take part in activities of small and micro finance through various convenient trading platforms, such as online P2P lending and crowd funding. The so-called sustainable development refers to Inclusive Finance not being the same as government funding, but operating in accordance with financial business principles, and with the requirement of repaying capital and interest. This may not only inspire customers' internal impetus for self-development but also realize the commercial sustainability of finance.

The development of international Inclusive Finance has undergone: (1) the infancy stage (from the 15th century to the 1970s), in which microcredit took initial shape; (2) the development stage (from 1970s to 1990s), in which microcredit developed steadily and healthily; (3) the growth stage (from 1990s to the early 21st century), in which microfinance was formed preliminarily; and (4) the developing stage (from the early 21st century to now), in which small and micro finance has been developing rapidly with Internet finance. The main modes of Inclusive Finance in developing countries are summed up as the Grameen Bank (hereinafter referred to as "GB") mode, Unit Desa (hereinafter referred to as "UD") mode of the Bank Rakyat Indonesia (hereinafter referred to as "BRI"), the BancoSol mode, the correspondent bank mode in Brazil, the mobile banking mode in Kenya, and the COLUMNA micro insurance plan in Guatemala, etc., and in developed countries: the American community bank mode, and the online P2P credit mode, etc.. The successful and typical practice of Inclusive Finance plays an important, enlightening role in the development of China's Inclusive Finance.

The development of China's Inclusive Finance is on the fast track

China's Inclusive Finance in the true sense began in the 1990s, starting from finance against poverty. With the help of the World Bank, the United Nations Development Programme (UNDP) and other international financial organizations, microcredit for poverty alleviation has been carried out, with the first batch of microcredit demonstration projects launched. From 2000 to 2005, China entered the developing stage of microfinance, in which China's Inclusive Finance was still focused in rural areas but had begun to pay attention to cities. Rural credit cooperatives, city commercial banks and other formal financial institutions began to enter the field of microcredit. The business scope was expanded from "poverty alleviation" to "serving general farmers and small and micro enterprises". Since 2005, China's Inclusive Finance gradually entered the stage of rapid growth. Along with the participation of small loan companies, village banks, Internet banks, online P2P lending platforms and other new financial organizations, service objects of Inclusive Finance have been extended from rural areas to cities and to micro, small and medium-sized enterprises rapidly.

In contrast to the rapid development of China's Inclusive Finance, "financial repression" and the infrastructure construction lagging behind become the two main obstacles affecting the development of Inclusive Finance.

One obstacle is financial repression. China's planned economic system, lasting for 30 years before 1979, and market-oriented transformation over 30 years thereafter constitute China's current financial system, featured with the monopoly of large banks in financial institutions and financial resources primarily subject to government adjustment. It is very difficult for the existing financial system to adapt to the development needs of Inclusive Finance that shall be inclusive, diversified, dynamic and innovative. This maladaptation is first embodied in the allocation of financial resources. Traditional finance, with more than 90% of social capital resources and financial human resources, provides services for large-sized enterprises and state-owned economy accounting for approximately 40% of all the enterprises in society. Due to serious mismatch of financial resources, Inclusive Finance must contend with more serious problems such as less capital, expensive capital, scarcity of talent and backward management during the development. The second embodiment is the "intestinal obstruction" to resource flow in financial repression. The first characteristic of financial repression is the interest rate control. Although, in 2013, China lifted the control over loan interest rates, the situation that the long-term interest rate control restricts the flow of financial resources to sectors with scarce financial resources will not be improved soon. The second characteristic of financial repression is the strict access system. Even though, in 2006, the China Banking Regu-

> " Financial repression" is the "intestinal obstruction" to the reasonable allocation of financial resources and the development of Inclusive Finance

latory Commission (CBRC) began to encourage eligible private capital to participate in the banking industry, and in July 2013, the State Council issued the *Guiding Opinions*, proposing the establishment of private banks sponsored by private capital, approval is still very strict and, so far, only five private banks have been approved and established in China. This strict access system limits competition and protects monopoly so that traditional financial institutions that can easily obtain monopoly profits naturally have no intention of entering the field of Inclusive Finance. Financial repression hinders the adjustment to the mismatch of financial resources.

Infrastructure lagging behind results in the lack of market order in the activities of Inclusive Finance

The other obstacle is infrastructure construction lagging behind. The main problems in the infrastructure construction of the Inclusive Finance system include dated laws and supervision, and lagging construction of the social credit reporting system. Dated laws and supervision are mainly reflected in the lack of supervision laws and regulations on and supervision of new financial institutions, such as supervision of the issue that small loan companies that "only conduct the loan business without the deposit business" enjoy the legal status of non-bank financial institutions, and of Internet finance and other financial organizations, which may lead to more serious market disorder. The lagging construction of the social credit reporting system is manifested in the absence of credit reporting laws related to the social credit reporting system, such as the law on protection of personal privacy, which may affect the development of the social credit reporting system, especially the application of big data technology in the credit reporting system. Without the services of the third-party credit reporting agencies that have social credibility, government-led construction of the credit reporting system is extremely inefficient. Because of its characteristics, Inclusive Finance relies greatly on the social credit reporting system; accordingly, lagging construction of the credit reporting system may increase the risks in activities of Inclusive Finance and industrial costs.

Like traditional finance, credit risk control in small and micro finance is the core of risk control, and the business characteristics of the customer groups of small and micro finance determine the particularity of credit risk control in small and micro loans. Compared with traditional finance, the customer groups of small and micro finance, first of all, face more serious information asymmetry. Due to small operation scale, low popularity, own big business risks, and the lack of verifiable and complete, standardized, financial information, they must adopt special credit risk identification methods, including paying frequent visits to customers, replacing financial information with a large number of non-financial information, emphasizing the collection of personal credit information of business owners, and paying attention to the dynamic information of borrowers. Secondly, in the absence of asset mortgage, loan security depends more on other means, including carrying out post-loan, real-time monitoring, requiring all kinds of guarantees (guarantees of professional guarantee companies, other individuals or enterprises, and joint guarantees of borrowers), a large amount of small-amount diversified investment made by financial institutions, and increasing loan interest rates to cover risks.

Therefore, compared with traditional financial loans, in terms of the identification and measurement of credit risks, small and micro finance lays more emphasis on the ability to collect and identify "soft" information and on the capacity of real-time monitoring on all information, which is called the capacity for a "real-time holographic image". For management and control over credit risks, small and micro finance stresses the function of guarantees, especially the function of col-

Information asymmetry and asset mortgage of customer groups that Inclusive Finance serves determine the particularity of the credit risk control of small and micro loans

Small and micro finance requires the "real-time holographic image" of customers' behaviors, effective loan guarantee, small-amount diversified investment, and higher interest rates to cover risks

lective guarantees. In addition, small and micro finance emphasizes small-amount diversified investment in terms of investment decision-making, and interest rates covering risks in terms of pricing strategies. The small and micro finance's demand for a "real-time holographic image" determines its dependence on "ground forces" and on big-data credit reporting technology. The demand of small and micro finance for guarantees, especially joint guarantees, requires the improvement of guarantee ability and settlement of the principal-agency problem in joint guarantees of borrowers. The demand of small and micro finance for interest rates covering risks decides the intrinsic rationality of higher interest rates in Inclusive Finance.

Regional characteristics of small and micro financial institutions affect their selection of risk control modes

In practice, different financial institutions engaged in small and micro financial business form respective distinctive risk control modes according to their business regions. Large-sized financial institutions that conduct cross-regional operations tend to adopt the patterning, routing and modular credit factory risk-control mode to overcome the disadvantages, namely high labor costs and lack of ground forces. Regional financial institutions are apt to use the risk control mode of short-distance visits and the "four methods of diagnosis of traditional Chinese medicine science" to give full play to advantages of ground forces. Internet finance makes full use of the advantages of the real-time collection and analysis of network information, forming the risk control mode mainly relying on big data.

Risk control in small and micro finance greatly relies on the social credit reporting system

Why does risk control in small and micro finance depend greatly on the social credit reporting system? There are three reasons: firstly, considering the credit information characteristics of micro, small and medium-sized enterprises and individuals, if the identification of their credit risks is required, more emphasis shall be laid on non-financial information, dynamic information and personal information. By virtue of loan officers' short-distance visits, acquaintance circles and networks, borrowing groups, Internet big data and information, with other methods, small and micro financial institutions can solve the problems about information collection and identification to a certain extent. However, if powerful third-party credit reporting agencies with rich contents provide services for small and micro financial institutions, their own credit reporting costs may be greatly reduced and the social cost saved. Secondly, professional credit reporting agencies collect a large amount of information, including not only static verifiable information (hard information) from judicial organs, banks and personal resumes, but also dynamic soft information from life, friends, consumption and other aspects, and can better meet the demand of small and micro loan lending institutions for the "real-time holographic image" of borrowers' credit information. Thirdly, compared with customer groups of big finance, customer groups of small and micro finance have low popularity and high geographic mobility; in the case of an imperfect social credit reporting system, their reputation may suffer small damages arising from breach of contract (no one knows what bad things they have done), and bear low costs for malicious breach of contract. A social credit reporting system covering the whole country can significantly improve the damage to reputation and the cost for breach of contract, so as to reduce credit risks resulting from malicious breach of contract.

Big-data credit reporting is the application of information technology in the credit reporting field. Obtaining real-time and dynamic information to supplement the lack of historic and static information, and perfecting a small amount of single-dimension information with a large amount of multi-dimension information are the main characteristics of big-data credit repor-

Big-data credit reporting, which meets the credit demands of small and micro loans, is of fundamental significance to the development of Inclusive Finance in China

ting. Given that it takes a real-time picture, complete with information of an object under credit reporting, using the breadth, accuracy and real-time nature of the volume of information, big-data credit reporting completely meets the small and micro finance demand for identifying the borrower's credit risks, and helps restrain the credit risks arising from malicious default for its social coverage. Therefore, speeding up the development of big-data credit reporting is of fundamental significance to Inclusive Finance which is materially featured by small and micro loans.

Big-data credit reporting will help quickly improve the backward situation of the credit reporting system in China and produce the effect of "overtaking on the bend", provided that there are perfect legal supervision systems

At present, the main problems concerning the lagging development of China's credit reporting system are concentrated in four aspects: narrow coverage of people in the credit reporting system; lagging legislation; inefficient government-led credit mode; lack of an information sharing mechanism and existence of serious information island problems. Entities in China currently engaged in big-data credit reporting are private enterprises engaged in e-commerce, Internet banking, social networking, data mining and other business activities based on Internet/Mobile Internet. These enterprises, operating in accordance with the market mechanism, and compensating for the low efficiency of the government-led credit model, bring vitality to the development of China's social credit industry. In addition, the coverage of people under big-data credit reporting rapidly increases with the rapid growth of network terminal users and in a period as short as one to two years, an even larger coverage than that obtained by the credit reporters that have been established by the government for more than ten years is witnessed. Furthermore, big-data credit reporting can take advantage of its multi-dimensional data sources and data cleaning, processing and matching technologies as well as the dynamic modeling technology to resolve the lack of information brought by the "information island" that has long affected the development of new undertakings in China.

Therefore, big-data credit reporting will help resolve the main problems currently existing in the credit reporting system in China, rapidly improve the backward situation of the social credit reporting industry in China, and produce the effect of "overtaking on the bend", provided that industry laws and regulations as well as supervision shall be perfected as soon as possible. Our times are distinctively characterized by technological, innovation-driven, institutional reforms. They are the challenges that legal and regulatory authorities must meet.

In this research report, we, in combination with six cases, specifically discuss the boundaries of microfinance, credit risk control in the small and micro finance engaged in by traditional banks, the balance mechanism for the dual goals of Inclusive Finance, the role of third-party mutual aid unions in solving financing difficulties of small and medium-sized enterprises, the development and problems of China's online P2P lending platforms, and credit support from big-data credit reporting for small and micro finance.

Microfinance, as an important part of Inclusive Finance, refers to financial activities mainly concerning loans of RMB 10,000 to RMB 100,000 (less than RMB 500,000). Plenty of practical experience has been accumulated internationally, and rich research achievements have been made in microfinance. At present, both microfinance and small and medium finance are the main components of Inclusive Finance in China. CFPA Microfinance is a non-profit organization engaged in microfinance.

Microfinance is a downward extension of the traditional financial client, and its upper boundary determines the essential differences between microfinance and mainstream finance

Microfinance's upper boundary is a boundary between microfinance and traditional finance in terms of customer orientation, credit lines, credit products, and risk control ways. For example, in terms of customer orientation, farmers form the main component of CFPA Microfinance's customer base; in terms of credit lines, a single credit line is mainly RMB 10, 000 to RMB 20, 000; credit products are primarily group lendings; risk control methods mainly include visits by loan officers in the case of close distances and mutual supervision within groups of group lending. CFPA Microfinance's loan officers giving priority to local farmers greatly reduces operating costs.

Microfinance's lower boundary is a boundary between microfinance and charity

Inclusive Finance is about benefits rather than favors. Inclusive Finance provides financial services for groups excluded by mainstream finance, thus achieving the effect of teaching one to fish rather than giving them a fish. This determines that Inclusive Finance is not for charity purposes. As an important part of Inclusive Finance, there is a lower boundary between microfinance and charity, which is the profit level to ensure the sustainable development of microfinance and the lowest loan rate of microfinance mainly engaged in loan activities. According to the research by the Consultative Group to Assist the Poor (CGAP) of the World Bank and MIX-Microfinance Information Exchange (CGAP, 2003), the average loan rate for microfinance institutions to achieve financial sustainability is 26%. In this case, researchers calculated the loan rate that must be offered by CFPA Microfinance to maintain a low margin of 1% based on the relevant data of CFPA Microfinance and, using the Rosenberg Model and the cost-plus pricing method, the result is almost equal to the actual loan rate of 20. 64% of CFPA Microfinance. This demonstrates that CFPA Microfinance is basically in a state of financial self-sufficiency and that its loan rate is lower than the medium value of the world.

Generally, in China, small and micro finance refers to financial activities including microfinance and small and medium finance, or including loan programs of not more than RMB5 million in terms of credit lines. In China, small and micro finance is also an important part of Inclusive Finance. From the perspective of an upper boundary of microfinance, mainstream finance institutions must change their risk control modes if engaging in small and micro financial activities, otherwise they will make no headway. Given the large scale, multiple management levels and cross-regional operation of our traditional large commercial banks, the major obstacles for them to engage in small and micro finance are the higher costs of human resources and fewer teams in local outlets. This limitation requires Minsheng Bank and other financial institutions of its kind to choose an appropriate risk control mode by fostering strengths and circumventing weaknesses when engaging in the Inclusive Finance sector. Minsheng bank's advantages are having enough financial strengths and research ability and having the ability to make cross-regional investments aimed at risk diversification.

After nearly four years of exploration, and with the popularization of the Internet/Mobile Internet and the development of big-data credit reporting technologies, Minsheng Bank is gradually transforming its risk control mode into a similar credit factory mode, emphasizing patterning, streamlining and standard risk control. As this kind of risk control mode is more dependent on data information, Minsheng Bank is enhancing its ability to expand the dimensions of data acquisition and to analyze and integrate data. Along with the transformation of the risk control mode, Minsheng Bank is making organizational structure adjustments by transferring the authority of grass roots sub-branches to branches and giving play to the role of branches as the brain and decision-making center under the credit factory mode. The transformation of

Minsheng Bank's 2.0 version of small and micro finance weakens the pervious mode mainly featuring experience-based control and manual monitoring, and adopts data analysis models

Minsheng Bank's risk control mode provides the experience for traditional banks to engage in small and micro finance.

How will microfinance realize the dual goals of social performance and financial performance

It is often difficult to balance Inclusive Finance's social goal of serving vulnerable groups and its goal of making financial profit. This becomes a major problem affecting the development of small and micro finance institutions. China's first wholly foreign-owned small loan company, MICROCRED, implements social performance management aimed at the social goal. At the same time, under the condition of resource constraints, through balancing the depth and breadth of services and balancing production efficiency and management efficiency, and on the premise of the effective control of operating costs, MICROCRED obtains financial profits by leveraging interest rates to achieve the financial goal, and thus builds an internal mechanism balancing both goals. MICROCRED's successful operation provides valuable experience for small and micro finance institutions to achieve both goals.

Third-party mutual aid union's innovation in solving the financing difficulties of small and medium-sized enterprises (SMEs)

Small and medium-sized enterprises are a special group of enterprises of neither large nor micro size. Being in a turning point of expansion and high-class management, this group is exposed to more risks as compared to micro-sized enterprises and medium and large-sized enterprises; meanwhile, due to fewer assets that can be mortgaged and lower information transparency, banks lack the means of resisting loan losses; due to low profits, banks have difficulty covering risks by high rates. Therefore, as compared to medium and large-sized enterprises and micro-sized enterprises, small and medium-sized enterprises are less popular with banks and other financial institutions and it is more difficult for them to get financed. The key to solving the financing difficulties of small and medium-sized enterprises is credit risk control. At present, China's financial institutions mainly offer small and medium-sized enterprises loans guaranteed mainly by specialized guarantee companies or other enterprises/individuals, or jointly guaranteed by borrowers.

However, there are different problems in all the existing guarantee methods. For example, guarantees by private guarantee companies are unstable; joint guarantees by borrowers (mutual guarantee) appointed by the lender involves a moral hazard in the self-management of trustees and risk contagion. The Zhengzhou "3+1" integrity union, guided by the idea of "being good and honest", realizes post-loan risk control by means of good faith points and risk evaluation, and through giving guidance to member enterprises on "self-organizing" management. At present, a financial services organization with functions of supervision, control, slow release, and transfer of credit risks in small and medium-sized enterprises has been initially formed.

The "3+1" integrity union provides valuable experience for small and medium-sized enterprises in solving financing difficulties. Moreover, the "3+1" integrity union reflects the idea of good finance by its guiding ideology of "being good to help people" and the positive incentives that give priority to assistance rather than punishment.

Online P2P lending (direct lending between individuals relying on the Internet) has created a new mode of lending transactions in the data age. Online P2P lending bypasses banks and other professional intermediaries and enables ultimate borrowers and ultimate lenders to directly meet with each other, thus reducing transaction costs and greatly increasing the utilization efficiency of funds. It creates a mass of modes of direct investment and financing between individuals in the field of lending, and is an important innovation in the Inclusive Finance sector.

P2P lending is an important innovation in the Inclusive Finance sector. Online P2P lending was introduced into China in

Guarantees by private guarantee companies are unstable, and agents shall be involved in joint guarantee by borrowers

The "3+1" integrity union reflects the idea of good finance by "being good to help people"

2007，and has been booming since 2013. The total loans offered through online P2P lending platforms in China amount to the largest in the world，and the number of such platforms is also the largest in the world，which are，however，accompanied by constant shutdowns or the escape of money and market disorder.

Original P2P lending platforms are platforms where transactions between borrowers and lenders are procured. But，this mode has been mutating constantly since its entry into China，which is reflected by the platforms being changed from simple information intermediaries aimed at procuring transactions into credit intermediaries aimed at ensuring the security and the compulsory exchange of funds，and from engaging in pure online transactions to engaging in both online and offline transactions，stepping on the red line of policy. Our research finds that the main reason leading to the Chinese-type variation of online P2P lending platforms is the critically lagging social credit reporting system，which affects the quality of information provided by the platforms and forces the platforms to provide security by way of exchange guarantee for attracting customers，and to develop customers and verify information via offline ways.

PPDAI has paid the price of low growth and high cost for its insistence on the original P2P business model of making no advances and engaging in pure online transactions

PPDAI was the first online P2P lending platform in China. It has stuck to the initial business model，acting as an information intermediary instead of a credit intermediary，in the eight years since its establishment. Persisting in neither providing users with principal security nor engaging in offline transactions，PPDAI has developed its own big-data credit reporting system in order to solve the problem of inadequate information. PPDAI has paid the price of low growth and high costs for its persistence.

Fortunately，regulatory policies followed PPDAI's persistence. The Guiding Opinions，signed in 2015 by ten ministries and commissions under the Central Government, affirm that online P2P lending platforms are information intermediaries for procuring direct lendings between individuals. PPDAI finally met the spring of development.

During the eight years from 2007, when China's first online P2P lending platform appeared, to July 2015, there was no legal and regulatory supervision in the industry. The legal and regulatory vacuum led to the following: (1) the law abiding had no laws to rely on and could only practice on their own, thus constantly encroaching on the red line of financial regulation; (2) there were fraudsters disrupting the reputation and order of the industry; (3) it was more difficult for those who persisted to survive, causing the situation of "bad money driving out the good". On the contrary, in the USA, within less than two years of the USA's P2P lending market starting to work, in 2006, clear regulations and supervision came into force, in 2008.

The regulatory blank is an important reason for disorder in the online P2P lending industry

On the one hand, the financial sector, especially small and micro finance, has great demand for third-party credit reporting services with credibility, and on the other hand, China's social credit reporting system is lagging far behind. The Internet, e-commerce, big data and other technologies provide opportunities for fast development of the credit reporting industry. Bairongzhixin forms effective risk assessment by relying on its own big data technology and retail, social networking, media, aviation, education, operators, brand owners and other online and offline multi-dimensional data sources.

The role of big-data credit reporting in promoting the social credit reporting system

The practice of Bairongzhixin has proved that big-data credit reporting technology can collect plenty of online and offline multi-dimensional information, use advanced data analysis technology to improve the effect of traditional credit reporting and risk assessment, and form credit reporting and credit assessment results with better quality, including anti-fraud technology services against malicious default risk. By its u-nique "dynamic information" mechanism, big-data credit reporting rapidly expands the coverage and alleviates the degree of information asymmetry in financial activities.

基础篇
Fundamentals 〉

第一章 好的金融与好的社会

【摘要】金融是水，浇实体经济之树。但实践证明金融并不总是发挥好的作用，有好金融与坏金融之分。本章站在好金融与好社会的高度，提出好的金融是帮助实现好社会的金融。好金融的社会学含义是能够为每个有能力的人提供创业、创新、发展所必需的资金和金融服务，使其拥有公平发展机会的金融。好金融的经济学含义是保证金融服务供给与需求相均衡的金融。普惠金融就是好金融，助益实现好社会。

一、提出问题：金融与社会

关于金融对经济和社会的作用，传统教科书给出的解释是：合理配置社会资源，提高资源使用效率，提供支付结算手段……一言以蔽之，金融在人类社会中存在的价值在于提高经济效率。正如马克思所言，如果没有金融，"那么恐怕直到今天世界上还没有铁路"[①]。在现代社会，金融虽然不像空气和水那样不可缺少，但是毫无疑问，金融是经济和社会高效运转的润滑剂，无论是个人、企业还是政府，都离不开金融。

此外，20世纪以来梦魇一般反复出现的金融危机提示人们：金融也可能给经济带来冲击和毁灭性的结果。1929年金融危机引发全球经济危机，导致1929～1935年发达国家生产总量下降1/4，失业率上升25％，美国GDP增长从危机前三年年均2.5％降到－8％。1997～1998年东南亚金融危机导致该地区实际GDP增长从1996年的7.4％降到1998年的－7.19％，其中泰国货币半年内贬值50％，马来西亚人均收入退回到10年前的4000美元，10年累积的社会财富消失殆尽。10年之后，2008年美国金融危机以更加凶猛之势波及全球，引发全球经济衰退。美国GDP增长从2006年的

---

① 原著为"假如必须等待积累去使某些单个资本增长到能够修筑铁路的程度，那么恐怕直到今天世界上还没有铁路"。引自马克思. 资本论（第1卷）[M]. 北京：人民出版社，1975.

2.67％降到 2009 年的－2.63％，全球 GDP 实际增长速度从 2006 年的 4.11％降到
2009 年的－2.05％，至 2013 年，发达经济体依然没有恢复到 2007 年的产出水平①。
欧洲连续出现国家主权债务危机，从希腊开始，冰岛、西班牙、葡萄牙、意大利……
直到 2015 年债务危机依然余波不断。

除了引发经济震荡以外，金融还会加剧社会财富分配不均，助长社会发展的不平
等。2011 年 9 月 17 日，美国爆发"占领华尔街"运动，抗议社会不公平，表达对金
融行业的不满，以及对 1％人群掌握社会 99％财富和权力的愤怒。诺贝尔经济学奖得
主约瑟夫·斯蒂格利茨表示，"金融业本应该服务经济中的其他行业而不是反过来，然
而在这场金融危机爆发之前，所有企业利润的 40％都流向了金融部门"②，"金融系统
正在让社会损失而私人获利。这不是资本主义，这是一个扭曲的经济"③。2013 年法
国经济学家托马斯·皮凯蒂的著作《21 世纪资本论》出版，进一步将以大资本、大
金融为标志的大工业社会与社会贫富两极分化的加剧联系起来。按照皮凯蒂的研究，
工业革命以来，全世界资本收入增长大于劳动收入增长，食利者财富增长大于劳动
者财富增长，社会财富分配更加不均衡，贫富两极分化日趋严重。以帮助食利者实
现投资收益为主要功能的金融活动，客观上为社会财富向少数人聚集发挥了重大
作用。

金融行业获取巨额利润的情况似乎不仅发生在资本主义国家，中国也出现了类似
的情况。2010～2014 年，中国 GDP 增长速度持续下滑，同期中国主要商业银行的净
利润增长速度虽然下滑，但始终快于 GDP 增长速度，并且金融业利润占全社会的利润
比重在逐年增加，2014 年达到约 1/3，金融行业利润几乎等同于工业企业利润，达到
96％（赵昌义、朱鸿鸣，2015）（见表 1－1）。从中国上市公司非金融行业的数据看，
2010～2014 年，除 2013 年以外，用息税前利润表示的总资产报酬率基本接近甚至低
于银行一年期贷款利率，这说明企业的利润全部贡献给银行还不够（见表 1－2）。前
总理温家宝 2012 年在广西、福建等地考察时感慨，"我们的银行获取利润太容易
了"④。李克强总理 2015 年 4 月 17 日在考察大型国有银行时也指出："商业银行贷款利
率普遍在 6％以上。可多方面调查的数据表明，企业利润目前平均只有 5％……实体经
济垮了，金融怎么支撑？"⑤ 中国两任总理持续质疑的背后，是中国金融行业在一定程
度上负面影响经济增长的现实。

---

① 托马斯·皮凯蒂.21 世纪资本论（中译本）［M］.北京：中信出版社，2014.

② 约瑟夫·斯蒂格利茨.不平等的代价（中译本）［M］.北京：机械工业出版社，2013.

③ 新浪财经网：http://finance.sina.com.cn/focus/ws/index.shtml。

④ 肖志涛，张华杰，温家宝.国内银行获得利润太容易［EB/OL］.中国广播网，2012－04－03.

⑤ 李克强总理考察两银行内部讲话：实体经济垮了金融怎么支撑？［EB/OL］.http://bank.hexun.com/
2015-04-20/175118360.html.

表 1-1　金融业利润与全社会利润　　　　　　　　　单位：%

年份	2010	2011	2012	2013	2014
银行业净利润增长[b]	34.4	38.9	19.9	14.7	9.65
GDP 增长[a]	10.5	9.3	7.7	7.7	7.4
金融业利润/全社会利润[b]		23.98	27.94	28	30.57
金融业利润/工业企业利润[b]		56.16	74.77	84.56	96.07

资料来源：a. 国家统计局；b. 赵昌文. 从攫取到共容［M］. 北京：中信出版社，2015.

表 1-2　企业投资回报率与银行贷款利率　　　　　　　单位：%

年份	2010	2011	2012	2013	2014
上市公司平均总资产报酬率	6.66	7.41	5.64	10.12	3.42
银行一年期贷款利率	5.56	6.06	6	6	5.60

资料来源：瑞思数据库，中国人民银行。

综观历史与现实，我们既看到了金融之于人类社会发展的积极作用，也目睹了金融之于经济发展与社会稳定的破坏作用。人们对金融家以及金融活动对经济社会的作用产生越来越大的质疑。金融发展与经济的稳定增长、社会的和谐发展之间并不是简单的正向相关。那么，什么样的金融有助于社会、经济和谐稳定发展？什么样的金融会破坏这种发展？这是一个很大的问题，也是我们不可回避、必须面对的问题。

2013 年罗伯特·希勒出版了《金融与好的社会》一书，其中"金融与好社会"的说法激发了我们对金融之于经济社会作用的进一步思考。无论金融活动的客观作用如何，金融活动的实质是将人和人之间相互帮助的责任和义务转化为债务这种赤裸裸的金钱关系，"钱生钱"的金融活动在调剂资源余缺的同时，也创造了财富积累的正反馈，加大了收入分配不均。因此，一些宗教教义明确禁止放贷收息，《旧约·列未记》中说，"借给人钱，不可取利；借给人粮，不可多要"，伊斯兰教和婆罗门教义中也有不许向同胞兄弟收取利息的禁律[①]。中国 1979 年改革开放前的 30 年内，贷款收息被视为剥削，以至于所有法律允许的借贷活动只允许单利计息。希勒教授将追金逐银的金融活动与好社会联系起来，将金融提升到一个道德的高度，给了我们一个重要启示：是否存在这样一种金融，它的存在有助于实现经济、社会和谐稳定发展，缩小贫富两极分化，实现人类理想社会——世界大同？这样的金融可否谓之好金融？如果金融以这样的形式出现，以好金融帮助实现好社会，就不仅是一个梦想。

---

① 黄达. 货币银行学［M］. 北京：中国人民大学出版社，1999.

二、正本清源：构建一个好的社会

社会是人类生活的共同体。社会存在的根本理由，就是建立人类共同生活的一系列基本底线和共同秩序，规范人的自然情欲，使人类作为一个整体能够生存延续下去。人类生活在其中的社会，其本质既不是一个可以脱离人单独存在的"整体"，也不是单个个人的简单堆积或相加，而是人与人之间的关系、个体与整体的关系。社会既可以是一个适者生存的残酷丛林、一个尔虞我诈的名利场，也可以是人性熠熠发光、对弱者无限耐心地俯下身去的温暖天堂。

用社会学的术语来说，好社会就是，"社会的良性运行和协调发展，即特定社会的经济、政治和思想文化三大系统之间以及各系统的不同部分、不同层次之间的相互促进，而社会障碍、失调等因素被控制在最小的限度和最小的范围之内"（郑杭生，2009）。因此，好的社会，简单来说就是公平正义，社会上下通道畅通，尤其对于中下阶层的人来说，他或她有机会可以往上走，而不是社会到处都有堵塞。在好社会中，每个认真生活的人都应该被平等对待；每个努力工作的人都应该有成功的机会，至少有生存发展的机会。所以，好社会的公平，不仅是结果公平，更是过程公平；不仅表现为财富分配的公平，更重要的是获取自我发展机会的公平。"和谐"与"发展"是好社会的两个关键词，"停滞"与"贫富两极分化"与好社会不相容。

三、回到原点：重新认识好金融

我们认为好金融，应该帮助实现好的社会，也就是帮助实现社会和谐发展。但经济发展进程中的许多事实，让我们看到金融并不总是发挥好的作用。为什么金融≠好金融？该怎样做才能实现好的金融？只有梳理清楚了这些问题，我们才能通过金融制度建设向一个更好的社会迈进。

（一）金融的本质和功能

什么是金融？金融是"既涉及货币，又涉及信用的所有经济关系和交易行为的集合"（黄达，2012）。伴随经济社会的发展，金融活动从早期的钱庄、银行到现代功能齐全的金融机构和健全发达的金融市场，逐渐形成了庞大而复杂的金融系统。但是金融的核心本质始终是为实体经济服务，帮助实现社会资源跨时空配置。尽管"金融很重要，金融是现代经济的核心。金融搞好了，一招棋活，全盘皆活"（邓小平，1993），但是金融的重要性归根结底体现在其为实体经济服务的作用中，离开实体经济，金融就没有了存在的价值，也只有在为实体经济服务的过程中，金融才能得到充分的发展，成为"核心"。所以，"百业兴，则金融兴；百业稳，则金融稳"（王岐山，2010）。脱离了实体经济，金融就成了无源之水、无本之木。

金融服务于实体经济的功能可以概括为：在时间和空间上转移社会资源；提供分散、转移和管理风险的途径；提供清算和结算的途径，以方便交易；帮助发现资产的价值；提供解决"激励"问题的方法①。显然，如果金融活动能够很好地发挥上述功能，将会：①通过资源的合理配置，帮助社会最大效率地创造社会财富，实现经济的发展；②通过金融市场的竞争与交易，发现资产价值并促进资源合理配置；③为每个有能力的人提供创业、创新、发展所必需的资金和金融服务，使其拥有公平发展的机会；④提供支付结算手段、转移风险手段、激励手段，提高经济活动效率。因此，金融天生具有助益实现好社会的基因。其功能的充分实现，将有助于实现社会公平与和谐，也有助于实现经济均衡发展。

（二）好金融及对好金融的经济学诠释

好社会的核心内容是公平，特别是人们获取自我发展机会的公平。好金融的含义，是指能够为每个有能力的人提供创业、创新、发展所必需的资金和金融服务，使其拥有公平发展机会的金融。在好的金融中，金融服务能公平地惠及所有有权利（有资质）的个人与企业，不存在金融歧视。

按照经济学的理解，金融活动如果有效发挥其功能，将有助于形成社会资源的最优配置，促进经济均衡发展。这意味着在正确价格引导下和信息高度对称下，所有有资格获得社会资源的个人和企业能够按照合理价格获得所需要的社会资源，不存在金融歧视。

但是，金融功能的有效发挥还取决于其是否具备两个基本条件：①市场充分竞争，以消除价格和资源垄断，实现价格发现功能。②信息对称，否则，社会资源配置会因为错误定价、金融垄断、信息不对称而出现扭曲，形成金融权利分配的不公平，影响人们谋生与发展所必需的金融资源获取，进而影响社会公平发展。现实中，由于经济发展水平、经济制度、技术进步等因素，两个基本条件的完备程度受到或多或少的影响。因此，金融关于促进社会和谐发展的功能有不同程度的折扣。

金融与经济发展的关系一直受到经济学家的关注，20 世纪 60 年代起金融成为发展经济学中一个重要的研究领域。学者们发现金融发展与经济发展之间存在平行的关系（Goldsmith et al.，1969；King and Levine，1993；Levine and Zervos，1996），甚

---

① 黄达. 金融学（第三版）[M]. 北京：中国人民大学出版社，2012.

至是促进的关系（Levine，Loayza and Beck，1999），并为此得出金融压抑不利于经济发展，发展中国家需要有金融自由化的结论（Goldsmith et al.，1969）。随着实践发展，金融发展与经济发展的关系被更深入地讨论，人们发现金融发展与经济发展之间并非清晰的促进或者单向因果关系。Lucas（1988）提出，经济发展也会创造对金融服务的需求，导致金融部门的发展，因而具有内生性质。Lucas的观点得到了实证研究的支持（Demetriades and Hussein，1996）。此外，麦金农、戈登史密斯等关于在发展中国家推进金融自由化以促进经济增长的建议在实践中并没有取得理想的效果，以至于有学者提出要有一定程度的金融约束（金融管制）（Hellman T.，Murdock K. and Stiglitz，1997）。进入21世纪后，有更多的研究从关注总量转向关注结构，形成一批讨论金融结构与经济发展关系的研究成果。研究发现，金融的结构与经济发展阶段性的适配程度会影响金融对经济发展的作用（Allen F. and D. Gale，2000；林毅夫等，2009）[1]。按照结构论，处于不同经济发展阶段的经济体具有不同的要素禀赋结构，并由此决定了与其相适应的最优产业结构，而处于不同产业的企业具有不同的规模特征、风险特性和融资需求，因此，处于不同经济发展阶段的实体经济对于金融服务的需求存在系统性差异。只有金融体系的结构与实体经济的最优产业结构相互匹配，才能有效发挥金融体系的基本功能，促进实体经济的发展。因此，在经济发展过程中的每个阶段，都存在与其最优产业结构相适应的最优金融结构。如果金融体系的实际结构背离了其最优路径，则会降低金融体系的效率，抑制实体经济的发展，甚至可能引发系统性的金融风险（林毅夫等，2009）。金融结构论更深刻地揭示了金融对于经济发展的作用：金融服务的供给是否能够很好地满足经济发展的需求，这种供求匹配关系不仅针对总量匹配，更加针对结构匹配。

学术界的讨论告诉我们：

第一，金融对经济发展的影响是存在的，两者间存在正向关系。这意味着金融与经济可能同时向好发展或者同时向坏发展。

第二，金融与经济发展之间具有内生性，可以相互影响。这意味着：①金融发展会影响经济发展，反过来经济的发展会影响金融的发展；②这种相互影响说明金融的结构需要不断适应经济发展的结构性变化。

第三，金融结构与经济发展阶段性的匹配与否会影响金融的作用。这意味着金融服务的供给与经济发展对金融服务的需求不仅在总量上，而且在结构上必须匹配，否则会出问题。

---

① 金融结构划分包括直接融资和间接融资的角度（如银行中介与资本市场）、正规金融与非正规金融的角度等（林毅夫等，2009）。

总结以上观点，我们可以用金融服务的"供给与需求"的语言，将好金融诠释为：在金融服务总量和结构上能够满足社会经济发展需求的金融。"满足"意味着在恰当的制度设计下，金融服务的供给相对于需求既不过度，也无不足，不存在总量和结构上的供求失衡。此时，所有的个人和部门都能按照合理的价格，获得应该获得的金融资源，没有金融歧视。

因此，好金融的经济学含义应该是：保证金融服务供给与需求相均衡的金融。好金融能够保证金融之水真正浇灌于经济实体之树，包括中小微企业和穷人、自就业群体，助其绿叶长青，苗壮成长。

（三）金融并不总是"好的"

根据我们对好金融的经济学阐释，当金融的供给与金融需求之间出现脱节时，金融会对经济社会和谐发展产生负面影响，变成"坏金融"。

关于金融供求总量失衡，特别是总供给超过总需求，从而对经济发展产生负面影响的观点已经得到了研究证实。Islam 和 Stiglitz（2000）等发现金融深化与产出增长之间的关系是非线性的，当对私人部门提供的信贷占 GDP 比重超过 100％时，会加大产业部门的不稳定性；Arcand、Berkes 和 Panizza（2012）用 33～42 个国家 30 年（1970～2000 年）的数据进行研究，进一步证实信贷占 GDP 比重 100％是金融对经济发展影响效果的临界点的说法。超过这个临界点，金融对于经济增长开始产生负面作用，这意味着出现了"过度金融"（Too Much Finance）。

我国对私营部门信贷[①]占 GDP 的比重从 1998 年开始已经超过 100％，2014 年达到 141.8％[②]（见图 1-1）。按照以上观点，已经有"过度金融"的趋势。

过度金融对实体经济的负面作用在于：①攫取了更多的社会资源。James Tobin早在 1984 年就对越来越多的社会精英进入金融领域而远离实业，获取与社会贡献有很大差异的收益的做法表示质疑。他认为，金融部门产生的社会效益低于实业部门，因此从全社会的角度看，过于膨胀的金融部门会因为过多地占有社会资源而影响实业部门的发展，降低社会效率。赵昌文（2015）也对金融攫取进行了更深入的讨论。②提高了经济的不稳定性和发生全面崩溃的可能性（Minsky，1974；Kindleberger，1978）。

金融结构相对于经济发展的结构性供求失衡，即金融供求存在结构性的"过度"和"不足"，这同样会给经济增长带来负面影响。金融结构是金融体系内部各种不同金

---

① 按照世界银行注解，私营部门的国内信贷是指通过贷款、购买非股权证券、贸易信用以及其他应收账款等方式提供给私营部门，并确立了偿还要求的金融资源。对于某些国家，此类债权包括对国有企业的信贷。

② 世界银行网站：http://data.worldbank.org.cn/indicator/FS.AST.PRVT.GD.ZS/countries?display=default。

(%)

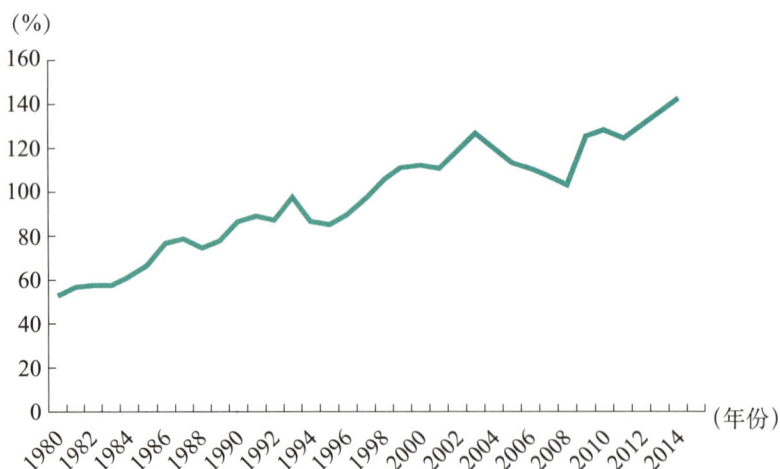

图 1-1 中国对私营部门信贷/GDP

注：① 私营部门的国内信贷是指通过贷款、购买非股权证券、贸易信用以及其他应收账款等方式提供给私营部门、国有企业，并确立了偿还要求的金融资源。

② 资料来源：世界银行。

融制度安排的比例和相对构成，包括直接融资与间接融资的构成、正规金融与非正规金融的构成、大金融与小微金融的构成，以及银行业竞争程度和银行规模的构成等（林毅夫，2009）①。金融供给结构是否与金融需求结构相匹配，从本质上决定了金融发展与否（Goldsmith，1969），以及金融对经济发展的影响。由于技术进步等因素推动产业结构变化从而推动金融需求结构变化，金融供需结构的匹配性也会发生变化。

中国不仅金融总量供求失衡，而且存在更加严重的结构失衡。中国银行业协会会长杨再平（2002）将中国金融结构失衡现象描述为"七偏"，即非金融部门融资结构偏间接金融、金融机构偏商业银行、商业银行偏大型银行、大型银行偏国有银行、银行贷款品种偏经营贷款、银行贷款对象偏国有企业、金融服务对象偏大中城市。"七偏"现象说明，中国的金融结构以国有大银行为主体，以国有企业和大中型企业为主要服务对象，直接融资市场作用较弱，面向中小微企业的金融服务很弱。"七偏"反映出中国金融结构与金融需求结构不匹配。

统计数据显示，至 2011 年，民营企业，尤其是中小型民营企业的数量达到 1000万户，占全国企业总数的 99%，创造了国内生产总值的 60%，完成了创新成果的70%，贡献了税收的 50%，解决了城镇就业的 80%（郭树清，2012），但与它们对社会的贡献相比，中小微企业直接获得的金融资源严重不足——获得银行信贷额只占银

---

① 按照林毅夫（2009）的总结，金融结构可以从不同的角度考察，从金融活动是否需要通过金融中介，可以考察金融市场与金融中介的比例构成；从金融交易的期限长短，可以将金融体系分为货币市场与资本市场；从金融活动是否受到政府金融监管部门的监管，可以分为正规金融与非正规金融；就银行业结构本身，可以分析银行业的竞争程度和不同规模的银行的分布。

行信贷总量的 30％。与此形成鲜明对照的是，大型企业和国有企业获得的金融资源过剩。按照全社会固定资产投资比重计算，1980 年国有经济比重是 82％，拥有全社会信贷总额的 99％，2012 年国有经济比重降至 26％，但以国有经济为主体的大中型企业仍拥有信贷总额的 60％（程承坪，2014；Cao，Chen and Yao，2015）。国有大中型企业拥有过多的金融资源，以至于转手贷给中小民营企业，形成银行贷款通过国有企业漏出（Cao，Chen and Yao，2015）。通过资本市场的直接融资渠道实现融资的企业以大型企业、国有企业为主体。2001 年，国有上市公司数量占总上市公司数量的比重为81.97％，2010 年资本市场对民营企业开放后，这个比率才逐渐减低，至 2013 年依然接近 50％（见表 1-3 和图 1-2）。

表 1-3　中国国有上市公司占比

年份	国有控股数量（家）	非国有控股数量（家）	国有控股资产总额（亿元）	非国有控股资产总额（亿元）	国有数量占比（％）	国有资产占比（％）
2001	891	196	22492	2661	81.97	89.42
2002	916	243	26483	3567	79.03	88.13
2003	916	305	30475	5059	75.02	85.76
2004	924	399	35272	6923	69.84	83.59
2005	913	422	39722	7531	68.39	84.06
2006	900	494	49252	9240	64.56	84.20
2007	909	579	78674	13342	61.09	85.50
2008	937	637	98463	15604	59.53	86.32
2009	939	684	124655	20129	57.86	86.10
2010	971	875	152041	30058	52.60	83.49
2011	968	1021	180281	43399	48.67	80.60
2012	974	1049	203278	51764	48.15	79.70
2013	971	1050	226595	61178	48.05	78.74

资料来源：根据国泰安数据库整理。

如果将社会的自就业群体、农户以及消费者个人也列入金融服务的对象，按照郑自强（2014）的分析，中国金融结构供求失衡的问题更加严重（见图 1-3）。表现为位于金字塔顶尖的大中型企业和富裕阶层获得了最好的、过剩的金融服务，处于中间段的小微企业和工薪阶层获得严重不足的金融服务，而对于金字塔底端的贫困与弱势群体（包括农户）的金融服务则严重缺失。令人感叹不已的是，与这个现象并存的是中国金融化程度迅速提高，金融服务总量已经开始超越"适度"的警戒线。

一边是金融资源过剩，另一边是金融资源不足，中国金融服务供给与需求的金字塔完全倒置，形成严重的结构失衡，表现为越来越严重的两难现象，即"企业多，融资难；储蓄多，投资难"（郭树清，2012）。按照前文的数据，金融部门贷款利率高于

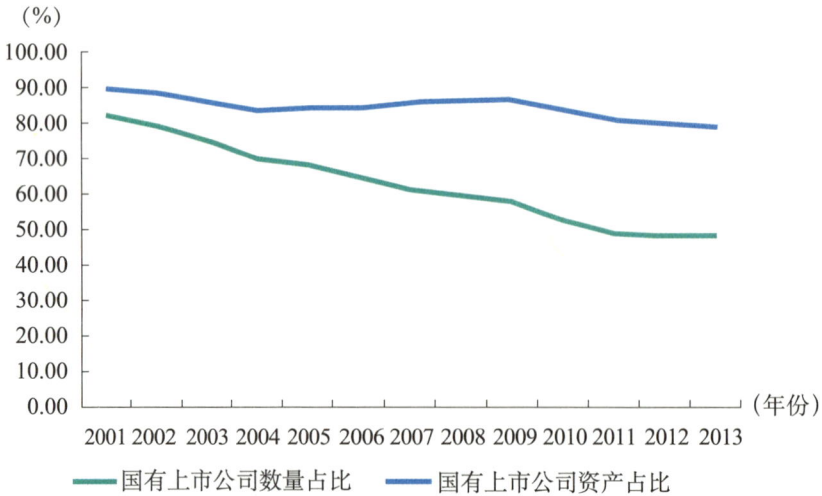

图 1-2　国有上市公司占比

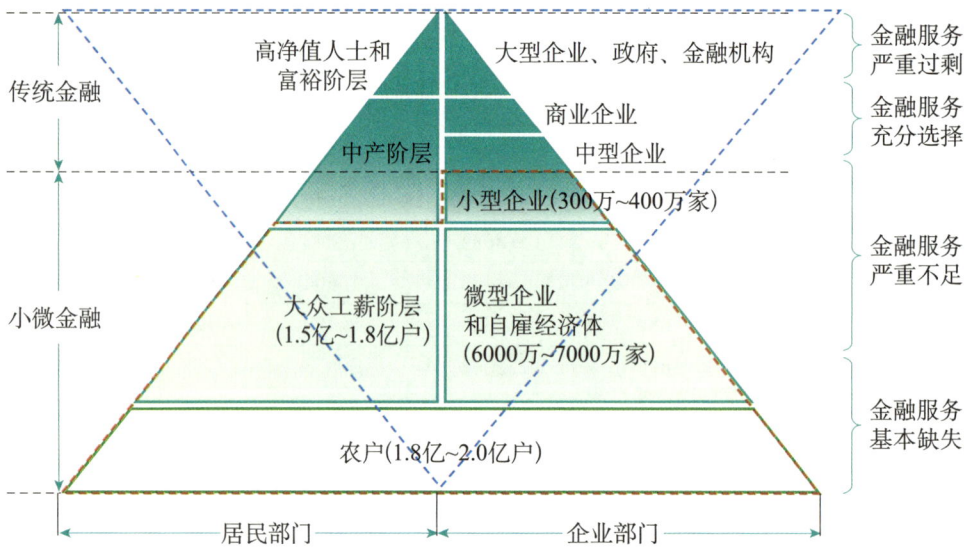

图 1-3　中国金融服务供给与需求不对称结构描述

资料来源：郑自强（2014）。

企业毛利，已经到了金融"吃"实体企业的程度，可谓融资贵；最具有发展活力、创新活力的中小微企业缺少金融服务，可谓融资难。中国金融发展的滞后已经阻碍了社会创业、创新的发展，制约推动经济发展的双引擎运转，对经济发展产生了负面影响。显然，无法用"好"来评价中国目前的金融。

（四）为什么会出现"不好"的金融

按照我们的定义，无论金融供求总量还是结构失衡，都是"不好"的金融。金融活动源于实体经济活动产生的支付、融资需求，金融供给需要根据实体经济的金融需求进行总量和结构调整，在调整中实现供求均衡。按照古典经济学的观点，调整的手段是市场，通过价格和竞争实现金融服务供求均衡。正是在这个意义上，经济学家提出金融深化理论，希望在金融落后的发展中国家推进金融自由化以调节金融供求失衡。但由于垄断、外部性、信息不完全和存在公共物品领域，市场这只"无形之手"会调节失灵。大量事实证明，即便市场化程度高的国家，也会出现金融过度、金融危机问题。当市场"无形之手"调节失灵时，需要政府这只"有形之手"给予补充，这是新古典经济学的基本思想。但无论市场"无形之手"调节还是政府"有形之手"调节，最终是要实现金融服务的供求均衡，实现金融资源合理、公平配置。如果调整不到位，"不好"的金融就出现了。

中国长期实行较严格的金融管制，依赖政府"有形之手"调节金融供求，市场"调节之手"远远没有发挥作用，金融"不好"自然与政府调节失灵有关。政府"有形之手"调节不到位具体表现在：①调节金融资源时过度关注大型国有企业，以及大型工业、基础建设的金融需求，没有随经济结构变化和民营经济发展及时调整金融干预政策，导致大型国有企业、工业制造业金融资源供给过度，中小微企业、农业和服务业金融资源供给严重不足。②金融管制过度，金融垄断和价格管制限制了金融资源的自由流动，同时市场调节力量太弱，无法充分发挥随经济结构变化自动调整金融资源供给的能力。长此以往，导致服务于大型工业企业的大型国有银行处于垄断地位，为中小微企业服务的中小银行和其他金融组织被边缘化。随着中国经济的转型，以及信息技术和其他高科技推动大众创业、创新发展，这种金融供求结构扭曲的问题更加严重。

2012 年以来互联网金融在中国的迅速崛起，恰恰是对金融体系缺陷的弥补，是依靠市场力量调整金融资源的错配问题。其发展速度之快、规模之大，也在一定程度上反映了中国金融压抑和金融结构失衡问题之深。

（五）怎样实现好金融

按照我们的分析逻辑，实现好金融必须建立一种有效调节金融资源的机制，使金融服务的供给在总量和结构上能够及时满足实体经济对金融服务的需求，无论用市场的"无形调节之手"，还是政府的"有形调节之手"。好的制度建立了，才能使金融资源均衡配置得到保证，实现金融资源配置的合理和公平。根据中国的情况，建立有效调节机制的重点应该是放松金融管制，加大市场的调节力度，当然，前提必须是努力做到法律完善和执法公正。

实现好金融的路径有很多，但是根据中国当前的金融结构，无论通过哪一种调节手段，都必然或者必须使金融资源向中小微企业和自就业群体（包括农户）倾斜——

这意味着普惠金融在中国的崛起。

四、普惠金融：以好金融助益实现好社会

（一）普惠金融与金融权利平等

联合国在"2005 国际小额信贷年"的宣传中，提出了普惠金融（Financial Inclusions，也译为包容性金融）的概念，并将其定义为能有效、全方位地为社会所有阶层和群体提供服务的金融体系。普惠金融的理念是满足所有需要金融服务的人的需要，强调如同人权平等一样的金融权平等，消除金融歧视（焦瑾璞，2009）。按照普惠金融，金融服务包括支付结算、储蓄、融资、理财、保险等内容，普惠金融意味着每一个具有能力、符合标准的个人、家庭和企业有权利获得相应的金融服务。

普惠金融最初的形态是小额信贷和微型金融，经过多年的发展，已基本涵盖了储蓄、支付、保险、理财和信贷等金融产品和服务。无论提供哪种金融服务，普惠金融都致力于帮助处于社会中低阶层的公民提升自身能力，提高收入水平和生活质量。普惠金融理念自提出以后，迅速得到各界人士的认同，成为遍及全球的运动。2011 年，国际著名的普惠金融中心（CFI）发起普惠金融 2020 运动，将为受传统金融歧视的全球个人、家庭、企业提供价格合理、使用便捷、维护尊严、改变生产与生活命运的金融服务纳入时间计划，通过动员政府、企业、社会公益组织的联合参与，最终消除金融歧视，实现全球范围内的金融普惠①。

（二）普惠金融的经济价值和社会价值

因为市场的不完善性和政府干预的局限性，金融供给调整总是滞后于经济体自身变化导致的金融需求变化，只不过依调节机制的效率高低，滞后程度有所不同而已。这个差异导致了不同社会经济体以及同一经济体在不同时期的金融偏离供求均衡的程度，或者说偏离好金融的程度。因此在任何一个经济体中，永远存在金融供求均衡—失衡—均衡的动态变化，表现为均衡的暂时性和失衡的常在性，区别只是均衡实现的快慢和程度。按照这个道理，无论哪一个经济体，总是存在金融供求失衡状态下被主体金融（或者说传统金融）忽略掉的社会群体。普惠金融存在的意义，在于专门服务于被传统金融忽略、排斥的群体。

因此，普惠金融存在的经济价值，在于帮助调整金融供求失衡，尤其是金融结构的供求失衡，以实现好金融；普惠金融存在的社会价值，在于帮助社会的弱势群体获

---

① http：//www.centerforfinancialinclusion.org/fi2020。

得金融服务，消灭金融歧视，公平实现金融权，促进社会和谐发展，以实现好金融。总之，无论从经济的角度还是社会的角度评价，普惠金融都是当之无愧的好金融。

（三）普惠金融与经济包容性增长

必须强调的是，普惠金融的"惠"，并不等于给予、赠予的"恩惠"，而是受惠者得到金融服务的"实惠"，以助其改变经营条件从而提高生活质量（白澄宇，2008）[①]。因此，普惠金融不是慈善捐赠，是通过"授人以渔"，而非"授人以鱼"，为受传统金融歧视的个人、家庭、企业提供价格合理、使用便捷、维护尊严的金融服务，助其提升能力和生活质量。在这个过程中，普惠金融组织以其独特的运作方式，克服由于信息不对称带来的信贷障碍，在实现金融普惠的社会效益的同时，实现自身财务收益和可持续发展。

从本质上看，普惠金融致力于让普天下有金融需求的群体获得与其能力相匹配的金融服务的做法，帮助所有个人和群体具有公平获取经营资源的权利、公平把握创造财富机会的权利。这个做法的实质是帮助人们获得公平发展而致富的权利。在这个意义上，普惠金融除了消除金融歧视、实现金融平等以外，更重要的价值在于促进经济的包容性增长和社会和谐发展。

普惠金融以金融资源公平配置来推动社会包容性增长，有助于从本源上消除贫困。托马斯·皮凯蒂在《21世纪资本论》中提出资本主义社会中财富收入的增长快于劳动收入的增长，因而有钱人会更有钱、富者会更富的观点过于静态，没有考虑创业、创新者财富积累的能力。普惠金融通过帮助金融资源公平分配，推动社会群体实现在创业、创新机会上的公平，从而实现财富积累公平的做法，是从源头帮助消除贫富两极分化。与税收、福利制度等社会财富二次分配等均贫富的做法相比，前者更加积极主动，后者偏于消极被动；前者尽现对人的创造力的激发与尊重，后者尽含对弱者的怜悯与施舍。

斯蒂格利茨说过，"虽然我们永远不能创造出一种完全机会平等的制度，但我们至少能够创造出更多的机会平等"。人类的发展具有一种要求逐步摆脱先天束缚的倾向。普惠金融正是通过为弱势群体提供金融服务并激发其自尊，来为他们创造机会平等，并实现普惠金融的社会理想：让穷人过上有尊严且自由的生活。因此，我们可以将普惠金融对社会和谐发展的贡献进一步总结为：在致力于金融公平中推动包容性增长，在包容性增长中实现社会公平。

---

① 白澄宇. 全面小康与普惠金融的中英文翻译问题［EB/OL］. http://blog.sina.com.cn/s/blog_4b35d1f801008koi.html，2008.

（四）普惠金融与"中国梦"

尽管人们对"中国梦"有多种理解，但实现一个和谐包容、稳定发展的社会始终是国人共同的梦想。

2011年以来中国经济发展减速，逐渐进入经济结构调整的"新常态"，曾经推动经济高速增长的"出口与投资"双引擎被"大众创业、万众创新，以及公共产品服务"替代。"双创"正在成为推进中国经济增长的重要动力。著名政论家周瑞金（2009）在《民间动力：中国改革发展的希望》一文中指出，中国改革发展的真正动力源自民间，化解经济危机的重要力量源自民间。民间的力量是巨大的，正如种子，让我们看到了自由生长的力量，也让我们看到自然自发的秩序怎样丰富我们周遭的世界。无论遭遇怎样的酷暑严寒，民间社会终还是那片让一切文明赖以生根发芽、开花结果的大地。

普惠金融在释放民间力量、帮扶创新创业方面具有得天独厚的优势。它"接地气"、"草根式"的金融服务天然地与社会群体息息相关，休戚与共。因此，普惠金融之于中国，还具有支持经济发展引擎、推动经济增长的国家战略意义，是促进中国经济长期繁荣、实现"中国梦"的重要力量。

综上所述，无论从公平的角度，还是从发展的角度，普惠金融当之无愧是平衡金融供求的重要力量，是通过践行金融公平缩小贫富两极分化、推动社会和谐发展的重要力量，当然也是帮助实现好社会的好金融。

【结语】

"草色遥看近却无"。历史的波澜壮阔，无不源于日常的积累与生长。普惠金融更像是"后院里的革命"，虽然悄无声息，却在一点一滴哺育着这个社会。小河有水大河满，这个世界最可赞美者，莫过于沃野千里，满目生机。虽然普惠金融在中国还有很长的一段路要走，但是它正朝着正确的方向前进。

我们相信普惠金融有助于创造一个更具活力和更有效率的经济，以及一个更好的社会——更多的资源与机会转向社会中底层群体。我们愿意成为这一充满希望的金融实践的践行者和守望者。

虽然可能微不足道，但普惠金融正在改变世界。

主要参考文献：

[1] Allen F. and D. Gale. Comparing Financial Systems [M]. Cambridge, MA：MIT Press, 2000.

[2] Beck T.，Levine R.，Loayza N. Finance and the Sources of Growth [J]. Journal of Financial

Economics，2000，58（1）：261 - 300.

［3］Beck T.，Levine R. A New Database on Financial Development and Structure ［M］. World Bank Publications，1999.

［4］Goldsmith，Raymond. Financial Structure and Development ［M］. New Haven，CT：Yale U1 Press，1969.

［5］Hellman T.，Murdock K. and Stiglitz. Financial Restraint：Towards a New Paradigm. Aoki，Masahiko et al. The Role of Government in East Asian Economic Development：Comparative Institutional Analysis ［M］. Oxford：Clarendon，1997.

［6］Islam and Joseph Stiglitz，Shaken and Stirred. Explaining Growth Volatility ［Z］. Annual World Bank Conference on Development Economics，2000.

［7］Jean-Louis Arcand，Enrico Berkes and Ugo Panizza. Too Much Finance? ［Z］. IMF Working Paper，2012.

［8］King R. G.，Levine R. Financial Intermediation and Economic Development ［J］. Capital Markets and Financial Intermediation，1993：156 - 189.

［9］Kindle Berger，C. P.，Manias. Panics and Crashes：A History of Financial Crises ［M］. New York：Basic Books，1978.

［10］Levine R.，Loayza N.，Beck T. Financial Intermediation and Growth：Causality and Causes ［M］. World Bank Publications，1999.

［11］Levine R.，Zervos S. J. What We Have Learned About Policy and Growth from Cross-country Regressions? ［J］. The American Economic Review，1993：426 - 430.

［12］Levine R.，Loayza N.，Beck T. Financial Intermediation and Growth：Causality and Causes ［J］. Journal of Monetary Economics，2000，46（1）：31 - 77.

［13］Levine R.，Zervos S. Stock Market Development and Long-run Growth ［J］. The World Bank Economic Review，1996，10（2）：323 - 339.

［14］Minsky H. P. The Modeling of Financial Instability：An Introduction ［A］//Modelling and Simulation，Vol. 5，Proceedings of the Fifth Annual Pittsburgh Conference，Instruments Society of America：267 - 272.

［15］Schumpeter J. The Theory of Economic Development ［M］. Cambridge，MA：Harvard University Press，1912.

［16］Tobin J. On the Efficiency of the Financial System ［J］. Lloyds Bank Review.

［17］Wen Cao，Yongmin Chen，Zhiyong Yao. SOEs as Intermediation：Leakage Effect under Financial Repression ［Z］. Working Paper.

［18］陈志武. 金融的逻辑 ［M］. 北京：国际文化出版社，2009.

［19］C. K. 普拉哈拉德. 金字塔底层的财富 ［M］. 北京：中国人民大学出版社，2005.

［20］程承坪，程鹏. 国有经济比重与中国经济增长波动的关系研究 ［J］. 湘潭大学学报，2014（5）.

［21］邓小平. 视察上海时的谈话 ［A］//邓小平文选（第三卷）. 北京：人民出版社，1993.

［22］郭树清．不改善金融结构中国经济将没有出路［J］．国际经济评论，2012（4）．

［23］黄达．金融经济学［M］．北京：中国人民大学出版社，2012．

［24］焦瑾璞．建设中国普惠金融体系——提供全民享受金融服务的机会和途径［M］．北京：中国金融出版社，2009．

［25］约瑟夫·E.斯蒂格利茨．不平等的代价［M］．北京：机械工业出版社，2014．

［26］李克强．2015年政府工作报告．

［27］林毅夫，孙希芳，姜烨．经济发展中的最优金融结构理论初探［J］．经济研究，2009（8）．

［28］拉古拉迈·拉詹．断层线［M］．北京：中信出版社，2011．

［29］罗伯特·希勒．金融与好的社会［M］．北京：中信出版社，2012．

［30］迈克尔·桑德尔．公正［M］．北京：中信出版社，2012．

［31］杨再平．论我国金融体系的结构问题［J］．管理世界，2002（4）．

［32］王岐山．王岐山强调保持金融稳健运行［N］．中国证券报，2010－07－09．

［33］郑杭生．社会学概论新修［M］．北京：中国人民大学出版社，2009．

［34］周瑞金．民间动力：中国改革发展的希望［J］．当代社科视野，2009（4）．

第二章　普惠金融概述

【摘要】普惠金融是一个能够有效地、全方位地为社会所有阶层和群体提供服务的金融体系，旨在让每一个人都有获得金融服务的机会，尤其注重对被传统金融忽视的农村地区、城乡贫困群体和小微企业发挥"雪中送炭"的作用。那么，如何构建一个功能有效、稳定运行的普惠金融体系是摆在我们面前的首要问题。本章将从全球与中国的视角，总结回顾普惠金融的发展历程和国际经验，系统梳理中国普惠金融的起源，探究当前中国普惠金融发展的制约因素，并在此基础上提出中国普惠金融的发展趋势。

一、概念与特征

（一）普惠金融的概念

普惠金融（Inclusive Finance）是当前全球经济与社会发展的一个新热点，不仅涉及金融业态多样化和金融服务均等化，更与互联网等新技术带来的产业变革及社会重构相关。但由于普惠金融本身的多样性和探索性，其基本概念在过去几十年处在不断变化与演进中。不同主体从不同维度对普惠金融进行阐述，导致普惠金融的内涵及其指代或强调的金融产品或服务也不尽一致。在思考并规划中国普惠金融的现状与未来时，需要清晰梳理普惠金融的概念与特征。

亚洲开发银行（2000）通过总结过去十几年间微型金融活动的经验后指出，普惠金融在一定时期内持续性地向贫困人口提供多种金融服务，能够推动金融系统及全社会的进步，并认为普惠金融是指向穷人、低收入家庭及微型企业提供的各类金融服务，包括存款、贷款、支付、汇款及保险。英国国会下议院财政委员会（2004）认为，普惠金融是指个人获得合适的金融产品和服务，这些金融产品或服务主要包括人群可负担的信贷和储蓄。

2005 年，联合国在推广"国际小额信贷年"时第一次明确提出"普惠金融体系"（Inclusive Financial Sector）的概念，其基本含义是：一个能有效地、全方位地为社会所有阶层和群体——尤其是贫困、低收入人口——提供服务的金融体系。同时，明确了普惠金融体系的四大目标：一是家庭和企业以合理的成本获取较广泛的金融服务，包括开户、存款、支付、信贷、保险等；二是稳健的金融机构，要求内控严密、接受市场监督及健全的审慎监管；三是金融业实现可持续发展，确保长期提供金融服务；四是增强金融服务的竞争性，为消费者提供多样化的选择。2006 年，联合国在《建设普惠金融体系蓝皮书》中又一次提出普惠金融的内涵，认为普惠金融是指将以往被忽视的小微企业、城镇低收入群体和农村贫困人口都纳入其体系，让不同的机构分别为不同的客户群体提供差异化的金融服务和产品，让每个人都拥有平等获得金融服务的权利。

世界银行扶贫协商小组（CGAP，2006）形成了普惠金融体系的框架性概念，指出普惠金融体系是通过不同渠道、为社会所有群体提供金融服务的体系，特别是那些广大的一般被正规金融体系排除在外的贫困和低收入群体，应向其提供差别化的金融服务，包括储蓄、保险、信贷和信托等，其内涵是让所有的人特别是穷弱群体享有平等的金融权利。

联合国资本开发基金（UNCDF，2006）认为普惠金融应该包含以下内容：对于所有的家庭和企业来说，能以合理的成本获得合理范围内的金融服务，包括储蓄、长期和短期贷款、租赁、保理、抵押、保险、养老金、支付以及当地资金转账和国际汇兑；参与普惠金融的机构需要有健全的内部管理体系、行业业绩标准、市场监管以及审慎的法律规范；参与普惠金融的机构需要持续性地提供金融产品和服务；金融产品和服务的供应商需要基于成本效益原则为客户提供选择方案。

印度普惠金融委员会（2008）认为，普惠金融确保弱势群体和低收入阶层以低廉的成本获得金融服务和及时、足额的信贷。2009 年，墨西哥银行与证券业监督委员会在《普惠金融报告（1）》中对普惠金融的定义是：在适当的监管框架下，绝大部分成年人能够获得并使用金融产品和服务，清晰准确地获取相关信息以满足其对金融服务和产品日益增长的需求。普惠金融联盟（AFI，2010）[①] 相关材料认为，普惠金融将被金融体系排斥的人群纳入传统金融体系。

截至目前，我国仍没有一个官方的关于普惠金融的准确定义，但越来越多的学者开始关注并推行普惠金融的理念和实践，它已经被提升到了国家层面，在中共十八届

---

① 截至 2015 年 5 月 19 日，AFI 共有来自 96 个国家的 125 个成员机构。中国人民银行、中国银行业监督管理委员会均为 AFI 成员机构。

三中全会报告中提到了要建立普惠金融体系。中国人民银行研究局副局长焦瑾璞于2006 年 3 月在北京召开的亚洲小额信贷论坛上，正式使用了"普惠制金融体系"的概念，将小额信贷作为建设普惠金融体系的重要组成部分。之后，在他所著的《建设中国普惠金融体系——提供全民享受现代金融服务的机会和途径》（2009）一书中，详细阐述了普惠金融的基本含义，他认为普惠金融应理解为可以让社会成员普遍享受的，并且对落后地区和弱势群体给予适当优惠的金融体系，包括金融法规体系、金融组织体系、金融服务体系和金融工具体系，其中，金融服务中的信贷支持是核心内容。"普"强调享有金融服务是所有人生来就应该被赋予的"平等的权利"，"惠"体现了普惠金融体系的内涵不是"输血式"的救济和施舍，而是"造血式"的、让所有人都得到金融服务的实惠。

原中国人民银行副行长吴晓灵（2013）认为，普惠金融的核心是让每一个人在具有金融需求时，都能够以合适的价格，享受到及时的、有尊严的、方便的、高质量的金融服务，具体包括三个方面的内容：一是普惠金融包含政策层面的监管与监督；二是普惠金融对于普惠金融机构的财务报告和信息披露有一定的要求；三是普惠金融对客户层面要有公平的定价。中国人民银行行长周小川（2013）认为，普惠金融是指"通过完善金融基础设施，以可负担的成本将金融服务扩展到欠发达地区和社会低收入人群，向他们提供价格合理、方便快捷的金融服务，不断提高金融服务的可获得性"，其目标包括：一是家庭和企业以合理的成本获取较广泛的金融服务，包括开户、存款、支付、信贷、保险等；二是金融机构稳健，要求内控严密、接受市场监督以及健全的审慎监管；三是金融业实现可持续发展，确保长期提供金融服务；四是增强金融服务的竞争性，为消费者提供多样化的选择。

尽管各国在推进普惠金融发展上进程不一，各国际组织给出的普惠金融概念所涵盖的范围也不尽相同，但其核心是一致的，即强调通过完善金融基础设施，以可负担的成本将金融服务扩展到现有（传统）金融服务未能惠及的人群，向他们提供价格合理、方便快捷的金融服务，全面提高金融服务的可获得性。从另一个角度理解，那些没有被传统金融服务惠及的群体，也是被传统金融排斥的群体。

由于金融发展和金融结构的变化会使被传统金融排斥的群体发生变化，同一个经济社会、不同时期中普惠金融服务的对象会发生变化，不同经济社会中普惠金融的服务对象也会有所差异。因此，普惠金融服务的对象群体不是一成不变的，但无论怎样变化，该群体的共同特征都是"被传统金融排斥"。

综上所述，鉴于现阶段中国的情况，普惠金融是指立足机会平等和商业可持续原则，在成本可负担的前提下，以包括"三农"、中小微型企业、个体工商户、社会低收入人群、创业和失业人群、特殊群体（如残疾人）等在内的需要金融服务的群体为服务对象，通过合理的价格，有效、全方位和持续地提供及时的、方便的、差别化的金融服务，以实现金融资源供求平衡，缩小贫富两极分化，推动社会和谐发展的金融体系。具体来讲，普惠金融的内涵应该包括以下三点：

（1）普惠金融是一种经济理念。普惠金融在那些传统商业蹒跚不前的地方扩大了金融市场的规模，丰富了金融市场的层次和产品，更多地惠及被传统金融忽视、排斥的群体，帮助调整金融资源供求失衡，尤其是金融结构的供求失衡，使金融服务总量和结构能够满足社会经济发展需求，助力实体经济发展，以实现好金融。

（2）普惠金融是一种创新安排。普惠金融理念的首要特征是市场的创新，即普惠金融越过传统大银行关注的客户市场，发现银行服务不足的客户市场，开拓出新的领域，用新的商业模式为贫穷的人提供服务。除了市场创新之外，普惠金融也体现了制度、机构、技术、产品和服务等方面的创新，尤其是技术创新，通过数字技术（我国叫互联网金融），用跳跃式的方式为穷人提供金融服务，降低融资成本，提高便利性，不断扩展金融服务的覆盖面和渗透率，让每个人都能获得便捷的商业可持续的金融服务。

（3）普惠金融是一种社会思想。人人应该享有平等的金融服务的权利，无论是穷人还是富人。普惠金融服务于那些被传统金融所排斥的人群，特别是无法便利地获得金融服务的弱势群体、弱势企业、弱势产业、弱势地区，消灭金融歧视，公平实现金融权，缩小贫富两极分化，促进社会和谐发展，以实现好金融，助益好社会。

（二）普惠金融的特征

普惠金融的理念是满足所有需要金融服务的人，包括所有地区的穷人和富人。所有有金融需求的人都可以平等地享受金融服务。普惠金融的前身和最初实践，与一些国家在最近几十年所创新的"小额信贷"和"微型金融"有着密切联系。不过，与"小额信贷"相比，普惠金融不仅包含了贷款，还包含了储蓄、保险和支付结算等金融服务；与"微型金融"相比，普惠金融不仅包含小额信贷公司、农村信用合作社和乡村银行等微型金融机构，还包括大型商业银行等传统意义上正规的金融部门。总体来看，普惠金融的宗旨是将微型金融融入主流的金融体系，更好地发挥微型金融的潜力。具体而言，在普惠金融的概念当中有如下几个特征：

1. 普惠金融金融权利的公平性

人生而平等，无论是穷人还是富人，都应该被赋予平等地享受金融服务的权利，包括获得储蓄、贷款、保险、转账、投资等一系列全面的、适合他们的金融服务。然而，世界上绝大多数国家，特别是发展中国家，如中国，由于现实中的种种原因，金融市场中的供给者和需求者（尤其是穷人和微小型企业）之间出现了缺口，众多贫困人群被排除在正规金融市场之外。绝大多数穷人没有自己的储蓄账户，不能从正规的金融机构获得贷款，很少通过金融机构进行支付或领取报酬，甚至很少进入正规金融机构的营运场所。他们只能借助于非正规金融途径，如亲友间的私人贷款、高利贷等，这些金融服务一方面往往是不可持续的，另一方面往往需要支付高昂的代价或接受苛刻的条件。

在过去的几十年里，小额信贷和微型金融的成功已经证明了贫困人口有能力消费金融产品并成为金融机构可能的、具有吸引力的消费者。微型金融为扶贫融资设立了很多强大的金融机构，取得了一定的成就。但是，凭借单个微型金融机构或小额信贷机构的力量，无法实现大规模地、持续性地向更加贫困的人群和更加偏远的地区提供金融产品和服务。在一个理想的金融体系——普惠金融体系中，所有群体包括贫困人口、低收入家庭和小微企业等都能够享用不同金融机构通过不同金融渠道提供的各种金融产品和金融服务，真正实现所有人平等地享受金融服务。可见，普惠金融给弱势群体提供了一个获得社会救助之外享受经济发展成果和改变自己命运的机会，这体现了"好金融与好社会"的主题思想，强调了金融权利的公平合理性。

2. 普惠金融服务对象的包容性

金融不能仅服务于富人，也应该对弱势群体提供其所需的金融服务。普惠金融主要服务于那些被传统金融市场排除在外的群体，这一群体具有一些共同的特点：贫困、收入较低、居住在偏远地区，得不到传统、正规的金融服务；绝大多数企业和个人都有信用，能够按时偿还贷款，但得不到银行贷款；有收入，能够支付所需要的保险金，但得不到保险服务；希望有安全的地方储蓄资金和积累财产，通过可靠的方式从事汇兑和收款。在普惠金融体系下，其服务对象包括所有居民和企业，特别是低收入群体和中小微型企业，具体主要包括以下三类：三农（农村、农业和农户）、部分企业（中小微型企业和个体工商户）、城市贫困人群（低收入人口、创业和失业人群），具体如表2-1所示。他们依靠现有资金和途径无法满足其资金需求，迫切需要普惠金融机构向其提供更为广泛、更加方便、价格合理、持续性的金融产品和金融服务。

表2-1 普惠金融中的信贷服务及服务对象

服务对象		主要信贷需求	满足信贷需求的主要方式
"三农"	农业	农业技术改造、农业生产要素投资、农业公共产品投资	商业信贷、合作金融、政策金融、民间金融
	农村	农业专业合作社、农田水利、农用机具、农村建房	商业信贷、合作金融、政策金融、民间金融
	农户	小规模种养业贷款需求、专业化规模化生产和工商业贷款需求、生活开支	自有资金、民间小额贷款、合作金融、政府扶贫资金、政策金融、少量商业性信贷

续表

服务对象		主要信贷需求	满足信贷需求的主要方式
企业	中型企业	面向市场的资源利用型生产贷款需求	自有资金、商业性信贷、政策金融、小额信贷
	小型企业微型企业	启动市场、扩大规模	自有资金、民间金融、风险投资、商业信贷、政策金融、小额信贷
	个体工商户	资金周转、扩大经营规模	自有资金、民间金融、商业信贷、政策金融、小额信贷
城市贫困群体	低收入人口	生活开支	民间小额贷款、小额信贷、政策金融、合作金融
	创业和失业人群	生活开支、创业资金贷款需求	政府创业补贴、民间小额贷款、商业性小额信贷、政策金融、合作金融

3. 普惠金融服务群体的可变性

按照定义，普惠金融服务的是被传统金融忽略的那部分群体。被忽略的原因，可能是相对于其他群体来说，为这个群体提供金融服务的成本太高、风险太大，缺乏足够的经济收益。但严格地说，成本、风险、收益都具有相对性。随着金融竞争激烈程度、利率管制放松程度、金融机构业务流程调整程度等诸多因素的不同，成本、收益、风险也会发生变化。由于一个国家金融供求均衡程度（总量均衡与结构均衡）、金融去管制程度等影响金融竞争和金融价格变化的基础因素会随经济发展而改变，传统金融惠顾的群体以及忽略的群体也会发生变化。从目前看，发展中国家被传统金融忽略的群体主要是低收入群体、小微企业，我国被传统金融忽略的群体主要是"三农"、中小微企业、低收入群体。但随着金融市场化程度的加深，这个群体的内容注定会发生变化。因此，不能用静止的眼光界定普惠金融的服务群体，普惠金融的服务群体不应该是一成不变的，而是会随着金融供求均衡状态的变化而改变。

4. 普惠金融服务产品的全面性

普惠金融最主要的产品是小额信贷，小额信贷首先满足特定群体实现生产经营和自我发展所需要的资金，通过资金支持帮助特定群体具备自我提升的能力。这部分是经营性信贷，主要提供给企业主、创业者和自就业者。小额信贷其次满足特定群体的消费性信贷需求，但前提是具备偿还能力。在这个意义上，普惠金融提供的消费性贷款绝不等于政府扶贫救助。除小额信贷以外，普惠金融还提供包括储蓄、保险、转账汇款、代理、租赁、抵押和养老金等在内的全功能、多层次的金融服务，其服务范围远远超过传统小额信贷的贷款业务，如图2-1所示。为此，普惠金融对良好的金融基础设施和金融系统、对专业技术支持有很大需求。随着技术进步和金融创新的不断发展，普惠金融产品的种类会更加多样化，金融服务的质量会日益提高，金融服务和金融产品的成本也会不断降低，普惠金融服务的效率和质量也会因此提高。

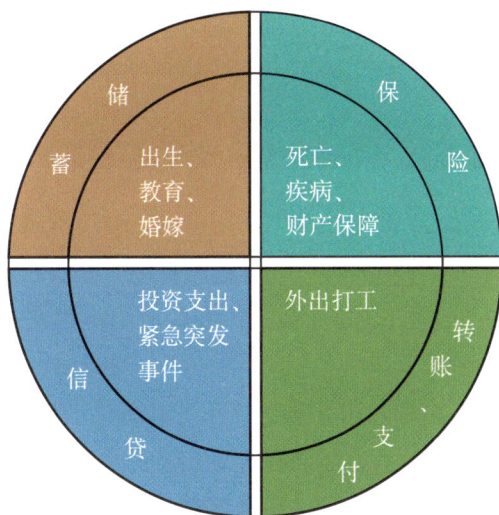

图 2 - 1 普惠金融提供的金融服务

5. 普惠金融参与主体的广泛性

随着"互联网＋"时代的到来，普惠金融离社会大众越来越近，人们参与金融服务的门槛迅速降低，快速便捷的小额理财和小额贷款将普惠金融推向一个前所未有的高度，普惠金融最终将建立最为包容的广泛金融体系。互联网金融作为普惠金融的重要内容和实现手段，将在支付、信贷、理财等领域的重塑中发挥重要作用，可见普惠金融的参与主体将发生较大变化，不仅包括金融机构，而且还包括成千上万的大众。一方面，传统商业银行将在手机银行、网络银行、微银行等方面不断完善和创新；另一方面，社区银行、村镇银行、各类小额信贷机构、小微金融投资机构和较为成熟的创新型互联网金融企业也将日益发挥重要的作用。随着参与主体的逐渐增减，电商介入模式、互联网企业介入模式、银行结算的第三方支付模式、P2P模式、众筹模式等都将在普惠金融中占据一席之地。

6. 普惠金融商业模式的可持续性

20 世纪末的亚洲金融危机，紧随其后的美国次贷危机，都使得国际金融市场动荡不堪。这些金融危机给世界经济造成的巨大损失和深远影响都让人们深刻认识到，传统金融面临很多问题，既不能满足经济的高速发展，也越来越难以为继。作为更先进的金融理念——普惠金融，它更加重视那些被传统金融排斥在外的贫困群体、中小微企业、农村地区及偏远地区的金融需求，为金融业的发展赢得了更为广阔的盈利空间和业务空间。普惠金融不同于传统的扶贫救助模式，并不只是局限于帮助弱势群体，而是强调引导整个金融体系全面参与，均衡配置社会资源，满足各个层面客户的金融需求，实现长远的可持续发展。

二、发展历程

（一）普惠金融萌芽阶段：小额信贷形成时期（15 世纪至 20 世纪 70 年代）

普惠金融的理念并非是 21 世纪才产生的新事物。通过考察世界经济的发展史可以发现，普惠金融的发展萌芽可以追溯到 15 世纪的欧洲，其后经历了漫长的与资本主义发展同步的探索和演变，很多国家的社会团体和政府组织都在探索为贫困和低收入群体提供各种金融服务的渠道。

15 世纪，意大利天主教堂通过建立典当行开展信贷业务为低收入群体提供服务，以此来抵制高利贷业务，减轻低收入群体获得金融服务的成本。随后，意大利典当行的小额信贷形式广受推行，并在当时的欧洲城市地区广泛发展起来。严格地说，这与今天的普惠金融有极大区别，仅在理念上相通：推进金融服务的均等化。可以说，当时的小额信贷最多算是一种普惠金融理念上的发展萌芽和实践上的幼稚探索，其范围和意义都有很大的局限，但却为现代普惠金融的发展奠定了理论基础，带来了实践经验。

到了 18 世纪，欧洲等地先后出现了一些以邮政储蓄金融等形式为低收入群体提供储蓄和支付结算等的金融服务，比较典型的代表是爱尔兰的"贷款基金"模式和德国的"社区储蓄银行"模式。18 世纪 20 年代，爱尔兰贷款基金成立，它利用社会各界捐赠的财物向贫困农户提供无息小额信用贷款。该模式在鼎盛时期已拥有大约 300 家基金，遍及爱尔兰，每年给 20% 的爱尔兰家庭提供贷款。爱尔兰贷款基金起初是一个慈善机构，逐步转型为可吸收存款的金融中介机构，随着政府对利率的管制，该模式逐渐失去优势，最终消亡。德国社区储蓄银行模式借鉴和改善了爱尔兰贷款基金模式，兼具慈善性与可持续性的功能，基于互助的原则，通过吸收当地居民的储蓄存款和积累金融资产的方式提高当地居民福利，在很大程度上替代了高利贷者，也弥补了弱势群体缺乏金融服务供给的不足。

从 19 世纪开始，亚洲、非洲及拉丁美洲中的许多国家将国有银行的服务对象扩展到更广的客户群体，对经济弱势群体给予倾斜，普惠金融理念上升到国家支持层面。1895 年，印度尼西亚人民信贷银行（BPR）成立，并成为印度尼西亚最大的普惠金融机构，有将近 9000 个分支机构。20 世纪初期，在拉丁美洲等地的新兴资本主义和殖民国家，也开始出现各种各样的存贷款机构。这些金融机构以促进农业部门现代化、激活存款、增加投资为目的，在许多方面开始形成现代意义的普惠金融初期探索。

20 世纪 50 年代至 70 年代，许多国家的政策性扶持小额信贷风靡一时，以低于市场的利率向贫困人群发放信贷，导致众多金融机构无法从贷款收益中弥补运营成本，形成了发展瓶颈。在此期间，现代制的金融体系开始建立，传统的小额信贷面临着更大的机遇和挑战，初步具有现代意义的普惠金融已经生根发芽。

（二）普惠金融发育阶段：小额信贷发展时期（20世纪70年代至90年代）

20世纪70年代初，世界各国的经济开始多样化发展，随着小额信贷形式的改变和覆盖对象的扩大，现代小额信贷开始迅速发展，这其中以非政府组织为代表的国际性机构和有关国家的国内机构发挥了重要作用。孟加拉国经济学家穆罕默德·尤努斯教授开展的小额信贷扶贫实验当时取得了巨大成功，形成了孟加拉乡村银行模式，得到世界各国的认可，特别是亚洲、非洲和拉丁美洲等地的欠发达国家纷纷效仿。它们根据自身情况创造了不同的信贷模式，如拉美的行动国际组织（ACCION International）、泰国的农业和农村合作社银行（BAAC）以及印度的自我就业妇女协会银行（SEWA）等。

20世纪80年代，小额信贷在理念和内涵上得到了进一步发展，打破了传统意义上扶贫融资的观念，不断改进创新，获得了全新的发展空间，实现了自身的盈亏平衡并保证了自身的可持续发展。这主要源于运行良好的小额信贷项目，事实表明，贫困人群（特别是妇女）的还款信用比普通商业贷款更好，同时贫困人群有能力负担小额信贷过程中的运营成本，从而在实践上支持了小额信贷的可持续发展。良好的还款率以及可持续发展，使得小额信贷真正开始了全球化实践，为其后的微型金融的发展打下了坚实的基础。

（三）普惠金融成长阶段：微型金融形成时期（20世纪90年代至21世纪初）

从20世纪90年代开始，越来越多的金融机构展开了金融实践，小额信贷在服务对象范围、产品范围及提供者范围方面均有所扩大，对贫困人群开始提供更全面、多层次的金融服务，由此，传统的小额信贷逐步过渡到为低收入客户提供全面金融服务的"微型金融"。微型金融既包括小额信贷，也包括储蓄、保险、转账、信托等在内的其他金融服务；既包括正规金融机构开展的微型金融服务，也包括那些非正规金融机构和个人开展的微型金融服务。

以孟加拉乡村银行为例，20世纪90年代起，该行的存款增速显著上升，1990～2000年，该行的存款规模从8.5亿塔卡上升至66.1亿塔卡，存款来源也逐渐多样化，会员存款占总存款的比重逐渐降低。贷款小组数量从1990年的17.4万个上升至2000年的50.3万个，同期会员数量从87万人上升至237.8万人。经过20多年的发展，微型金融取得了很大的成功，已经由金融体系的边缘成为主流，证明了贫困人口完全可以成为各类金融机构的服务对象，当代普惠金融服务开始走出狭义空间，进入真正多样化服务的探索时期。

（四）普惠金融发展阶段：互联网金融扩张时期（21世纪初至今）

21世纪以来，互联网和IT技术的高速发展为普惠金融提供了全方位的技术支持，随着小额信贷和微型金融覆盖范围的不断扩大以及正规金融机构不断进入发展瓶颈，金融机构迫切将竞争的重点转向新客户的开发和金融服务的快速到达，小额信贷和微型金融开始由零散化、线下化走上了集中化、线上化，形成了全球性的普惠金融发展新浪潮。

互联网金融正是在这一背景下应运而生的，充分发挥其透明性和快捷性的特点，降低交易成本，这说明互联网金融的普惠属性是与生俱来的。在互联网金融的模式下，小额信贷与微型金融市场的参与者迅速膨胀，各个阶层的经济主体都能借助互联网渠道实现金融产品的消费，实现各类金融交易，弥补了小额信贷和微型金融不能覆盖的领域和功能，有助于现代普惠金融体系的全面发展，从而推进现代金融体系的扩大化、平民化和人性化。

由普惠金融的发展历程可以发现，从最早小额信贷理念的提出，到现代互联网金融普惠性的深化，普惠金融都具有明显的时代特征。概念内涵不断丰富、表现形式不断创新、普惠程度不断扩大，形成了目前由"小额信贷"＋"微型金融"＋"互联网金融"组成的现代普惠金融结构。

三、国际经验

多年以来，普惠金融在世界各国获得了不同程度的快速发展，希冀以此来帮助那些被排斥在传统金融体系之外的穷人和微型企业获得更均等的金融服务，从而摆脱贫困。在发展中国家，孟加拉国针对乡村妇女的小额联保贷款模式、印度尼西亚针对小微企业的小额信贷模式以及巴西在偏远地区发展的代理银行模式等多种实践在普惠金融主体、对象和服务多样化等方面提供了很多可借鉴之处；在发达国家，美国的社区银行模式、P2P网络信贷模式等普惠金融实践在机构合作、法律监管和政策引导方面具有重要的参考意义。这些成功的具有代表性的普惠金融实践经验，对于中国普惠金融的发展具有重要的启示作用。

（一）发展中国家的普惠金融实践经验

发展中国家经济发展落后、金融市场发展不足、金融体系结构单一、风险管理能力差，因此，这些国家的微型金融机构往往由政府和非政府组织发起，在获得一定操作经验后，再开始商业化运作，自负盈亏，力图通过发展微型金融来改善民生，实现提高妇女社会地位、增加贫困人群子女的营养状况和教育程度等社会目标。

1. 孟加拉乡村银行模式

孟加拉国在普惠金融方面处于发展中国家的领先地位，其成功典范是孟加拉乡村银行（Grameen Bank，GB），又称"格莱珉银行"，是福利主义小额信贷的代表性机构。作为全球范围内推广农村小额信贷业务的先行者，GB 主要为农村贫困农户提供金融服务，特别是贫困妇女，贷款多采用无抵押、无担保、小组联保、分批贷放、分期偿还的方式，以支持小手工业等见效较快的生产性活动，在帮助穷人摆脱贫困方面积累了丰富的成功经验。

1976 年，穆罕默德·尤努斯（Mohammed Yunus）教授在孟加拉 Jobra 村开展小额信贷项目实验。1983 年，该项目在政府的支持下获准注册为正规银行，孟加拉乡村银行就此成立。GB 建立了层次分明的层级组织结构，以借款小组和乡村中心为运行基础，实行"总行—分行—支行—乡村中心"四级结构，每一级配备相关的工作人员，每个乡村中心由 5～8 个借款小组组成，每 5 人自愿组成一个借款小组，各级支行在财务上自负盈亏。

GB 的发展先后经历了第一阶段和第二阶段。在第一阶段，GB 实行小组贷款制度，采取连带责任和强制存款担保发放贷款。贷款期限为 1 年，贷款利率采取市场化定价原则，执行定期还款。小组内部贷款具有优先顺序，优先贷给最贫穷的 2 人，然后贷给另外 2 人，最后贷给组长。当借款小组中有一人违约，其他人就不能获得贷款。2002 年起，GB 开始推行更周到和更灵活的第二阶段：取消了小组基金，小组成员不再承担连带责任，可同时获得贷款，还款方式更加灵活，借款人可以提前偿还所有贷款，将无法按期偿还的贷款列入"灵活贷款"。

1997～2013 年孟加拉乡村银行贷款、存款和净利润情况如图 2-2 所示。

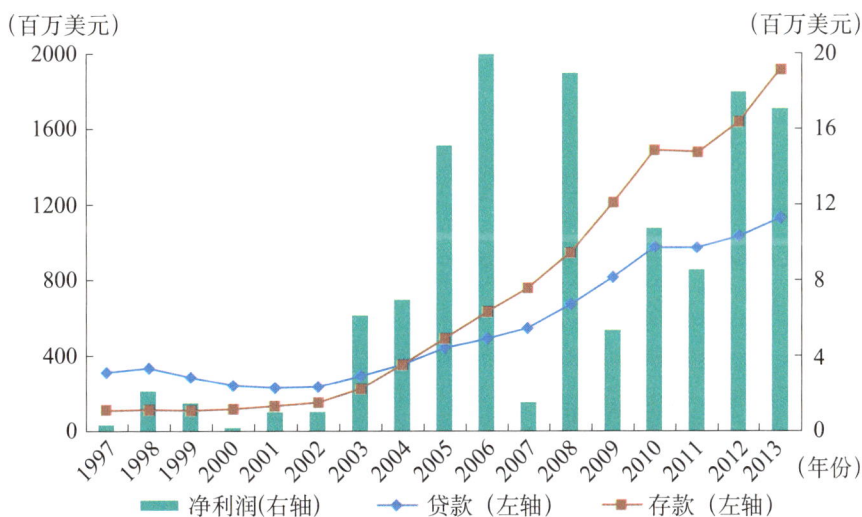

图 2-2　孟加拉乡村银行贷款、存款和净利润

截至 2015 年 6 月，孟加拉乡村银行共有 2568 个分支机构，覆盖 81390 个村庄，发展会员共计 868 万人，其中超过 96％为妇女，累计发放贷款 173 亿美元，并实现了 98.33％的偿还率①。由于其实践上的成功，GB 模式被复制到全球 100 多个国家和地区，帮助越来越多的贫困人口摆脱贫困。

2. 印度尼西亚人民银行乡村信贷部模式

印度尼西亚人民银行（Bank Rakyat Indonesia，BRI）乡村信贷部（Unit Desa，UD）是制度主义小额信贷的典型代表，是正规金融机构从事微型金融模式的先驱和典范。BRI 成立于 1895 年，是一家有着悠久历史的国有银行。从 1969 年开始，BRI 在全国设立了 4000 多个乡村信贷部，专门为印度尼西亚农村地区提供"绿色革命"贴息贷款，是目前世界上为农村提供金融服务的最大的国有商业性金融机构。

BRI－UD 模式下的农村小额信贷主要服务于农村地区收入较低但仍具有还款能力的中低收入个人或家庭，强调信贷员对借款人经营状况和家庭状况的现场调查。乡村信贷部下设地区人民银行、基层银行和独立营业中心。独立营业中心是基本经营单位，独立核算，可以自主决定贷款规模、期限和抵押，执行贷款发放与回收。机构内部建立激励机制，将每年经营利润的 10％在下一年度初向员工分配，以调动他们的积极性。实行商业贷款利率以覆盖成本，如果借款者在 6 个月内都按时还款，乡村信贷部将每月返还本金的 5％作为奖励，往后所获贷款数额将不断增加，贷款利率则可降低。实施动态存贷款激励机制，储蓄利率根据存款额确定，存款越多，利率越高。贷款客户的还款方式分为两种，客户可以选择在贷款期限内每月还款，或分 3 个月、4 个月、6 个月分期还款。BRI 乡村信贷部贷款需要抵押，但抵押品灵活多样，可以是农具、家具和地契。

3. 玻利维亚阳光银行模式

玻利维亚阳光银行（BancoSol）是由非政府组织的项目成功转型为专门从事小额信贷业务的私人商业银行，主要服务于城市小企业主和自谋职业者，是小额信贷由福利主义向制度主义转型的代表。BancoSol 成立于 1992 年，其前身是 1984 年成立的非营利性组织 PRODEM。该组织实行互为担保人制度，即小组中任何成员若有拖欠贷款，其他人都将承担偿还责任，因此贷款运作颇为成功。1992 年，已经拥有 1.7 万个顾客，贷款总额达 400 万美元，并拥有了四个分支机构。为了更好地给小微企业提供信贷支持，满足它们的融资需求，玻利维亚批准成立了玻利维亚阳光银行，消除其在提供贷款时受到的法律和金融限制。

与孟加拉乡村银行相同，BancoSol 也采取小组贷款的模式发放贷款。借款小组由

———————
① 格莱珉银行网站：http：//www.grameen-info.org/。

3~7人构成，小组成员可以同时获得贷款，但是只要一个成员违约，所有成员都将失去借款机会。现在，BancoSol已逐渐开始向个人发放贷款。BancoSol收取较高的贷款利率，以维持其财务可持续性，这一点与部分国家的做法不同，亦引起了一些争议。BancoSol在贷款期限、偿还方式上灵活多样。贷款人的还款记录被记入档案，信用良好的贷款人获得再次贷款的概率增加，贷款额度也随之提高，信用记录良好的个人可以获得10万美元以下的贷款，但超过5000美元的贷款需要抵押。作为小额信贷商业化的一个典范，BancoSol模式是继孟加拉乡村银行模式和印度尼西亚人民银行模式之后的典范，其商业化运作的成功，使小额信贷从财务不可持续逐步走向了财务的可持续。目前，玻利维亚阳光银行模式已被拉丁美洲多个国家效仿和借鉴。

4. 巴西代理银行模式

巴西国土范围广阔，大部分面积都是高原和草原，这使得大型商业银行在全国设立分支机构尤为困难，对于偏远地区和较为贫困的人群无法提供金融服务。为了解决这一难题，巴西政府提出了代理银行制度的理念，即在缺乏银行营业网点的偏远地区通过各种途径向有需求的客户提供金融服务的模式。在该模式下，商业银行与其他非银行机构，如药店、邮局和超市等实体店合作，将其发展为银行代理机构，通过代理机构代替银行向周边居民提供诸如存取款、小额贷款等金融服务，有效地扩大了金融服务的覆盖范围。

巴西代理银行模式很快在全国范围内得到推广，这样就有效地解决了边远地区金融服务覆盖率稀少的难题，使得银行的功能更加多元化和全面化，大大促进了居民的消费热情，刺激了小微企业的借款需求，拉动了国民经济增长。与此同时，政府也为巴西普惠金融的发展提供了政策支持和前期的资金保障。巴西代理银行模式比较成功的经验可以归结为：① 充分利用种类繁多的商业网点覆盖全国，大大增加了客户获得金融服务的便捷程度；② 深化了农村信用社与银行的业务对接，推进了农村信贷业务的推广；③ 政策上放宽经营网点代理提供金融业务和非银行机构提供业务的限制，有效地控制了运营风险和支付结算风险。政府出台了一系列鼓励支持银行发展代理机构的政策，使得金融服务更加透明化和合理化，降低了银行运营成本，拓展了金融服务范围。放宽业务限制以后，商店、邮局等网点从事金融服务的利润远大于银行的独立代理商的利润，如表2-2所示。巴西银行代理机构发展模式的成功鼓舞了周边国家（如秘鲁、哥伦比亚等国）的普惠金融实践。

5. 肯尼亚手机银行模式

肯尼亚作为非洲撒哈拉以南的一个国家，从全世界范围来看是属于人均收入水平较低的国家，其经济金融体系不够发达，金融机构分布不够广泛，金融服务难以满足需求。但由于该国手机用户数大大超过拥有银行卡的人数，移动支付成了解决该地

表2-2　巴西各类代理银行机构的交易量与利润

代理机构类型	平均每日交易量（笔）	平均每日佣金（美元）	每笔交易佣金（美元）	每日平均利润（美元）	利润率（%）
银行代理机构	170	48	0.28	3	6
商店	236	52	0.22	19	37
邮局	137	125	0.91	79	63

区贫困和资金供给不对称问题的重要方式，为发展中国家的普惠金融实践进行了探索性的尝试。移动支付作为一种灵活的金融服务方式，为人们日常转账、汇款和支付提供了极大的便利。非洲地区拥有全球接近80%的手机钱包人群，而肯尼亚的手机银行作为该地区最成功的案例能够为我国普惠金融与互联网金融结合提供有益启示。

肯尼亚的手机银行业务起源于当地移动电话运营商与英国移动电话公司共同推出的短信转账业务，即手机支付产品M-PESA。该产品完全使用电子转账方式进行支付，其便捷性、易操作性及费用相对较低的优点，大大方便了当地没有银行账户而只有手机的居民，特别是为偏远地区没有享受到银行服务的人们提供了类银行的金融服务，尤其是小额转账、支付、汇款、偿贷、取现和领工资均可以通过手机完成。截至2013年底，M-PESA用户达到2000万人，手机服务有力地推动了肯尼亚的金融发展，对非洲国家未来经济的发展也具有重要作用。M-PESA作为一种当地居民小额金融服务的主要手段，弥补了金融基础设施不足的缺陷，充分体现了当地本土环境的理念。它以贫穷和边远地区的居民金融需求为出发点，把服务拓展到传统看来最不可能惠及的人群，创造了一种在基础设施不完善情况下的虚拟、移动交易方式，并取得了成功，为我国中西部偏远落后地区发展经济金融服务、发展普惠金融提供了参考。

6. 危地马拉COLUMNA微型保险计划

1994年，危地马拉全国联邦信用社及其九个成员合作社创建了自己的保险公司——COLUMNA。COLUMNA发起了一项叫作"特殊人生计划"（Special Life Plan）的团体寿险微型保险项目，投保内容是丧葬和意外事故，保费为每年7.8～39美元。若购买该保险计划，当被保险人死亡时，家属可以获得1235～6173美元的赔偿，如果被保险人意外死亡或致残，将获得另外的赔偿。目前，已有超过50万的危地马拉人购买了COLUMNA发行的保单，他们中将近90%都是合作社的成员，大多数生活在农村。这款保险产品通过地理分布广的信贷联盟进行销售。有一些保单是在会员申请贷款时卖出的，此时保费将作为利息计入贷款，并按月偿还。投保人不用到COLUMNA总部，在出售保险的合作社就可以办理索赔，合作社在30天左右就会完成理赔。为了满足投保人的经济资金需求，特殊人生计划还允许投保人提前从合作社获得一半的保额。COLUMNA根据其偿付能力进行了适度的再保险。特殊人生计划在危地马拉运行得非常成功，是发展中国家微型保险实践的一个典范。

（二）发达国家的普惠金融实践经验

与发展中国家不同，发达国家人均收入高，金融市场发展成熟，所以，发达国家的普惠金融更多的是金融市场和机构的一种自发的逐利行为，其主要宗旨是向那些信用评级很低、无法获得主流银行机构金融服务的少数人口提供金融服务。

1. 社区银行模式

社区银行（Community Bank）是以社区居民为主要客户群体，按照市场化原则，在一定居住范围内由地方自主设立和运营，为本社区居民或中小企业提供方便快捷、成本较低的金融服务的小型银行类金融机构。美国社区银行发展比较成熟，其在业务区域的确定、目标客户的选择、金融产品的设计与投放上与大银行形成了互补，已经形成了自身的特色和优势。

美国的社区银行以社区为主体，服务对象限定于一定社区的农户、居民和中小企业。由于对社区居民和社区内的中小企业较为熟悉，大大降低了由于信息不对称问题而产生道德风险和逆向选择问题的可能性，很好地起到了风险防范的作用。社区银行的经营资本主要来源于社区中的居民和中小企业的存款，用于从事小型商业房地产贷款、建设和土地开发贷款、小农场贷款等小额贷款。社区银行地理位置比较固定和集中，专职于特定区域的金融服务，从而具有良好的人缘和地缘优势，便于和客户沟通，更为便捷、直接地获得客户信息，容易和客户形成长期稳定的业务关系，有利于识别信贷风险，便于开展高风险的中小企业贷款，从而能够以比大银行低的成本为本社区客户提供个性化的金融产品和服务。因此，社区银行模式在一定程度上实现了社区内金融服务的良好循环和运作。

2. P2P网络信贷模式

随着互联网金融的兴起，微型金融也开始借助于网络技术向更多的人提供金融支持。P2P网络借贷平台是P2P借贷与互联网金融相结合而发展起来的一种新型金融服务形态，是个人通过付费的第三方平台向他人提供短期、小额借贷的借贷模式。运行比较成功的例子是英国的Zopa和美国的Prosper。这种新型金融服务形态依托互联网技术，强调客户之间的互助合作，能利用网上互助借贷平台完成借贷双方之间特定利率下的任何数额的借贷行为。借款的决定权在出资人手中，平台自身不能参与交易行为，平台的职责在于制定各种交易制度，降低交易成本，以吸引更多人进入平台。特别是借贷人不需要提供抵押物，只要贷款原因真实，有偿还能力，通过了平台的资质审核，就可以在网上发布自己的借贷申请，这样既可以帮助出资人快速实现资本的保值增值，又有助于借款人尽快获得所需资金。随着互联网技术的快速发展和普及，

P2P 小额借贷逐渐由单一的线下模式，转变为线下线上并行，P2P 网络借贷平台应运而生。在网络借贷中，借贷的所有流程全部通过网络实现。P2P 网络信贷因操作便捷、交易成本低、利率低和信息透明等优点而备受青睐。

四、中国的发展探索

（一）普惠金融在中国的发展历程

20 世纪 70 年代末，我国就出现了农村信用社等的初级萌芽现象，这意味着我国现代普惠金融的开始。但真正意义上的普惠金融的发展，始于 20 世纪 90 年代。根据国际经验和研究成果，按照发展理念、服务对象、金融产品和服务种类的差别，中国普惠金融的发展实践大致可以分为三个阶段，各个阶段的实践具有鲜明的特色，如图 2-3 所示。

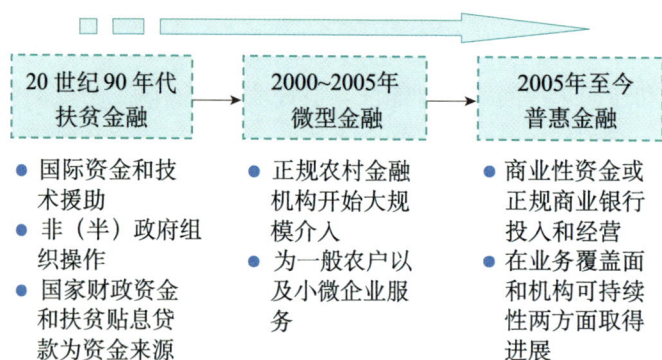

图 2-3　中国普惠金融的实践阶段

1. 第一阶段：20 世纪 90 年代，扶贫金融阶段

虽然 20 世纪 70 年代末农村信用社就为贫困者和农民提供类似的初级金融服务，但具有扶贫性质的小额信贷在中国开始于 20 世纪 90 年代初期。1993 年之前，小额信贷的资金基本来自国际援华项目或者国家对农民的补贴性贷款。1993 年，中国社会科学院农村发展研究所的杜晓山引进了著名的"孟加拉乡村银行模式"，在河北省易县率先建立了中国第一家以扶贫为主的小额信贷机构——扶贫经济合作社，开始了中国小额信贷的实践探索。随后，国际机构在我国四川省、云南省、陕西省等地也参与了小额信贷机构的建立，例如，世界银行在四川省蜀中和陕西省安康的小额贷款扶贫项目试点，联合国开发计划署在云南省麻栗坡县和金平县、四川省仪陇县、西藏珠穆朗玛自然保护区开展了小额信贷示范项目等。

1996 年起，中国政府逐渐重视小额信贷在扶贫中的作用，开始通过制定政策支持小额信贷的发展。1997 年，在总结小额信贷试点经验的基础上，中国政府开始以扶贫贴息的方式，主要通过中国农业银行和中国农业发展银行，在较大范围内面向中低收入群体推广主导型小额信贷项目。

这一阶段，小额信贷以扶贫为主，致力于减缓农村地区的贫困状况，大多是进行小范围的试验，依靠政府或国际组织的资金扶持，进行有针对性的项目信贷扶持，体现出普惠金融的基本理念是扶贫方式和途径的重大创新，有力地推动了中国扶贫事业的发展。

2. 第二阶段：2000～2005 年，微型金融阶段

随着中国经济的发展，中国的绝对贫困状况得到了缓解，消费者和企业对金融服务的需求日趋多元化、精细化，小额信贷模式已经不能满足这些需求，旨在全面促进经济社会发展的微型金融阶段随之到来。这一阶段，在促进"三农"发展的战略背景下，中国人民银行于 2000 年初在农村合作金融机构（农村信用社、农村合作银行和农村商业银行）领域试点并于其后大力推广农户"小额信用贷款"和"农户联保贷款"业务。这些业务充分吸收了 NGO 小额信贷的成功经验，以农户信誉为担保，在核定额度和期限内向农户发放不需抵押担保的贷款，取得了明显成效。在此背景下，商业性金融机构在政府的推动下开始开展小额信贷。

2002 年，多部委联合出台《小额担保贷款政策》，并于 2003 年在全国全面开展小额担保贷款工作，以解决企业员工下岗失业和创业资金困难的问题，一般由城市商业银行和担保公司协作承担，从而鼓励更多劳动者实现创业和提高生活水平。不同于扶贫金融阶段纯粹的扶贫目的，微型金融阶段在金融机构可持续性发展上实现了突破，更加注重小额信贷在提高农民收入、促进就业方面的作用。参与对象也不断扩大，农村信用社、城市商业银行等正规金融机构将业务经营重点投向了小额信贷领域，并成为小额信贷的主力军。这标志着中国正规农村金融机构开始大规模介入微型金融领域，而微型金融的目标，也从"扶贫"领域扩展到"为一般农户以及小微企业服务"的广阔空间，开启了中国小额信贷正规化进程。

3. 第三阶段：2005 年至今，普惠金融阶段

2005 年，联合国大会将这一年指定为"国际小额信贷年"，大会提出"普惠金融"的概念，鼓励各国小额信贷及其普惠金融的发展。同年，我国中央一号文件明确提出"有条件的地方，可以探索建立更加贴近农民和农村需要、由自然人或企业发起的小额信贷组织"，以支持农村小额信贷组织的发展，标志着中国进入普惠金融阶段。

2005 年，中国人民银行在山西省、四川省、贵州省和陕西省等省份进行"只贷不存"的商业性小额信贷组织试点工作，探索民间资本进入小额信贷市场的可行性。2006 年，中央一号文件明确鼓励民间资本可以参股微型金融机构，培育民间经济主体

的小额贷款组织。此后，更多的省份开展小额贷款公司的试点，小额信贷组织和规模迅速扩张。据中国人民银行数据统计，截至 2014 年底，中国小额贷款公司数量已达 8791 家，从业人员约为 11 万，贷款余额达 9420 亿元，行业整体利润达 430 亿元①。

为了适应小额信贷市场的发展，许多银行金融机构也纷纷成立了专门的微型金融部门，如中国工商银行设立小企业信贷专业部门、中国民生银行组建中小企业客户部等，将微型金融作为新的发展契机，不断创新针对小微客户的金融产品和服务，如汇款、支付、结算、手机银行、网上银行等。同时，逐渐放开民营资本进入金融业，村镇银行等新型农村金融机构开始起步。2007 年 3 月，四川省仪陇惠民村镇银行开业，标志着村镇银行正式登上历史舞台。据银监会的数据统计，截至 2014 年末，我国共有村镇银行 1152 家，各项贷款余额 4862 亿元。目前，这些微型金融机构已经呈现出蓬勃发展的态势。

与国际社会相比，中国现阶段普惠金融发展有两个显著的特点：

（1）中国普惠金融的一个重要内容是对 ESMEs 的金融支持。改革开放以来，中国经济结构发生巨大变化，民营企业的经济增长和小微企业的快速发展产生了强烈的金融服务诉求。但传统金融体制没能跟上经济结构的变革，其重点服务对象依然是大型企业，忽略了中小微企业的金融需求。据世界银行统计，至 2012 年，中国小微企业获得贷款的比例仅为 13.9%，远低于新兴经济体中的其他国家。根据中国官方公布的统计数据，2014 年中国银行业贷款中有 60% 以上提供给了国有企业、大中型企业，中小微企业获得的贷款额度仅为 30%。通过资本市场直接融资渠道实现融资的企业中，也以大型企业、国有企业为主。按照我们对普惠金融的定义，中小微企业也是被中国传统金融忽略、排斥的对象，因此，中小微企业成为了中国现阶段普惠金融的一个重要服务对象。发展普惠金融以帮助解决中小微企业融资难的问题已经被提高到国家战略发展的高度。

（2）互联网金融活动快速崛起，成为中国普惠金融中的一个重要领域。2005 年，中国互联网网民人数超过 1 亿，到 2013 年 6 月，中国互联网网民规模达 5.91 亿人，手机网民数量达 4.64 亿，位居世界第一。互联网和移动互联网催生着人们对金融服务的大量新需求，互联网金融不断地冲击传统金融体系，以其便捷支付、产品创新、可得性强、参与度高的特点迅速成为中国普惠金融的一个重要组成形式。

综上所述，普惠金融的发展阶段呈现出供给主体正规化、覆盖对象扩大化、金融服务多元化、交易方式网络化等特点，标志着中国全面普惠金融体系正在构建。

中国普惠金融各发展阶段的基本特征如表 2-3 所示。

---

① 中国人民银行网站。

表 2-3　中国普惠金融各发展阶段的基本特征

项目	发展阶段		
	扶贫金融	微型金融	普惠金融
起始时间	20 世纪 90 年代	2000～2005 年	2005 年之后
服务机构	正规金融机构，如农村信用社、中国农业银行等	正规金融机构，如农村信用社、中国农业银行等	小贷公司、村镇银行、商业银行、网络贷款平台等
资金来源	金融机构存款、国家贴息贷款	金融机构存款、国家贴息贷款	金融机构存款、小贷公司、富裕人口
服务对象	农村贫困人口	农村贫困人口、城市失业人员、个体工商户等	中小微企业（ESMEs）、农村贫困人口、个体工商户、城市白领等
金融产品	小额信贷	小额信贷及部分基本金融服务	小额信贷及汇款、支付、结算、手机银行、网上银行等金融服务
服务宗旨	减缓农村地区贫困状况	提高居民生活质量，促进城市就业	提供综合金融服务，降低金融服务门槛，提高金融服务质量

（二）普惠金融发展的制约因素

虽然近年来中国的普惠金融发展迅猛，在社会中也产生了积极的效果，但是普惠金融的发展也存在各方面的制约因素，不仅影响了普惠金融的发展，也阻碍了普惠金融体系的建立。

1. 金融资源供求失衡

从普惠金融发展的现实需要看，资金和其他资源应该向弱势群体、弱势企业、弱势产业、弱势地区倾斜和转移，但是目前中国资金配置呈现出从低收入群体流向中高收入群体、从农村地区流向城市地区、从农业流向工业的特征和趋势，存在金融资源配置不对称的问题。同时，金融资源配置不对称还表现为金融体系内流动性过剩和实体经济，特别是中小微企业和"三农"领域资金缺乏之间的矛盾。金融资源供求总量失衡，存在结构性的"过度"或"不足"，特别是总供给超过总需求，出现"过度金融"现象，导致金融结构供求失衡，阻碍社会创业、创新的发展，制约经济发展，对经济发展产生负面影响。如何扭转这一金融资源配置不对称的格局、有序引导金融资源更多地向普惠金融领域倾斜，是发展普惠金融亟待解决的复杂问题。

2. 征信体系不够完善

普惠金融的发展有赖于征信体系的支撑。目前，中国普惠金融的管理信息系统建设普遍还处于初级阶段，结构化数据的存储、挖掘和处理技术仍未得到根本性解决，对于识别、研究客户非常不利，且客户资源也没有得到应有的开发和共享，因此不利于普惠金融业务效率的提升。中国还没有成熟的个人信用评估系统、个人征信系统和成熟的小微企业信用评估系统。对于普惠金融需求的主体，因为金融参与度低而缺少足够的信用基础，这就增加了商业银行向其提供金融服务的不确定性以及风险系数，进而导致基本金融服务不充分，小微企业融资难、融资贵、融资慢等问题。

3. 信用风险不断扩大

从普惠金融机构的运营情况来看，信用风险仍是影响金融市场发展的最常见风险，范围涉及贷款、贴现、担保、押汇、信用证等业务。在信息不对称的情况下，普惠金融的服务对象——贫困人群的整体素质不高，违约率不断提高，又由于信息传导不畅、重视地域关系等原因，农户更容易产生"从众心理"，风险一旦产生，就会很快传染扩散，甚至可能发生挤兑、效仿他人恶意不归还贷款等问题。此外，农村的信息管理制度也有所缺乏，在发放贷款时可能会出现信息作假、信息不对称的情况。同时，在农村，对贷款全过程的监控与披露的制度也存在一定的瑕疵，使得信用风险越来越成为普惠金融面临的难题之一。

4. 监管体制不够健全

普惠金融的发展理念及思维方式更为开放、平等、分享和包容，更加强调分工与协作，因此宽松规范的监管环境是普惠金融发展的基本要求。普惠金融如果作为市场化运作模式来进行，那么应该遵循市场化的监管指标并将其纳入相应的监管体系之中，使用一致性监管原则；如果作为政策性金融模式来运作，那可能要实现差异化监管政策，如在资本金、风险拨备、授信等领域可以存在一定的弹性，可以实行差异化监管标准。目前，中国的金融监管机构为了保持金融系统的稳定性，还没有对普惠金融采取更包容、更开放的态度，金融监管政策和监管理念没有进行相应的调整，在严格的金融监管环境下，普惠金融难以获得立足之地。

五、发展趋势

综观国内外普惠金融实践的演变脉络，任何一个成功的普惠金融体系都是选择适合本国发展阶段、制度结构和实体经济结构特征的技术路线和商业模式的结果。从中国的现实需求来看，未来的普惠金融实践将努力朝着商业化、多样化、市场化、多元化的方向发展，并完善金融市场体系。

（一）运营模式商业化

国际范围内的普惠金融机构正由扶贫性质的机构向商业型企业转变。尽管目前小额信贷的发展存在福利主义和制度主义两种模式，但两者的目标差异并不明显，制度主义小额信贷也关注穷人的经济和社会地位，福利主义小额信贷也通过员工激励等途径实现可持续发展。从近年的情况来看，小额信贷的发展正由福利主义向制度主义演变，而福利主义之所以失败的根本原因在于，扶贫救助行为不是普惠金融的功能和最终选择。

（二）服务内容多样化

由小额信贷向微型金融、普惠金融发展的历程中可以看出，普惠金融已由单一的信贷服务向为公众提供更多的金融服务转变，发展综合性普惠金融服务。除了基本的储蓄、贷款、汇兑、支付等金融服务外，普惠金融还要探索提供保险、证券、理财、租赁、信托、黄金交易、期货等服务，以加大对市场的开发力度。根据普惠金融发展的需求提供服务产品，实现由数量型创新向质量型创新转变，由吸纳式创新向自主式创新转变，提高普惠金融服务的效率和质量。

（三）利率管制市场化

在金融市场中，利率机制是最基本的市场机制。根据国际经验，要实现金融机构自身可持续发展，由市场决定的利率水平是非常必要的。在放开贷款利率浮动上限的同时，允许存款利率适当上浮，根据货币市场利率、资金供求状况、成本收益核算等方面的因素合理确定存款利率水平，以保证充足的资金来源。根据我国普惠金融市场经济发展的客观需要，逐步放松利率管制，进一步扩大贷款利率浮动范围，实现农村利率在宏观调控下的市场化，从而促进整个金融市场上的资金实现最优配置。

（四）服务机构多元化

任何一种金融机构都只能解决部分金融问题，提供某些类型的金融服务。不同层次的金融需求所要求和对应的金融机构、金融机制、金融工具和金融服务显然不同。建立满足经济微观主体多层次、多样化的金融需求，各有侧重的多元化金融体系，形成有序的金融分层，使不同的金融机构能够较好地依托不同的运作平台发挥各自的优势，满足不同层次的金融需求，这是基于技术支持的完善的市场条件下的自然选择，也是金融深化的标志。也就是说，在金融市场的广度和深度达到一定条件的情况下，普惠金融将成为必然选择。

主要参考文献：

［1］Asia Development Bank. Finance for the Poor：Microfinance Development Strategy［Z］. 2000.

［2］Thorsten Beck，Asil Demirgü Kunt，Ross Levine. Finance，Inequality and Poverty：Cross Country Evidence［Z］. World Bank Policy Research Working Paper 3338，2004（6）.

［3］UNDP. Building Inclusive Financial Sectors for Development［Z］. 2006.

［4］United Nations Capital Development Fund. Building Inclusive Financial Sectors for Development［M］. New York：Nations Unies，2006.

［5］The World Bank. Access for All：Building Inclusive Financial System［M］. Washington，DC：CGAP，2006.

［6］United Nations Capital Development Fund，Department of Economic. Building Inclusive Financial Sectors for Development［R］. United Nations Publications，2006.

［7］Jayasheela，P. T. Dinesha，Basil Hans V. Financial Inclusion and Microfinance in India：An Overview［Z］. 2008.

［8］AFI. G20 Principles for Innovative Financial Inclusion［Z］. 2010.

［9］焦瑾璞，陈瑾. 建设中国普惠金融体系——提供全民享受现代金融服务的机会途径［M］. 北京：中国金融出版社，2009.

［10］焦瑾璞，杨骏. 小额信贷和农村金融［M］. 北京：中国金融出版社，2006.

［11］吴晓灵. 发展小额信贷，促进普惠金融［J］. 中国流通经济，2013（5）.

［12］吴晓灵，焦瑾璞. 中国小额信贷蓝皮书［M］. 北京：经济科学出版社，2011.

［13］周小川. 践行党的群众路线　推进包容性金融发展［J］. 求是，2013（18）.

［14］中国银行业研究中心. 中国现代支付体系变革与创新［M］. 北京：中国金融出版社，2014.

［15］杜晓山. 我国小额信贷发展报告［J］. 农村金融研究，2009（2）.

［16］杜晓山. 小额信贷与普惠金融体系［J］. 中国金融，2010（10）.

［17］何广文. 改善小额信贷与优化农户贷款环境［J］. 农村经济与科技，2003（1）.

第三章　普惠金融在中国

【摘要】自 2005 年联合国提出普惠金融的概念以来，世界各国的经验表明，金融体系欠发达和金融结构不合理的国家更需要普惠金融。因此，普惠金融对发展中国家经济增长意义重大，它不仅可以满足低层次消费群体的金融需求，还将有助于金融体系的完善。本章依据公开信息来源，基于独立数据采集分析、独立调研访谈、定性与定量研究相结合的研究方法，对普惠金融的基本概况、普惠金融服务"三农"概况、普惠金融服务小微企业概况、小贷公司普惠金融供给概况、互联网金融服务概况等进行了分析、整理和统计，更加客观地展示了中国普惠金融的发展现状。

一、采集对象及研究方法

（一）采集对象

为全面、客观、准确地描述普惠金融的基本概况、发展现状及趋势，本章以中国银行业监督管理委员会、中国人民银行为主要采集对象，分别就普惠金融的基本信息及成交数据进行统计分析。我们还引入了部分来源可靠的第三方报告与自有数据进行交叉对比。采集内容包括普惠金融的基本要素、成交量、需求方及供给方情况等。

（二）研究方法

本章使用的研究方法主要包括以下三种：

1. 独立数据采集分析

本章涉及的大部分普惠金融的数据均来自中国银行业监督管理委员会、中国人民银行，数据由研究人员通过网页信息采集获得，独立于各普惠金融机构的数据。本章遵循平等、开放、协作的原则，采集了普惠金融历年来的各方面数据，形成了上亿条数据信息，并对这些数据进行核实、预处理、分析，以得出全面、客观、准确的数据及分析结果。

2. 独立调研访谈

对所涉及的大部分普惠金融的相关信息，研究团队不仅广泛搜集了媒体公开报道、网页信息等公开资料，而且还进行了独立的调研访谈工作。访谈对象包括从业者、行业协会、借款人和投资人；同时还包括会计、法律等方面的一些专业人士。同时，研究团队也向金融监管机构进行了访谈和请教。

3. 定性与定量研究相结合

本章对采集预处理之后的数据进行诸如层次分析、聚类分析、对比分析、回归分析等统计分析，通过专业统计分析软件得出统计结果，并根据数据结果和相关资料做出相应的判断和预测，以量化研究确保分析与预测的科学性、客观性和精确性。对于一些无法量化的有用信息，本章采用一定的定性研究方法，主要凭借分析者的经验和各种普惠金融机构过去和现在的延续状况及最新的信息资料，对普惠金融及市场的特点、发展变化规律等做出归纳及判断。

二、普惠金融基本概况

（一）普惠金融服务广度

1. 个人银行结算账户数量

个人银行结算账户数量稳步增长。截至 2014 年末，我国个人银行结算账户数量已达 64.73 亿，占银行结算账户的 99.39％，同比增长 15.44％，增速加快 0.49 个百分点，人均 4.73 个账户，如图 3-1 所示。

2. 银行卡数量

发卡量保持快速增长。截至 2014 年末，我国累计发行银行卡 49.36 亿张，同比增长 17.13％。其中，借记卡累计发卡 44.81 亿张，同比增长 17.20％；信用卡累计发卡 4.55 亿张，同比增长 16.45％。借记卡累计发卡量与信用卡累计发卡量的比例约为 9.85∶1，同比略有上升。截至 2014 年末，我国人均持有银行卡 3.64 张，同比增长 17.04％。其中，人均持有信用卡 0.34 张，同比增长 17.24％，如图 3-2 所示。

3. 贷款余额

人民币贷款余额稳步增长。根据中国人民银行发布的《2014 年金融机构贷款投向统计报告》显示，2014 年末，金融机构人民币各项贷款余额为 81.68 万亿元，同比增长 13.6％，增速比上年末低 0.5 个百分点；全年增加 9.78 万亿元，同比增多 8700 亿

（亿户）

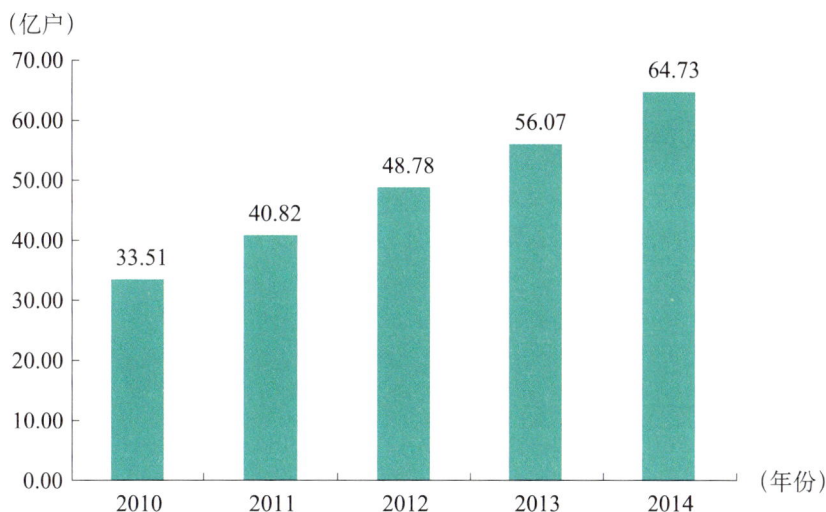

图 3-1　个人银行结算账户数量

资料来源：中国人民银行。

（亿张）

图 3-2　银行卡数量

资料来源：中国人民银行。

元，如图 3-3 所示。

（二）普惠金融服务深度

1. 农户贷款增量占比

2014 年末，农户贷款增量占住户贷款增量的 26.1％，比 2013 年末高 2.2 个百分点，如图 3-4 所示。尽管农户贷款增量占比逐年提高，但所占比例依然不高，均低于 30％。

图 3 - 3　金融机构人民币贷款余额及增速

资料来源：中国人民银行。

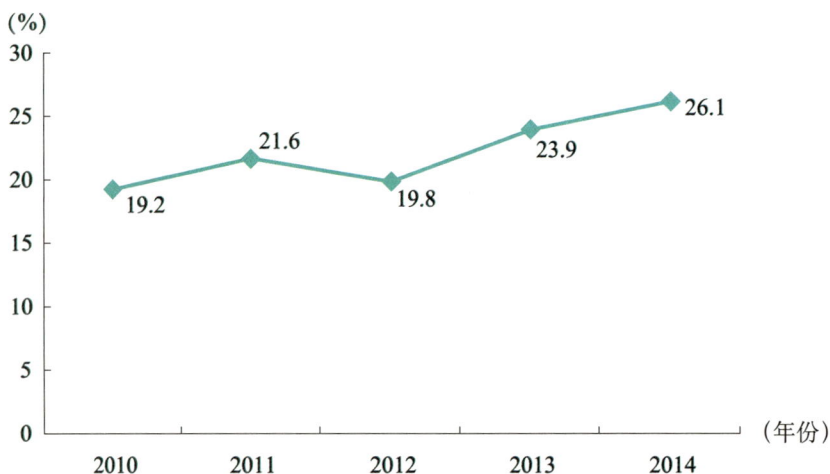

图 3 - 4　农户贷款增量占住户贷款增量比例

资料来源：中国人民银行。

2. 小微企业贷款余额占比

2014 年末，小微企业贷款余额[①]占全部企业贷款余额的 33.5％，比 2013 年末高 2.2 个百分点，如图 3 - 5 所示。小微企业贷款余额占比呈逐年提高趋势，但所占比例均低于 35％。

通过对普惠金融服务广度和深度的统计分析发现，尽管我国在普惠金融服务广度

---

① 小微企业贷款余额＝小型企业贷款余额＋微型企业贷款余额＋个体工商户贷款余额＋小微企业主贷款余额。

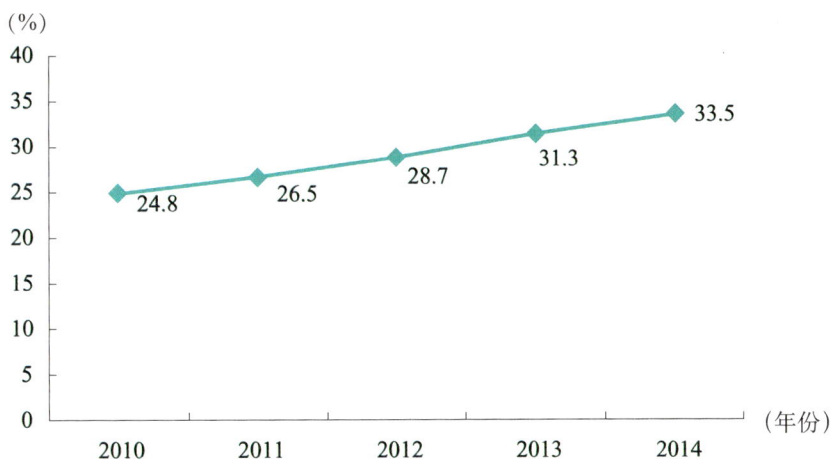

图 3 - 5 小微企业贷款余额占全部企业贷款余额比例

资料来源：中国人民银行。

方面已经取得了长足的进步，但是在普惠金融服务深度方面还不够，与普惠金融理念还存在很大差距，需要建立能够满足多层次金融需求、功能完善、竞争适度、可持续发展的普惠金融体系。

三、普惠金融服务"三农"概况

近年来，在多个部委多项政策的支持和广大金融机构的共同努力下，金融支持"三农"发展的力度持续加大。2014 年，随着各项贷款的增速回落，金融机构"三农"——农（林牧渔）业、农村和农户贷款以及涉农贷款增速均有不同程度的回调。农业贷款增速继续减缓，新增额占比有所降低；农村贷款增速有所放缓，年末增速首次低于各项贷款；农户贷款加快增长，年末增速继续超过住户贷款。

（一）农业贷款增速减缓

截至 2014 年末，农业贷款①余额为 3.34 万亿元，同比增长 9.7%，比 2013 年末低 1.9 个百分点，如图 3 - 6 所示。2014 年全年农业贷款增加 0.31 万亿元，同比减少 0.04 万亿元；农业贷款新增额占各项贷款新增额的 3.3%，比 2013 年末降低 0.4 个百分点，如图 3 - 7 所示。

---

① 农业贷款是指发放给各承贷主体从事农、林、牧、渔业及其相关服务业所属活动的所有贷款。

图 3-6　农业贷款与各项贷款余额及同比增速

资料来源：中国人民银行、《中国金融年鉴》（2010～2014）。

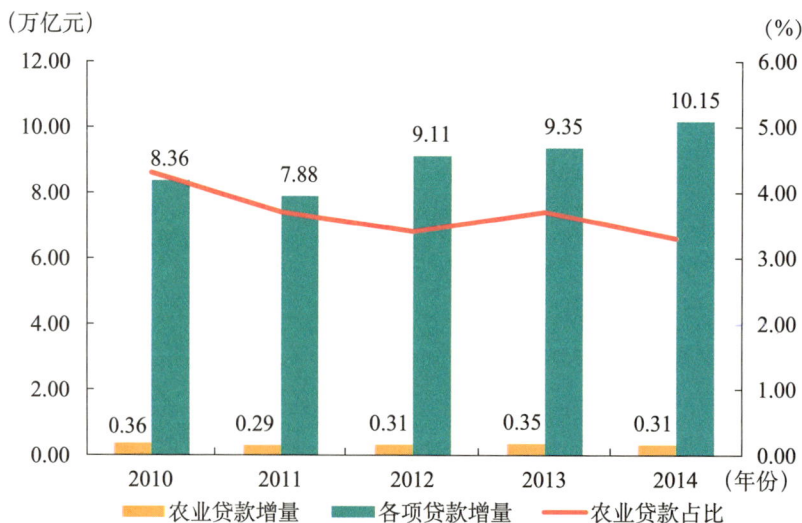

图 3-7　农业贷款与各项贷款累计增量

资料来源：中国人民银行、《中国金融年鉴》（2010～2014）。

（二）农村贷款增速放缓

截至 2014 年末，农村贷款①余额为 19.44 万亿元，同比增长 12.4%，比上年末低 6.5 个百分点，农村贷款增速比同期各项贷款增速低 0.9 个百分点，首次出现比同期

---

① 农村贷款是指发放给农村企业及各类组织和农户的，用于满足生产经营和消费需要的贷款，包括农村企业及各类组织贷款和农户贷款。

各项贷款增速低的现象，如图 3-8 所示。2014 年全年农村贷款增加 2.45 万亿元，占各项贷款新增额的 26.7%，比 2013 年末降低 4.2 个百分点，如图 3-9 所示。

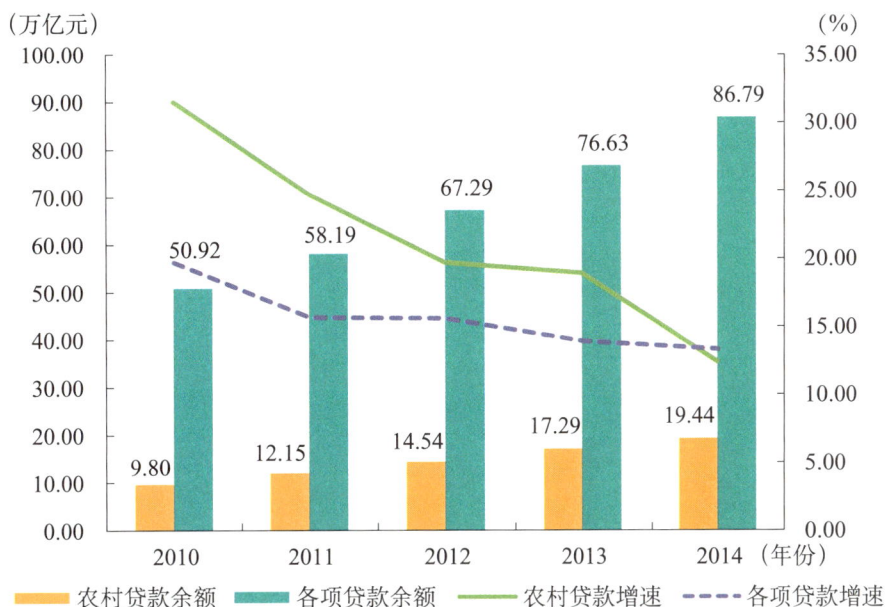

图 3-8　农村贷款与各项贷款余额及同比增速

资料来源：中国人民银行、《中国金融年鉴》（2010～2014）。

图 3-9　农村贷款与各项贷款累计增量

资料来源：中国人民银行、《中国金融年鉴》（2010～2014）。

（三）农户贷款加快增长

2014 年末，农户贷款①余额为 5.36 万亿元，同比增长 19.0%，比 2013 年末低 5.4 个百分点，农户贷款增速比同期住户贷款高 3.6 个百分点，如图 3-10 所示。2014 年全年农户贷款增加 0.86 万亿元，占住户贷款新增额的 26.1%，比 2013 年末高 2.1 个百分点，如图 3-11 所示。

图 3-10　农户贷款与住户贷款余额及同比增速

资料来源：中国人民银行、《中国金融年鉴》（2010～2014）。

（四）"三农"贷款增速快于各项贷款

1. 涉农贷款规模分析

2014 年末，金融机构全口径涉农贷款余额为 23.60 万亿元，同比增长 13.0%，比 2013 年末低 5.4 个百分点，如图 3-12、图 3-13 所示。从 2010～2014 年总体趋势来看，涉农贷款余额逐年增加，但增速逐渐放缓，总体快于各项贷款增速，但在 2014 年末首次出现涉农贷款增速低于各项贷款增速的情况，比同期各项贷款平均增速低 0.3 个百分点。

2014 年全年新增涉农贷款 2.72 万亿元，同比减少 0.54 万亿元。涉农贷款新增额占同期各项贷款新增额的 32.6%，比上年同期低 3.8 个百分点；2014 年末涉农贷款余额占各项贷款的比重为 28.1%，同比提高 0.9 个百分点。

---

① 农户贷款是指发放给农户的，用于满足农户生产经营、消费等需要的所有贷款。

图 3-11 农户贷款与住户贷款累计增量

资料来源：中国人民银行、《中国金融年鉴》（2010～2014）。

图 3-12 涉农贷款余额及同比增速

资料来源：中国人民银行、《中国金融年鉴》（2010～2014）。

2. 涉农贷款用途分类

如上述数据统计显示，2014 年全口径涉农贷款余额为 23.60 万亿元，占各项贷款比重为 28.1%。从借款的资金用途上来看，农林牧渔业贷款余额占比最多，农业科技贷款余额最少、占比最少，如图 3-14 所示。

从总体来看，涉农贷款中农林牧渔业贷款占了很大一部分，但是占比趋势逐年下

(%)

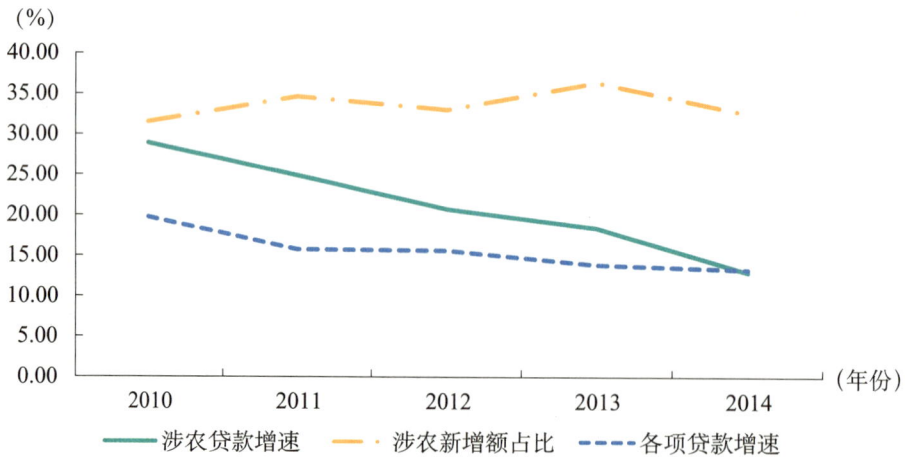

图 3－13　涉农贷款新增额占比及同比增速

资料来源：中国人民银行、《中国金融年鉴》（2010～2014）。

（万亿元）

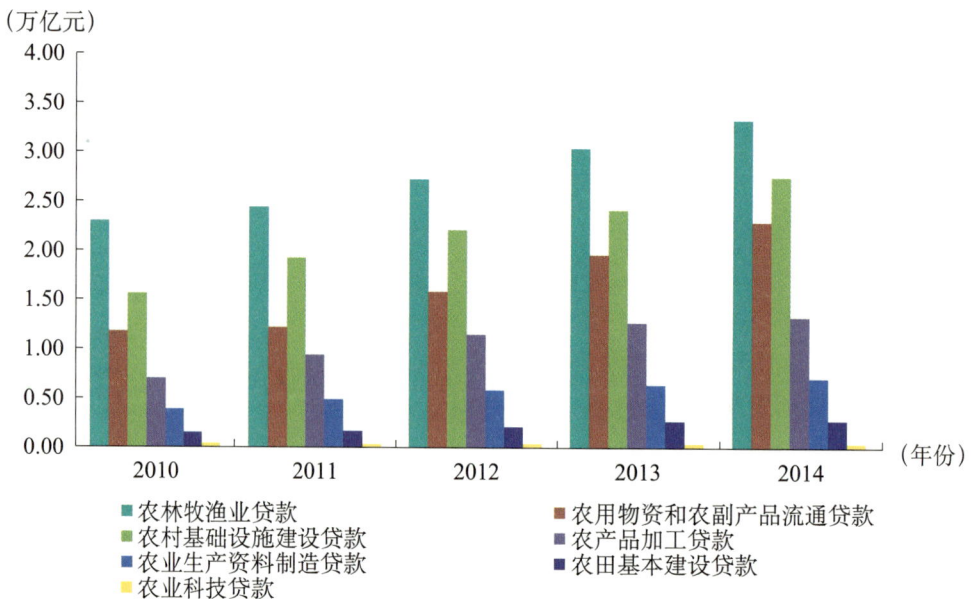

图 3－14　涉农贷款余额按用途分类情况

资料来源：中国人民银行、《中国金融年鉴》（2010～2014）。

降；农用物资和农副产品流通贷款占比逐年上升，增加趋势明显，现已超过农林牧渔业贷款占比；农田基本建设贷款、农业科技贷款占比较低，变化较平稳，如图 3－15所示。这足以看出普惠金融对于农村生活的改善和农业的发展有重要的作用。

3. 涉农贷款城乡地域分类

从城乡地域看，农村贷款增速有所放缓，如图 3－16、图 3－17 所示。2014 年末，全部涉农贷款中，投向农村和城市的比重分别为 82.4%、17.6%，其中，农村贷款余

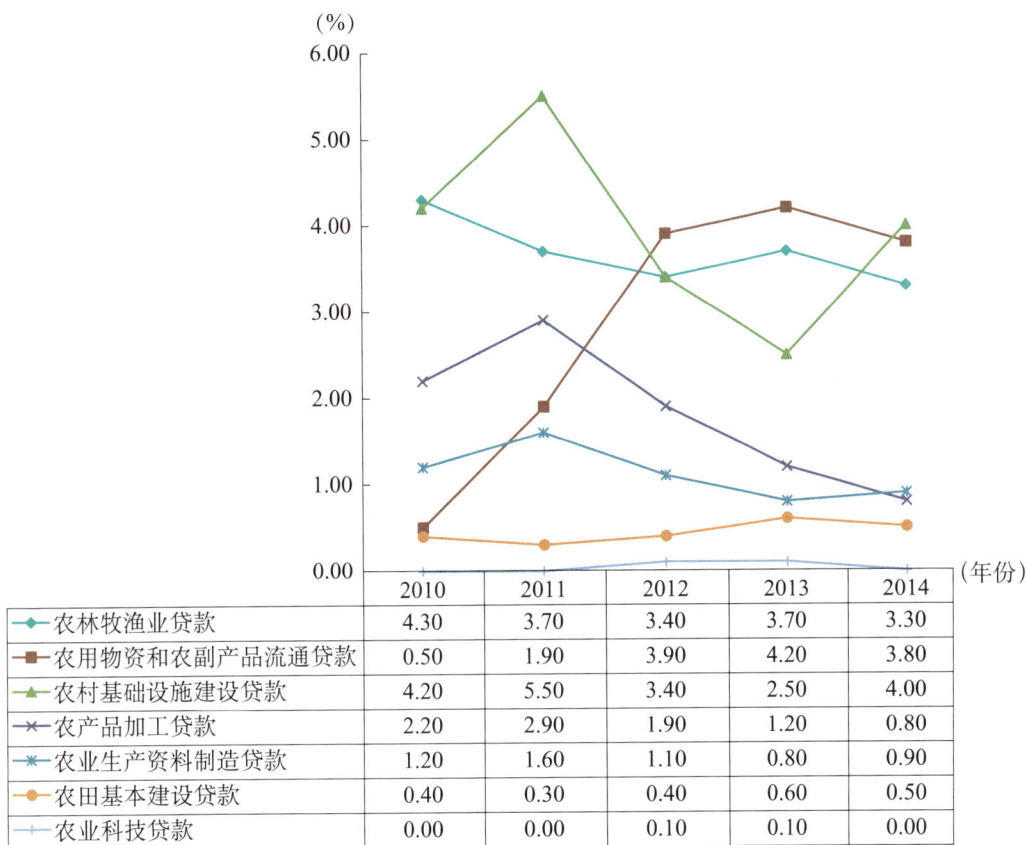

(%)

	2010	2011	2012	2013	2014	(年份)
农林牧渔业贷款	4.30	3.70	3.40	3.70	3.30	
农用物资和农副产品流通贷款	0.50	1.90	3.90	4.20	3.80	
农村基础设施建设贷款	4.20	5.50	3.40	2.50	4.00	
农产品加工贷款	2.20	2.90	1.90	1.20	0.80	
农业生产资料制造贷款	1.20	1.60	1.10	0.80	0.90	
农田基本建设贷款	0.40	0.30	0.40	0.60	0.50	
农业科技贷款	0.00	0.00	0.10	0.10	0.00	

图 3 - 15 涉农贷款按用途分类新增额占比情况

资料来源：中国人民银行、《中国金融年鉴》（2010～2014）。

额为 19.44 万亿元，同比增长 12.4%，低于城市涉农贷款 3.6 个百分点；城市涉农贷款余额为 4.16 万亿元，同比增长 16.0%，比 2013 年末低 0.3 个百分点。在农村贷款中，农户贷款占比较小，农村企业及各类组织贷款占比较大。

4. 涉农贷款地区分布

从地区分布看，2014 年末，涉农贷款余额超万亿的地区共有 7 个，分别为浙江省、江苏省、山东省、四川省、河北省、河南省、福建省，其涉农贷款余额分别为 2.89 万亿元、2.42 万亿元、2.16 万亿元、1.24 万亿元、1.18 万亿元、1.17 万亿元和 1.01 万亿元，合计达 12.07 万亿元，占全国涉农贷款总量的 51.1%，如图 3 - 18 所示。涉农贷款增速排名前 5 位的地区依次为西藏自治区、贵州省、吉林省、甘肃省、黑龙江省，其同比增速分别为 98.1%、26.4%、24.3%、24.3% 和 22.6%，比同期全国涉农贷款平均水平分别高出 85.1 个、13.4 个、11.3 个、11.3 个和 9.6 个百分点。

（万亿元）　　　　　　　　　　　　　　　　　　　　　　（%）

图 3-16　涉农贷款余额按城乡地域分类情况

资料来源：中国人民银行、《中国金融年鉴》（2010～2014）。

（万亿元）

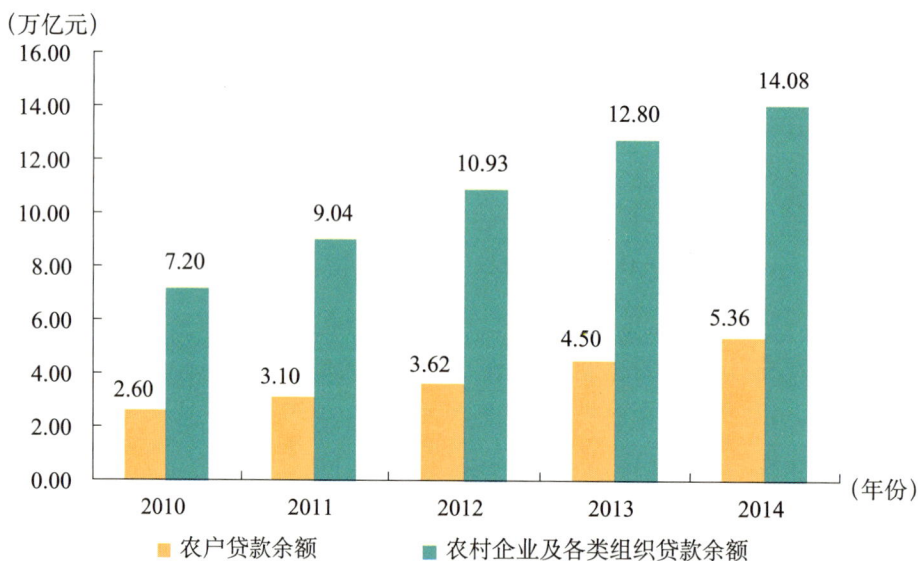

图 3-17　涉农贷款中农村贷款余额分类情况

资料来源：中国人民银行、《中国金融年鉴》（2010～2014）。

四、普惠金融服务小微企业概况

小微企业是小型企业、微型企业、家庭作坊式企业、个体工商户的统称，目前主要指那些产权和经营权高度统一、产品（服务）种类单一、规模和产值较小、从业人员较少的经济组织。国家工商总局 2014 年发布的《全国小微企业发展报告》显示，截至 2013

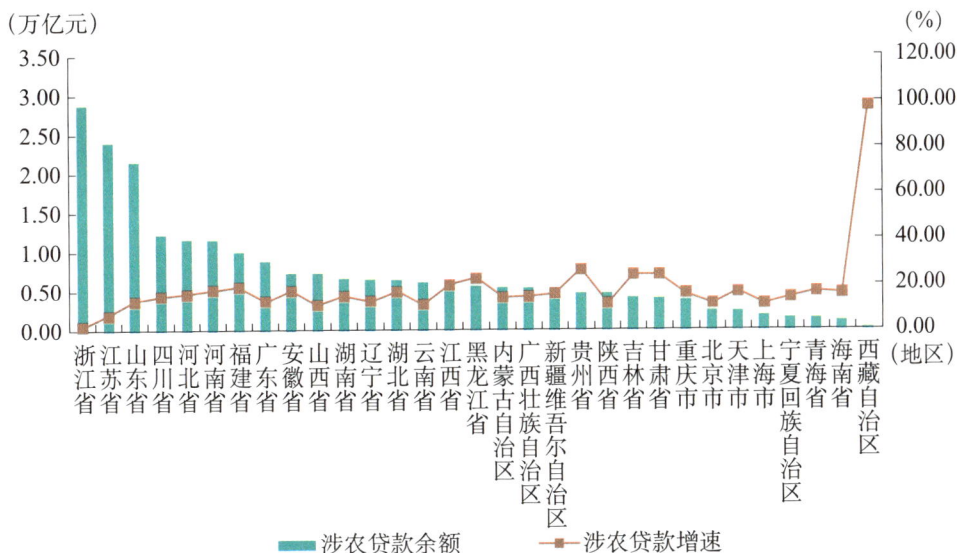

图 3 - 18　涉农贷款地区分布情况

资料来源：中国人民银行、《中国金融年鉴》（2010～2014）。

年底，全国各类企业总数为 1527.84 万户。其中，小微企业为 1169.87 万户，占企业总数的 76.57%。若将 4436.29 万户个体工商户视作微型企业纳入统计，则小微企业在工商登记注册的市场主体中所占比重高达 94.15%。小微企业已占市场主体的绝大多数。

数据显示，小微企业创造的最终产品和服务价值，已达到国内生产总值的 60% 左右，缴税额达到国家税收总额的 50% 左右。小微企业已经成为国民经济的重要组成部分，是经济持续稳定增长的坚实基础，在推动创新、促进就业、推进城镇化建设和维持社会稳定等方面发挥着举足轻重的作用。

（一）小微企业融资规模

根据银监会提供的数据显示，2014 年全国小微企业贷款户数为 1144.6 万，较上年同期增长 9.9%，小微企业金融服务覆盖面稳步拓展。2014 年末，主要金融机构[1]及小型农村金融机构[2]、外资银行人民币小微企业贷款余额[3]为 15.36 万亿元，同比增长 20.2%，增速比上年末低 2.3 个百分点，但比同期大型和中型企业贷款增速分别高 13.5 个和 9.8 个百分点，比各项贷款增速高 8 个百分点，如图 3 - 19 所示。2014 年末，小微企业贷款余额占企业贷款余额的 33.5%，占比比上年末高 2.2 个百分点。全

---

① 主要金融机构指中资银行（不含农村商业银行、农村合作银行和村镇银行）。

② 小型农村金融机构包括农村商业银行、农村合作银行和农村信用社。

③ 小微企业贷款余额＝小型企业贷款余额＋微型企业贷款余额＋个体工商户贷款余额＋小微企业主贷款余额。

年小微企业贷款增加 2.58 万亿元，同比增加 0.23 万亿元，增量占企业贷款增量的 51.7%，比上年占比水平低 0.5 个百分点。

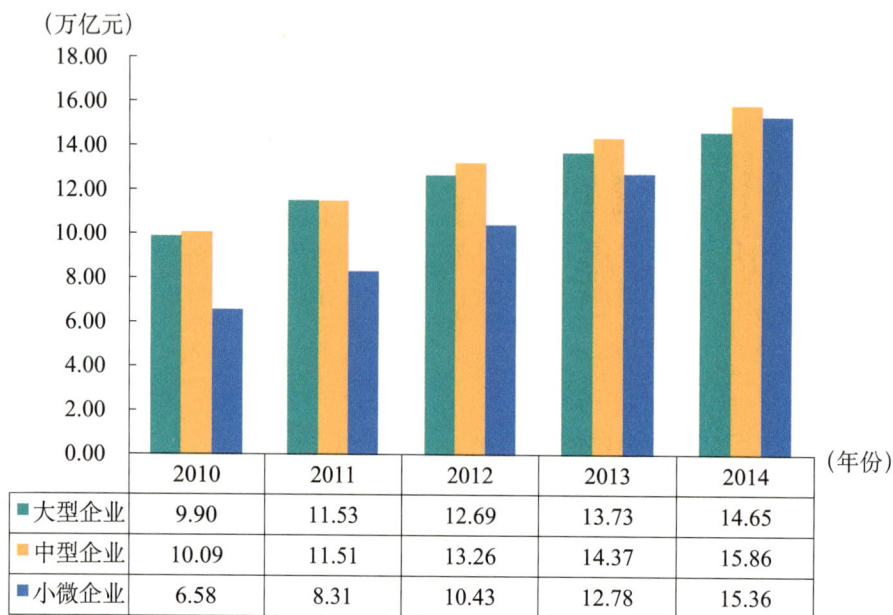

（万亿元）	2010	2011	2012	2013	2014
■大型企业	9.90	11.53	12.69	13.73	14.65
■中型企业	10.09	11.51	13.26	14.37	15.86
■小微企业	6.58	8.31	10.43	12.78	15.36

图 3－19　大中小微企业贷款余额情况

资料来源：中国银行业监督管理委员会。

（二）小微企业贷款抵押担保情况

小微企业以保证贷款和抵（质）押贷款为主，并且所占比例在 90% 左右，如图 3－20 所示。从 2010～2014 年信用贷款总体上来看，小微企业信用贷款余额 2011 年稍有反弹，此后处于下降趋势，因此，小微企业并没有明显的信用贷款倾向，仍以保证贷款及抵（质）押贷款为主，信用贷款占比在 9%～14%。保证贷款总体上呈降低态势，但在 2013 年有所反弹，抵（质）押贷款总体上呈增长态势，且增速较快。

（三）金融机构用于小微企业的贷款情况

2014 年末，城市商业银行和农村商业银行的小微企业贷款余额占全部小微企业贷款余额的 39.5%，其次是国有商业银行（占 35.5%）和股份制商业银行（占 23.7%），如表 3－1 所示。从 2014 年全年小微企业贷款增量看，城市商业银行和农村商业银行投放增加 1.51 万亿元，占小微企业新增贷款的 58.5%。其中，主要是农村商业银行小微企业贷款保持快速增长，2014 年末贷款余额同比增长 41.8%，高出全金融机构小

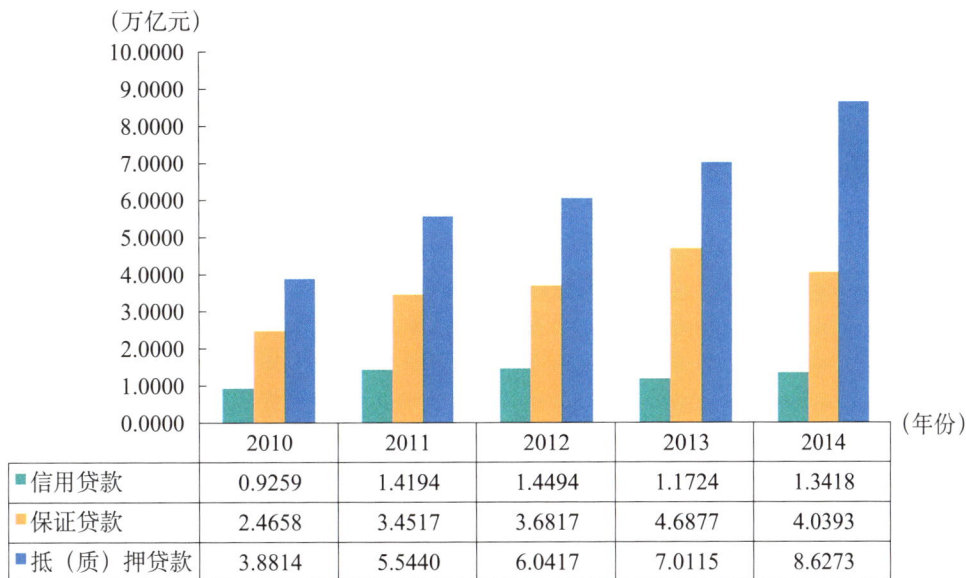

（万亿元）	2010	2011	2012	2013	2014
信用贷款	0.9259	1.4194	1.4494	1.1724	1.3418
保证贷款	2.4658	3.4517	3.6817	4.6877	4.0393
抵（质）押贷款	3.8814	5.5440	6.0417	7.0115	8.6273

图 3 - 20　小微企业贷款担保情况

资料来源：中国银行业监督管理委员会。

微企业贷款增速 21.6 个百分点；全年农村商业银行小微企业新增贷款占全部小微企业新增贷款的 34.5%。从机构自身贷款结构看，农村商业银行和城市商业银行小微企业贷款余额占其全部企业贷款的比重分别为 68.2% 和 50%，远高于国有商业银行 22.7% 的水平。

表 3 - 1　2014 年银行业金融机构用于小微企业的贷款情况　　单位：万亿元，%

项目机构	大型企业		中型企业		小微企业		全部企业贷款	
	余额	同比增长	余额	同比增长	余额	同比增长	余额	同比增长
商业银行合计	14.65	6.7	15.86	10.4	15.36	20.2	45.87	12.2
其中：国有商业银行	9.37	6.0	9.19	10.7	5.45	9.7	24.01	8.3
股份制商业银行	3.15	6.1	3.50	8.0	3.64	19.0	10.29	11.0
城市商业银行	1.20	11.1	1.85	10.8	3.05	25.5	6.10	17.8
农村商业银行	0.47	11.9	0.94	17.5	3.02	41.8	4.43	32.2
外资银行	0.46	9.5	0.38	5.6	0.20	3.5	1.04	6.4

注：小微企业贷款余额＝小型企业贷款余额＋微型企业贷款余额＋个体工商户贷款余额＋小微企业主贷款余额。

资料来源：中国银行业监督管理委员会。

五、小贷公司普惠金融供给概况

（一）小贷公司扩张放缓

截至 2014 年末，全国共有小贷公司 8791 家，同比增长 12.1％，增速较上年末回落 16.8 个百分点。全年小贷公司新增 952 家，较上年少增 807 家，如图 3－21 所示。

图 3-21　小贷公司机构数量及增速

资料来源：中国人民银行。

从地域分布上来看，2014 年末，44.1％的小贷公司分布在江苏省、辽宁省和河北省等八省区，如图 3－22 所示。八省区的小贷公司家数及占比分别为：江苏省 631 家，占 7.2％；辽宁省 600 家，占 6.8％；河北省 479 家，占 5.4％；内蒙古自治区 473 家，占 5.4％；安徽省 461 家，占 5.2％；吉林省 427 家，占 4.9％；云南省 409 家，占 4.7％；广东省 400 家，占 4.6％。同期，小贷公司从业人员 11.0 万人，同比增长 15.6％，增速较上年末回落 19.6 个百分点。全年新增从业人员约 1.5 万人，较上年少增 9983 人，如图 3－23 所示。

（二）小贷公司贷款增速放缓

截至 2014 年末，小贷公司贷款余额为 9420 亿元，同比增长 15.0％，增速较上年末回落 23.3 个百分点，但较金融机构各项贷款增速高 1.4 个百分点。全年小贷公司新增贷款 1229 亿元，同比少增 1041 亿元，如图 3－24 所示。

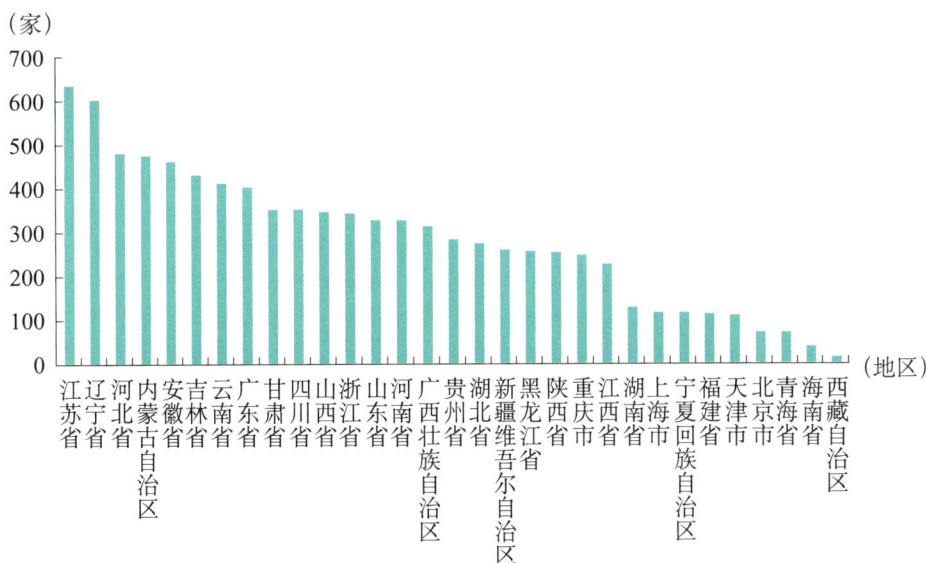

图 3 - 22　2014 年各省市小贷公司机构数量

资料来源：中国人民银行。

图 3 - 23　小贷公司从业人员数及增速

资料来源：中国人民银行。

（三）小贷公司贷款余额地区集中度下降

截至 2014 年末，56.5％的贷款存量集中在江苏省、浙江省等八省区。前八省区的贷款余额及其占比分别为：江苏省 1147 亿元，占 12.2％；浙江省 911 亿元，占 9.7％；重庆市 743 亿元，占 7.9％；四川省 662 亿元，占 7.0％；广东省 614 亿元，

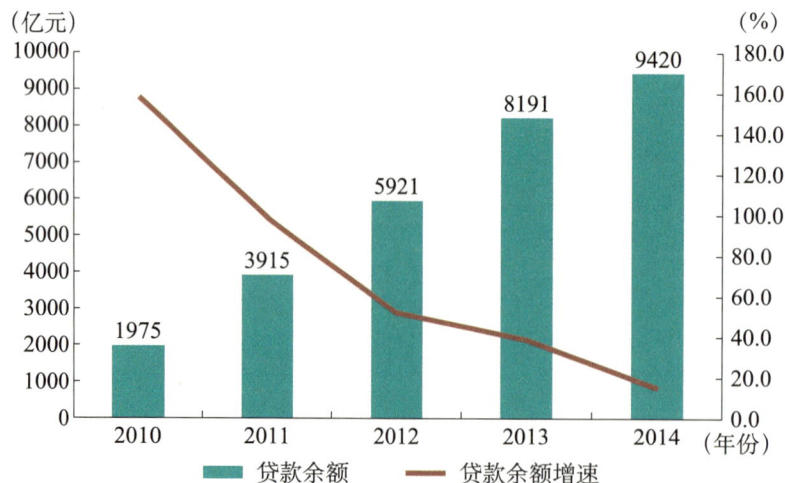

图 3-24　小贷公司贷款余额及增速

资料来源：中国人民银行。

占 6.5%；山东省 462 亿元，占 4.9%；安徽省 424 亿元，占 4.5%；广西壮族自治区 358 亿元，占 3.8%，如图 3-25 所示。苏、浙等前八省区贷款余额占比较上年末下降 0.5 个百分点，贷款的地区分布更为均衡。

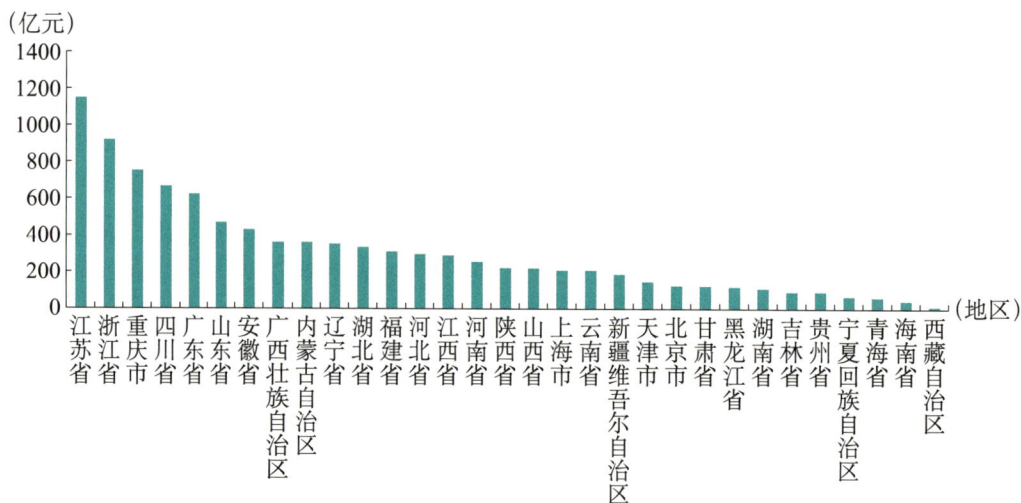

图 3-25　2014 年各省市小贷公司贷款余额

资料来源：中国人民银行。

六、互联网金融服务概况

近年来，伴随着互联网技术的快速发展，互联网的普及性越来越强，应用范围也越来越广。根据中国中文互联网数据咨询中心发布的 2015 年第 35 次中国互联网络发展状况统计报告数据显示，截至 2014 年 12 月，我国网民规模达 6.49 亿人，全年共计新增网民 3117 万。互联网普及率为 47.9％，较 2013 年末提升了 2.1 个百分点。新的 IT 技术革命以大数据、云计算、移动互联和社交网络等信息技术的推广运用为特征，极大地改变了人类生产和生活方式，重新塑造和改变了许多行业。互联网金融正是在这样的发展背景下从无到有，逐渐地进入人们的视线。互联网金融模式从诞生到呈业态发展，既是全球性的新 IT 技术革命浪潮推动的，也是中国从中等收入迈向高收入水平这一特殊发展阶段旺盛的金融需求催生的。互联网金融契合了党和政府鼓励创新、推动经济转型升级发展的政策方向，有利于发展普惠金融和包容性金融。目前，我国互联网金融基本呈现的主要模式有：第三方支付模式、P2P 网络借贷模式、众筹融资模式和网络小贷银行模式。本小节将对这四种模式的发展现状进行具体分析。

（一）第三方支付

根据中国人民银行《2014 年支付系统运行总体情况》报告所披露的数据，2014 年，全国共发生电子支付[①]业务 333.33 亿笔，金额 1404.65 万亿元，同比分别增长 29.28％和 30.65％。其中，网上支付业务 285.74 亿笔，金额 1376.01 万亿元，同比分别增长 20.70％和 29.72％；移动支付业务达 45.24 亿笔，金额 22.58 万亿元，同比分别增长 170.25％和 134.30％，如图 3－26、图 3－27 所示。

图 3－26　网上支付季度增长情况

资料来源：中国人民银行。

[①]　电子支付是指客户通过网上银行、电话银行和手机银行等电子渠道发起的支付业务，包括网上支付、电话支付和移动支付三种业务类型。

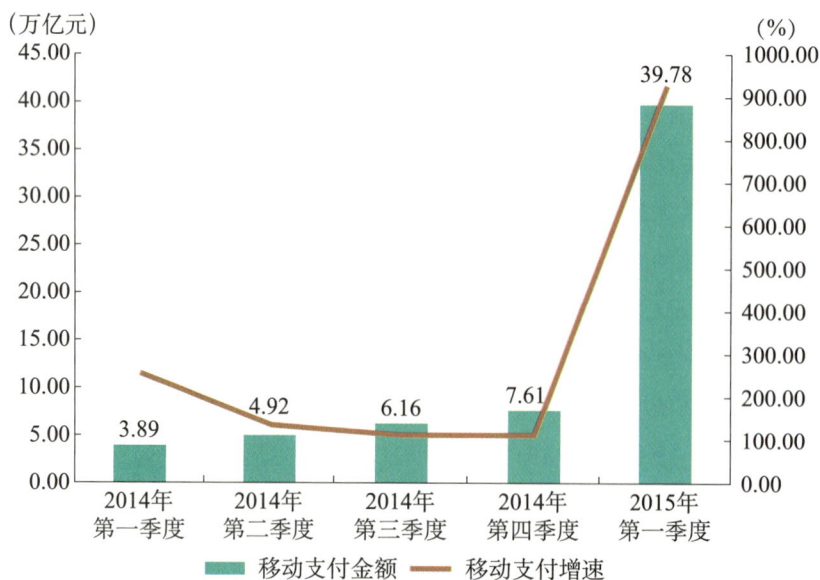

图 3 - 27　移动支付季度增长情况

资料来源：中国人民银行。

（二）P2P 网络借贷

随着信息产业的发展，互联网的延伸范围更加广泛，P2P 网络借贷已经在世界各地蓬勃发展。P2P 网络借贷可以实现不同地域点对点信息的获取和资金的流动，突破了熟人、地域的条件限制。P2P 网络借贷两端的资金出借方和资金需求方的内涵也得到了进一步的延伸，成为更为广泛意义上的点对点借贷。

1. P2P 网贷平台数量及分布

根据网贷之家统计，2014 年末 P2P 网贷平台共 1942 家，正常运营的平台为 1575 家。相对 2013 年的爆发式增长，2014 年由于问题平台不断涌现，正常运营的网贷平台增长速度有所减缓，月均复合增长率为 5.43%，不过绝对增量已经超过 2013 年，如图 3 - 28 所示。

目前，这些运营平台主要分布在经济发达或者民间借贷活跃的地区。广东省以 349 家平台居首位，浙江省、北京市、山东省、上海市、江苏省次之，前六位省市累计平台数量占全国总平台数量的 71.30%，如图 3 - 29 所示。其中，广东省 P2P 网贷平台主要位于金融业、IT 业较为发达的深圳市。自由竞争的环境和创新精神使得广东省 P2P 网贷行业在全国占据举足轻重的地位，同时引领全国 P2P 网贷行业飞速发展。北京市 P2P 网贷行业发展最为迅速，网贷平台数量是 2013 年的 2 倍。随着 P2P 网贷行业逐渐被大众所了解，其他各省市都得到了快速发展，P2P 网贷平台数量增长迅速。

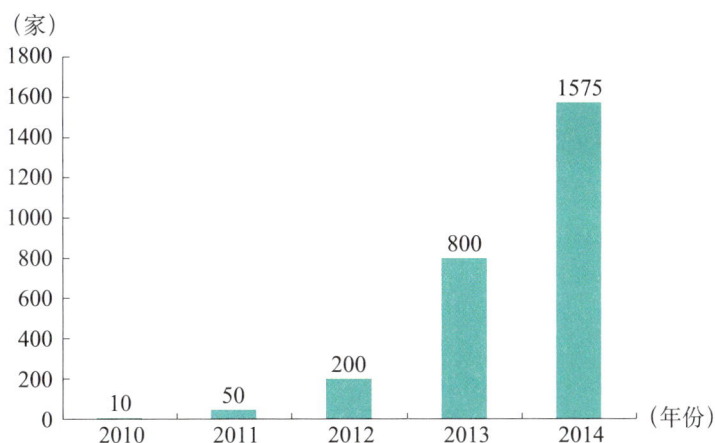

图 3 - 28　正常运营的 P2P 网贷平台数量

资料来源：网贷之家、《2014 中国网络借贷行业蓝皮书》。

图 3 - 29　2014 年各省市 P2P 网贷平台数量

资料来源：网贷之家、《2014 中国网络借贷行业蓝皮书》。

2. P2P 网贷平台成交量

根据网贷之家统计，截至 2014 年底，中国网贷行业历史累计成交量超过 3829 亿元。2014 年网贷行业成交量以月均 10.99％的速度增加，全年累计成交量高达 2528 亿元，是 2013 年的 2.39 倍，如图 3 - 30 所示。2014 年下半年网贷行业成交量明显高于上半年，增速提高较为明显。主要原因是许多平台利用电商的促销理念大力进行推广活动，如"双 11"和"双 12"等，引爆消费风潮，使得网贷成交量大幅上升，如图 3 - 31 所示。

2014 年网贷成交量居前五位的省份分别是广东省、浙江省、北京市、上海市、江

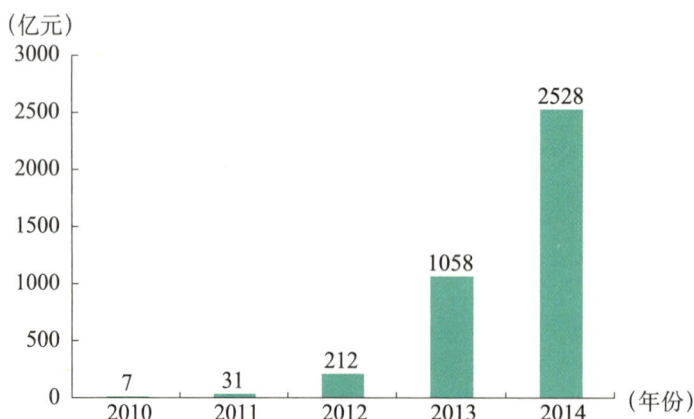

图 3－30　P2P 网贷成交量

资料来源：网贷之家、《2014 中国网络借贷行业蓝皮书》。

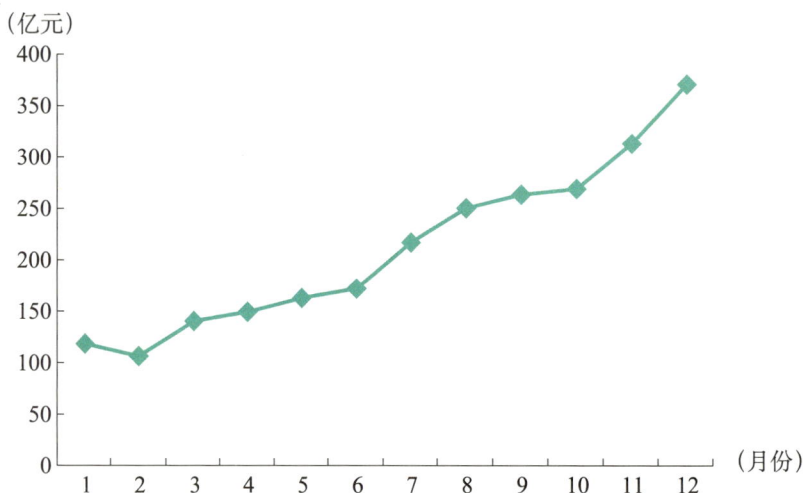

图 3－31　2014 年 P2P 网贷各月成交量

资料来源：网贷之家、《2014 中国网络借贷行业蓝皮书》。

苏省，累计成交量占全国的 81.71％，如图 3－32 所示。其中，广东省以 846.44 亿元的成交量居首位。下半年，北京市、上海市两地发展较为迅速，目前的单月成交规模已经超过浙江省。

3. P2P 网贷平台贷款余额

贷款余额是指网贷平台目前在贷的尚未还款的本金（不计利息），是衡量网贷平台借贷规模和安全程度的重要指标。截至 2014 年 12 月底，网贷行业总体贷款余额达 1036 亿元，是 2013 年的 3.87 倍。网贷贷款余额随着网贷行业成交量和借款期限的增加而快速上升，由年初的 308.71 亿元，上升到目前的 1036 亿元，月复合增长率达到

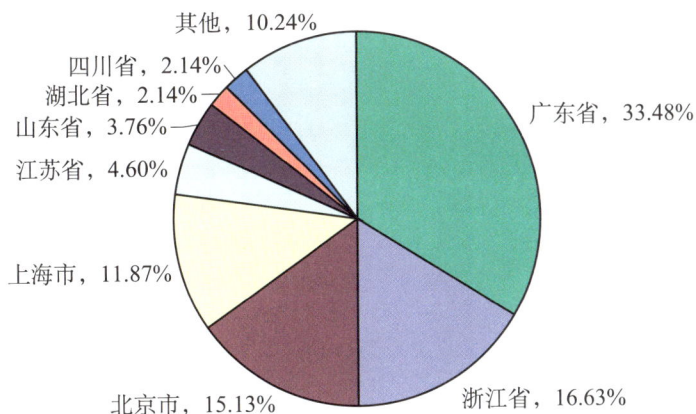

图 3-32　2014 年各省市网贷成交量占比

资料来源：网贷之家、《2014 中国网络借贷行业蓝皮书》。

11.64％，如图 3-33 所示。除去银行存款，相比其他成熟的固定收益市场，网贷行业的规模仍然十分微小。

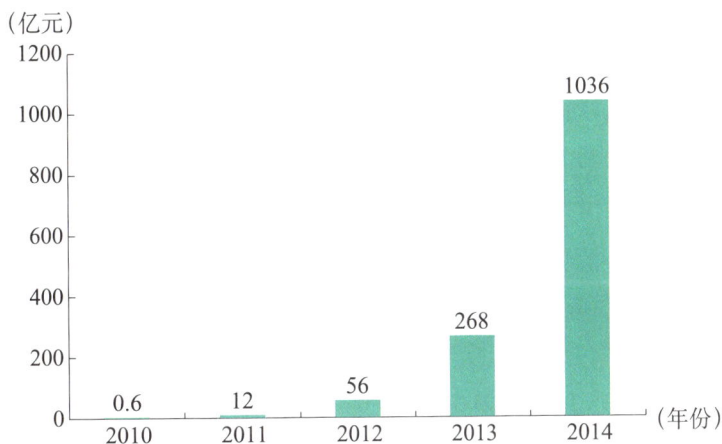

图 3-33　网贷平台贷款余额

资料来源：网贷之家、《2014 中国网络借贷行业蓝皮书》。

从全国分布来看，北京市、广东省、上海市、浙江省、江苏省、山东省六省市网贷贷款余额居前六位，累计贷款余额达 903.21 亿元，占全国的 87.18％，如图 3-34 所示。目前，网贷贷款余额在 5 亿元以上的平台达 36 家，占全国的 58.82％，陆金所、红岭创投、人人贷贷款余额位居前三。目前，一些中小平台寻求快速扩张，网贷贷款余额一路攀升，年底面临高兑付压力，待收风险不断涌现，许多平台出现提现困难的情况。

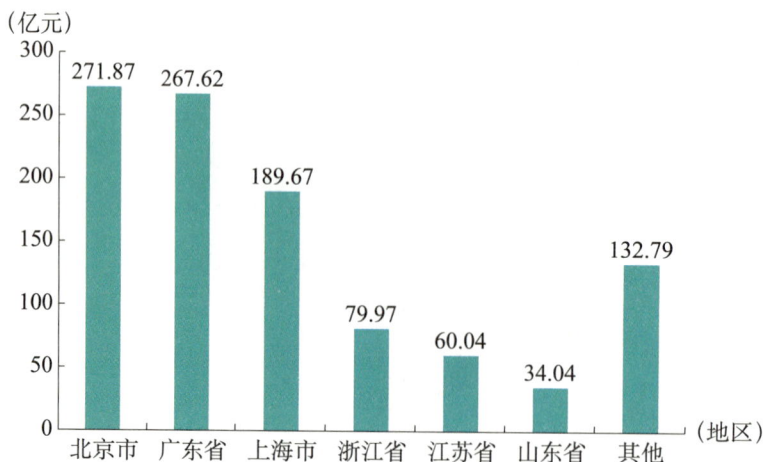

图 3 - 34　2014 年各省市网贷平台贷款余额

资料来源：网贷之家、《2014 中国网络借贷行业蓝皮书》。

（三）众筹融资

在互联网金融领域，P2P 网贷无疑是急先锋，紧随其后的要数众筹。2014 年被称为众筹元年，随着《私募股权众筹融资管理办法（试行)》的发布，众筹行业，特别是股权众筹得到了快速发展。从整体来讲，众筹模式对中小企业创业和创新项目发挥了积极作用，得到了政府和业内专家的肯定。

根据东方财经研究院的不完全统计，截至 2015 年 4 月底，全国众筹平台共有 149 家，覆盖 17 个省（含直辖市、自治区，不含港澳台地区），如图 3 - 35 所示。统计结果显示，2014 年众筹平台数量增长较快，进入 2015 年增速明显放慢。

从众筹平台的分类上看，如图 3 - 36 所示，股权众筹平台有 62 家，占比为 41.6%；商品众筹平台有 60 家，占比为 40.3%；混合众筹平台 13 家（涵盖两种或两种以上的经营模式，如股权众筹＋商品众筹等），占比为 8.7%；公益众筹有 2 家，占比为 1.3%。股权众筹和商品众筹是当下最主要的众筹经营模式。

从众筹平台的地域分布上看，北京市、广东省占据绝对优势。截至 2015 年 4 月，北京市有众筹平台 42 家，广东省有 36 家，分别占比为 28.2% 和 24.2%；其次为上海市、浙江省和江苏省，分别有 13 家、12 家和 9 家，占比分别为 8.7%、8.1% 和 6.0%；此外，其他各省份也在众筹行业进行了一定的尝试，但平台数量屈指可数，其中四川省在其他省份中发展最好，有 6 家众筹平台，占比为 4.0%，如图 3 - 37 所示。东方财经研究院的统计结果显示，尚有多个省份还未建设众筹平台，众筹行业地域发展差异较大，主要是因为各地互联网金融发展程度、配套设施、创业氛围不同。

图 3-35 众筹平台数量

资料来源：东方财经研究院。

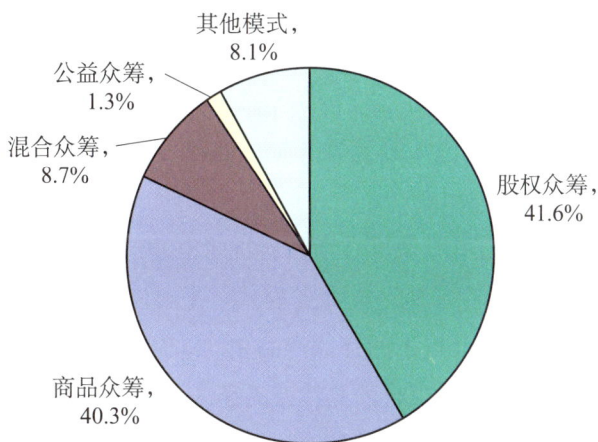

图 3-36 众筹平台类型分布

资料来源：东方财经研究院。

（四）网络小贷银行

网络小贷银行是指企业（一般为电商企业）利用互联网、云计算等信息化手段，对其长期积累的平台客户交易数据进行专业化的挖掘和分析，通过自建互联网商业银行或与银行合作的方式，向其平台上的小微企业和草根消费者提供金融服务和产品。如浙江网商银行（以下简称网商银行）、深圳前海微众银行（以下简称微众银行）、阿里小贷、京东金融、苏宁金融等。

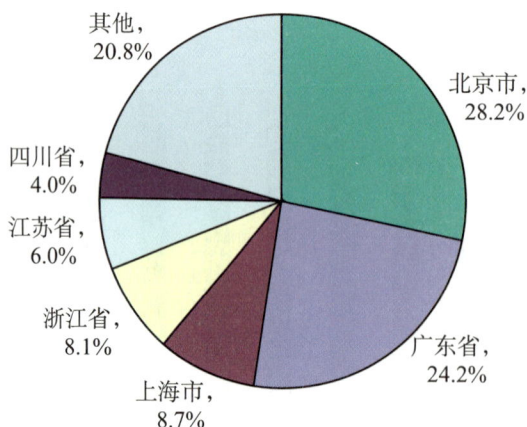

图 3-37 众筹平台地域分布

资料来源：东方财经研究院。

近年来，网络小贷银行规模不断增加，越来越多的电商逐步涉足金融领域，相关的金融产品也越来越丰富。

2010 年 6 月，阿里巴巴的第一家小贷公司在杭州成立，次年在重庆成立了第二家。中国电子商务研究中心的监测数据显示，截至 2014 年上半年，阿里小贷累计发放贷款突破 2000 亿元，服务的小微企业达 80 万家。另据媒体报道，阿里小贷目前的规模为 150 亿元左右，网络小贷进入高速增长期。腾讯、京东、苏宁等陆续进入互联网金融领域。

阿里巴巴于 2014 年 9 月 9 日获批在浙江省杭州市筹建浙江网商银行，注册资本为 40 亿元。网商银行坚持"小存小贷"的业务模式，主要满足小微企业和个人消费者的投融资需求，主要提供 20 万元以下的存款产品和 500 万元以下的贷款产品。尽管网商银行已经宣布正式开业，但网商银行的具体产品还未上线，所以暂无相关数据。

腾讯于 2014 年 12 月 12 日获批在深圳成立深圳前海微众银行股份有限公司，注册资本为 30 亿元。微众银行以普惠金融为目标，致力于服务工薪阶层、自由职业者、进城务工人员等普通大众，以及符合国家政策导向的小微企业和创业企业。其主要经营模式是针对目标客户群的需求，全力打造"个存小贷"的特色品牌，提供差异化、有特色、优质便捷的存款、理财投资、贷款、支付结算等服务。

另外，京东于 2015 年 4 月 28 日宣布网银钱包更名为京东钱包，"网银＋"更名为京东支付，京东金融还提出围绕京东支付体系，为用户提供全方位的金融解决方案。目前，京东金融两大主打产品分别为京东众筹和京东白条。中国电子商务研究中心的监测数据显示，2015 年 6 月，互联网电商平台借贷阿里花呗占比为 14％、京东白条占比为 9.9％、苏宁任性付也有 7.9％的使用率。

借助互联网技术从事金融服务的金融机构主要有两类：网商银行和微众银行主要基于互联网从事储蓄和信贷业务；蚂蚁金融、京东金融和苏宁金融等借助互联网从事保险、众筹、信用消费、小额贷款、支付及第三方金融产品销售等多种业态的金融服务。

主要参考文献：

［1］焦瑾璞，陈瑾．建设中国普惠金融体系——提供全民享受现代金融服务的机会途径［M］．北京：中国金融出版社，2009.

［2］中国金融年鉴（2010～2014）.

［3］中国普惠金融研究中心．山东省普惠金融现状研究［M］．济南：山东人民出版社，2014.

［4］中国人民银行农村金融服务研究小组．中国农村金融服务报告（2014）［M］．北京：中国金融出版社，2015.

［5］任兴磊．分析与展望：中国中小微企业生存发展报告（2014～2015）［M］．北京：中国经济出版社，2015.

［6］中国小微企业发展报告（2014）.

［7］中国互联网金融报告（2014）.

［8］第一财经新金融研究中心．中国P2P借贷服务行业白皮书（2014）［M］．北京：中国经济出版社，2014.

［9］王家卓，徐红伟．2014中国网络借贷行业蓝皮书［M］．北京：清华大学出版社，2015.

［10］零壹财经，零壹数据．众筹服务行业白皮书（2014）［M］．北京：中国经济出版社，2015.

专题篇
Major Topics

第四章 金融资源配置与普惠金融

【摘要】小微企业和低收入人群等群体难以获得金融资源的问题日益突出，这既是自身发展的瓶颈，也制约着经济和社会发展。尽管政府已经采取了一些措施，取得了一定成果，但情况没有根本改观。本章基于金融发展理论梳理问题背后的深层次原因，发现采取计划机制色彩较重的金融约束措施配置金融资源使金融供给结构与内生于经济发展的金融需求结构相互不匹配，造成了金融资源错配，导致小微企业等难以获取金融资源。强化市场机制在配置金融资源中的积极作用，结合政府的适当监管与扶植是普惠金融发展的良好解决方案。

一、问题的提出

好的金融应该是供求总量与结构都保持均衡的金融，在好金融下，不存在有能力但不能获得金融服务的被排斥群体。对于所有有能力的群体和个人，金融服务的资源是公平的，没有金融歧视。但现实并非如此，小微企业、自就业群体以及"三农"经济（农业、农村、农民），是中国较难获取金融资源[①]的群体，他们普遍面临融资难与融资贵的问题。融资问题在一定程度上成为影响其发展的瓶颈。

目前，小微企业已经成为中国经济发展的重要支柱。截至 2013 年底，我国小微企业数量达 5606 万户（其中个体工商户为 4436 万户），占全国企业数量的 94.15%，创造了国内生产总值的 60%，吸纳就业人口 1.5 亿，解决新增就业和再就业的 70%，纳税占国家税收总额的 50%[②]。在中国经济发展进入新常态下，小微企业对社会的贡献更加重要。但与其贡献极不对称的是，小微企业得到的金融资源很有限：2014 年末，小微企业贷款余额为 15.26 万亿元，仅占企业贷款余额的 30.4%。小微企业得到的资

---

① 本章的金融资源概念均指金融组织提供的金融服务资源，包括资金资源、人力资源和管理资源等。
② 资料来源于国家工商总局《全国小型微型企业发展情况报告（摘要）》。

金相对贵：根据 2014 年对江苏常州市 41 家小微企业的调查①，银行给小微企业贷款的平均年利率为 8.3%，高于同期银行一年期贷款利率 2.1 个百分点。根据辽宁银监会的测算，小微企业银行融资成本年化利率是 12.75%（徐扬，2013）。除银行贷款以外，小微企业其他的重要融资渠道是委托贷款、民间融资、小额贷款公司，以及信托租赁和融资租赁等。根据研究，其中委托贷款的利率大约在 10%，信托融资和租赁融资的利率大概在 10%～14%（黄金老，2013），有息民间借款利率平均为 18.1%（西南财经大学中国家庭金融与研究中心等，《中国小微企业发展报告 2014》），对小额贷款公司贷款利率的测算结果为 20%～27%（赵昌文，2015）。

在中国金融化率很高、金融资源供给总量充足的宏观背景下，对中国经济增长贡献突出的小微企业、自就业群体（包括"三农"）却面临如此的融资困局。为什么会出现这种局面？是因为小微企业的投资回报率太低吗？从图 4-1 可以看出，小微企业的贷款回报率远远高于上市公司和国有控股上市公司，每亿元产生的净利润为 0.43 亿元，是上市公司或国有控股上市公司的 2.4 倍，按照市场规则，信贷资源理应流向小微企业，但现实却反其道而行之。显然，还存在更深层原因阻碍中国的金融资源流向小微企业。

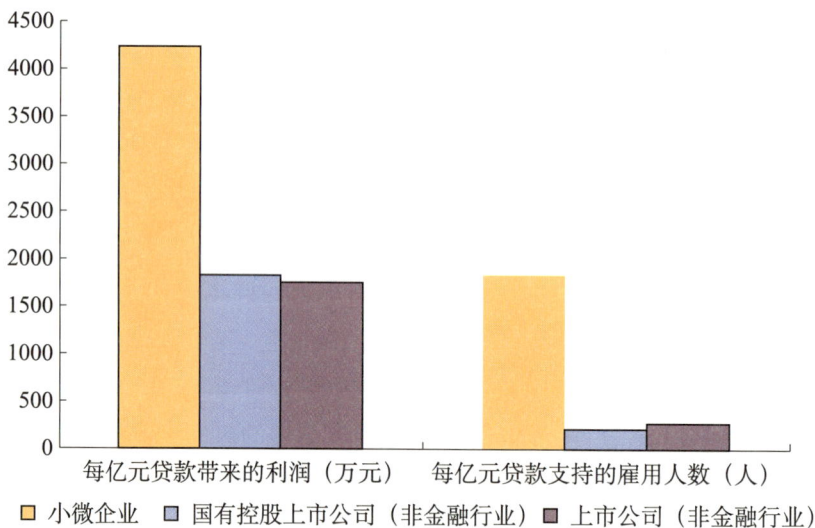

图 4-1　小微企业与上市公司（非金融行业）的银行贷款效率差异
资料来源：汇付—西财发布的《中国小微企业发展报告 2014（简要版）》。

金融最基本的功能是动员储蓄和配置资金。好的金融是有效配置资源的金融，应该使稀缺的金融资源流向回报高的产业或企业。本章从金融资源配置的角度入手，探

---

① 商务部网站：http://www.mofcom.gov.cn/article/resume/n/201404/20140400548682.shtml。

讨影响中国小微企业融资难问题的深层原因，为政府推出有效的政策法规、帮助解决小微企业融资难问题提供政策依据。

二、合理的金融资源配置

金融服务于实体经济，好的金融应该是有效配置资源的金融，不存在金融与实体经济的脱节，因而相对于实体经济需求来说，不存在金融供应总量的过度与不足和结构上的过度与不足。如果出现金融供求不匹配的问题，就说明金融资源配置出现了问题。所谓合理的金融资源配置，就是指按照这种配置，能形成与经济结构相匹配的金融结构。

（一）金融与经济增长的关系

为什么金融资源的配置一定要形成与经济结构相匹配的金融结构？对于这个问题，首先要从金融与经济增长关系的角度来理解。理论界从金融在经济增长中的功能、金融深化理论和金融结构理论三个方面做了深入讨论。

很早人们就认识到金融发展对经济增长有着积极的促进作用。20世纪初，熊彼特提出企业家才能和技术创新在信贷或金融市场支持下才能发挥其良好的经济功能，促进经济增长（Joseph A. Schumpeter，1912，1934）。20世纪70年代初，Mckinnon（1973）和Shaw（1973）在其金融深化理论中首次系统地讨论了金融与经济发展的关系，提出利率管制等金融抑制措施具有消极作用，会阻碍经济增长，金融自由化可以加快经济增长。金融自由化的主张成为韩国和乌拉圭等一些发展中国家金融改革的理论指导，掀起了20世纪中期以后包括发达国家在内的全球金融自由化浪潮。但20世纪末多次金融危机的发生使学者们开始全面思考金融自由化的主张。人们发现金融自由化理论存在缺陷，因为该理论建立在一般均衡理论基础上，其完全信息和利润最大化的假设前提在现实中并不一定能被满足，所以，金融自由化并不是放之四海而皆准、任何发展阶段都可实施的金融实践路线图。

人们发现在金融体系演进过程中，不同国家、同一国家不同发展阶段的金融结构呈现出不同特征，这引起了人们对金融结构与经济增长的关系的思考，而不是浅尝辄止，止步于金融发展水平对经济增长影响的层面。所谓金融结构，是金融体系内各种金融制度安排的相对构成比例（林毅夫等，2009），依据不同的考察角度有不同的划分结果，如金融市场与金融中介（银行等）、货币市场与资本市场及其正规金融与非正规金融等。Goldsmith（1969）是最早从金融结构的视角系统研究金融与经济增长关系的学者。他给出了金融结构静态差异和动态变迁影响经济增长的分析框架，指出应该分析不同国家金融结构的差异造成的金融发展差异，进而分析经济增长差异，以及各个国家不同发展阶段金融结构变迁导致的金融发展的不同特征及其经济增长特征。此后有大量学者对此展开研究，得到的结论不尽相同，大致有金融结构无关和相关的分歧（Demirguc-Kunt and Levine，2001；Allen and Gale，2000；林毅夫等，2006、2009、2012）。

坚持金融结构无关观点的人认为金融深度和法律制度是影响金融发展与经济增长关系的主要因素。从金融深度看，完美市场上利率决定资本的流动方向，是资金配置的核心变量，所以影响经济增长的是金融深度，金融结构与经济增长无关；从法律制度的角度看，健全的法律制度能够很好地保护投资者利益，提高投资者投资的积极性，促进经济增长（La Porta et al.，2000；Stulz，2001）。法律制度的观点实质上是金融深度观点的补充，金融结构无关论的核心理念是，完善的市场可以有效地解决金融资源配置问题，因而不存在下文即将提到的金融结构与经济结构之间的错配。但问题是，如果市场不完善呢？

关于金融结构相关的讨论侧重于金融体系中银行与资本市场孰重孰轻会有怎样的经济效果。一种观点认为，银行相比资本市场对经济增长的积极作用更大，因为银行对企业的外部监督治理和风险管理做得更好（Aoki and Patrick，1994；Beck et al.，2001），特别是在法律法规不健全的市场环境下，银行通过合同配置资源效率更高（Gerschenkron，1962；Rajan and Zingales，1999）。资本市场的缺陷是信息搜寻成本太高且动力不足（Stiglitz，1985）。与以银行为主更好的观点相反，认为资本市场比银行配置效率更高。因为资本市场提供投资分散化的机会，降低风险，激励资金供给（Beck et al.，2001），资本市场还提供了接管与并购机制来约束经理人（Stulz，2001）。另外，资本市场相比银行能够为企业提供研发和创新所需的资本，而银行不享有风险收益，因此没有动力提供风险资本（Rajan，1992）。我们认为，金融结构相关论的这些说法实际上也是在讨论市场完善与否对于金融资源的配置效果。

Allen 和 Gale（2000）以及 Boyd 和 Smith（1998）等的实证研究表明，在经济发展的不同阶段，银行与资本市场在经济增长中的相对重要性会发生变化，这个研究给我们的重要启示是，金融结构与经济增长之间的关系是动态变化的，推动变化的重要动力可能来自经济发展。研究金融对经济增长的影响，可能需要更加关注金融结构与经济发展以及经济结构的匹配性。

（二）金融结构和经济结构相匹配

林毅夫等（2009，2012）以新结构经济学为理论基础，将实体经济的结构特征纳入分析框架，基于金融结构和实体经济结构的匹配性，考察金融对经济增长的作用。他们认为，一个国家在特定发展阶段具有特定的生产要素禀赋组合，要素禀赋组合决定了要素价格，最终决定了与之相适的行业结构、风险特征和企业规模。由于不同行业的企业风险特征和规模差异对金融需求有所不同，而不同金融制度在资金动员与配置、信息处理、风险管理和公司治理等方面各具优势。因此，特定发展阶段的经济结构形成的金融结构需求，与特定金融制度下形成的金融供给结构相对应，形成金融供求结构上的匹配。当金融供给的结构符合当前产业结构或经济结构产生的金融需求时，金融体系就能有效地支持实体经济，促进经济可持续和包容性发展。此时的金融结构为最优金融结构，当金融结构偏离最优金融结构时，金融具有消极作用，无助于经济增长，甚至具有阻碍经济增长和降低收入等负面影响。林毅夫等的金融结构与经济结构相匹配能够促进经济增长的观点得到了实证研究的支持。Demirguc‐Kunt，Feyan 和 Levine（2011）运用跨国样本数据对金融结构偏离最优金融结构与经济增长速度之间的关系进行考察，发现大的金融结构供求缺口与较低的经济产出正相关。

金融结构内生于经济结构，随着经济结构的调整，最优金融结构也在不断调整，偏离最优金融结构的金融不是好的金融，无助于构建好的社会。合理的金融资源配置就是使金融供给结构符合当时经济结构决定的金融需求结构。

（三）中国事实

1949～1979 年经济全面改革开放以前，中国在长达 30 年的时期内实行高度集中的计划经济，经济发展的重点是重化工业。重化工业的行业资本密集度高、企业规模大，必须有大银行和发达的证券市场才能满足资本密集型产业的金融需求。在金融业高度集中和高度管制的情况下，自然形成以国有大银行为主体的金融结构，满足以重化工业为主体的经济结构产生的金融需求。在资本稀缺和储蓄分散的背景下，政府通过价格控制（利率和汇率限制）、严格的准入制度等干预措施，提高资本的动员能力，以极低的利率迅速筹集资本。低利率刺激了投资需求，在有限资本供给无法满足的情况下，政府通过"信贷配给"解决供求矛盾。在这个过程中，政府主导的大型国有银行发挥了配给金融资源、服务国有大型工业企业的职能。在这个时期，国有大型银行是金融的代名词，不存在非国有银行、小型银行以及非银行金融机构，更不存在资本市场；大型国有企业是银行客户的代名词，不存在小型民营企业等银行客户。大银行代表的大金融对应大型工业企业，金融结构很好地服务于经济结构。

1979 年改革开放以后，中国经济发展模式渐进转轨，国有计划经济逐渐让位于市场经济，经济结构进入多元化发展，民营经济迅速崛起，社会的金融需求结构不再是重化工业主导的大型工业企业的需求结构，而是不同行业形成的多元化结构：金融需求的企业不仅是国有企业，更多的是民营企业；不仅是大型企业，更多的是中小微企业；不仅是重化工业企业，还有种类繁多的其他行业。国家工商总局的统计数据显示：

截至 2014 年，私营企业已达 1546.37 万户；截至 2013 年底，我国小微企业数量达 5606 万户（其中个体工商户 4436 万户），涵盖了国民经济的 859 个行业小类。经济结构多元化形成了多元化的金融需求。

但是，与经济结构的变革进而全社会金融需求结构的迅速变革相比，金融供给结构的变革十分缓慢。首先，金融结构依然是以银行间接融资为主导，直接融资规模小。我国直接融资占比低于中等收入国家和高收入国家（见图 4 - 2）。其次，银行体系中大银行依然占主要比重，小银行占比较低。规模较大的国有商业银行和股份制商业银行提供了银行总贷款的 77%，即大银行支配了大部分信贷资源（见图 4 - 3）。这种结构决定了我国大部分金融机构依然是以大企业为服务对象，并没有随着经济结构的变化和小微企业金融需求的增加而发生相应的变化。

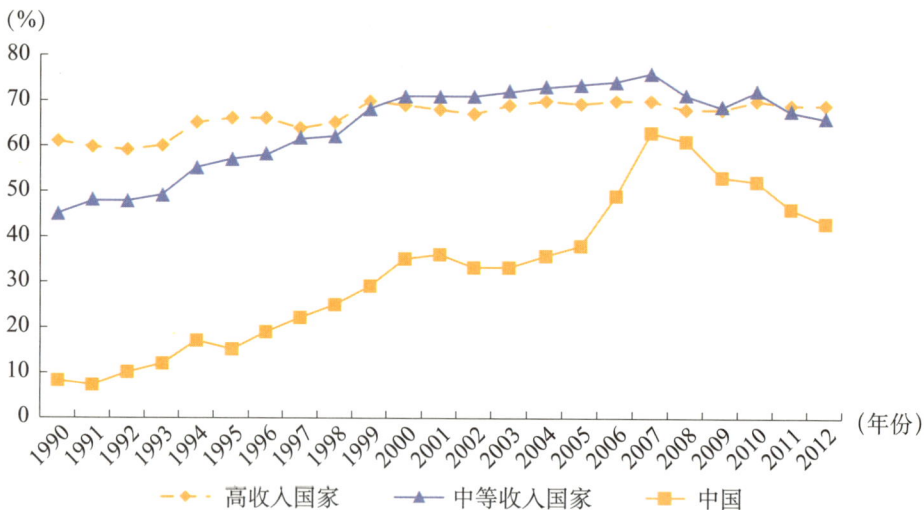

图 4 - 2　直接融资比例变化趋势及其国际比较

资料来源：世界银行。

根据世界银行的统计，截至 2012 年，中国小微企业获得贷款的比例仅为 13.9%，远低于新兴经济体中的其他国家（见图 4 - 4）。小微企业中，规模较大的小微企业才能更多地从银行获得借款，规模在 5 万元以下的小微企业主要依赖民间借贷（见图 4 - 5），因为支配着大多数信贷资源的大银行主要贷款投向是大中型企业。除信贷资源外，小微企业从银行获得其他金融服务也很艰难。如巴曙松课题组 2013 年对小微企业的调查表明，62% 的小微企业从未使用过私人银行和贵宾理财服务，主要原因是大银行不愿意为资产规模太小的企业提供类似服务。中国金融体系对小微企业金融供给不足，对大企业金融供给过度，形成金融资源错配。这种错配是以大银行为主的金融结构与大量小微企业居于重要地位的经济结构不相匹配所致。

中国的传统大银行在商业模式、机构设置以及员工素质和人力资源成本方面，都

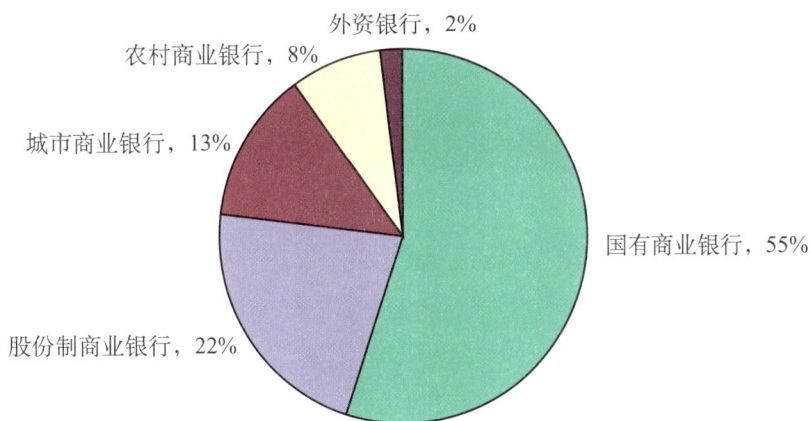

图 4-3　各类银行近 5 年发放贷款总额的相对比例

资料来源：中国银监会。

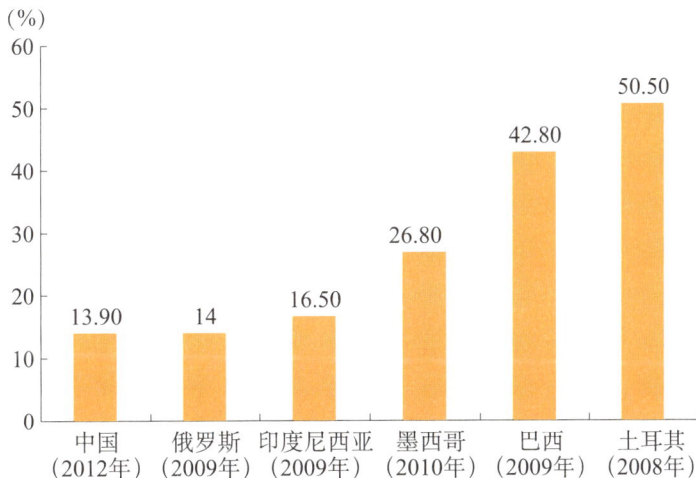

图 4-4　主要新兴经济体小微企业中获得贷款的企业比例

资料来源：World Bank Enterprise Surveys（2008-2012）.

是按照服务于大中型企业设计的。大中型企业有相对完善的管理、规范的财务报表、大量可抵押资产、较高的知名度甚至政府背书（国有企业），单笔贷款至少 1000 万元，大银行根据企业的资金需求特征和风险特征形成一套与之适应的贷款管理模式。在这种模式下，银行和企业的金融交易都可以达到经济利益最大化。如果让传统大银行为中小微企业服务，做小微金融，除非管理制度、组织结构发生质的变化，否则既不经济也不安全。因为中小微企业的经营特征和风险特征完全不同于大中型企业。他们的单笔借款金额只在 50 万～1000 万元，可抵押资产很少、管理不完善、缺乏规范的财务报告（甚至没有），所以用传统大银行贷款管理方法做小微贷款，几乎寸步难行。相反，地域性的小型金融机构（社区银行、信用合作社、小额贷款公司等），以及经过

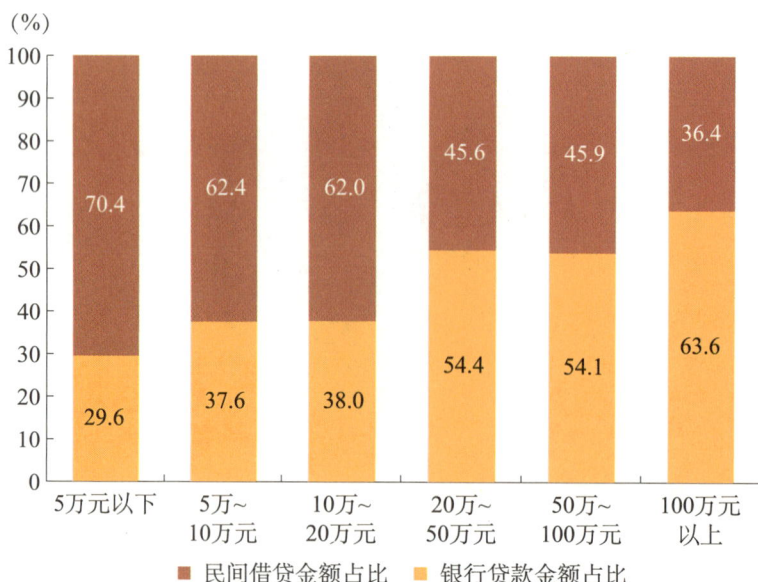

图4-5　小微企业借债规模与借债渠道
资料来源：汇付—西财《2014中国小微企业发展报告（简要版）》。

"改装"的专门做小微金融的大型金融机构（类似于新加坡淡马锡的机构），在小微金融领域比传统大银行具有比较优势。

在小微金融业务领域，小微金融机构与传统大银行之间存在系统性差异，首先，对分散风险的要求不同。由于小微金融机构服务对象的可抵押资产少，信息资料不完整，信用风险高，这要求金融机构必须通过分散投资来对冲风险，大银行不必如此在意。其次，信息处理技术与处理能力不同。传统大银行是多重层级组织，信息收集者往往不是信贷决策者，多重委托代理关系使个人收集软信息激励不足，其决策主要依赖经过审计的财务报告等硬信息，小银行组织结构扁平化、简单化，信息生产者往往是贷款的决策者，有动力获取小企业的软信息，且只能依据软信息为小企业服务，没有硬信息可用（Pertersen，2004；Stein，2002）。因此，从克服信息不对称的能力来讲，大银行具有为大企业提供金融服务的比较优势，小银行则有为小企业提供金融服务的比较优势。最后，成本差异。传统大银行的单笔贷款额度大，成本相对可以高些，但如果按照同样的单笔贷款成本做多个小额贷款，成本会大幅度加大。小银行的特殊运营结构设计和人力资源成本，使其可以负担小额多笔交易并有盈利。

来自美国和中国的事实可以证明小银行服务小微企业相对传统大银行的比较优势：中国的国有商业银行规模是最大的，为小微企业提供贷款的占其全部贷款总额的25%，而规模最小的农村商业银行为小微企业提供的贷款比例高达75%（见图4-6）；同样的证据来自美国，美国资产规模大于500亿美元的银行为小企业的贷款占其全部贷款的 22.0%，而资产规模小于 1 亿美元的银行为小微企业提供的贷款比例高达 86.4%（见图 4-7）。

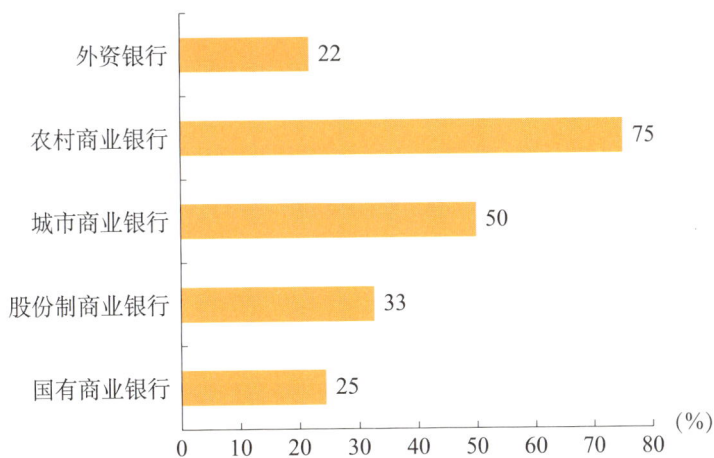

图 4-6 各类银行贷款中小微企业贷款占比

资料来源：中国银监会。

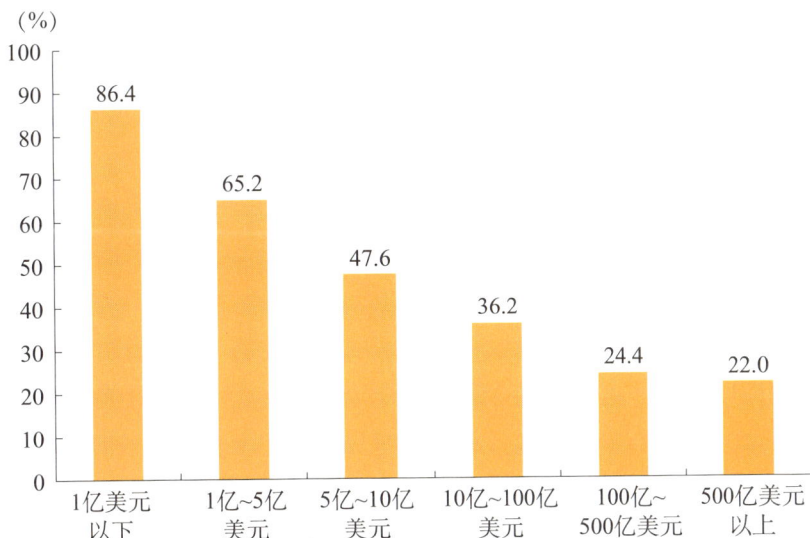

图 4-7 美国不同规模银行对小微企业贷款余额占银行贷款总额比重

注：此为美国 2011 年数据。

资料来源：经济体制改革论坛：如何根治融资贵难题［Z］. 中国人民大学中国经济改革与发展研究院，2015.

　　综上所述，银行业存在基于规模的专业分工。传统大银行主要为大企业提供金融服务①，小银行适合给小企业提供金融服务，除非传统大银行在组织结构和业务流程

———————————

　　① 除专门从事小微金融业务的大型金融机构以外。

上做适应于小微金融业务的调整。因此，从经营本质上说，传统大银行缺乏为小企业提供服务的经济上的动力机制。

尽管中国存在多个规模庞大的全国性银行，大中型企业可以得到很好的金融服务，但是还有更多的小微企业和自就业个人并没有足够多的与之对应的小银行为其提供服务，存在结构性的金融服务不足。对此种现象，我们可以用每 10 万人拥有金融分支机构数的国际比较做大致的表达（见表 4-1）。从表 4-1 可以看出，中国单位人口获得的金融资源低于发达国家，这在中国这个以传统大银行为主，而且大银行以服务于大型企业为主的国家，间接地表明了小微企业获得的金融服务也远远低于发达国家，存在严重的金融资源错配情况。

表 4-1　2012 年全球主要经济体每 10 万人拥有的银行分支机构数　　　　单位：家

中国	美国	日本	德国	法国
7.72	35.26	33.92	13.9	38.83

资料来源：世界银行。

（四）金融资源错配的经济后果和社会后果

中国金融资源错配的直接后果是大量小微企业无法得到足够的信贷资源，制约其进一步发展。但金融资源错配对于经济与社会的负面影响还不仅如此。

（1）金融资源错配会制约经济增长。如果目前的金融结构不发生改变，随着中国民营经济的比重加大，以及创业企业的增加，小微企业和自就业群体融资难问题会更加严重，小微企业对中国经济增长的推动力会减弱，这对中国经济成功转型将产生极为不利的影响。

（2）在金融资源错配下，大企业得到的金融服务过剩，形成金融资源浪费，社会成本加大。例如，有不少大型国有企业集团利用融资的便利条件低成本获得资金，然后以较高利率放贷出去以获取利差收入。这种做法既不必要地延长了社会金融链条、加大了金融风险，又推高了社会融资成本。

（3）金融资源错配背后，是以少数大银行为主的金融垄断格局。金融垄断下的高额利润吸引更多的社会资源，包括优秀的人才资源流向金融部门，而不是实体经济部门，形成创新性要素的"脱实向虚"。经济长期增长取决于创新（Schumpeter，1939），如果没有创新性生产要素流入实体经济部门，创新活动是空谈，也没有经济的长期可持续增长（Philippon，2010；Kneer，2013）。事实上，金融资源配置有双重内涵：一是金融资源本身被配置；二是通过金融资源的配置，来配置其他经济资源。没有合理的"被配置"，就无法合理地配置创新性生产要素等其他经济资源，金融功能也就丧失了。

（4）大量金融资产在少数大银行聚集，超出大企业的金融需求，通过非银行金融机构二次配置到实体经济部门，降低了资金配置效率。如高达20万亿元的银行高收益理财产品，通过信托部门流入影子银行体系，推高了融资成本，也增加了金融体系的不稳定性。从融资角度看，经济体中投机性融资和庞氏融资比重增加，金融不稳定性增加（Minsky，2010）。

（5）金融资源错配导致金融资源分配的不公平，造成个人和企业实现自身发展机会的不公平。没有机会公平，就会使结果显失公平。这种发展机会的不公平会加剧社会贫富两极分化，不利于社会和谐与稳定。合理配置金融资源的最终效果，就是给予每一个有能力的个人、企业公平获取金融资源的选择权利，使其有公平的机会自我发展。

（五）普惠金融与调整金融资源配置

中国目前金融资源错配的主要表现是对小微企业及自就业群体的信贷资源供给不足。因此，急需发展对这个领域的金融服务。

根据本报告的研究，中国现阶段普惠金融的服务对象是包括"三农"、中小微型企业、个体工商户、社会低收入人群、创业和失业人群、特殊群体（如残疾人）等在内的群体。普惠金融以机会平等和商业可持续原则，在成本可负担的前提下，通过合理的价格，有效、全方位和持续地提供及时的、方便的、差别化的金融服务，实现金融资源供求平衡，缩小贫富两极分化，推动社会和谐发展。因此，金融资源配置的合理化调整，有助于填补现有金融结构失衡留下的供求差距，以实现普惠金融可持续发展。

三、金融资源配置机制与普惠金融发展

但是，如何在现有金融资源配置格局下实现普惠金融发展，或者说如何实现金融资源的调整，保证其形成合理的配置效果？这涉及金融资源配置机制问题。纠正金融资源错配的核心是理顺其配置的机制，唯有此，才能使金融结构内生于经济结构的变迁，为普惠金融可持续发展消除机制障碍。

根据中国目前的金融资源配置中存在的问题，实现金融资源合理配置的核心机制应该是市场机制。

（一）金融资源错配的原因是调节机制失灵

按照新古典经济学的观点，调整金融资源配置的力量来自市场（无形之手），前提是市场是完善的，存在充分竞争。但现实证明市场并不总是完善的，并且人们发现充分竞争也不是灵丹妙药，竞争也可能会导致垄断。因此，依靠"无形之手"配置资源

有缺陷，调整金融资源配置的另一只"手"是政府调节。但更多的事实证明，政府这只"有形之手"的调节也会带来很多问题。无论"有形之手"还是"无形之手"，只要调节失灵，都会导致金融资源不能顺利流向最需要的经济部门，出现金融资源的错配问题。

我国长期实行严格的金融管制，尽管经济改革以来经济结构发生了变化，但政府主导下的金融资源配置机制没有本质上的变化。管制利率、市场准入限制等金融约束措施依然在不同程度上延续。在利率管制下，很长时期内我国全社会的银行存贷款利率由人民银行统一制定。从 2012 年 6 月开始存贷款利率浮动区间逐步加大，2013 年 7 月全面取消贷款利率管制。截至目前，活期存款和一年期以下定期存款仍然存在浮动限制（见表 4-2）。利率管制使利率这个资金的价格失去了准确反映资金供求状况、引导金融资源流向金融资源稀缺部门的功能。

表 4-2　利率市场化改革进程

时间	政策调整
2012 年 6 月 8 日	将金融机构存款利率浮动区间的上限调整为基准利率的 1.1 倍；将金融机构贷款利率浮动区间的下限调整为基准利率的 0.8 倍
2012 年 7 月 6 日	将金融机构贷款利率浮动区间的下限调整为基准利率的 0.7 倍
2013 年 7 月 20 日	全面放开金融机构贷款利率管制
2014 年 11 月 22 日	金融机构存款利率浮动区间的上限由存款基准利率的 1.1 倍调整为 1.2 倍
2015 年 3 月 1 日	金融机构存款利率浮动区间的上限由存款基准利率的 1.2 倍调整为 1.3 倍
2015 年 5 月 11 日	金融机构存款利率浮动区间的上限由存款基准利率的 1.3 倍调整为 1.5 倍
2015 年 8 月 26 日	放开一年期以上（不含一年期）定期存款的利率浮动上限，活期存款以及一年期以下定期存款的利率浮动上限不变

资料来源：中国人民银行。

在严格的市场准入限制下，我国金融机构以大型国有银行为主，尽管改革开放后增加了股份制商业银行及其他类型金融机构，但民办的、小型的金融机构还是受到严格限制。虽然法律法规没有对民营资本设立银行机构进行特殊限制，但主管部门对民营资本发起设立银行持有审慎态度。1996 年中国工商联发起组建民生银行第一家民营银行后，2006 年银监会鼓励符合条件的民营资本参与银行业金融机构重组改造。直到 2013 年 7 月，《国务院办公厅关于金融支持经济结构调整和转型升级》的指导意见提出"尝试由民间资本发起设立自担风险的民营银行"，由"参与"到"发起"迈出了实质性步伐，但是到目前为止仅有前海微众银行、天津金城银行、温州民商银行、阿里银行和上海华瑞银行 5 家民营银行被批准设立。虽然利率市场化改革只差最后一步，但放开市场准入限制则没有根本改观，放开市场准入限制严重滞后于利率市场化改革进程，限制了金融服务供给端的自由竞争，大银行形成的寡头垄断格局无法被打破。即使允许利率自由波动，大银行迫于竞争压力调整利率的动力不足，依然能够控制金融资源。只有金融机构的自由进出和利率的自由调整两个条件同时具备，市场机制才能发挥作用。这对于服务于小微企业和自就业群体的普惠金融发展是至关重要的。

政府很早就发现了由于中国金融结构变化滞后于经济结构变化带来的小微企业融资困难问题，并通过行政命令、政府补贴等方式干预和引导金融资源流向小微企业。如2013年9月，银监会颁布《中国银监会关于进一步做好小微企业金融服务工作的指导意见》，明确要求保证实现"两个不低于"目标，即要求各银行业金融机构在商业可持续和有效控制风险的前提下，小微企业贷款增速不低于各项贷款平均增速，增量不低于上年同期。但是，行政干预的最大问题是缺乏效率。由于缺乏有效的激励机制，各类银行可以采取各种办法规避行政干预，如无动于衷，或者虚报执行结果、冒领政府补贴等，导致政府调节的效率很低。

因此，对于中国的普惠金融发展来说，目前以政府为主导的金融资源调节机制是存在严重缺陷的，它阻碍了资金的自由流动，使金融结构无法内生于经济结构变迁，需要增加市场调节的力度。

（二）需要发挥市场调节机制的作用

建立完善的市场机制主要是退出金融约束制度，具体来说，包括推进利率市场化进程、放开市场准入限制、打破刚性兑付、政府谨慎介入小微金融零售市场和发展多层次资本市场等，通过这些措施的实施，强化金融体系的竞争程度，充分竞争的结果是融资成本下降和金融服务的"客户下沉"，这是金融普惠化的市场化解决路径。

1. 推进利率市场化进程

市场机制的核心是供求机制形成的价格机制，价格反映资源的稀缺程度，通过价格机制引导资源的合理配置，把有限资源配置到高效率的经济部门。这也是亚当·斯密《国富论》所倡导的通过"看不见的手"来配置资源。长期以来，我国的资金价格——利率并不是供求均衡形成的，而是中央银行给定的，尽管2013年以来政府允许利率有更大空间的浮动（见表4-2）。计划经济时期，实施管制利率的最大好处是：第一，有利于控制金融秩序，便于金融权力集中和储蓄集中，为实现经济赶超战略提供资金支持；第二，有利于形成利差保护，增强国有银行资本实力，便于政府实施经济干预计划。但随着经济发展及经济结构变迁，政府管制利率的负面作用开始凸显。由于缺乏价格引导以及金融垄断，金融供给顺应经济结构变化的调整过程十分缓慢，导致越来越严重的金融资源错配。因此，合理配置金融资源必须改变资源配置的调节机制，发挥利率的价格引导功能，让利率市场化以反映资金的稀缺程度，帮助资金自动配置到效率更高、回报率更高的经济部门。

鉴于小微金融、自就业群体存在较大的资金需求和较少的资金供给，市场化的利率能迅速引导资金流向这些被传统金融排斥的群体。因为放开利率上限后，金融机构的回报能够覆盖其金融服务成本，逐步缓解金融机构依赖财政补贴提供微金融服务的局面，提高它们做微金融的自生能力和可持续能力。否则，单纯依赖政府"调节之手"，会出现：①金融机构变相收取各种服务费用，弥补服务成本，造成秩序混乱，加大监管难度；②金融机构退出微金融供给市场，客户被迫支付更高的成本，或选择非正规金融渠道获取金融服务。

2. 放开市场准入限制

放开市场准入限制的积极作用是：第一，可以提升金融机构供给端的竞争程度，以降低融资成本，改善金融服务水平。放开市场准入限制是利率市场化的配套改革措施，如若不然，在缺乏足够竞争的情形下，仅依靠利率市场化降低融资成本和纠正资源错配可能会适得其反。第二，可以在一定程度上使非正规金融正规化，使影子银行体系萎缩，提高资源配置效率且大大降低系统性金融风险。第三，消除对微型金融机构如小额信贷机构的准入限制，改善金融结构，提高金融体系为小微企业、农户等弱势企业和地区提供金融服务的能力，建立实现金融普惠化的必要条件。

从发展普惠金融的角度看，放开市场准入限制就是要做到：第一，放宽各类资本的进入，特别是鼓励民营资本进入。加快民营资本进入微型金融领域，鼓励它们发起或参与中小型银行、村镇银行、农村资金互助社、小额信贷机构和信用担保公司等，不折不扣地落实国务院的"新36条"[1]。第二，放宽外资金融机构的进入。加入WTO后，我国银行业的改革发展已经具备了承受外资银行过度冲击的能力。此时引入外资金融机构，可以提高竞争程度，还可以引入先进的金融机构经营管理理念和风险管理技术。第三，放宽分支机构的准入。这是为了推动金融服务"下沉"，为基层和大众群体提供服务。

放开市场准入限制的同时，还需要完善金融机构的退出机制，通过进入与退出的有机统一，实现优胜劣汰的良性调整。同时，需要尽快完善金融机构破产的相关立法和执法。

3. 打破刚性兑付

刚性兑付是中国的特有现象，指理财资金出现风险、产品可能违约或者低于预期收益时，发行方或者渠道方保证其本金和收益的兑付。刚性兑付目前在中国流行是因为那些有政府做隐性担保的投资产品，如对我国地方政府融资平台[2]、国有企业或者

---

① 国发〔2010〕113号《国务院关于鼓励和引导民间投资健康发展的若干意见》。
② 地方政府融资平台一般指地方政府投资设立，由地方政府拨入资源，为地方政府融入大量资金的国有企业，大多以投资管理公司的形式出现，操作为平台公司融入资金，地方政府将资金拆出，用于地方建设。但从2009年起，国家开始限制地方政府平台公司融资，今年规定不得新增贷款，安居工程房建设除外。

地方大型企业的投资产品等。刚性兑付扭曲了市场定价机制，破坏了风险定价能力。表面上化解风险，实际上将风险推后、累积，造成了显失公平的融资环境。

对于普惠金融的服务对象小微企业来说，刚性兑付会导致它们融资更难。因为：①刚性兑付拉高了市场的无风险收益率。被隐性担保的企业或者地方政府融资平台的高收益率产品从来没有发生无法兑付的事实，投资者把这样的高收益率当作无风险收益率。②刚性兑付扭曲了风险收益特征，造就了"低风险高收益"的金融产品，推高了小微企业的融资成本。在刚性兑付的背景下，国有企业、地方大型企业和地方政府融资平台在公募债市场上推出的是"低风险高收益"的金融产品，而小微企业只能参与中小企业私募债市场，其背后没有隐性担保和刚性兑付，推出的是"高风险高收益"的金融产品。在"低风险高收益"与"高风险高收益"之间，投资者肯定会选择前者，形成了对小微企业融资的"挤出效应"。

打破刚性兑付可以考虑如下措施：首先，以银行理财产品为切入点，逐步提高投资者的风险意识，破除预期收益率就是实际收益率的错误认识。为此，商业银行多发行净值型产品，降低提供预期收益率的产品发行规模；划清银行理财产品业务和信贷业务的边界；强化理财产品资金管理的信息披露。其次，转变监管理念，给予债券违约一定的容忍度，监管的核心转到信息披露上，转到营造公平、公正、公开的市场环境上。最后，划清政府融资和企业融资的界限，肃清"准市政债"的城投债。

4. 政府谨慎介入小微金融零售市场

政府扶植普惠金融发展的一个重要手段是对小微金融机构提供政策和资金的扶植。政府扶植可以通过直接介入小微金融零售层面实现，一般是政府通过国有银行或者其他金融机构代理政府在小微金融的零售层次直接提供金融服务；政府也可以通过间接介入的方式实现扶植，间接介入一般是政府通过资金批发的方式引导资金流向零售金融机构，由零售机构进一步为特殊群体提供信贷。

无论是直接介入还是间接介入，政府介入小微金融零售市场的初衷是为无法得到正规金融服务的群体提供信贷服务，推动普惠金融发展和促进经济增长。但许多证据表明，这样做并不一定能实现预期效果[①]。CGAP（2006）对此现象的解释是，首先，这种方式容易受到政治的影响，成为政治寻租的工具，最终获取贷款者往往是政治关联较强或者非贫困群体；其次，贷款者容易将其作为一种政府的馈赠，偿还贷款的意识不强，导致了较低的还款率事实；最后，低利息率不能使金融机构覆盖其成本，只有政府的持续补贴这种方式才能可持续。因此，政府介入小微金融零售市场并不一定是一种高效且可持续的资金配置方式，必须谨慎使用。

---

① 详见焦瑾璞（2009）给出的 IMF（2005）和 IDB（2004）等提供的证据。

5. 发展多层次资本市场

发展多层次资本市场的意义在于进一步提高资本市场为大企业服务的能力，释放银行为大企业提供的信贷资源，使其更多地为小微企业服务。即通过强化资本市场与银行竞争，倒逼大银行调整经营战略，"客户下沉"。发展多层次资本市场，一是完善创业板、中小企业板和新三板等融资平台，为中等企业或者创新性企业提供融资渠道，同样有利于银行信贷资金下沉；二是发展债券市场，提升债券市场规模，同时要打破债券市场的刚性兑付，有利于降低无风险收益率，降低社会融资成本。

上述推进利率市场化进程、放开市场准入限制、打破刚性兑付、政府谨慎介入小微金融零售市场和发展多层次资本市场等各项措施需要统筹安排、协同推进，才能收到良好的改革效果，否则可能会付出更大的代价。例如，没有放开市场准入限制，盲目推进利率市场化进程，可能会使融资成本不降反升。

6. 需要有其他的改革配套措施

金融与整个经济系统密切相连，中国金融资源配置的调整也需要与其他经济政策配套而行。

首先，调整产业政策，促进产业结构优化升级，降低房地产业、基建和产能过剩产业对资金的"虹吸效应"。长期以来，我国经济增长过度依赖房地产业和基建，对小微企业融资形成"挤出效应"，体现在两个方面：一是资金需求规模相当大，银行体系内的资金难以满足其融资需求，还需影子银行体系内的资金来满足，如2013年两大产业的外部融资需求为12万亿元，而当年新增人民币贷款才8.89亿元，存在较大缺口。两大产业如此大的资金需求对小微企业融资造成排挤。二是这两个行业对利率不敏感。房地产业具有超高回报率，2006～2013年平均回报率为21.1％，而同期规模以上工业的回报率才5.2％；基建投资是在政府主导下进行的，存在预算软约束，也对融资成本不敏感。利率不敏感导致较高的贷款利率，从融资成本上对小微企业造成排挤。"量"和"价"的双排挤对小微企业融资形成了"挤出效应"，致使其融资难且融资贵。

2008年金融危机之后，为了应对危机，政府出台"四万亿"的刺激计划，四万亿元的投向大多是工业项目，造成严重的产能过剩，如光伏产业、电解铝、煤炭、有机玻璃、水泥、钢铁等诸多产业都存在产能过剩。这些产业的建设期和投资回收期都比较长，致使资金周转速度较慢，加上投资回报率都偏低，导致资金占用水平较高，留给小微企业的资金所剩无几。

因此，调整产业政策，促使产业结构优化升级不但是实体经济发展的需求，也是优化金融资源配置的需要。具体地，要由依赖房地产业和基建拉动经济增长，逐步转变到由科技创新驱动经济增长；还要大力发展服务业，特别是具有高产出、低投资的现代服务业；通过"一带一路"的实施，积极消化现有过剩产能，加速资金周转。

其次，优化政府财税体制和投融资体制，降低投融资的政府主导和国家垄断程度，提高社会资本参与公共产品和服务投资的积极性。此举的目的是为了消除城投、地方政府融资平台等不合格的融资需求主体，降低预算软约束或隐性担保，缓解其对小微企业融资的"挤出效应"，营造公平的融资环境，优化金融资源配置。

最后，加快推进国有企业改革，以降低对国有企业的预算软约束和隐性担保，缓解其对小微企业融资的"挤出效应"；可以提高国有资产的收益水平，降低信贷依赖，降低债务比重和财务风险。具体的改革措施是：①要从对企业的管理向对价值的管理转变，促进国有资本的管理、运营和监督分离；②国有企业要逐渐退出对竞争性产业的控股，转变为通过参股参与竞争性产业经营，分享收益；③提高国有企业的公司治理水平，提高收益水平。

（三）政府的监管和服务是保障

倡导金融资源的市场化配置，强调发挥市场"无形之手"的作用的同时，依然需要政府"有形之手"的作为，尤其是普惠金融的发展。政府调节作用主要在于：①完善监管；②加强对金融资源配置的基础设施建设。

1. 完善监管

市场机制有价格发现能力和风险配置能力，能够优胜劣汰，自动去除不规范的或者低效的行为和行为主体，使金融体系稳健运行，但市场机制运作的前提是有良好的市场秩序，需要有完善的市场规则（法律制度）以及监督市场参与者按规则出牌的监管者。为此，需要完善监管。

监管部门的职责有两个：首先，通过法规制定与强力执行，建立市场机制得以充分发挥的环境，如激励约束金融主体加强信息披露，降低交易成本；其次，在市场无法自动调节时，给予适当的干预纠正。当然，前者是监管工作的主要抓手，后者是前者的有效补充，这是完善监管的第一层含义。完善监管的第二层含义是监管部门必须有适当的行为，既不能监管不足，也不能监管过度。对于金融活动，监管不足意味着对于金融交易缺乏监管，放任自流，助长市场失序。监管不足往往出现于金融创新领域，如互联网金融。监管过度意味着抑制金融交易的活跃度和金融创新。

我国普惠金融的发展处于起步阶段，如何将普惠金融纳入整个金融体系中，既要帮助扶植其发展，同时也要对其有合理监管，控制金融风险，避免出现市场失序的混乱局面。这对于金融监管部门是一个全新的课题。如何做到监管与扶植双重目标的协调统一，是我国普惠金融监管部门面临的一个新课题。为此，需要有新的监管理念和监管框架。焦瑾璞（2009）借鉴国际上微型金融发展的实践，提出普惠金融的重要内容——小微型金融监管总原则应该是在避免金融风险的前提下，鼓励创新，保持一定的灵活性，提高监管的风险容忍度，培育市场自身化解风险的能力。同时，提出三种监管框架——银行法框架下的监管、特定小微金融法律框架下的监管和自我监管。银行法框架下的监管前提是小微金融机构具有与银行相似的业务，如存贷业务。这种框架的好处是能够让小微金融机构得到政府更多的支持，有利于小微金融机构快速发展。特定小微金融法律监管框架适用于小微金融已经发展相对成熟的情况。这种监管框架可能由于法律执行而抑制创新和竞争，因而不适合快速发展阶段的小微金融监管。自我监管源于政府对微型金融不太关注或者监管能力不足的情况。此种监管的关键是强化信息披露，处理好与投资者及其消费者之间的关系。除上述监管框架以外，世界银行（2008）也提出依据小微金融机构的八种不同类型做针对性的监管[①]的监管理念。

2. 加强基础设施建设

市场失灵的表现之一是公共产品供给不足，因为公共产品的使用具有非排他性。因此，在金融资源配置过程中，政府除了完善监管之外，需要加强基础设施建设。基础设施建设主要涉及征信与担保。

普惠金融发展中最重要的基础设施建设是社会征信体系建设。小微金融服务对象的特殊性质，以及小微金融机构的规模特征，使其对社会征信体系有极强的依赖性。社会征信体系建设直接关系到普惠金融领域信用风险的控制水平和控制成本。

我国社会征信体系建设于 2007 年正式启动以来，已经取得了长足发展。到目前为止，形成了以人民银行征信中心和数百家征信公司为主体的征信行业。但依然存在很多不足，包括以政府为主体的征信体系缺乏效率；对个人征信远远落后于对企业征信，无法满足普惠金融领域的需要；征信技术相对传统，大数据技术应用不够；信息孤岛问题严重，提高征信成本等。总之，我国征信体系的建设严重落后于普惠金融的发展需求，需要得到政府更多支持。

信用担保也是保证普惠金融发展的一个重要基础设施。普惠金融服务对象缺乏担保品的特点使本来信用风险就偏高的小微贷款更缺乏安全保障。我国的实践证明，对小微贷款提供信用担保，可以是政府扶植普惠金融的一个重要途径。通过政府的适当担保与信用增级，可以帮助承担一部分小微贷款的信用风险，带动更多金融资源普惠金融领域，实现以小博大。

【结语】

以市场机制配置资源为主体，结合政府的适当监管和扶植是普惠金融发展的最佳解决方案，也是效率最高且可持续的解决方案。这种制度安排能够使金融的供给结构随着经济结构决定的金融需求结构调整而自动优化调整，使金融资源以可负担的成本

---

① Van Greuning H., Gallardo J., Randhawa B. A Framework for Regulating Microfinance Institutions [J]. World Bank Policy Research Working Paper, 1998（2061）.

和合理价格持续地惠及小微企业、自就业群体和"三农"经济等群体。因此，政府应该逐渐解除价格控制、市场准入限制等金融约束措施，建立合理的监管框架，并不断完善普惠金融发展的基础设施。

主要参考文献：

［1］Allen F.，Gale D. Comparing Financial Systems ［M］. MIT Press，2000.

［2］Beck T.，Demirgüç - Kunt A.，Levine R. Law and Finance：Why Does Legal Origin Matter? ［J］. Journal of Comparative Economics，2003，31（4）：653 - 675.

［3］Demirguc - Kunt A.，Feyen E.，Levine R. Optimal Financial Structures and Dev-elopment：The Evolving Importance of Banks and Markets ［J］. World Bank，Mimeo，2011.

［4］GCAP. Access for All：Build Inclusive Financial Systems ［Z］. Washington，D. C.：GCAP，2006.

［5］Lin，Justin Yifu，Xifang Sun，Ye Jiang. Toward a Theory of Optimal Financial Structure ［Z］. Mimeo，the World Bank，2011.

［6］Mc Kinnon R. I. Money and Capital in Economic Development ［M］. Washington，D. C.：Brookings Institution，1973.

［7］Petersen M. A. Information：Hard and Soft ［R］. Working Paper，Northwestern University，2004.

［8］Porta R. L.，Lopez - de - Silane F.，Shleifer A.，et al. Law and Finance ［R］. National Bu-reau of Economic Research，1996.

［9］Rajan R. G.，Zingales L. The Great Reversals：The Politics of Financial Development in the Twentieth Century ［J］. Journal of Financial Economics，2003，69（1）：5 - 50.

［10］Schumpeter J. A. The Theory of Economic Development：An Inquiry into Profits，Capital，Credit，Interest，and the Business Cycle ［M］. Transaction Publishers，1934.

［11］Shaw E. S. Financial Deepening in Economic Development ［M］. New York：Oxford Univer-sity Press，1973.

［12］黄金老. 壮大实业呼唤低成本融资环境 ［N］. 人民日报，2013 - 02 - 04.

［13］林毅夫，徐立新，寇宏等. 金融结构与经济发展相关性的最新研究进展 ［J］. 金融监管研究，2012.

［14］林毅夫，孙希芳，姜烨. 经济发展中的最优金融结构理论初探 ［J］. 经济研究，2009.

［15］徐扬. 中小企业"融资贵"贵在哪里 ［J］. 瞭望新闻周刊，2013.

［16］焦瑾璞. 建设中国普惠金融体系——提供全民享受金融服务的机会和途径 ［M］. 北京：中国金融出版社，2009.

［17］经济体制改革论坛：如何根治融资贵难题 ［Z］. 中国人民大学中国经济改革与发展研究院，2015.

［18］赵昌文. 从攫取到共容 ［M］. 北京：中信出版社，2015.

第五章　小微金融信用风险识别与控制①

【摘要】信息不对称的存在及累积是贷款违约爆发的根本原因，信用风险管理是信贷活动的核心。相比服务于大企业客户的"大金融"，"小微金融"服务的客户群体信息不对称现象更为严重。因此，对于小微金融信用风险的识别需要做到在借款者"全息"图像上的"脸谱识别"；在信用风险的控制方面，也需要更加重视实时监控、信息共享、联合担保等制度安排，坚持"小额"、"分散"原则以及选择合适的运营模式。在实践中，不同的小微金融机构在经营区域定位和目标客户群定位上有所差异，应根据自身的特点选择适合的风控方式。

金融的核心是跨时间、跨空间的价值交换，而借贷交易就是最纯粹的跨时空价值交换（陈志武，2010）。不同于"一手交钱、一手交货"的现货交易，借贷交易是对交易双方在不同时间的收入进行互换，因此未来事件发生的不确定性和损失可能性造成了借贷交易的风险。

在整个金融体系中，小微金融是指专门向中小型和微型企业及低收入阶层提供小额度的金融产品和服务的活动，主要以借贷活动为主，因此本专题讨论的小微金融风险主要是指小额信贷风险。按照新巴塞尔协议对于风险的分类，信用风险与市场风险、操作风险一起并列为三大风险，而信用风险又是信贷活动的核心，因此本专题主要围绕小微信贷的信用风险展开。

一、信息不对称与信用风险

根据巴塞尔银行监管委员会中关于"信用风险"的定义，信用风险指借款者不能履行信贷契约中还本付息责任的可能性。通常，信用风险受借款者还款能力和还款意

---

① 本章讨论的小微金融是指以中小微型贷款为主的金融活动。小微金融活动是普惠金融的重要内容。

愿两个因素影响，还款能力指的是借款者客观上履行偿债义务的能力，还款意愿指的是借款者主观上不愿意履行偿债义务的动机。还款能力可以从借款者第一还款源创收能力和第二还款源是否缺乏或存在贬值可能性的角度来观察，还款意愿可以从借款者对其违约成本与违约收益之间的权衡及其道德水平来观察（见图 5 - 1）。

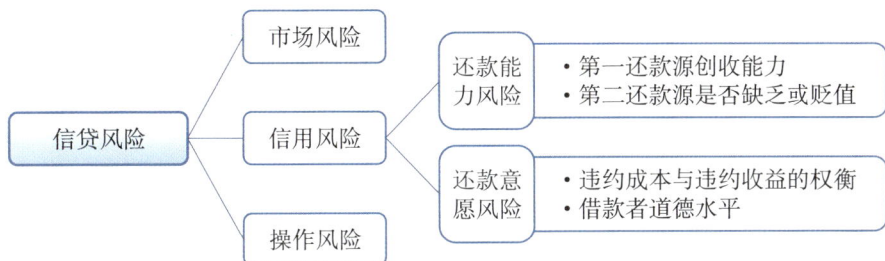

图 5 - 1　信贷风险构成图

金融机构在向借款者授信时，需要全面考察借款者的信用风险，判断其还款能力和还款意愿，以决定是否授信及贷款成本的高低，并且，贷款发放后还要持续监控借款者信用风险状况直到贷款收回。因此，对借款者信息的掌握成为信用风险管理的核心。

由于借贷双方存在信息不对称，借款者往往比投资者更清楚自己的信用风险，借款者可以利用信息优势获益并给投资者带来损失，在贷前通过隐藏信息导致逆向选择风险，在贷后通过隐藏行动产生道德风险，从而破坏了信贷市场的一般均衡（Stiglitz et al.，1981）。

具体来看，将信用风险管理按照贷前、贷中、贷后的流程分为信用信息收集、信用风险评价、风险控制方式确定、动态行为监控和违约行为处置五大部分。在贷前阶段，金融机构需要收集借款者的信用信息并进行信用风险评价，此时，如果借款者隐瞒信息，金融机构就无法准确判断其信用水平，只能根据潜在借款客户的平均信用风险程度来确定借款利率，最终造成优秀借款者退出市场、劣质客户留在市场的现象，推高了金融机构承担的风险水平。在贷中阶段，金融机构会对借款者实行动态的风险监控，此时，借贷双方间的信息不对称使金融机构无法实时、有效地跟踪借款客户的资金使用效率及风险变动情况，这使得借款客户有机会采取不利于金融机构顺利收回贷款本金的行为，加大信贷风险。因此，信息不对称的存在及累积是信用风险爆发的根本原因，而降低信息不对称是信用风险识别管理的核心议题（见图 5 - 2）。

信用风险识别是信贷风险控制流程的第一步，在此基础上形成贷款与否的决策。但是信息不对称性使第一步可能由于信息识别不准确而判断失误，借款人经营状况的变化性可能导致即便前期决策正确，但也可能违约。因此，贷后风险监控以及采取合适的对冲风险手段是信用风险控制的另一个核心议题。风险对冲手段包括保险、抵押或质押、

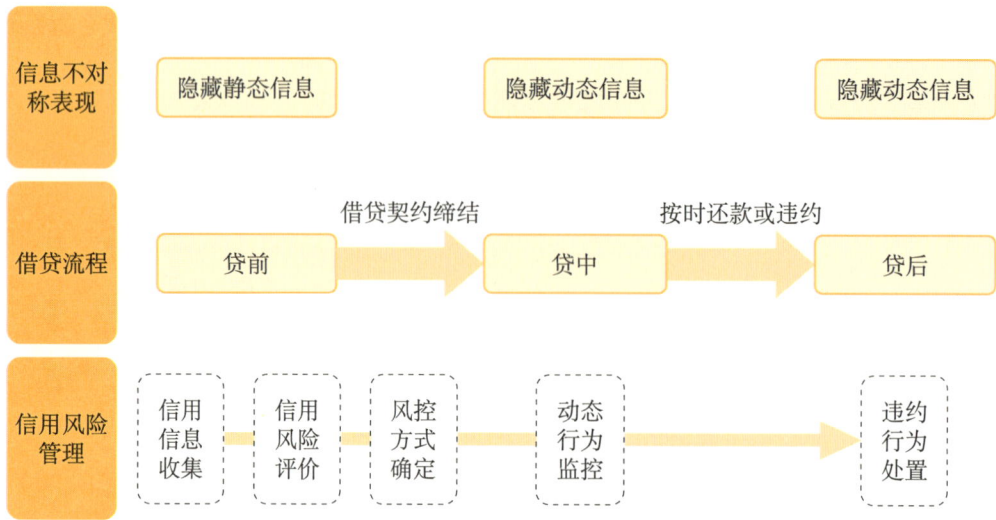

图5-2　信息不对称与信用风险管理

担保等可直接冲抵贷款损失的办法，以及分散投资降低资产组合特有风险的办法。

二、信用风险特征

相比服务于大企业客户的"大金融"，"小微金融"服务的客户群体信息不对称现象更为严重。大企业客户和中小微客户在信息种类以及信息性质方面都存在较大差异，并各具特点（见表5-1），总结下来，"小微金融"服务群体的信息不对称主要体现在：①中小微客户缺乏完整的企业财务信息，而其他信息的获取又相对困难；②已获取的信息不规范、不可靠，难以对其进行有效的整理和判断。

表5-1　大企业客户与小微客户的信息特征对比

信息特征		大企业客户	中小微客户
信息种类		硬信息为主	软信息为主
		财务信息为主	非财务信息为主
		企业信息为主	个人信息为主
		静态信息为主	动态信息为主
		历史信息为主	即时信息为主
信息性质	完整性	完整	缺乏
	集中性	集中	分散
	规范性	规范	不规范
	真实性	可靠	不可靠
	变化性	变化小	变化大

因此，针对小微客户的信息特征，金融机构往往面临两类困难：

一是信息获取难度大、成本高，不仅在每个客户的信息获取上要花费大量人力物力，而且因为小微客户数量庞大，成本总和必然是不小的压力。

二是对获取到的信息处理受阻，不但对信息的真实性难以判断，而且对信息难以做量化处理，金融机构常用的风险评价模型在小微客户群体上的适用性较差。

基于此，对于小微金融信用风险的识别和控制应该不同于"大金融"，应该根据小微金融自身的特点，走出一条更具多样化的发展道路。

三、信用风险识别

（一）信用风险的"脸谱识别"

由于大企业客户具有健全可靠的财务信息，因此大部分情况下，金融机构仅凭财务信息、历史信息、静态信息等就能对其做出信用判断，再加上大企业客户的财产抵押能力较强，不仅使金融机构承担的信贷风险降低，而且是金融机构收入来源的重要客户，因此在整个信用风险管理流程中，金融机构并没有获取更多信息的动机和必要性。

但是对于小微金融服务群体来说，不仅其财务信息存在获取难度大且不可靠的特点，而且缺乏抵押担保能力，因此需要补充更多的信息以对其进行更为准确的信用风险评价。具体而言，不仅需要掌握其财务信息，还要掌握其非财务信息；不仅需要掌握其历史信息，还需要掌握其即时信息；不仅需要掌握其静态信息，还需要掌握其动态信息；不仅需要掌握企业信息，还需要掌握个人信息……了解如此全方位、多元化的信息，是为了做到在"全息"图像上的"脸谱识别"（见图 5-3）。

此处所谓的"脸谱识别"，是指在借贷活动语境下，对于借款方信用状况的"全息"识别。通过对借款方信息的全方位掌握，刻画出生动、立体、丰富的"全息"图像，并且信息之间达到互相补充、彼此验证的效果，以此识别其信用风险。

小微金融活动中，囿于以往信息获取手段的限制，"脸谱识别"主要通过本地化的日常接触实现，但是随着信息技术的进步，互联网使信息突破了局部限制，大数据信息抓取技术也获得了广泛的关注，未来，"脸谱识别"在金融领域将会得到更多应用。

"脸谱识别"可以分为两个过程，即把脸谱刻画出来的"脸谱化"过程和对脸谱进行判断的"识别"过程。如果分别对应于信用风险管理中的步骤，"脸谱化"即是借款者信用信息的收集过程，"识别"即是在对收集到的信用信息进行整理分析的基础上的信用风险度量过程。

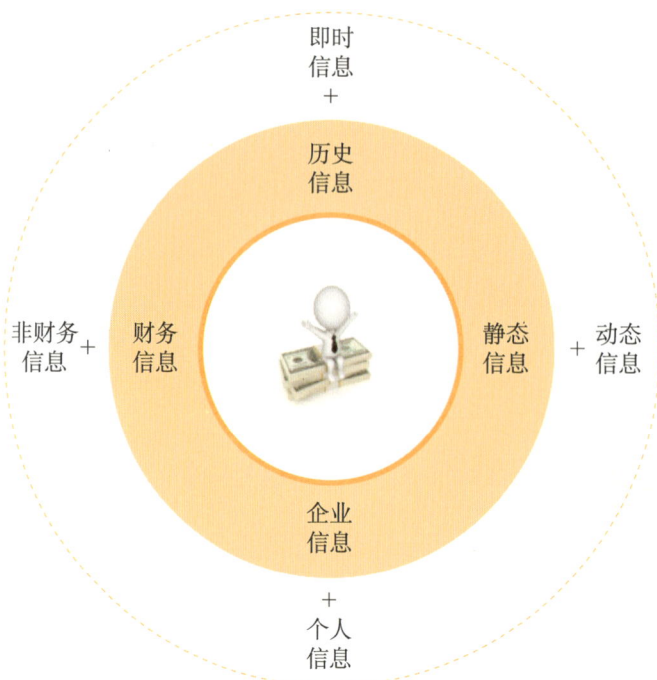

图 5-3 小微金融客户"脸谱识别"示例

（二）画"脸谱"过程——信用信息收集过程

"脸谱识别"的画"脸谱"过程是小微金融信用风险管理的重中之重。刻画出借款者的"全息"图像是小微金融机构追求的目标，但是在现实中，囿于发展范围、服务定位等的不同，各类小微金融机构的信息获取成本不同，因此绘制小微客户"脸谱"的途径也会存在差异。根据信息的不同来源，我们可以将信息分为两大类：本地化信息和外部化信息（见图 5-4）。

图 5-4 本地化信息与外部化信息

1. 本地化信息

本地化信息主要来自日常的人际交往和实地观察，以软信息居多，具有非标准化的特点，如当地人对借款者道德水平的评价、对生产型企业每日进出货车载货量的实际观察、对借款者家庭实际情况的了解等。

这种需要通过接触和观察才能了解的本地化信息多适用于区域化经营的小微金融机构，这类小微金融机构专注于本地化发展，员工在熟悉的区域内进行业务拓展及风险监控，方便获取各类一手信息，大量的一手信息可以帮助小微金融机构判断借款者的还款能力以及还款意愿，实现画"脸谱"过程。如台州银行，拥有强大的"地面部队"，通过员工到客户家中的实地走访、做客、聊天获取大量信息，以此作为信用评价的基础。

2. 外部化信息

外部化的信息主要来自会计师事务所、律师事务所、专业征信机构等第三方机构，或者工商、税务、法院、银联、民间社团、商会等外部机构，具有标准化、可量化的特点，因此便于进行后续的信用分数计算，如经过审计的财务报表、来自征信机构的企业及个人征信报告、纳税证明等。

外部化信息多适用于跨区域化经营的小微金融机构，这类小微金融机构经营覆盖面广，除非在经营模式以及人力成本上做较大调整，否则在获取本地化信息的途径和资源方面，与区域化小微金融机构相比有一定劣势。这些金融机构更需要借助外部机构提供标准化的信用信息。此外，跨区域金融机构一般规模较大，资金实力雄厚，可以通过购入或者交换的方式获取外部化信息。

另外，目前有一些金融机构已经开始运用大数据技术，在互联网上抓取用户行为数据，将之前"飘在空中"的数据对应在每个借款者身上，以辅助已有信息实现画"脸谱"过程。

现实中，不同的小微金融机构会平衡各类信息获取的成本和带来的收益，选择偏重的信息种类，既可以偏重本地化信息，也可偏重外部化信息，或者兼而有之。

（三）"识别"过程——信用风险度量过程

在信用信息收集整理的基础上，金融机构通常采用以下方法进行信用风险的度量，并进行进一步信用评分，以达到对借款者信用风险排序的目的，为进一步的风险控制方式运用及利率定价提供依据。信用风险度量中使用的分析方法可分为定性分析和定量分析两大类。现实中，金融机构会根据经营特点对两种方法的使用有所倚重。

1. 定性分析

"脸谱识别"中的定性分析是指依据专家经验对客户进行信用质量的主观评价，定性分析可以被形象地表达为"中医号脉"的诊断方式。在定量分析没有普及前，定性分析是借贷领域惯用的方法。定性分析中最常用的是"5C"法（Lyn，2000），"5C"

法是指银行依靠专家对借款人的品格（Character）、资本（Capital）、偿付能力（Capacity）、抵押品（Collateral）和经济周期（Cycleconditions）五个方面进行的分析来判断估计贷款的质量。虽然这种方法主观性太强，但是其提出的判断信用风险的五个方面仍然对实践工作有较强的指导性，是定量分析信息整合的基础。

区域性小微金融机构对借款人信用风险画"脸谱"时，主要依靠熟人社会网络下的软信息，这些软信息难以做量化处理，如街坊邻里对借款人品行的议论（Gossip）等。根据这些信息以及信贷员的经验，可以很快得到对借款人"5C"的判断，但在数据处理技术能力有限的情况下，对这些软信息做量化处理并使用模型打分给出评价，显然是多此一举了。例如，区域性的台州银行员工凭借经验，用"中医号脉"式的近距离观察评判借款者的信用风险，取得很好的风险控制效果。但是，如果将区域性小微金融业务扩展到跨区域，依托非量化的定性信息做"中医号脉"式的风险评价，可能会遇到人力资源不足的瓶颈。

2. 定量分析

定量分析是指小微金融机构使用数学统计方法度量信用风险，使用范围较广的信用评分模型包括多元判别分析法（Z. score 模型及 Zeta 模型）、非线性判别分析法（Logit 模型和 Probit 模型）、神经网络模型、遗传算法以及非参数检验中的 K 阶紧邻方法等。

信用评分法需要建立在标准化的信用信息上，优越性在于一旦模型建立以及信息决策系统开始运行，信用评估过程会减少大量人力、物力及时间耗费，提高风险识别效率并且可做连续快速的筛选评价；但缺点在于标准统一，信贷员个人判断的"软信息"很难量化体现在模型中。跨区域性的小微金融机构信用信息多为外部机构提供的标准化信息，因此方便进行定量分析。例如，民生银行的决策引擎评分系统主要基于 Logistic 的回归分析，为贷款决策提供辅助决策。

四、信用风险控制

小微金融的特点是其信用风险控制必须有别于大金融。

首先，相比大金融的大中型企业客户，小微金融客户的信用信息更加不规范、不完整、不稳定，使传统的以规范的财务信息为主、以定期采集信息为主、以依靠自身力量采集信息为主的信息识别和监控方法不再适用，必须有所创新。保证信息的实时性和共享性就成为征信的重点。

其次，相比大金融的大中型企业客户，小微金融客户普遍缺乏合适的抵押品。一是有效抵押物总量较少。小微企业规模较小，土地厂房等固定资产较少，多以流动资产为主，部分企业虽有少量固定资产，但因经营不规范、资产的产权或价值存在争议等原因，不能成为有效抵押物。二是许多资产尚不能广泛应用于贷款抵押，如专利权、股权、存货、商标等（顾锦杰，2013）。因此，面对小微金融的客户群体，传统的保证、抵押贷款等简单贷款保险方式并不能广泛适用。如何找到有效办法替代传统办法？必须有所创新。

再次，相比大金融的大中型企业客户，小微金融客户经营期短、知名度低、变化大，在其他条件相同的情况下，小微企业违约的声誉受损成本低。如何建立一种有效的机制以提高小微企业声誉受损成本，形成声誉机制对信用风险的较大控制力？必须有所创新。

最后，相比大金融的大中型企业客户，小微金融虽然单笔贷款金额小，但可以通过放大贷款笔数降低贷款组合的风险，通过有效的资产组合降低风险。

因此，在信用风险控制的方式、技术、机制设计等方面，小微金融有自己的独特之处。

（一）实时监控以识别风险

小微金融客户的特点使得对贷款人客户信息做实时监控尤其重要。但是如何才能及时掌握全方位的客户信息，做到及时更新"脸谱"信息？

相对于大金融，小微金融的创新主要是：

1. 信贷员近距离实时监测

信贷员近距离实时监测是最传统且最常用的办法（见图 5-5）。按照这种办法，金融机构派出信贷员频繁走访客户，直接观察了解借款人情况，或者通过借款人亲友、社区邻里了解情况，或者安装监控仪器做实时观测。这些做法需要：①信贷员有丰富的一线走访经验，并且充分了解当地风土人情；②信贷员类似于中医，信息收集和识别能力取决于个人累积的实践经验；③适合相对小的经营区域，方便信贷员在较短的时间内通过村镇、社区、行业协会等熟人网络获得大量有用信息；④对一线高质量信贷员的数量需求大。

传统办法尽管简单，但并不易行。一方面，它要求有大量"接地气"的一线信贷员，而且是经验丰富的信贷员；另一方面，它要求人员成本不能太高。跨区域经营的大银行人力成本高并且"不接地气"，明显不适合这种方法。

2. 联保组织的相互监督

通过构造联保组织实现借款人相互之间的监控和风险识别，金融机构与该联保组织对接（见图 5-6）。这种方式存在于小组贷款或者联保贷款方式中，但效果值得怀疑。很难说不存在借款人"合谋"隐瞒真相应对贷款人，以及缺乏相互监督的积极性

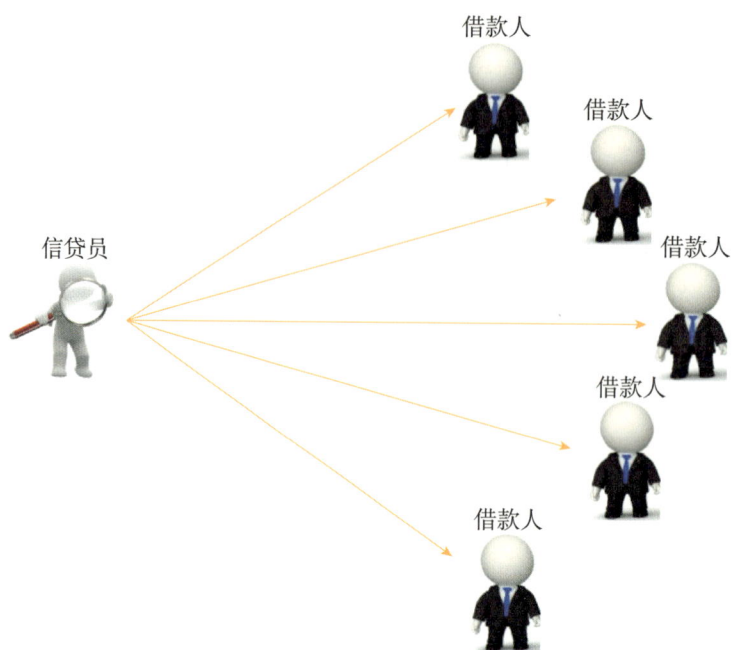

图 5-5　信贷员近距离监测示意

的现象，出现这些情况时，联保式的实时信息识别失灵。

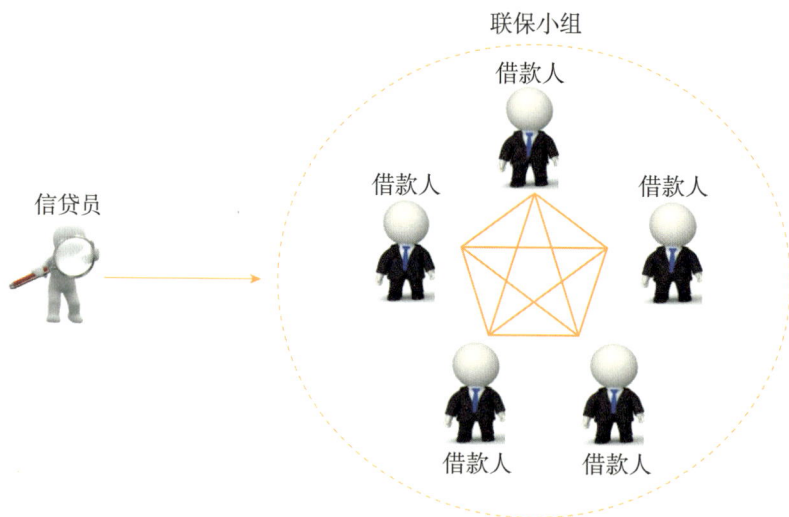

图 5-6　联保组织互相监督示意

3. 通过第三方机构实现的实时监控

第三方机构可以是专门的征信机构，也可以是其他金融服务组织。专门征信机构可以采用专门信息收集技术，通过线下和线上的方式为金融机构提供对借款人信用状况的实时监控，如大数据征信等（见图 5-7）。金融机构通过购买或者交换双方的信息服务，解决对客户信用信息实时监测的问题。其他金融服务组织通过为客户提供特定服务实现对客户信息的实时监控，也可以得到同样的监控效果。这种方式体现了专业化分工的效率，借助于数字信息技术进步，以及互联网尤其是移动互联网使用普及的趋势，通过第三方机构帮助实现对小微金融客户信用的实时监控，将会有极大的发展潜力。

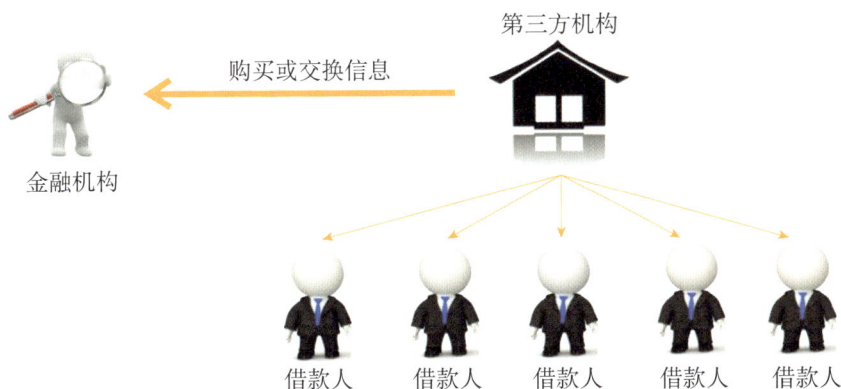

图 5-7 通过第三方机构实现的实时监控

4. 依托于电子商务活动的实时监控

这是网商与网络金融结合的产物。依托互联网进行的电商活动留下了"店家"的实时经济活动信息，也为电商平台组织者对"店家"的贷款提供了最可靠的实时信用信息。这是阿里巴巴、京东等电商平台做互联网金融时风险控制的优势。这种方式非常完美但很难复制。

（二）信息共享以控制风险

贷款违约的原因可以归纳为两个：一是没有还款能力；二是没有还款意愿。对后者的制约与惩罚来自法律约束（显性契约约束）和声誉约束（隐性契约约束）。在法律约束力既定的情况下，声誉约束力量越大，借款人违约成本就越大，借款人违约的可能性就越小。影响声誉机制的因素主要有博弈次数、信息透明程度和社会对毁损声誉者的惩罚度。其中，信息透明度意味着是否有"坏事传千里"的效果；社会对做坏事者的惩罚力度意味着做坏事被人知道是否有"人人喊打"的效果。显然，信息透明度越高，社会对恶劣行为的容忍度越低，声誉受损成本就越高，声誉制约的效果也就越大。信贷活动中，信息透明通过征信、信用评级以及媒体、社会舆论实现。这些信息传播的介质覆盖面越广，信息透明度越高。

小微金融客户与大金融客户的一个显著区别是经营期短、知名度低、移动性大，这些特点使小微企业行为的被知晓性天生小于大企业，贷款违约的声誉受损成本低。

于是，小微金融领域违约者违约现象背后的一大逻辑便是，相对于违约的收益来说，违约并不会给自己带来太大的损失，换一个地方、换一种途径依然可以轻易获得融资，经营行为也不会受到影响。因此，营造一个适当的信息传递环境，提高小微企业违约后被知晓的程度，对于提高其声誉受损成本就很重要。

对于那些没有还款意愿的违约者，必须加大其行为的被知晓程度以示惩戒。对于那些知名度很低的恶意违约者来说，一个有效的办法就是建立信息共享机制，通过将违约者的不良行为在广泛范围内扩散达到声誉机制的约束效果，也通过对诚信者良性行为的扩散使其得到奖励，形成"诚信多助、失信寡助"的良性循环制度，让小微企业有动机维护自己的声誉、建立自己的"声誉资产"。信息共享机制的最理想结果就是发达的社会化征信体系。在这个体系的建设过程中，可以通过细分行业领域之间信息合作共享、各网络平台之间信息共享、各金融机构之间信息共享、"黑名单"信息共享等方式，渐次解决信息共享问题，最终使小微企业畏惧违约行为，珍惜信用累积，实现信用风险控制效果。

（三）联合担保以共担风险

抵押、质押是对贷款风险的保险手段，面对小微企业普遍缺乏可抵押、质押资产的情况，小微金融在贷款保险方面的替代方法是担保，或者联合担保。除了有担保公司提供贷款担保以外，个人或企业间的担保最常见。鉴于小微企业本小利微，借款人组合的联合担保效果会好于一对一担保。

联合担保是小微金融在担保上的创新。比较单一担保、联合担保的直接好处是降低了每一个担保人承担的风险，提高整体担保能力从而提高贷款人资产的安全性，间接好处是可以创造联合担保组织内部的相互监督、约束机制，降低信息不对称程度，达到实时监测风险和控制风险的效果。

联合担保的形式很多，有贷款人发起的担保组合，有担保人自己发起的担保组合。一些金融机构甚至将贷后的风险监控与制约的工作完全委托给联保小组。通过联保小组一损俱损、一荣共荣的联合制约机制，调动小组成员自发相互监督、相互帮助的积极性。我国一些专门从事微贷的机构，如中和农信就采用这种方法。

由于联合保险的实质是投资人委托借款人自己监管自己，注定会出现"监守自盗"的委托—代理问题。例如，在联保方式实际实施过程中，无法避免联保人之间的"风险传染"问题、集体作弊的"共谋"问题、联保组织的低效率问题等，这些问题影响了联保模式的信贷风险控制效果。

对于"监守自盗"问题，一种创新的模式是委托第三方管理联保组织，通过设计合理的激励机制，鼓励组织成员相互帮助、相互督促，不仅实现风险共担，还努力通过集体的帮助改善成员企业的经营，达到缓释、化解风险的效果。在这方面，河南郑州"3+1"诚信联盟提供了一套值得借鉴的经验。该联盟以"善·诚信"为理念，设计出一套详细的"诚信积分管理"办法，对成员企业中助人者给予"贴息"、"退保"等实质性奖励，推动组织实现信贷风险监测、控制和化解。

（四）"小额"贷款以降低风险

这是从借款人角度考虑的。借款人负债过度会加大财务风险，为此，相对于借款人的偿债能力，贷款额度小一点能提高贷款安全性。对于缺乏抵押品、信息不透明的小微企业来说，坚持贷款"小额"应该是一道安全防线，从企业的角度看，贷款"小额"原则也有助于其不过度负债。

"小额"贷款一方面可以是小额授信、小额放贷，另一方面也可以是在评定借款方授信总额的基础上进行的分次"小额"放贷，以有效降低单笔贷款的风险。此外，通过多次"小额"借款，小微金融机构能够掌握借款方的行为偏好，积累信用信息。例如，民生银行"不使借款人过度负债"的小额贷款指导思想、台州银行"小本贷款"2000元到30万元的额度设计，以及P2P公司拍拍贷的普通标的额度设定在3000元到50万元、莘莘学子标的固定额度为1000元，都体现了小微金融坚持"小额"的原则。

任何事物都有两面性，"小额"贷款原则有助于提高贷款安全性，但也在一定程度上加大了借贷双方的操作成本，如何降低每笔贷款发放成本、提高贷款效率，就成为小微金融机构需要关注的管理内容。显然，提高放款的信息化、自动化操作程度是一个好的办法。

（五）资产组合以分散风险

分散投资是金融领域常见的风险控制手段，指同时投资不同的资产类型以达到"不把鸡蛋放在同一个篮子里面"的效果。小微金融单笔额度小、笔数多，容易实现差异化投资，以对冲资产组合中的特有风险，降低组合风险。但必须注意，投资组合中单笔贷款之间要保持较低的行业或企业相似度，否则没有对冲风险的效果。由于单笔贷款风险之间的差异性与地区、行业有很大关系，如果小微贷款组合缺乏地域差异和行业差异，反而会造成风险集中。

小微贷款多由地域性金融机构发放，而同一地区的产业结构往往有很强的趋同性，因此，多笔数的小额投资并不一定意味着风险分散；另外，跨区域的大型金融机构如果为了降低操作成本，通过商圈、产业链实现小额贷款的批发性交易，也有可能形成风险集中的问题。因此，看似在小微金融中容易做到的分散投资以降低风险实际上还需要付出一定努力才能实现。

（六）选择最佳运营模式以管理风险

信贷业务模式涉及信贷管理流程、信贷风险评价方法、信贷决策权力配置等。信贷业务模式直接影响信贷业务的风险控制效果以及盈利水平。针对小微信贷，目前受到普遍关注的信贷业务模式主要有以下两种：

1. IPC 模式——以信贷员为主的模式

IPC，全称为德国国际项目咨询公司，是德国一家专门为以微小企业贷款业务为主的银行提供一体化咨询服务的公司。经过近 30 年的发展，该公司在小企业贷款技术上形成了一套特色鲜明、行之有效的办法，简称"IPC 模式"。

IPC 模式主要考察借款人偿还贷款的能力、偿还贷款的意愿以及内部操作风险的控制。它的特点在于：针对资料数据不全的小微企业客户，经过培训的信贷人员通过调查掌握小微企业的软信息和硬信息，并经过信息的交叉检验，围绕小微企业的现金流进行分析，将小微企业不准确的报表调整为较为准确的报表，再对调整后的报表进行财务分析及数据判断，来确定小微企业的风险级别，以审贷委员会的工作组织形式对贷款进行审批。

因此，IPC 模式对于信贷员的风险识别能力要求较高，需要信贷员全流程参与，对于信贷员的培训非常细化，但也便于信贷员对于客户整体信息的把握，提供个性化的金融服务。IPC 模式主要适用于有本地化信贷员优势的小微金融机构，大量的"地面部队"有利于对借款方的深入调查分析。

2. 信贷工厂模式——标准化作业模式

"信贷工厂"概念来源于新加坡淡马锡公司，核心是对信贷流程进行功能性切割，主要面向资料数据齐全的小微企业客户，属于量化评估。目前，信贷工厂模式已被国内多家商业银行引入，成为小微信贷业务优化和调整的契机。

信贷工厂模式共设置接近二十个岗位，每个岗位都独立作业，不用为其他岗位的工作负责。从前期接触客户开始，到授信的调查、审查、审批，贷款的发放，贷后维护、管理以及贷款的回收等工作，均采取流水线作业、标准化管理，工作分工十分精细。在风险识别力方面，以模型为主、人工为辅。对单个用户风险识别力弱，主要依据中后台整体策略判断和调整，而且运行一段时间以后，策略被市场熟悉后还需要进行快速调整。

因此，信贷工厂模式下，银行像工厂制造标准化产品一样对小微信贷进行批量处理，对信贷风险的人为主观性判断较少，对于信贷工作人员的专业化程度要求较低，但同时，信贷工厂模式便于形成规模化效应，可以节约银行发放和管理小微信贷的成本。有标准化信息优势的小微金融机构便于进行流程化操作和定量分析，因此是信贷工厂模式的主要使用对象。

总结看来，小微金融风险控制要围绕信息的实时性和共享性、借贷产品的"小额"和"分散"性以及对于风险控制制度设计的关注来进行，以上对于小微金融风险控制的讨论并不代表这些风控要点不适用于传统金融，而是为了说明根据小微金融现有条件，这些要点对于小微金融的风险控制更加重要，是其可以重点关注并实践的方法。

五、不同小微金融机构的信用风险管理特点

金融机构从事小微金融服务时，其对信用风险管理的方法有所差异，这个差异与金融机构的经营区域定位与目标客户群定位有关。如果以客户平均贷款规模为纵轴、以客户地域分布为横轴，我们可以将各类小微金融机构进行区分并在坐标轴上定位（见图 5-8）。

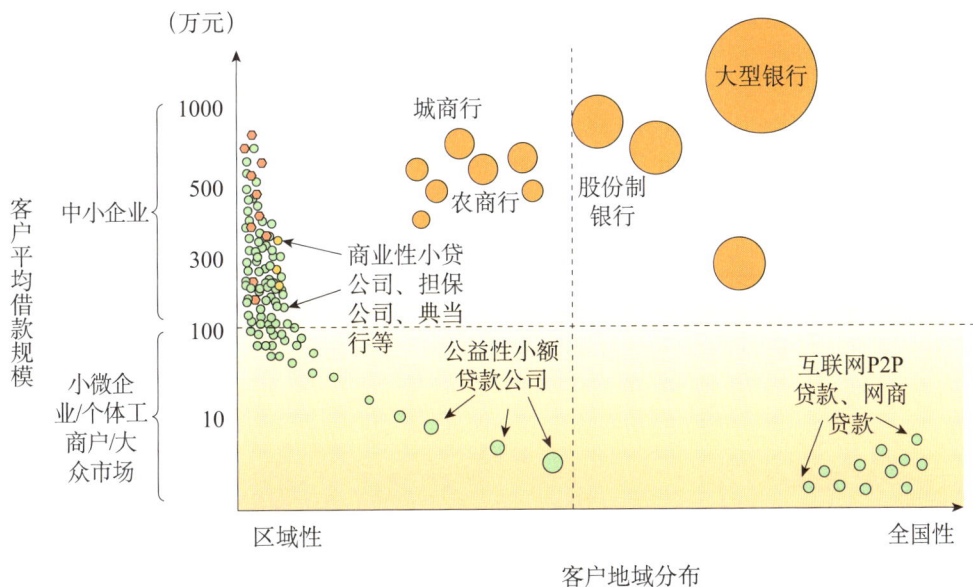

图 5-8　以贷款规模和地域分布为标准进行的金融机构分类

从图 5-8 中可以看出，资产规模大的全国性金融机构以及互联网金融机构的小微金融业务具有跨区域性，中小型金融机构的小微金融业务具有地域性。由于资产规模与经营范围的差异，不同从事小微金融业务的金融机构各具经营优势，它们在信用风险识别（"脸谱识别"）以及信用风险控制的方法上有不同的特点，具体差异如表 5-2所示。

表 5-2　小微金融机构的信用风险管理差异

	全国性银行	区域性银行	公益性小贷公司	商业性小贷公司	第三方互助联盟	互联网P2P借贷	网商平台贷款
典型代表	民生银行	台州银行	中和农信	各地小额担保贷款公司	"3＋1"诚信联盟	拍拍贷	蚂蚁微贷
信用信息收集	外部化信息为主	本地化信息为主	本地化信息为主	本地化信息为主	本地化信息为主	用户自愿提供信息，大数据抓取信息	交易行为数据
信用风险度量	定量、定性	定性、定量	定性为主	定性为主	定性为主	定量为主	定量为主
信用风险控制 实时识别风险	依靠外部信息更新	依靠定期上门走访	依靠定期上门走访	依靠定期上门走访	依靠互助会活动	依靠大数据技术	依靠网商平台
信息共享平台	普遍缺乏						
联合担保	部分有	部分有	有	较少	有	较少	较少
小额	根据自身资金实力及服务对象特点确定						
分散	好	较差	较差	差	差	好	较好
信贷业务模式	信贷工厂模式为主	信贷员模式为主	信贷员模式为主	信贷员模式为主	信贷员模式为主	类似于信贷工厂模式	类似于信贷工厂模式

注：对民生银行信用风险管理特征的总结依据的是民生银行小微金融 2.0 版本。

本小节即试图通过针对小微金融机构的分类①讨论，对小微金融的信用风险管理做更为深入的分析。

（一）商业银行

1. 现状

商业银行目前仍然是小微企业的主要融资渠道（《小微金融发展报告 2014》）。根据银监会的分类标准，商业银行包括国有商业银行、股份制商业银行、城市商业银行、农村商业银行和外资银行。商业银行小微企业贷款②的现状如下：

2008 年以来，银监会对银行业小微企业金融服务工作提出了"两个不低于"的目

① 此分类并不能完全覆盖小微金融的业态，只是为了从有代表性的机构入手探讨小微金融信用风险控制的差异。
② 小微企业的贷款余额＝小型企业贷款余额＋微型企业贷款余额＋个体工商户贷款余额＋小微企业主贷款余额。

标，即小微企业贷款增速不低于各项贷款平均增速，且增量不低于上年同期。根据银监会口径，截至 2014 年末，全国小微企业贷款余额 20.70 万亿元，占全部贷款余额的 23.85％。小微企业贷款通过 6 年"强刺激"的爆发式增长，规模从 4 万亿元增至 20 万亿元，增长高达 5 倍。但是 2014 年银行不良贷款率告别了自 2011 年以来低于 1％的历史，2014 年末，商业银行不良贷款率为 1.25％，整个银行业 2014 年的不良贷款率则高达 1.64％，而小微企业贷款的不良率为 1.97％[①]，因此经济下行和转型的压力已经通过小微企业的坏账集中表现出来。

2015 年 3 月 6 日，银监会下发《关于 2015 年小微企业金融服务工作的指导意见》，实行了 6 年的"两个不低于"考核成为过去式，取而代之的是"三个不低于"，即小微企业贷款"增速"不低于各项贷款平均、"户数"不低于上年同期、"申贷获得率"不低于上年同期水平，这意味着银行小微信贷的增长速度将放缓。

由于商业银行中全国性经营的银行和区域性经营的银行在"脸谱识别"及风控手段上存在较大差异，因此我们将商业银行分为全国性银行和区域性银行两类进行探讨。

2. 全国性银行

全国性经营的商业银行往往资金实力较为雄厚，以国有商业银行、股份制商业银行为主。目前此类银行的小微信贷以抵押担保类型贷款为主。对比而言，信用贷款由于没有抵押品，银行在对借款方的审核和判断上就会更加谨慎，因此对于不具备提供抵押物能力的小微企业和个人来说，从银行获得融资相对比较困难。但全国性银行实力雄厚，拥有较强的外部信息优势，其跨区域的经营范围也可起到对冲风险的效果。以下以全国性经营的民生银行为例进行说明[②]。

近年来，民生银行提出要将小微金融看作其主要发展战略，将业务逐渐下沉，并且逐步破除"抵押物崇拜"。为了获得小微客户的更多信息，民生银行将信用信息分为借款者个人信息、家庭信息、历史信息以及与借款者相勾连的其他信息，并开发出了垂直搜索引擎，支持征信、工商、法院等行外信息的批量查询及风险指标生成及推送，提高了小微企业信息收集效率。此外，鉴于同一地区的小微企业经营范围较为集中，行业聚集性强，客户间的风险隔离度较低，民生银行特别提出了"大数定律"原则。"大数定律"是指当资产池中样本量足够大且单笔资产规模较小时，平均贷款风险趋向于预期贷款风险。"大数定律"成立有三个条件：资产池的样本量要足够大、单笔贷款金额要小、资产组合的各项头寸风险相关性较弱。由此，客户的个体风险能得到有效对冲，信用风险可实现分散化。

---

① 根据中国人民银行、银监会及公开信息整理。
② 更为详细的说明请参见案例部分的民生银行案例。

3. 区域性银行

区域性的商业银行以城市商业银行、农村商业银行为主，可以基于地缘、亲缘以及地区商业联系形成一定地域范围内的信息优势，以此作为信用风险判断的依据。在信贷业务运营模式上，区域性银行以信贷员模式为主，强调一线信贷员（客户经理）的作用，在对信贷员认真培训的基础上，充分调动信贷员的能动性和积极性，发挥更大的风控职能。以下以区域性经营的台州银行为例进行详细说明。

台州银行通过人力密集的"关系型"小微客户服务，走出了一条具有自身特色可持续发展的小微金融之路，截至 2014 年 8 月，小微不良率低于 1%。台州银行的客户经理队伍占到全行员工的 40%，依托客户经理日常的信息积累与充分沟通，有效解决小微企业授信中的信息不对称难题，同时，通过"充分授权、充分监督"的风险管控模式，控制员工道德风险和操作风险，形成核心竞争力。台州银行 84% 的信贷业务在一线支行层面完成审批，99% 的贷款在分行层级审批结束，进一步提高小微企业的授信效率。

台州银行信用风险管理的经验从贷款全流程看，体现在：

（1）贷前阶段。在贷前信贷人员调查的过程中，台州银行的导向是"三看三不看"：不看报表看原始、不看抵押看技能、不看公司治理看家庭治理。从调查的导向来看，鼓励信贷人员通过多角度、全方位的调查方式，在小微客户财务制度不健全、不透明的情况下，尽可能地掌握其各类软信息和财务信息，从而较好地控制信用风险，使小微企业贷款"既能放，也敢放"。

（2）贷中阶段。台州银行奉行"下户调查、眼见为实、自编报表、交叉检验"的原则，信贷人员要学会为企业编制报表（主要是资产负债表、损益表），厘清小微企业不明晰的财务状况，并通过各级审批人员的交叉检验，进一步核对信息准确性。目前，台州银行所有新任客户经理必须经过微贷阶段的学习培训，通过严格考查方可成为合格的客户经理。每个要取得调查资格的客户经理必须到小额信贷部门轮岗，学习微贷调查技术。

（3）贷后阶段。在贷后阶段，台州银行实行"严密监控与阳光下化解相结合"的做法，建立了较为严密的后台监控体系，基本对所有贷款客户 100% 覆盖第三方检查，并重点关注系统中多账户关联等特征，以防范资金挪用风险。台州银行还建立了庞大的贷后监督队伍，并结合信贷员交叉检查，监控贷款质量。在不良资产的处置上，台州银行以"充分暴露，阳光下化解"的方式，将每一笔不良资产不论金额大小都做到全行公布，引领全行员工实时关注资产处置进度。这既是对不良资产清收的督促，又是对全行信贷意识的教育。正是在这样的氛围下，信贷员都把客户出现的逾期和不良行为作为头等大事来对待，充分发挥主观能动性挽回资产损失。

4. 小结

将商业银行区分为全国性银行和区域性银行是基于其风险控制的不同特点而言的，全国性银行具有外部信息优势和风险分散化优势，区域性银行具有本地化信息优势和本地化员工的优势，这些决定了其做小微金融业务时选择不同的风险控制方法。能做到因地制宜，就是最好的。

（二）小额贷款公司

1. 现状

2008 年 5 月，银监会和人民银行发布《关于小额贷款公司试点的指导意见》，明确小额贷款公司的市场准入、资金来源、监管框架等。由此，小额贷款公司开始爆发式增长，截至 2015 年 3 月末，全国共有小额贷款公司 8922 家，从业人员 113118 人，实收资本 8392.05 亿元，贷款余额达 9453.7 亿元[①]。

国际上公认的小额贷款模式是 20 世纪 70 年代起源于孟加拉国尤努斯教授的"格莱珉"模式，是一种针对穷人的带有公益性质的非营利组织形式，以针对农户的联保贷款为主。1994 年，这种模式以国际援助机构和国内 NGO（非政府组织）的形式在国内出现，经营目的均以非盈利为主。随着 2008 年小额贷款公司政策的陆续出台，投资公司、资金服务公司、担保公司、典当行等大批中介机构转变为小额贷款公司，从此，国际上通常意义的小额贷款在中国已被异化，全国公益性小额贷款机构反而变成了另类，绝大部分小贷公司都变成了商业性银行金融机构的微缩版，均以追逐利润为首要目标，而这种商业性小额贷款公司与公益性小额贷款机构在服务对象、贷款规模、贷款用途等方面都存在较大差异，因此，针对小额贷款公司的风险控制方式，需要分为公益性和商业性两类进行分别探讨。

2. 公益性小额贷款公司

公益性小额贷款机构主要为孟加拉国格莱珉银行模式，以扶贫为宗旨，并进行商业化运作，但不以利润最大化为目的，只要能达到机构的可持续发展、实现盈亏基本平衡或略有盈余即可，机构的可持续是为了帮助更多的人、更穷的人。国内最早的 NGO 小额信贷机构出现在 1994 年，到 2003 年一度达到约 300 家，而近些年，当初以 NGO 形式存在的小额信贷机构大量萎缩，至今仍在有效运转的不超过 30 家。它们以股份制公司、社团协会、民办非企等形式存在，这其中规模最大的是从中国扶贫基金会非营利性小额信贷业务中转制而来的中和农信，其次具有代表性的有宁夏惠民小额贷款公司、内蒙古赤峰市昭乌达妇女可持续发展协会等。

[①] 中国人民银行。

公益性小额贷款机构的贷款形式为联保小组的信用贷款，由农户自愿组成3~5人的贷款小组，相互负有贷款连带责任，贷款对象多是妇女，贷款额度较小，整贷零还。相比商业银行通过各种技术手段实现的风险识别以及通过抵押物实现的风险控制，公益性小额信贷的风险控制特点主要体现在坚持贷款"小额"原则、实行联保小组模式上。

（1）坚持贷款"小额"原则。公益性小额贷款是真正的"小额"甚至是"微型"贷款，其贷款额度是有明确限制的，如中和农信的首次贷款额度不能超过1万元，有过3次以上贷款经历的借款者借款金额不能超过1.6万元；宁夏惠民小额贷款公司的平均贷款额度是2万元；内蒙古赤峰市昭乌达妇女可持续发展协会的平均贷款额度也不能超过1万元。在"微型"贷款规模的前提下，分月还款的制度设计还可以将还贷压力平摊到每个月，这样农户每月的还贷金额往往在1000元上下，对于具备一定生产经营活动能力的农村家庭来说，负担并不重。在贷款额度上的严格控制能够有效地降低这种公益性小额贷款的信用风险。

贷款的微型性质使得贷款对于低收入群体脱贫致富发挥的是"助力"作用而非"主力"作用。如给农户的微型贷款，往往是农户经营所需资金中自筹资金的补充，只能起到"助力"微型创业、帮助脱贫致富的作用。这种避免微贷成为农户经营中重要资金来源的做法，一方面可以降低收贷的压力，另一方面避免了因为过度授信导致的农户随意使用资金甚至参加投机活动的行为，帮助降低违约风险。

另外，从农户的还款能力看，在目前我国大部分农村地区，每月几百元的还款并不会对农户造成很大的压力；从农户的还款意愿看，由于联保小组的还款记录会上报给全国征信机构（人民银行征信局），主观故意违约不仅让农户丧失村民们的信任和支持，而且会让农户进入中国人民银行征信记录的"黑名单"，使违约成本大幅度提高。因此，农户往往会选择按时还款，获得未来更多的贷款机会。

（2）实行联保小组模式。联保小组模式最常采用的是"五户联保"形式，即把五户农户编为一个小组，互相担保，增加信用。其特点有两个：由农户自己组建小组；如有一人违约其他小组成员代为还款。这样的制度设计充分调动了农户参与的积极性，将贷款用户的甄别和监控权利下放到民间，通过农户在贷前、贷中、贷后的全程互动参与，减少了借贷问题中常见的逆向选择和道德风险问题，同时，也降低了小额贷款机构的管理成本，具体表现形式如下：

公益性小额贷款机构往往以村镇为单位开展业务，因此联保小组的成员往往都具有一定地缘、亲缘关系，因此，在选择小组成员时，农户可以利用世代相邻的信息优势，识别出各自的信用风险水平，包括家庭收入水平、日常交往表现出的人品等特征，这种通过农户日常交往和共同生产形成的"活信息"比征信局的"死信息"表现出更好的质量和作用。

1）贷前——贷款对象的甄别。在这种农户间信息对称且相互选择的机制下，高风险的参与者自然会被排除在外，低风险参与者会与低风险者组成小组，产生"同类配对"效应。如此，就有效解决了缺乏担保物情况下信贷市场中的逆向选择问题，也降低了贷款机构在农户信用水平识别上的成本。

2）贷中——贷款对象的监控。联保小组的第二个好处在于解决贷中的道德风险问题。借款者获得贷款后，可能将贷款另作他用或者没有投入足够的精力完成本该盈利的项目。联保小组的成员是"一根绳子上的蚂蚱"，其中一人违约可能会连累到其他成员，导致其他成员直接的经济利益损失，因此小组成员间可以产生相互监督（Peer Monitoring）的效应，而居住地的相邻以及生产生活的交集也使小组成员间容易进行了解和监督，当出现问题时也可以及时发现并采取相应措施。如此，在贷中阶段，通过小组成员间的互动，也能降低贷款机构在风险动态追踪上的成本。

3）贷后——违约问题的处理。如果联保小组成员出现违约，由于其他成员具有连带责任，违约成员的债务由小组其他成员负担，所以，对贷款机构而言，相比传统的个人贷款，贷款违约风险下降。

针对小组成员，这种联保小组的设计也能有效降低其违约的可能性，因为在农村地区，农村熟人社会下的声誉积累是农户生存发展的重要依靠，一旦某个农户违反了共同遵守的村规民约、跨越了共同的道德界限，就会败坏名声，招致议论、评价，该农户就会失去村民们的信任，丧失未来获得其他村民帮助的机会。因此，这种"圈层压力"能够起到约束小组成员的作用，激励小组成员诚实守信、遵守并履行合约。

如果某一位小组成员出现还款危机，其他小组成员由于与其相识，可以判断出还款危机的真实原因，如果该还款危机不是借款者主观故意导致，而是由于不可抗因素导致的，如家庭成员生病等，那么，在村民相互信任、相互帮扶的环境下，其他小组成员往往愿意为有还款困难的成员垫付，帮助其渡过难关，这便体现了乡土社会下人们互帮互助的生存法则。

3. 商业性小额贷款公司

商业性小额贷款机构以追求更高的利润回报为目的，资本金来源大都以民营企业、民间资金为主，也有部分国资企业，在具体经营理念上也纷繁复杂。但绝大多数小额贷款公司从事的主要是低水平、小范围的中小企业贷款，贷款对象的资金需求往往较为急迫，多为短期流动资金贷款，以短期"过桥"为主，贷款金额在几十万元到几百万元，贷款形式既有担保贷款也有信用贷款，客户关系往往通过人际关系、地缘关系和行业关系建立。

在商业性小额贷款机构的业务中，中小企业的"过桥贷款"已成为主要业务形式。

按照我国银行贷款的通常做法，企业向银行续贷需要"先还再贷"。"过桥贷款"就成为帮助企业"先还再贷"的一个普遍流行的金融服务业务。这种贷款期限很短，利息往往以天计，因为贷款的"垫付"性质，企业申请"过桥贷款"时，小贷公司往往只审查企业是否已经能够获得银行续贷的承诺，或者已经签订续贷合同，并不会进行详尽、全方位的信用水平评价。

此外，也有少量小贷公司从事真正的小微贷款业务，如山西的阳光小额贷款公司等。这些公司基本以区域性借贷为主，有专业化的管理团队以及较为严格的风险控制措施。但大多数的小贷机构缺乏长远规划，公司治理缺乏透明度，短期行为和机会主义倾向严重，账外循环、违规拆借等现象较为普遍，在逾期催收方式上，以占其财产、朋友说和、延期偿还、法律诉讼等手段为主，少数会借用暴力手段。

4. 小结

将小额贷款机构分为公益性和商业性是一种更加清晰的观察视角。目前我国的公益性小额贷款机构延续了孟加拉尤努斯创立的"小组联保"的"小额"贷款形式，利用民间力量控制信贷风险，其对风险控制的把握重点不在于像传统银行那样对单个贷款客户的全方位考察和评估，而是在于对贷款小组紧密程度的整体把控，即小组成员间的熟悉程度以及是否愿意互相承担连带责任。商业性小额贷款机构是我国中小企业正规金融服务供给严重不足环境下的产物，少量运行管理较好的会借鉴商业银行小微信贷的风险管理手段，而大量小贷机构规模较小，按照民间金融运作方式经营，公司管理规范性较差、透明度较低。

（三）互联网借贷

1. 现状

互联网借贷是近些年异军突起并引起大众关注的领域，互联网借贷利用信息技术极大地降低了金融信息搜索成本，突破了传统借贷地域性的特点，为金融活动在网络平台上的拓展开拓了极具前景的领域。与国际相比，互联网借贷在中国获得了更加高速的发展。从 2007 年第一家从事 P2P 网贷业务的公司——拍拍贷成立开始，已经有数千家 P2P 网贷公司成立，截至 2014 年底，我国 P2P 网贷平台共 1540 家，年度累计交易额约2500 亿元。此外，还有数家依托电商平台的互联网（网络）银行。导致中国互联网借贷快速发展的原因除了规避利率管制的创新，另外一个重要原因是小微金融在中国发展的滞后性。这为互联网借贷提供了一个巨大的市场空间。

从国内外实践看，互联网借贷的对象主要是小微企业和个人。纯粹基于网络的小额借贷活动中，借贷双方一般没有实际接触，按照腾讯旗下的微众银行以及阿里巴巴旗下的网商银行的说法，"我们是没有信贷员的银行"。显然，互联网借贷在贷款风险识别和风险控制方面必须有自己的特殊性。

与传统小微金融组织不同的是，互联网借贷的一大优势是拥有网络行为数据优势和大数据技术优势。这些优势帮助互联网借贷活动在借贷双方"素未谋面"的情况下，完成信用风险的"脸谱勾画"和"脸谱识别"，按照特有的风控手段实现信用风险控制。

通过互联网借贷方式实现的小微贷款主要是无抵押、无担保贷款，基本上是纯信用贷款。如何进行信用风险的识别和保证贷款人资金安全，互联网借贷采取两个主要形式——互联网 P2P 借贷与基于电子商务平台的互联网银行，它们具有不同的特点。

2. 互联网 P2P 借贷

（1）信用风险识别。对于纯"线上"的互联网 P2P 借贷而言，借款者需要通过互联网平台提供个人信息，但信用信息提供的多少由借款者自行掌握，是否真实需要确认。在社会征信体系发达的国家，P2P 网贷平台确认个人提交信息真实性的方法很简单——直接查询征信公司的相关信用记录即可。但是我国目前征信体系相对落后，已有的全国性征信机构"人民银行征信中心"的征信覆盖面很小，只局限于在银行有借贷记录的人群（约 3 亿人）。在这种情况下，核实借款者提供信息的真实性就很成问题。目前，多数 P2P 公司在借款者信息审核上都耗费了大量人力物力。它们一方面借助于各类征信力量，包括政府征信机构和民间征信机构的服务；另一方面被"逼上梁山"，自己设法开发征信系统。如拍拍贷公司开发了"魔镜"风控系统，在获取借款人多维度信息的基础上，以大数据风控模型为核心，对借款者信用风险做"脸谱识别"；宜信公司开发反欺诈搜索引擎"宜搜"，通过抓取借款人的网上公开数据、第三方提供的数据以及宜信自己积累的数据，进行数据理解、关联、打标签，辨识客户信息的真伪，并形成风险"脸谱"。无论是"魔镜"系统还是"宜搜"引擎，均需要收集大量客户信息。在收集客户网络活动中留下的信息方面，互联网借贷平台比传统金融具有一定优势。例如，通过收集客户在电商交易中形成的交易信息、投资信息、物流信息，掌握其经济活动的表现及信用状况；收集客户在社交平台中留下的交友信息，推断其对待风险的态度和违约的可能性。

对于一些"线下"为主要贷款业务来源的 P2P 公司而言，借款者的信用信息需要公司工作人员实地调查收集并进行信息真实性的核实，经过 P2P 公司审核后，资金需求方的信息才会被公布在网上供投资者自行选择投资。

在掌握借款者信用信息的基础上，P2P 平台会利用模型对借款者的违约概率进行预测，并以信用评分和信用评级划分的形式展示在 P2P 网络平台上。目前大部分 P2P 平台使用的模型以 Logistic 模型为主，少部分具有大数据技术团队的 P2P 平台会利用大数据手段将信用主体的各种信用数据交叉校验，以分析出准确、真实的信息，并利用非线性化的、更前沿的技术进行信用风险的评估。

（2）信用风险控制。按照 P2P 网贷平台的原始版本，该平台只是撮合借款人和投资人相认相知的中介，其责任在于提供足够信息帮助投资人识别借款人的"脸谱"，然后由投资人自己决定是否贷款，然后帮助成交。从这点看，平台的作用就像股票交易所一样。但是由于我国社会征信体系落后，平台无法借助权威征信机构的信息帮助交易者准确识别借款人信用风险，也由于 P2P 网贷平台间的竞争，我国 P2P 网贷平台在风险控制方面演绎出以下一些方法进行风险控制：

1）要求借款人按照借款比率缴纳风险金，为投资人提供一定程度的本金安全保证。

2）要求借款人提供担保人，或者平台以撮合方式提供担保人。担保人有一定收益。

3）平台直接为投资人提供担保。

4）在一定程度上实行贷款抵押。

5）引导投资人做小额分散投资（如单笔贷款 200 元）。

6）组织小组贷款。

7）建立黑名单制度，或者通过在平台社区以及其他信息发布平台公布违约者信息的办法，抑制恶意违约。

以上诸多办法可以单一实施，也可以组合实施。

在以上方法中，平台直接为投资人提供担保的做法，不仅自己承担较大风险，而且也是金融监管不允许的。黑名单制度是指利用声誉机制的作用机理，通过生人网络环境传播违约人信息，提高违约人的违约成本，具有一定效果。但借款人可以自由出入于各个 P2P 网贷平台，必须有黑名单在所有 P2P 网贷平台上的联合发布，才可以有更好的威慑作用。组织小组贷款的方式效果被证明不太理想，逐渐被放弃。

3. 互联网（网络）银行

（1）信用风险识别。基于电商平台的互联网银行以阿里巴巴旗下的浙江网商银行（前身为阿里小贷）以及腾讯旗下的深圳前海微众银行为代表。这些银行依托互联网，为小微企业和网商个人创业者提供互联网化、批量化和数据化的小额贷款服务，产品包括阿里信用贷款、网商贷、淘宝信用贷款、订单贷款等。它们的共同特点是不吸收存款，没有一线信贷人员。贷款审核、发放以及信用风险的识别与评价完全依据数据信息收集和分析，开创了全新的银行借贷业务模式和风控模式。

这两家网络银行的共同特点是，依托于所属集团旗下的电子商务平台（网商银行）和社交平台（微众银行），因而具有大量不易造假的高质量客户数据信息，以便于对借款人做准确的信用风险"脸谱识别"，不仅如此，还可以根据客户在电商平台的交易信息，轻松实现传统金融模式无法实现的实时监控，最大限度地避免了贷款出现逾期甚至坏账的可能性。

（2）信用风险控制。由于网络银行，尤其是阿里巴巴旗下的网商银行所依托的电商环境基本上覆盖了客户赖以生存的全部经济圈，客观上形成了声誉机制发挥作用的良好环境——信息透明度高与惩罚力度大，因此客户十分珍惜自己的信用声誉，恶意欠贷行为受到强力抑制。不仅如此，对违约电商实行黑名单制度以及取缔电商资格的制度都会对借款人行为产生极大的约束力。

诸此种种，使得依托于互联网电商以及网络社交等网络生态环境的网络银行，在信用风险"脸谱识别"以及信用风险控制方面具有得天独厚的优势，所有其他小微金融运作模式无法比拟，其他金融机构也无法简单拷贝。

4. 小结

互联网借贷是在人类活动向互联网虚拟空间拓展后的必然结果。随着互联网环境下人类交往范围的扩大，传统的交易社区扩展到整个互联网覆盖的范围内，也可以说，整个互联网就是一个大社区，人们在这样一个大社区中进行交往、交易。互联网社交网络以人际关系为核心，是把现实中真实的社会关系数字化到网上并加以拓展，是个人发布、传递和共享信息的平台，建立了自愿分享和共享机制（谢平，2012）。

因此，互联网借贷的风险控制应该充分利用"互联网"这一特性，在信用信息收集上，让信息更加透明，让信用信息的来源更加广泛；在信用风险控制上，发挥网络社区的监督作用，增强声誉机制的影响力，让网络活动参与者都能有效约束自己的行为，遵守网络社区的公共秩序，降低违约风险。

【结语】

在小微金融活动中，借贷双方的信息不对称现象更为严重，因此需要通过拓展小微金融信息类别，全方位、立体化地刻画小微金融服务对象的信用特征，做到在"全息"图像上的"脸谱识别"。这就需要小微金融机构在原有信息的基础上，更加重视非财务信息、即时信息、个人信息等，并且达到信息之间互相补充、彼此验证的效果，以此做到对信用风险的实时识别。

小微金融运行中，应注重信用信息的实时监控，积极搭建信用信息共享平台，坚持"小额"、"分散"的原则，更加重视制度性风险控制方式，建立明确的激励机制，选择合适的信贷业务运营模式。不同的小微金融机构也存在不同的经营特点，在资产规模和经营区域上有所差别，这导致其在信用风险控制方式上的差异。在现实中，小微金融机构应根据自身的特点选择适合的风控方式。

相较于传统金融，小微金融更加依赖社会征信体系的建设，因为大企业有自己内部的风险控制部门及征信部门，且其获得的信息多为可认证的财务信息和其他契约信息，较为完整，容易核实和整理。但小微金融面对的是微型、小型客户，其信息具有碎片化、不可认证性，因此小微金融机构需要大量的人力财力获取更多的信息，但是这样会极大地提高小微金融机构的经营成本。可以看出，要想促进小微金融的发展、进一步发挥小微金融在经济发展中的作用，需要加快社会征信体系的建设，为小微金融的发展准备好相应的基础设施条件。

主要参考文献：

［1］Lyn C. Thomas. A Survey of Credit and Behavioral Scoring：Forecasting Financialrisk of Lending to Consumers ［J］. International Journal of Forecasting，2000（16）：149－172.

［2］Stiglitz J. E. and W. Credit Rationing in Markets with Imperfect Information ［J］. The American Economic Review，1981，71（3）：393－410.

［3］谢平，邹传伟. 互联网金融模式研究 ［J］. 金融研究，2012（12）.

［4］陈志武. 金融的逻辑 ［M］. 北京：国际文化出版公司，2010.

［5］顾锦杰. 破解小微企业抵押担保难的路径 ［N］. 金融时报，2013.

［6］中国民生银行. 小微金融发展报告 ［R］. 2014.

第六章　征信体系与小微金融发展
——基于大数据征信

【摘要】我国现有征信体系存在覆盖人群窄、法律建设滞后、政府主导的征信模式效率低下、缺乏信息共享机制以致存在严重信息孤岛等问题，难以满足金融业，特别是对社会征信行业有极大依赖性的小微金融的征信需求。新型的大数据征信通过获取线上线下大量非财务信息，提高信用信息的广度、精度和即时性，实现对小微金融客户信用的"全息画像"，并采取动态建模的手段评估客户信用水平，扩大了征信的覆盖人群，提高了征信效率，克服了传统征信模式存在的征信障碍。因此，完善制度和法律体系建设，保证在合理保护个人隐私的前提下发挥大数据征信的优势，能促进小微金融健康发展，加快征信事业发展和诚信社会建设。

一、小微金融与征信体系

(一) 征信与征信体系

"征信"二字出自《左传》，"君子之言，信而有征"。所谓征信，即对言行做验证。金融活动中存在大量对资源使用权的让渡，借用者与所有者之间信息不对称导致信用风险。金融管理的核心是信用风险管理，信用风险管理的核心就是征信。借贷活动中只有真实了解借入者的还款意愿和还款能力，资金提供者（投资者）才能决定是否放贷、如何放贷（金额、期限、利率）。在这个意义上，征信是金融活动的出发点、金融管理的依据、贯穿金融活动始终的生命线。

所以，征信就是对借款人所有信息的收集和分析，借以判断其在借贷活动中的可信赖程度。按照中国人民银行《中国征信业发展报告（2003~2013）》的定义，征信是指依法收集、整理、保存、加工自然人、法人及其他组织的信用信息，并对外提供信用报告、信用评估、信用信息咨询等服务，帮助客户判断、控制信用风险，进行信用管理的活动。

事实上，征信不仅对金融活动有重要意义，对于经济活动和社会活动也有重要意义。鉴于诚实与信任是维系社会、经济秩序的一个重要支柱（Social Normal），而且人们对诚信的坚守除了信仰与教育外，还依赖于社会对诚信者的奖励和对失信者的惩罚。因此，作为检查、记录人们诚信与否的征信记录，就成为建设诚信社会的一个重要基础设施。

征信涉及谁来征信、对谁征信、如何征信、按什么规则征信等一系列问题。一个社会好的征信行为必须是能够以最小的社会成本，最大效率地实现征信对诚信社会的支撑作用。为此，需要有良好的制度设计来保证实现好的征信效果，形成以信用法律法规为依据，以信用专业机构为主体，以合法有效的信用信息为基础，以解决市场信息不对称为目的，使守信者受到奖励、失信者受到惩戒，保证市场经济公平效率的一整套社会管理和服务机制（章政，2013）。因此，这种包含征信对象、征信主体、征信规则、征信技术、征信教育等所有有关征信活动的体系，就是社会征信体系。

在社会征信体系中，征信的对象（被征信者）涉及政府、企业、个人，征信者可以是政府组织，也可以是民间机构。但无论是谁都需要按照特定的法律规定行事，以保护被征信者的个人隐私不被侵犯。好的社会征信体系，就是以最小的社会成本，最大效率地实现征信对诚信社会的支撑作用。

（二）征信与金融风险控制

征信对于金融风险的控制体现在两个方面：降低信息不对称、提高声誉机制约束力量。

1. 征信与"画像"——降低信息不对称

信息不对称是导致金融活动中违约风险（信用风险）的最主要原因。信息不透明导致借款人的道德风险以及投资人的逆向选择风险，两者均会加大信用风险。征信的作用就是提高信息透明度，帮助降低信用风险。通过征信得到的信息，可以从两个维度评价借款人信用风险：①还款意愿（谓之"信"）；②还款能力（谓之"用"）。对还款意愿的评价，主要依赖反映借款人诚信程度的信息，信息较多来自被征信者过去的诚信记录；对还款能力的评价，主要依赖反映借款人经营能力、经营状况、收入水平等经济活动的信息，信息较多来自借款人已经形成的资产财富水平以及正在形成的现金流水平。

总之，无论评价借款人的还款意愿（信）还是还款能力（用），均需要依赖大量的历史信息和正在形成的信息，以求全面准确地刻画借款人的最新状态。从这个意义上说，征信做的事情就是"刻画脸谱"，或者说"画像"——清晰辨别借款人履行还款付息承诺的可能性。"画像"的清晰度和准确度有赖于识别成本（征信者收集信息的成本）、识别技术（信息采集的质与量）和识别准许程度（信息采集的法律约束）。

首先，"画像"成本导致了征信形成的信息质量、信息拥有程度在不同金融组织之间的差异。一般来说，有强大资金实力的大金融机构可以自己建立征信专业队伍，建设征信数据库，研发数据信息分析模型，并与有同样实力的其他金融机构和非金融机构交换信息。并且，在金融管制程度较高的环境下，拥有垄断地位的大金融机构还可以获得政府部门的相关信息。因此，相比资金实力较弱的小金融机构，大金融机构有能力建设在一定程度上满足自我需求的内部征信和风险评价系统，小金融机构缺乏自我开发征信系统的实力，因而对专业征信机构的服务有更强的依赖性。

其次，"画像"技术影响征信可采集信息的质与量的极限。反映借款人还款意愿和还款能力的信息的质与量可以总结为全面性、准确性和及时性三个维度，三个维度也可以称为"广度"、"深度"与"即时度"。数据技术相对落后时期，反映借款人信用程度的信息在采集广度、深度和即时度方面都受到较大程度的技术约束：信息来源被动——主要依赖借款人提供的财务报告、税务信息、注册信息及商务合约信息等，辅之以从其他可能渠道获取的核实信息，缺乏主动获取的非借款人报告信息；信息维度有限——主要依赖经济活动信息，缺乏非经济活动，但可以精准刻画借款人信用质量的信息，如生活、交友信息；信息即时性差——主要依赖历史沉淀信息，缺乏实时发生的信息。随着数字技术的进步，人们主动获取多维度、即时的信息越来越成为可能，到目前为止，移动通信设备的普及和数字信息技术的发展，使得通过穿戴设备捕获借款人"全息"信息，实现清晰准确的信用"画像"已经不遥远了。这种用大量、多维度、即时数据进行征信的做法也被称为大数据征信。大数据征信有助于实现借款人"信用脸谱"的"全息"识别。但问题是，关于征信，法律规则能在多大程度上允许大数据征信下的"全息脸谱识别"。

最后，"画像"的法律准许程度。从投资人的角度看，对借款人信用的了解程度越高越好，以避免信息不对称产生的违约风险。大数据征信有助于以低成本打破信息不对称障碍。但从借款人的角度看，被了解的信息越多，越可能将自己的全部暴露在征信者和信息使用者眼前。在征信者及信息使用者滥用信息的情况下，个人隐私将被侵害，这是人权社会所不允许的。随着数字技术的进步，怎样完善法律规范，保证在合理保护个人隐私的前提下发挥数字技术优势，实现征信对金融信用风险的制约以及对诚信社会的支撑作用，是一个亟待解决的制度建设问题。事实上，按照现有数字信息技术水平，低成本解决征信所需要的充分信息已经不存在瓶颈，亟待克服的瓶颈是法律制度建设滞后。法律制度变革落后于技术变革，是目前影响征信体系借助于大数据技术获得长足发展的主要瓶颈。

2. 征信与声誉机制——控制信用风险

征信对信用风险具有控制作用的另一个途径是通过声誉机制实现的。如果说法律是约束借款人行为、敦促其恪守诚信、履行还款责任的显性契约，那么声誉就是一种隐性契约，同法律一样具有维护金融交易秩序、控制信用风险的作用。不同的是，法律通过司法机构的强制性约束借款人履行借款合约，声誉则通过信息传播和社会惩罚约束借款人行为。按照声誉机制的理论，重复博弈次数、信息透明度、社会对失信者的谴责态度是三个影响声誉机制约束力大小的重要因素：与交易对方进行交易的次数越多，交易者越在乎自己的声誉，声誉约束力越大；信息透明度越高，做坏事被发现的概率越高，声誉约束力越大；社会对失信者的谴责越多，失信者的损失越大，声誉机制的约束力越大。征信通过声誉机制实现对信用风险的控制，就是通过帮助提高信息透明度实现的。

征信机构通过对信息的采集、加工、分析和报告实现借款人信息的扩散。在这个意义上，社会对征信信息的需求量越大、征信信息的影响范围越广，征信通过声誉机制对借款人形成的约束力就越大。如果一个人的主要经济和社会活动轨迹均在征信机构有记录，任何需要了解此人信用状况者均可以方便地从征信机构查看记录，那么没有谁会轻易违约或做破坏社会秩序的事情，因为违约的成本太高。从这个意义上说，征信对于信用风险的控制效果如同媒体一样，声音越大、覆盖面越广越好。因此，一个社会中无论是只有一家征信机构，还是存在多家征信机构，无论有征信信息垄断，还是有征信信息互换，都必须克服局域性，只有征信信息的覆盖面具有足够的广度，征信对于信用风险控制，甚至对于诚信社会建设的作用力度才可以按照几何倍数增加。

（三）小微金融与征信

1. 小微金融面临更强的信息不对称性

按照定义，小微金融服务于被传统金融排斥的中小微企业群体和自就业群体，通过提供金融服务以提升这个群体的自我发展能力。中小微企业群体以及包括"三农"在内的自就业群体与传统金融服务的大中型企业的显著区别是：经营规模小、知名度低、自身经营风险大，以及缺乏规范的财务信息、可验证信息以及完整信息。这些特征使借贷双方之间的信息不对称问题在小微金融中更加严重。信息严重不对称加大了信用风险，也成为传统金融望而却步的原因。

2. 小微金融更依赖专业征信机构

征信是克服借贷过程中信息不对称的重要手段，而且征信机构的覆盖面越广、影响力越大，对信用风险的控制效果越好。这意味着面向社会的征信服务机构优于内部服务的征信部门，征信机构间存在广泛的信息交换优于各自独立封闭的信息孤岛。但我们在回顾征信业发展历史时发现，征信的早期发展均来自需求者的自我开发，尤其是金融业。为了解借款人的信用状况，金融机构调查分析借款人信用状况，在这个基础上形成自我服务的征信业务和部门。这种征信业务在金融机构中的"内部化"模式在20世纪60年代以前的市场经济国家以及我国当前的环境中都是征信业的主流。

征信业务的"内部化"在特定时期和特定环境下可以满足主流金融业务的征信需求。在我国金融领域中处于主导地位的是大型国有银行和全国性股份制银行，2014年，两者的贷款余额在所有银行贷款余额总额中占比为72.9%[①]。这两类银行的主流业务是为大中型企业提供贷款，征信对象是大中型企业。对我国大型银行来说，首先，它们拥有足够的资金实力建立满足自身需求的企业征信系统和信用风险评价系统；其次，大、中型企业有规范的财务报告、完整的交易合约、较高的社会知名度，以及充足的可抵押资产，使得内部征信足以满足信用风险控制要求，对专业征信机构的服务依赖较小。随着银行对个人信贷业务的拓展，如信用卡业务，银行内部化的征信渐渐不能满足需求，这是因为：①比较企业来说，对个人信用状况的评价需要更多的维度，除财务信息之外，还需要非财务信息，信息采集的工作量加大；②个人比企业有更强的流动性（变化性）和更小的知名度，局域性（内部化）征信既影响信息收集的宽度，也不利于发挥声誉机制对于信用风险的控制作用。因此，内部化征信无法满足银行开展个人信贷业务对征信的需求，专业化征信机构应运而生，并自20世纪60年代开始在信用卡业务高速发展的国家得到快速推进。这些专业征信机构的业务不仅针对大型企业，更针对小微企业和个人。

随着我国经济转型和市场化程度的加深，中小型民营企业和"三农"经济得到快速发展，2015年以来，全民创业、创新活动更是在政府的推动下形成热潮。这些经济结构的变化要求以大中型企业为主要服务对象的金融机构做出相应变革，以满足小微企业和自就业群体产生的金融需求，社会对小微金融的需求迅速增加了。随着小微金融的发展，特别是依托互联网的小微金融快速发展，对小微企业和作为自就业群体的个人的征信需求迅速增加。

根据以上讨论，对小微企业和大量以个人为经营单位的自就业群体（包括"三农"）征信需求的增加就意味着对"外部化"征信业需求的增加。相对于金融机构自我发展的"内部化"征信系统，"外部化"征信是指独立于被征信者和征信需求者之外的

---

① 银监会数据：2014年底国有银行和股份制银行境内贷款余额分别为24.9万亿元、10.6万亿元，全部银行境内贷款余额为48.7万亿元。

第三方专业征信机构进行的征信。有三个原因决定了小微金融对专业化征信的依赖：①大量从事小微金融活动的机构规模较小，如农信社、村镇银行、小额贷款公司，缺乏足够的资金实力自我开发征信系统；②小微金融服务对象（中小微企业和自就业群体）在信息特征方面的碎片化、非规范化、多变性增加了信息采集的难度和采集成本，传统金融机构的征信系统对此不适应；③小微金融服务对象经营风险大、知名度低、移动性强的特点要求征信网络有较大的覆盖性，以提高声誉机制的约束力，从而增加借款人的违约成本，内部化的征信系统无法满足这个需求。因此，小微金融的快速发展要求有专业征信机构的快速发展与之相适应。

由于金融管理的实质就是信用风险控制，而征信是信用风险控制的基石，因此，我国专业征信业发展与否，将会直接制约小微金融的发展，并影响到对创业、创新和小微企业发展的金融支持力度。专业征信业是社会征信体系建设的重要内容，因此，加快社会征信体系建设，对于支持小微企业发展和全社会创业、创新，顺利完成我国经济转型，具有极其重要的战略意义。

3. 大数据征信对于小微金融的重要性

在加快我国社会征信体系建设、满足小微金融征信需求的同时，充分重视大数据征信在满足小微金融征信需求中的作用是十分必要的。本报告第三部分的研究将证明，充分利用现代数字信息技术的大数据征信，可以以较低成本极大程度地满足小微金融的征信需求：获取大量非财务信息，以弥补小微企业和个人财务信息的不足；获取即时、动态信息以补充历史、静态信息的不足；以多维度、大量信息弥补单维度、少量信息的不足。通过提高信息量的广度、精度和即时性实现对小微金融客户信用"全息画像"的刻画。同时，大数据征信可以克服由于信息孤岛带来的征信障碍，这一方面提高信息的使用价值；另一方面通过征信的社会化覆盖，加大声誉机制对借款人的约束，实现对信用风险的控制。

本报告第二章的研究说明，与发达国家相比，我国征信行业目前还处于相对落后的水平，如果能够充分利用数字信息技术优势建设社会征信体系，将会产生"弯道超车"的效果，形成具有国际水准的征信业。

（四）中国征信体系现状

经过 20 多年的建设，我国征信行业有了一定的发展，与此对应的是社会征信体系逐步形成。一是制定了一些全国性和地方性法律法规；二是全国性的个人征信系统已建立，一些行业和地方也建立了信用信息系统，部分实现了信息共享；三是信用服务市场初步建立，形成了以央行征信局为主、地方信用服务机构为辅的市场格局，信用产品不断丰富。尤其是 2013 年以来，随着《征信业管理条例》、《征信机构管理办法》、

《社会信用征信体系建设规划纲要（2014～2020 年)》等一系列法律法规的陆续颁布，我国个人征信体系建设正在进入快速发展阶段。但是总体上来看，我国个人征信体系仍处于起步阶段，发展水平不能适应社会经济发展的要求，存在法律法规不健全、信用信息共享机制缺失、信用覆盖人群窄等问题。

1. 我国征信业的发展现状

我国"外部化"的征信业始于 20 世纪 80 年代后期，当时部分城市的银行逐步推出个人住房贷款、信用卡等涉及对个人资信状况考察的业务，产生了对个人征信服务的市场需求。1999 年 7 月，经中国人民银行总行同意，在中国人民银行上海分行和上海市政府的共同协调下，组建了全国首家从事个人征信业务的机构——上海资信有限公司，进行个人消费信用试点，填补了我国消费者个人资信调查服务的空白。目前上海资信有限公司已与银行、通信运营商等 20 余家单位进行合作，信息采集覆盖了法院、税务、海关、水电煤卫等多部门的数据记录。

2005 年 7 月，人民银行建立了全国性的个人信用信息数据库，并于 2006 年 3 月设立中国人民银行征信中心，专门负责企业和个人征信系统（即金融信用信息基础数据库）的建设、运行和维护。2008 年 5 月，征信中心正式在上海挂牌。目前，人民银行征信中心在全国 31 个省和 5 个计划单列市设有征信分中心，形成了覆盖全国的征信网络。截至 2013 年 11 月底，征信系统收录自然人 8.3 亿多，其中有信贷记录的有 3 亿多人，收录企业及其他组织近 2000 万户。征信系统以银行信贷信息为核心，还包括社保、公积金、环保、欠税、民事裁决与执行等公共信息。

经过 20 多年的发展，我国形成了政府主导型的征信模式——以中国人民银行征信中心为主、70 余家地方性和行业性征信机构为辅的行业格局。

2. 相关法律法规建设

征信涉及被征信者的私密，尤其是个人隐私，触犯个人隐私相当于触犯"人权"，而征信业需要征信的最大群体恰恰是个人。如何在保护个人隐私的前提下促进征信业发展，这是社会征信体系建设首先面对的问题，也是制定征信法律规则必须面对的问题。显而易见的是，征信信息越详尽，越可能触犯个人隐私，越注重保护个人隐私，征信效果越差。如何通过制定合理的法律法规，在保护个人隐私的前提下发展征信，是立法部门和政府监管部门必须平衡的一对矛盾。从国际经验看，美国首先是注重"促进征信行业发展"，然后制定多部法律来保护个人隐私，这种法律导向促使美国征信行业发展领先于全球。欧洲更注重个人隐私保护，导致其征信行业发展受到一定程度的抑制。因此，制定合理的征信法规的关键点，是找到促进征信发展和保护个人隐私的平衡点。

与欧美发达国家相比，我国关于征信的法律体系还处于起步阶段。自 1999 年 3 月中国人民银行颁布《关于开展个人消费信贷指导意见》以来，陆续推出个人信用体系的政策制度和法律法规。2003 年 10 月，中共十六届三中全会通过的《关于完善社会主义市场经济体制若干问题的决定》明确提出了建立健全社会信用体系，形成"以道德为支撑、产权为基础、法律为保障"的社会信用制度。2005 年起，中国人民银行先后颁布了《个人信用信息基础数据库管理暂行办法》、《信用卡业务管理办法》、《个人住房贷款管理办法》、《个人信用等级评定办法》、《征信数据元注册与管理办法》等。但关于征信的法规一直是空白。

直到 2013 年 1 月，酝酿了十年之久的《征信业管理条例》正式颁布。2013 年 12 月，中国人民银行颁布了《征信机构管理办法》，对征信机构的设立、人员监管、监督管理等方面进行了规范。《征信业管理条例》和《征信机构管理办法》构成了征信业的"基本法"，填补了我国征信业发展无法可依的空白，标志着我国征信业开始进入快车道。2014 年 6 月，国务院发布了《社会信用体系建设规划纲要（2014～2020 年）》，从征信主体界定、分行业分领域构建征信体系、信用奖惩机制、法律法规和标准体系、互联网技术的应用等多维度进行了规划，基本覆盖了社会信用体系建设的所有内容。上述法规为我国征信、授信、信息传播和保护个人隐私等方面制定了一般规则。

此外，一些地方政府和部门还制定了区域性或行业性的征信法规。2000 年以来，上海市政府先后印发了《上海市个人信用联合征信试点办法》、《上海市个人信用征信管理试行办法》；2002 年 1 月深圳市政府颁布了《深圳市个人信用征信及评级业务管理办法》；2002 年 4 月广东省政府下发了《关于我省信用建设工作的通知》；2014 年 4 月陕西省发布了全国第一部公共信用信息地方性法规《陕西省公共信用信息条例》，之后又出台了《陕西省企业公共信用信息征集共享技术规范》、《关于在行政管理事项中使用信用记录和信用报告的实施意见》等制度规范。

3. 我国征信行业的主要问题

虽然我国征信业已经有了长足发展，但距离满足金融业征信需求和建立诚信社会的需求还有很大距离。问题集中表现在四个方面：①征信系统覆盖人群窄；②法律建设滞后；③政府主导的征信模式效率低下；④缺乏公共记录信息共享机制，存在严重的信息孤岛。

（1）征信系统覆盖人群窄。到目前为止，我国征信系统虽然收录了超过 8.3 亿多自然人，但是有信贷记录的人仅有 3 亿多，也就是说全国至少还有 10 亿多的人口没有征信记录，没有真正被征信系统覆盖。

（2）法律建设滞后。尽管近十多年内，我国从中央政府到地方政府共出台了数十部有关征信的法律法规，但从整体上看法律建设还有诸多不完善之处。首先，对征信活动的整个流程没有统一的规范，对征信活动的各环节也没有在技术层面给出严谨的规定；其次，征信法律同现行法律规章存在协同性问题，现存的《商业银行法》、《档案法》、《保密法》、《统计法》等法律中的一些条款与征信法规有相悖之处；再次，缺乏使拥有公共记录信息源的政府机构之间信息共享的法律；最后，缺乏有力保护个人隐私的征信法律，并且执法不严，侵害信息主体合法权益的事件时有发生，如错误数据更新不及时、消费者被冒名办理信用卡或贷款、未经授权违规查询信息主体的信用报告、非法出售客户个人信息等。

（3）政府主导的征信模式效率低下。我国目前以政府主导的征信模式存在所有政府主导经营的问题——效率低下。从 2005 年至今，以人民银行征信中心为主导的全国征信系统经过了 10 年的建设，至今征信记录仅覆盖 13 亿人口的 23%。就是这 23%人口的征信记录内容还非常单薄，缺乏除了信贷记录以外的其他重要信息。此外，作为货币金融监管部门的中国人民银行下属的征信中心，其角色在经营者和监管者之间"漂移"。这种角色的不确定性严重影响了征信中心作为金融服务机构的工作效率和工作质量，使一些急需征信服务的小微金融组织因社会征信服务不足而加大了金融风险，如 P2P 借贷平台等。

（4）缺乏公共记录信息共享机制，存在严重的信息孤岛。我国公共记录信息隔离主要表现为部门之间的信息隔离和地方征信机构的区域性隔离。首先是部门之间的信息隔离。公共记录信息绝大多数掌握在不同的政府部门内部，如税务、海关、公安、检查、法院、科技、交通、质监、食药、环保、人事、住建、教育、文体旅游、民政等相关部委，这些信息不对外公开，也不提供给外界使用。其次是地方政府之间的信息隔离。省级政府对部委下属的厅局级部门有直接管辖权，部分省级政府设立的征信机构可以通过制度规定，使得各厅局级部门向省级征信机构报送信息数据，形成省一级的征信数据库和征信机构，但是并没有形成全国性数据库，从而产生了地域性信息隔离。

信息隔离导致各级政府掌握的大量公共记录信息无法流动，既不能在政府各部门之间共享，也不对外提供，不能纳入征信系统，形成了所谓的"信息孤岛"现象。信息孤岛导致大量信用信息资源被闲置和浪费。例如，尽管同样是政府部门，负责建立全国性公共征信机构的中国人民银行无法从其他部委那里获取信用信息；再如，我国实行的个人档案制度看起来极大地方便了采集个人信息，但由于个人档案除档案所属人本人以外，可以存放于多个部门（政府部门、各党派的组织部门、人才交流中心等），而这些部门之间没有信息共享，反而加大了个人信息采集障碍，提高了征信成本。

我国征信业目前存在的问题或许是征信行业起步阶段的必然现象，但是征信业的滞后阻碍了金融业，特别是对社会征信行业有极大依赖性的小微金融的健康发展。

（五）小结

信息不对称是造成违约风险的主要原因，征信通过"信号传递"、"声誉机制"等途径缓解信息不对称，控制信用风险。小微金融服务的特殊群体有更大程度的信息不对称，对征信有更强的需求。小微金融服务对象的信用信息特征以及小微金融机构的资金约束使其对"外部化"的专业征信服务有更强的依赖性。中国征信行业还处于起步阶段，存在征信覆盖人群窄、法律建设不完善、以政府为主导的征信行业效率低下、公共记录信息不流动下的信息孤岛等一系列问题，这些问题如果不能得到及时解决，将会影响小微金融的健康发展。

面对数字信息技术的快速发展，大数据征信成为征信领域的一匹黑马。如何充分发挥大数据征信的优势，加快我国征信体系建设，在征信业"弯道超车"的同时，给小微金融业以有力的征信支持，是我们所期待的。本章在后面的小节中将对大数据征信做专门探讨。

二、征信体系建设的国际经验与模式比较

一国征信体系模式的选择取决于政治治理结构、经济发展水平和发展历程、文化背景以及信息技术水平等多种因素。从目前征信体系模式和发展历程来看，主要经历了以美国为代表的市场主导型（私营）征信模式、以欧洲为代表的政府主导型（公共）征信模式和以巴西为代表的混合型征信模式（见表6-1）。

表6-1 三种个人征信模式的特征

征信模式	市场主导型	政府主导型	混合型
代表性国家	美国	法国、德国	巴西
征信机构	商业性质的政信机构	政府、央行等公共信用信息登记机构	公共信用信息登记机构、私营征信机构、行业性合作式征信机构
特征	自愿性，营利性	强制性，非营利性	自愿性与强制性结合，营利性与非营利性结合
数据来源	丰富，各类私营机构和公共部门	较少，主要是金融机构	丰富，各类私营机构和公共部门
优势	信息全面，满足多种社会需求	严格保护个人隐私，打破信息孤岛，快速建立征信体系	信息全面，打破信息孤岛，满足多种社会需求
劣势	发展过程缓慢，易过度竞争，造成资源浪费	信用信息不足，征信效率低，造成资源浪费	不同征信机构之间关系复杂，协调沟通难度大

资料来源：中国人民大学小微金融研究中心。

（一）市场主导型模式

美国消费信用体系是经过长期市场竞争、优胜劣汰后自发产生的结果。按照孙志伟《国际信用体系比较》的划分，美国征信体系经历了三个发展阶段：从1837年首家信用公司成立至20世纪50年代为起步和发展阶段；20世纪60年代至70年代为立法规范阶段，以1970年《公平信用报告法》（FCRA）的颁布为标志；20世纪80年代至今为快速发展阶段，信息和通信技术的高速发展使得信用评价技术逐步成熟并普及推广，法律法规体系不断完善，中介机构不断兼并重组。到目前为止，美国征信行业形成了寡头垄断的市场结构，艾克发（Equifax）、益百利（Experian）和环联（Trans Union）三大寡头信用局与几百家小型信用局并存。三大信用局的业务范围覆盖了包括美国在内的全球市场，所建立的个人信用档案均超过两亿多人。区域性的小型信用局主要负责收集所覆盖区域内被征信者的信用信息，一方面向三大信用局提供数据资源，另一方面也服务于本地区各类客户。同时，也存在行业性的小型信用局，如医疗、住房信用局等，在细分市场提供特定的信用服务。

由于市场竞争、技术因素和经济发展程度等条件限制，美国征信业在发展的第一阶段出现过信息隔离的问题，但是随着技术进步和经济发展，这种信息隔离逐步被消除。从1860年纽约布鲁克林出现第一个区域性征信机构之后，各区域、行业内的企业陆续自发组建了众多的信用局，但各信用局之间没有信息交流机制。由于各信用局是以盈利为目的的商业机构，其所拥有的信用信息是核心产品，若没有特殊需求，信用局不会将自己的产品与其他信用局共享。在工业化之前，由于交通、通信（马、船等）等手段落后，人们的经济活动有着极强的区域性，区域内的征信局基本能够满足当地的信用服务，没有外在力量推动信息共享。进入20世纪后，随着工业化大生产时代的来临，汽车、火车等新型交通工具快速发展，电报、电话等通信方式也逐步普及，人们的经济活动范围逐步扩展到全国甚至全球，金融和其他经济活动提出更大地域范围的信用信息需求。为适应社会经济环境的变化，各信用局开始进行合作，建立了联合信用局（Associated Credit Bureaus，ACB)[①]。"二战"以后，随着信息技术和资本市场的发展，区域性征信机构开始逐渐兼并重组形成大型征信机构，信息共享机制也随之建立。

美国信息共享机制是市场自发建立的，主要有两种途径：一是数据获取方式的商业化行为；二是政府部门提供公共记录数据。商业化的数据获取方式主要有三种：一是消费者为获得更好的信用评级，自愿免费向征信机构提供；二是征信机构之间相互

[①] 联合信用局是美国消费者数据工业协会（CDIA）的前身。

购买信息数据；三是征信机构之间相互交换数据。关于公共记录信息，联邦、州等各级政府负责保存和记录公共记录信息，不同级别的政府负责不同的公共记录。创办于1997 年的 SearchSystems. net 是目前全球最大的公共记录查询网站，该网站目前拥有36082 个公共记录数据库、数十亿条公共记录数据。

有效且有序的市场化征信体系必须要有合理、完善的法律体系做保障。美国在这方面提供了成功的经验。美国征信法律中，与个人信用相关的法律共有 17 部，其中最重要的是《公平信用报告法》。这套法律体系对征信过程中数据收集、信息使用、个人信用报告的内容和格式以及消费者权益等方面做出了详细的规定。根据美国消费者数据工业协会（CDIA）制定的个人征信报告的内容和格式，个人征信报告包括五部分内容：一是人口统计信息，主要是个人基本状况；二是个人支付交易记录；三是就业记录；四是公共记录，包括破产、案件裁决、不良纳税、现金罚款等；五是个人征信局查询记录。

随着信用使用环境的扩大，个人征信记录逐渐成为影响人们就业、消费、融资方便程度的重要指标。在美国，由于长期以来形成的信用消费习惯，人们在生活中几乎时时处处都会发生信用交易活动，如企业注册、水电缴费信用期、银行贷款、消费信贷、个人信用卡、保险等诸多领域，如果某个人信用等级高，则他的信用期会相对较长、信贷利率和保险费率较低。相反，如果一个人有失信行为，信用机构将不良信用信息载入相关数据库，在其发生信用交易活动时，交易对方通过个人信用报告获取了该不良信息，则他的缴费信用期会缩短甚至取消、信贷利率和保险费率将提升，在生活、工作、就业等其他方面都将产生不利影响。因此，当征信记录覆盖到人们生活的各个方面时，不仅可以有效控制借贷交易中的信用风险，而且有助于约束人们的行为，通过信用积分实现奖励诚信、惩罚失信的效果，真正起到在制度上帮助建立诚信社会的作用。

（二）政府主导型模式

政府主导型征信模式即公共征信模式，该模式通过法律规定，指定社会征信活动由公共性质信用机构完成。政府主导型模式主要以欧洲为代表，该模式正式确立始于20 世纪 70 年代，如 1974 年英国《消费信贷法》、1978 年法国《信息、档案和个人权利法》。根据欧洲中央银行行长联席会议的定义，公共征信系统是指向商业银行、中央银行以及其他银行监管当局提供有关授信企业和个人对全国银行系统负债情况的信用信息系统。按照政府主导的征信模式，政府出资建设公共征信系统，中央银行负责管理，同时由各金融机构联合征信并建立全国数据库。该模式的特点是：信用信息来源单一；所采集的信息以金融类赊销合同信息为主，辅之以少量的非金融信用信息；有效保护数据安全和个人隐私。

欧洲的公共征信模式主要是由人们的消费习惯所决定的。与美国不同，信用消费在欧洲并不占主流，因此，没有形成自发的市场化征信模式。在政府主导型模式下，征信机构不对外公开信息，个人信用评估结果仅供银行内部使用，不向零售信用机构和服务信用机构提供征信服务。然而，随着全球经济的逐步融合，信用交易规模在欧洲不断扩大，三大信用局通过在欧洲的并购活动不断扩张业务量，征信模式开始向市场化方向发展。

在法律方面，欧洲各个国家有各自的征信法律。1995 年 2 月，欧盟通过《关于处理个人数据和个人数据自由流动中个人保护的指南》，该指南试图综合各个国家的法律，规范各国的征信业发展。相较于美国来说，欧洲国家的公共征信更加重视个人隐私，与《公平信用报告法》相比，欧洲在敏感数据方面的规定要严格很多。

此外，欧洲市场化的个人征信体系也比较完备，主流的征信机构同样是以艾克发（Equifax）、益百利（Experian）和环联（Trans Union）三大机构为主。如英国主流的信用评分机构有 Callcredit、艾克发（Equifax）、益百利（Experian），这三家机构拥有大多数英国公民的信用报告。德国、法国等欧洲其他国家的个人征信体系也主要以上述三大征信机构为主。

（三）混合型模式

除了美国、欧洲等发达国家和地区形成的市场主导和政府主导征信模式之外，发展中国家也在探索适合自己的征信模式。世界银行 2001 年的研究表明，公共化与市场化征信模式是互补关系，起步较晚的发展中国家可以在美国、欧洲模式的基础上形成更好的征信模式。目前，一些发展中国家形成了兼具公共化和市场化征信模式特点的混合征信模式。巴西是混合型征信模式的典型代表。

在巴西的混合型征信模式中，私有征信机构和公共信用信息登记机构并行发展，信用信息服务机构形式多样、覆盖广泛、层次分明、功能定位明确。巴西的公共信用信息登记机构主要有三个：巴西央行主管的无效支票登记中心、财政部主管的违约者登记中心、巴西央行主管的信用信息登记中心①。公共信用信息登记机构的主要信息来源是巴西的商业银行和政府机构，其运作方式类似政府主导型征信模式。私有征信机构则是指以盈利为目的的中小征信机构，通常是在金融中心城市提供专门服务——只服务于特定区域或者特定细分市场。私有征信机构以灵活、专长为特色，类似美国市场主导型征信模式中区域型征信局。

---

① 1998 年巴西央行组建信用信息登记中心。

此外，巴西还有两家特殊的"行业性合作式"征信机构，分别是西若莎（Serasa）和斯派克（SPC）。它们是巴西第一、第二大征信机构，但它们既不是公共信用信息登记机构，也不是私有征信机构，而是有些类似于日本的征信行业协会。西若莎1986年由巴西三大银行共同组建，目前几乎所有的中、大型银行都是西若莎的股东，其信息来源于持股银行直接提供的信息以及其他信用信息数据库。斯派克则是巴西零售商协会主办的非营利性信用信息机构，信息来源是成员个人，包括商业批发、零售企业、制造业企业、信用卡公司、消费信贷等零售金融机构。

（四）小结

从世界各国征信模式的演变发展中可以总结出几个极有意义的经验：

第一，征信模式的形成与所在国家的经济环境、政治结构、文化背景有很大关系。其中，信用经济的发展程度对征信业的需求程度以及征信模式特征有很大影响。美国发达的信用经济推动了市场主导的征信模式，欧洲则选择了政府主导模式。但随着信用经济的发展，政府主导模式可能越来越无法满足征信需求，这也是目前推动欧洲模式变化的原因之一。

第二，从征信效率看，市场模式优于公共（政府主导）模式，能够有效满足需求，降低信息资源的浪费，所以，市场模式是一种能够满足征信需求的模式。公共模式可以通过政府统一的行政干预和集中的资金投入在短期内建成征信服务机构，但代价是服务低效率，不能很好地满足征信需求。关于这一点除了欧洲模式外，中国的经验也是一个很好的证明。如果能够形成以市场为主、政府为辅的征信模式可能不失为一个好的选择，这既可以发挥市场模式的高效率，又可以解决起步阶段的资源投入问题。问题是如何处理好主与辅的关系。

第三，征信涉及个人隐私，必须立法先行。尤其是发展市场化征信模式，完善法律建设更为重要，不仅需要通过立法解决信用信息的征集和个人隐私保护问题，而且需要通过立法解决公共记录信息的流动和交换问题，以打破信息孤岛。

在研究世界各国征信体系建设的经验过程中，我们发现还没有哪一个国家在使用数字信息技术推动征信体系建设方面有显著的经验。鉴于征信的核心内容就是采集、分析信用信息，所以我们坚信数字信息技术的进步注定会给征信领域带来天翻地覆的变化：或者加快征信体系建设的速度，或者改变征信体系的模式……

三、信息时代的大数据与征信技术

20世纪80年代以来，随着互联网/移动互联网、大数据和云计算等新型技术的加速发展，基于互联网/移动互联网的电子商务和社交网络被广泛使用，互联网用户数量大幅增加。据中国互联网络信息中心（CNNIC）统计调查，截至 2014 年 12 月，我国网民规模达 6.49 亿人，其中手机网民规模达 5.57 亿人；互联网普及率为 47.9%（见图 6-1）。用户在网络上发生的购物、社交、浏览网页、搜索等行为产生了海量的数据，海量数据使得数据存储和运算已不是常规分布式计算所能承受的，与此相适应的大数据技术和云计算技术随之产生。互联网、大数据、云计算等技术正在使人们的生产生活方式发生深刻变革，推动传统行业的发展，征信领域也不例外。

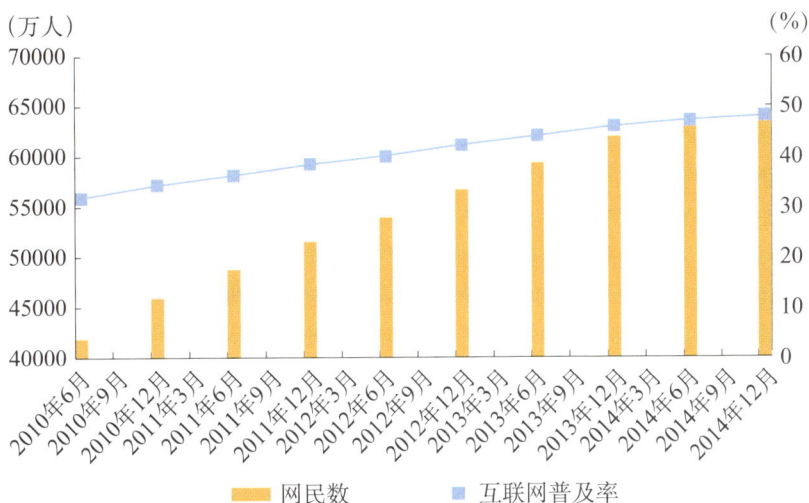

图 6-1 中国网民规模和互联网普及率

资料来源：中国互联网络信息中心、中国人民大学小微金融研究中心。

（一）信息技术的发展提供了征信技术进步的基础

根据 Petersen（1994）关于硬信息、软信息的论述，硬信息是指能用准确的指标来表示的信息，是正式的、精准的、符合逻辑的、可追溯的，如增长率、采购量、财务报表等；软信息是指不能用准确的指标来表示的信息，是非正式的、模糊的、推断的、知觉的信息，如人的兴趣爱好、购物特点、上网习惯等。据此，我们可以概括出传统征信的两个特点：①信用信息基本是硬信息。五大类基础信用信息中包括个人识别信息、信用交易信息、就业信息、公共记录、被查询记录。这些硬信息容易量化并可以建模做信用评价。②建模技术相对静态，即被征信人的信用信息变化一段时间后才被纳入征信系统，并通过建模技术得出最新的信用状况。

由于金融管理的核心就是控制信用风险，而信用风险源于信息不对称，因此，贯穿金融活动始终的信用风险控制，全部依托于对融资者信用信息监控、采集、分析和评价。在这个意义上，我们将金融管理看作对信息流的管理，或者是基于信用信息的数字化管理，一点不过分。可以说金融活动的前端、中端直到后端，全部活动链条都是基于数据。比较其他基于实物的经济活动，金融业的这种数字信息管理特征更易于与互联网技术相结合。

对于信用风险控制的基石——征信来说，互联网/移动互联网的普及带来了大量可获取的有用信息，使征信不再囿于传统、静态的硬信息，通过收集征信对象留在"线上"的动态、多维度的软信息，如购物、社交、兴趣等，结合"线下"的硬信息，形成对征信对象的"画像"。这个画像相较于根据传统征信信息所得到的图像更准确、立体、"新鲜"。数字信息技术已经为实现"全息"化的征信效果提供了技术支持。

目前，已经有企业利用基于互联网/移动互联网的数字信息技术进行征信，而且已经取得了非常理想的征信效果，如 Zestfinance、芝麻信用、腾讯征信、百融至信（百融金服旗下征信子公司）等。如果这种新型征信技术能够在社会经济生活中普及推广，对促进小微金融的发展、个人征信体系的完善都将有极大的推动作用。

（二）大数据征信

1. 大数据征信的定义

如何定义基于互联网、大数据和云计算等技术的新型征信模式？理论以及实务界的观点并不统一。中国金融四十人论坛成员张健华将之称为"互联网征信"，更多的业内人士如百分点公司创始人苏萌等称之为"大数据征信"。在本书中，我们倾向于使用大数据征信的说法，主要基于两点理由：①互联网/移动互联网是大数据不可或缺的承载和通道，如果没有互联网就没有大数据，但是征信技术的根本在于数据，包括其来源、类型、内涵、格式等维度。因此，从互联网、大数据与征信的关系来看，大数据征信的说法对于刻画新型征信技术更加贴切。②按照国际知名的大数据征信公司 Zestfinance 创始人的说法，"所有数据皆为信用数据"（all data is credit data），意思是所用数据之间都存在一定的关联关系。如果注重挖掘数据间的关系，就一定能找到反映征信对象的信用信息。对于征信来说，所有数据都是有用的。这个观点精辟地指出了新型征信模式的精髓。

因此，所谓大数据征信，就是指基于互联网、大数据和云计算等技术的新型征信。它与传统征信的主要区别在于数据采集的差异和信用评价效果的差异。在工作原理上两者都是一样的，都是基于 FICO 的分析逻辑（见附录）。但是后者倾向采集硬信息，在此基础上做相对静态的信用评估；前者在硬信息基础上还加入软信息，在此基础上提供相对动态的信用评估。

2. 大数据征信与传统征信的特征比较

传统征信数据来源主要是金融交易和公共记录信息，其特点是信息来源为线下活动和资金借贷，信用建模可以包含几十个或几百个变量，因此从互联网的角度来看，传统征信模式亦可称为线下征信，艾克发（Equifax）、益百利（Experian）和环联（Trans Union）是传统征信模式的典型代表。大数据征信的数据来源非常丰富，可以包括线上和/或线下的海量数据资源，以蚂蚁金服旗下芝麻信用为例，其日数据处理量在30PB以上[①]，其中包括用户网购、还款、转账以及个人信息等多维数据，涵盖了3亿多实名个人和3700多万户中小微企业。根据对线上线下数据的不同利用程度，可以分为线上和线下大数据征信模式。线上的购物消费、阅读习惯、社交轨迹、在线旅游、娱乐爱好等数据信息虽然不直接与信用相关，但是能够反映个人的信用状况，根据个人的这些线上非金融数据信息进行"个人画像"（Customer Profile），并进行信用建模的模式，可称为线上大数据征信模式，蚂蚁金服旗下的芝麻信用、腾讯征信主要是基于线上数据进行信用建模。同时，大数据征信也可以综合利用线上的非金融数据、线下的金融数据和公共记录信息进行信用建模，可以包含几万个甚至几十万个变量。

从目前的发展趋势来看，综合线上线下海量数据进行建模是大数据征信的主流模式。传统征信机构在逐步导入线上数据进行综合建模，如美国的艾克发（Equifax）、益百利（Experian）、环联（Trans Union）和中国的上海资信有限公司；新型的线上大数据征信机构也在接入线下数据资源。

表6-2 大数据征信与传统征信的区别

比较项目	大数据征信	传统征信
数据来源	线上线下多种数据来源	线下借贷和履约行为数据
数据类型	交易、社交、上网行为，以及传统的信贷、公共事业等数据	信贷数据、公共事业缴费、罚款等数据
数据内涵	碎片化、生活化，反映人的性格和心理，动态信息	金融属性强，静态信息
数据格式	大量非结构化数据和结构化数据	结构化数据
建模技术	相对动态	相对静态
信用评价思路	用实时行为反映人相对稳定的性格，可前瞻性地判断履约可能性	用历史信用记录判断当前信用，推断履约可能性存在滞后性
覆盖人群	在互联网上留下足够痕迹的人	有信用记录的人（银行借贷、信用卡、公用事业缴费等）
应用场景	生活中各种履约场景	金融

资料来源：金融四十人论坛，中国人民大学小微金融研究中心。

---

① 1GB＝1024MB，1TB＝1024GB，1PB＝1024TB，1EB＝1024PB，1ZB＝1024EB，1YB＝1024ZB，1DB＝1024YB，1NB＝1024DB。1TB硬盘的标准重量是670克，30PB的数据量相当于30720个1TB硬盘，总重量20.6吨。

3. 大数据征信的工作流程

大数据征信的工作流程可概括为三个阶段、两类变量（见图 6-2）。三个阶段分别是数据处理、生成变量和信用建模，两类变量是指通过数据处理生成的弱变量和强变量。从数据处理到生成变量阶段，首先，通过对金融数据、公共记录等传统建模的数据源进行处理得到强变量。其次，通过对个人基本信息、线上行为数据进行清洗和处理，对个人进行"画像"并生成弱变量，弱变量可以多达数万个甚至数十万个。相对于传统信用模型采用的强变量，这些弱变量在单独使用时效果不如强变量，但是当弱变量数量众多以至于足以刻画个人状态时，综合评估效果可能会好于数量稀少的强变量。最后，在相关性的基础上将这些弱变量再重新组合成强变量。在信用建模阶段，将生成的强变量导入若干独立的、采用不同的机器学习算法建立的模型中进行处理，将不同数据模型计算出的若干评分进行加权组合，最终得出信用评分。

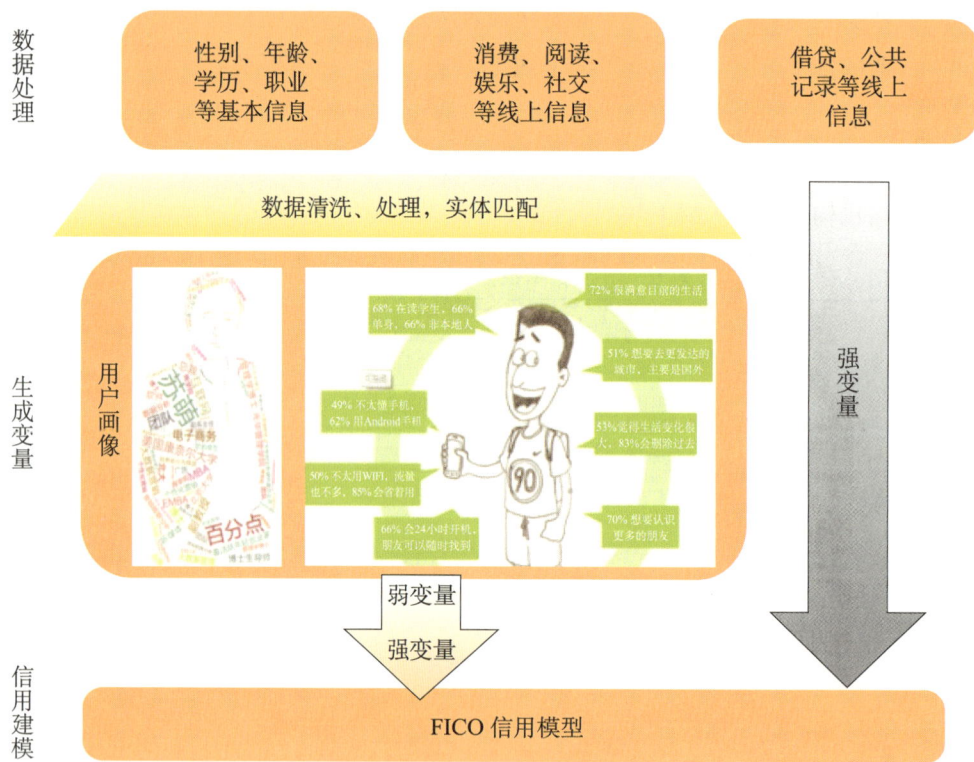

图 6-2　大数据征信流程

资料来源：百融金服，中国人民大学小微金融研究中心。

实现大数据征信的关键环节是对征信对象进行"画像"，如对个人"画像"时，能够对一个人做生命周期内的全网、动态、持续的描画，从而判断个人自身状态的演变。"画像"过程的数据信息通常包括人口统计学数据和线上行为数据。人口统计学数据包括性别、年龄、电话号码、住址、工作地址、学历、职业等；线上行为数据包括消费行为、阅读行为、娱乐行为，如消费、航空、旅游、社交、阅读、娱乐、新闻、资讯、视频、音乐、游戏等。以下几个例子可以说明个人"画像"与其信用之间的关系：如果某人经常换手机号，如两年内换了三个号，那么说明此人很可能存在某些不稳定因素，如果其他条件相同，其信用要低于两年内没换号的其他人；如果一个普通男职员经常关注娱乐新闻，而他本身并不是娱乐业从业人员，那么与一个关注本职范围或财经类新闻的普通男职员相比，其信用状况也将较低。

（三）大数据征信与破解"信息孤岛"

信息孤岛是信息资源浪费的最主要形式。我国的"信息孤岛"现象主要表现在公共记录信息部门间的隔离，以及与市场征信部门之间的隔离。同时，我国"大政府"的社会治理结构导致政府拥有最大量可用于征信的信息，加大了信息资源浪费的严重程度。一种观点认为，我国长期高度集中的社会治理制度决定了社会信息的采集量十分丰富，而且都是高质量的硬信息。只不过这些信息集中在政府各部门手中没有充分利用，既不进行内部交换，也不对外公开。除了政府部门掌握的公共记录硬信息存在信息孤岛外，还有少部分硬信息存在于民间，如金融机构掌握的借贷信息，电子商务平台掌握的商业交易信息、消费娱乐信息等，也存在信息交流障碍。

直接攻破"信息孤岛"，让已有的信息流动起来，无疑可以极大地提高征信业的产出量和产出质量，但这需要有行政法规的调整与完善、政府部门信息管理流程的变革，以及信息交易市场规则的完善。制度的建立和完善从来都是一个漫长的过程。等待信息孤岛开放过程中，硬信息相对匮乏的现实无疑形成了我国征信行业的"硬伤"。值得欣喜的是，信息技术进步带来的大数据征信有助于破解"信息孤岛"问题。但是这个破解不是指直接攻破，而是迂回化解。

与传统征信相比，大数据征信最显著的特点如下：

第一，数据来源具有广泛性（多维度）。在多维度信息中，既有硬信息，更有软信息。以个人征信为例，大数据征信不仅能获取传统征信业需要的五大类信息（个人识别信息、信用交易信息、就业信息、公共记录、被查询记录），还能获取包括购物、阅读、社交等大量软信息。传统征信过多依赖历史信用记录，但历史行为记录并不意味着未来行为不变。

第二，使用数据清洗、处理和匹配技术。大数据征信对人口统计学数据、线上行为数据、借贷数据、线下可获得的公共记录信息等多维、大量的数据做处理后，将弱变量整合成能够更好地解释信用质量的强变量。大数据征信的数据处理能力非常强，可以在极短的周期内从海量、实时信息中，通过机器学习算法模型捕捉有用的信用信息并计算出信用结果。这个数据处理分析能力使大数据征信具有很强的动态效果。更重要的是，对大量软信息的有效分析可以极大地缓解因硬信息不足引起征信准确性的问题，也可以避免过于依赖硬信息产生的问题，使"画像"更精准。

第三，建模技术相对动态。被征信人的信用信息发生变化后可在很短时间内被纳入征信系统，并通过建模得出最新的信用状况。相对于传统征信，大数据征信的数据更新周期更短，征信信息更具有实时性。此外，传统征信信息采集是被动的——被征信人信用信息定期向征信机构报送，与主动采集、时时更新信息的大数据征信相比，传统征信"定期报送"的数据传送制度导致数据更新周期长、征信信息相对静态，无法动态监控被征信者的信用变化。

为了更形象地理解大数据征信与传统征信在数据信息使用和征信效果上的差异，我们用图 6－3 进行展示。其中，"静态信息"是硬信息和相对静态建模的合称，"动态信息"是软信息和相对动态建模的合称。

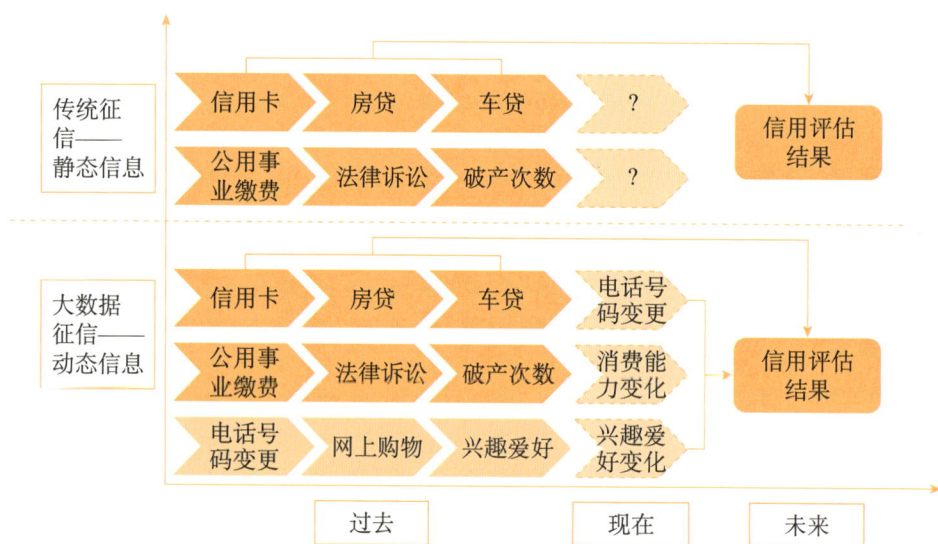

图 6－3 静态信息（传统征信）与动态信息（大数据征信）

资料来源：中国人民大学小微金融研究中心。

鉴于大数据征信的上述三个显著特征，大数据征信可以帮助专业征信机构克服硬信息不足的弱点，在硬信息相对不充分的情况下，依然可以对被征信者做全网、动态、持续的描画，得到理想的征信效果。从这个意义上说，大数据征信可以在没有连通"信息孤岛"的情况下，化解信息孤岛带来的问题。

（四）大数据征信发展现状

以大数据、互联网为代表的 IT 新技术的应用，给征信体系建设提供了新的思路。

原来海量、庞杂、看似无用的数据，经过清洗、匹配、整合和挖掘，可以转换成信用数据，而且信用评估的效率和准确性也得到了一定程度的提升。借用 Zest Finance 创始人的一句话，大数据技术使得"一切数据皆信用"成为可能。

1. Zest Finance——第一家大数据征信公司①

虽然美国传统的信用风险评估体系已经能够覆盖绝大部分的人群，但是仍有约15％的人因没有信用评分而被排斥在银行信用体系之外，无法获得基本的金融服务。针对传统模型的局限，谷歌前工程副总裁梅瑞尔（Douglas Merrill）与美国第一资本投资国际集团公司前高管邦德（Shawn Budde）于 2010 年联合创立了 Zest Finance 公司。作为结合传统信用评价模型和基于大数据的机器学习算法为客户提供信用评估和金融服务的平台，Zest Finance 通过大数据计算、分析和评价信用，专门为那些个人信用不良或者不满足传统银行贷款资格的个人提供金融服务。

Zest Finance 认为"所有数据皆为信用数据"（all data is credit data），重视数据间的关联关系而非因果关系。例如，申请人在申请信贷时输入自己姓名的方式是一种信用信息，全部使用小写字母、全部使用大写字母还是采用首字母大写的方式，隐含了申请人的受教育程度以及性格的严谨性；申请人在申贷网站上停留的时间反映了申请人对信用申请的谨慎程度与还款诚意；搬家次数多的借款者的信用评级比搬家次数少的借款者的信用评级要低。正如创始人所说，"单独看个别信息可能不会发现什么线索，但是与其他成千上万的信息数据联系起来，就可以勾画出令人难以置信的精确图景"。

除了解决传统信用评估体系无法解决的无信用评分借贷问题，Zest Finance 还主要面向传统信用评估解决不好的领域，将信用分数低而借贷成本高的人群视为服务对象，利用大数据技术降低他们的信贷成本。与传统信贷管理业务相比，Zest Finance 的处理效率提高了将近90％，在风险控制方面，Zest Finance 的模型相比于传统信用评估模型性能提高了 40％。对于次贷人群来讲，Zest Finance 对传统信用评估体系有了颠覆性的改变，其大数据模型导致贷款批准更有效率，和常规的信用评估体系的模型相比，效率能够提高将近 90％。同时，在风险控制方面也有极大的改进，其模型能够把相关贷款人的违约率降低将近 50％。

2. 我国大数据征信快速发展

我国相对落后的征信体系远不能满足社会对征信服务需求的状态，为大数据征信的发展带来了契机。目前在大数据征信领域发展迅速的企业主要有阿里巴巴、腾讯、京东、百度等从事电子商务平台、网络社交平台、搜索引擎平台等的互联网公司，以

① http://www.zestfinance.com/。

及一些专门从事大数据分析业务的公司，如百融至信。

中国大数据征信的早期践行者是阿里巴巴的小贷业务。阿里小额贷款于 2007 年推出，该业务依托阿里巴巴电子商务平台，为从事电商的中小企业提供无抵押、低门槛、快速便捷的小额贷款服务。小贷业务征信最初依赖对商户线上行为数据的采集和分析，之后很快过渡到获取线上线下综合数据源。线上数据包括社交活动、在线交易、增值服务、产品发布、企业基本资料等；线下数据包括银行流水、经营模式、财务状况、家庭情况等。同时，阿里小贷还从第三方机构获取认证数据，以加强数据的相互验证和信用判断能力。2014 年，阿里小贷被整合为蚂蚁金融服务集团（简称"蚂蚁金服"）下的业务实体，蚂蚁金服针对征信和风控业务单独设立了芝麻信用管理有限公司，同时旗下还有从事其他金融业务的支付宝、支付宝钱包、余额宝、招财宝、蚂蚁小贷和网商银行等。

目前蚂蚁金服征信和风控体系已经相对完善，不论是已有 8 年历史的小贷业务（也被称为供应链金融业务），还是刚上线不久的消费金融（产品名称"花呗"），均在整个贷款流程中获得多层次、线上线下相结合的大数据征信服务，有效规避了违约风险：贷前，阿里金融业务部门可以根据企业线上经营数据、线下金融数据和第三方认证数据做出征信分析，判断企业的经营状况和偿债能力；贷中，可以通过支付体系和云平台实时监控商户的经营和现金流动状况，实现动态、实时的风险监控；贷后，通过动态风险监控监测可能影响履约能力的行为并预警，对违约商铺实施关停等惩罚机制，以提高客户违约成本。

腾讯征信的数据来源主要是社交、微信支付、游戏，但缺少电商等其他数据。就用户量和使用频度而言，腾讯似乎更胜一筹，腾讯旗下的微信用户接近 5 亿，QQ 的月活跃用户为 8 亿多，其大数据系统汇集了 40 万亿条数据信息。京东金融与阿里巴巴类似，以电商平台为基础构建了电商和金融生态体系，凭借积累的海量数据在企业和个人征信方面取得了较大成功。百度虽然在征信业务方面起步较晚，但是凭借其领先的技术优势和更加庞大的数据来源，其内部正在加紧大数据征信业务的开发，相信不久将会推出相关的征信服务。前海征信的数据来源则主要是中国平安旗下的银行、保险、证券、信托、互联网金融（陆金所）等金融机构。

与老牌互联网巨头 BAT 相比，百融至信的征信业务脱胎于百分点科技的互联网精准营销业务。随着与百分点合作的客户越来越多，其平台上积累的数据越来越丰富和全面，而精准营销业务的客观结果是产生了用户的总体"画像"，进而由此延伸出个人征信业务。百融至信从一开始就是综合利用线上线下的海量数据进行信用建模。本书将在案例部分对百融至信做专门案例分析，以期展示大数据征信的原理，剖开征信"黑盒子"。

随着大数据征信技术的不断成熟，其刻画征信对象信用的准确度、缓解信息不对称的优良效果也引起了传统征信机构的重视。2013 年 6 月 28 日，上海资信有限公司设计开发的网络金融信息共享系统（NFCS）正式上线运营，初步实现了大数据征信技术的引入。但是由于没有互联网平台的支撑，缺乏线上数据，在一定程度上阻碍了其大数据征信的发展。2013 年 3 月，北京安融惠众征信有限公司创建的"小额信贷行业信用信息共享服务平台"（MSP）正式上线，主要为 P2P、小贷公司、担保公司提供行业信息共享服务。此外，央行征信中心也上线了互联网个人信用信息服务平台。但这三家征信机构的大数据征信特点尚不突出，主要是将征信的服务窗口做了线上移植（见表 6 - 3）。

表 6 - 3　国内领先大数据征信公司对比

征信机构	主要数据来源	数据特点	信用建模能力	征信服务	自身金融业务
芝麻信用	阿里电商、支付、视频、旅游、地图、餐饮、浏览器、ID	线上、封闭	强	企业内部	阿里小贷、网商银行
腾讯征信	电商、支付、视频、旅游、地图、餐饮、浏览器、ID	线上、封闭	强	少量	前海微众银行
前海征信	银行、保险、陆金所等全金融	线上、封闭	强	企业内部	银行、保险、证券、信托、P2P 等综合金融
百度	搜索、视频、旅游、地图、浏览器	线上、无法对应到人	弱	无	P2P 等互联网金融
百融至信	电商、社交、媒体、购物、金融	线上线下、开放	强	与外部广泛合作	无

资料来源：中国互联网络信息中心、中国人民大学小微金融研究中心。

（五）大数据征信的综合效益

大数据征信在我国尚处于发展的初期阶段，但是其缓解信息不对称的效果已经凸显，对于促进征信体系建设、满足小微金融发展的需求，以及建设诚信社会将发挥日益重要的作用，前途不可限量。

1. 大数据征信与我国征信行业发展

我国征信业还处于起步阶段，政府主导模式下存在的效率低下、"信息孤岛"严重、法律不健全等问题，都对征信业的发展产生阻碍。大数据征信利用数字信息技术，可以极大地帮助减少克服这些阻碍，加快我国征信业的发展。

首先，大数据征信并非政府发起的，是私营企业迎合市场需求自发形成的，填补以政府为主导的征信模式留下的巨大市场空白，充分体现了市场"无形之手"对于社会信用信息资源的调配与重组，以发挥对经济结构调整引发的征信市场供求严重失衡的调节功能。大数据征信在中国的迅速发展从表面看是一种信息技术进步红利在新领域的体现，从深层看则是来自市场的征信力量弥补政府主导力量的不足，具有推动征信行业市场化运作的重要意义。它对征信行业带来的直接好处是，提高了征信业的效率。

其次，大数据征信可以帮助化解"信息孤岛"对征信业的阻碍。对于征信行业来说，信息孤岛现象实际上是对至关重要的硬信息资源的锁死，形成资源浪费。在政府行政治理结构没有大的变化的情况下，信息孤岛现象很难消除。大数据征信利用其对大量软信息的分析能力，可以在硬信息有限的情况下提高信息强度，实现同样的甚至更好的征信效果，通过绕开而非打开信息孤岛的办法，破解信息孤岛难题。

最后，大数据征信在推动征信行业快速发展的同时，形成完善相关法律建设的强烈需求。大数据征信涉及更多的个人信息，如何在互联网时代线上线下信息泛滥的情况下既保护个人隐私，又促进征信行业发展，是对立的一个挑战。这个挑战不能回避，也无法回避。在应对挑战时，既不能一谈网络信息就谈虎色变，就此扼杀大数据征信，也不能自由放任，任由信息技术获取的大量信息自由使用，以致损害个人利益。大数据征信对完善法律建设的强烈诉求，会通过推动法律建设，助力征信行业的发展。

因此，依托于数字信息技术的大数据征信，以及传统征信业落后时崛起的大数据征信，非常有可能推动我国征信业快速发展，形成"弯道超车"的效果。

2. 大数据征信与小微金融发展以及诚信社会建设

大数据对软信息的提炼能力和更加动态的征信效果，使其更加契合小微金融的征信需求。小微金融客户存在缺乏硬信息、信息变化快、信息碎片化的特征，这些信息特征恰好对应大数据征信的特长。此外，大数据征信不受地域限制，可以形成广泛的征信覆盖面，对于小微金融客户众多、流动性强的特点来说，大数据征信可以充分发挥信息扩散度和影响面大的优势，通过提高声誉机制约束力，增加客户违约成本。所以，大数据征信似乎是为小微金融量身定做的，对于促进小微金融发展的重要作用是毋庸置疑的。鉴于小微金融对于中小企业、民营经济、"三农"经济以及创业创新的直接金融支持作用，以及后者对于我国转型期经济的引擎作用，从我国宏观经济发展的角度看，大数据征信具有战略性的重要意义。

从技术角度看，大数据征信可以快速实现对个人信息的全方位捕获，如果将这些征信信息合理地应用到个人的就业、晋升、创业、医疗、教育、消费等自我发展和生活中，对诚信守约者给予奖励，对失信者给予惩罚，将有力地促进诚信社会的发展。从我国的实践看，建设诚信社会的努力从 21 世纪初就已经开始，体现为政府主导的征信体系建设，但成效甚微。大数据征信的崛起无疑会加快诚信社会建设的速度。

四、政策建议

大数据征信为加快我国征信事业发展和诚信社会建设带来了福音，同时也对如何建立与大数据征信相适应的合理制度规则，以保证大数据征信的稳定可持续发展提出了更高的要求。大数据征信在全世界各国都处于起步阶段，越是传统征信业发达的国家，对大数据征信的需求越小，发展速度越慢。因此，在如何保证大数据征信稳健发展、充分发挥其价值方面，并没有现成的国际经验可以借鉴，需要更强的开拓性。关于如何保证大数据征信的发展以加快我国征信业建设，我们提出三点政策建议：①加大市场化运作程度；②加快征信法规体系建设；③加强征信机构内部控制。

（一）加大市场化运作程度

从目前各种征信体系模式中我们可以清晰地看到，市场化模式具有更高的征信效率，能更好地满足社会对于征信的需求。**我国目前还是政府主导的征信体系**，这对于诞生于市场化运作的大数据征信来说，**存在一定的制度障碍，首先是市场准入。**

从政府关于社会征信体系的发展规划中我们欣喜地看到，征信模式将从政府主导走向政府主导、市场参与共建模式，这是一个进步。例如，2015 年 1 月 5 日，中国人民银行发布了《关于做好个人征信业务准备工作的通知》，要求芝麻信用管理有限公司、腾讯征信有限公司等八家机构做好个人征信业务的准备工作。该通知的发布有两方面的意义：一是国内个人征信市场化的闸门正式开启；二是对大数据征信模式的肯定与支持。

但是，如何避免准入制度中的寻租行为，保证真正具有征信能力的企业进入征信行业；如何平衡政府的监督、评价机制以及市场的竞争、淘汰机制，保证征信业市场实现有序竞争而非混乱竞争，实现优者胜、劣者汰，而非"劣币驱逐良币"；如何避免政府既当裁判员又当运动员，保证监管公平；如何保证政府既不监管过度又不监管真空（不作为）……都是即将面临的问题，考验政府及市场的智慧。合理解决这些问题将有助于我国大数据征信以及整体征信业的健康发展。对于政府来说，有三件事情是必须要做的：首先，规范大数据征信业务的准入标准以及监管主体与职责，为大数据征信建立良好的制度环境；其次，支持和鼓励大数据征信机构的业务开展，积极培育和引导信用服务市场的发展壮大；最后，支持征信行业内的兼并、重组以整合相关资源，提高整体运行效率。

（二）加快征信法规体系建设

大数据征信对于加快征信体系建设，支持小微金融发展有重要作用。然而，事物的发展总有两面性，大数据征信中最敏感的问题是：信用信息的边界扩大和个人隐私的保护。传统征信的基础数据来源主要是围绕信用信息展开，敏感信息和与信用评估无关的信息通常不予采集；而大数据征信涉及的范围更加广阔——所谓"一切数据皆信用"，被征信主体的社交、媒体、兴趣等一切网上行为都将成为征信的基础数据来源。因此，在支持大数据征信健康发展的同时，一方面需要政府机构的引导与支持；另一方面需要完善的法律法规体系规范征信行为、保护个人隐私，在征信建设和隐私保护之间寻求平衡。

合理的征信法律框架体系至少应该包含三个层次：第一层次的法律规定要为征信行业发展提供良好的环境和基础性保障，为此，需要有关政府机构信息公开方面的法律和有关隐私保护的法律。第二层次的法律规定直接规范和约束信用行业相关主体的行为。第三层次的法律规定涉及征信产品的使用。我国征信法规建设相对滞后，需要借鉴国外的经验。

关于个人隐私的保护，欧美各国都有关于个人隐私的敏感资料范围的界定，在此基础上限定征信可以使用的信息和传播的范围。我国目前没有关于个人隐私保护的法律，但出于征信的目的，各地方征信管理机构也出台了关于个人敏感资料保护的制度和规定。关于征信在信息的采集限制方面的法律，不同国家的法规有所差异。例如，美国规定只要是在合理的动机和目的下，征信机构就可以进行个人数据收集；欧洲国家要求个人数据的收集必须在获得数据主体同意的情况下方能进行；英国《数据保护法》规定必须公平合理地取得个人信息，不允许以欺骗手段从数据主体那里取得信息，在采集消费者信息数据时，应当将信息的内容、收集的目的以及信息的来源通知信息数据主体；法国规定征信机构每次采集个人数据并录入数据库时，必须通知数据主体并获得信息提供者书面同意。中国也要求个人信息的采集须经信息主体本人同意，不过金融信用信息基础数据库在接收从事信贷业务的机构提供的信贷信息时无此限制。在信用信息披露和使用的限制方面，美国允许在具有正当理由的情况下可以不经数据主体的许可使用数据。欧洲国家则比较严格，一般要求第三方只有在获取数据主体同意的条件下才能使用个人信息。中国规定，应按照约定用途使用个人信息，未经个人信息主体同意，不得向第三方提供。但对信用信息基础数据库信息的使用不受这条限制。信息使用限制会影响信用信息使用的范围、便利程度和使用成本，过多的限制会对征信行业的发展产生不利影响。

从各国的实践看，美国注重在"促进征信行业发展"的同时制定多部法律保护个人隐私，其征信行业发展领先全球，欧洲国家更注重个人隐私保护，其征信行业发展受到一定程度的抑制。因此，美国的法规建设经验可能值得更多关注。

总之，法律建设是征信行业健康发展的保证。我国征信法律法规建设严重滞后，加快征信法规建设已经到了刻不容缓的地步。

(三) 加强征信机构内部控制

征信行业的特殊性要求其建立完备的内部控制制度和数据安全管理机制,尤其是大数据征信,以保证在征信过程中做到资料全面、内容明晰,反映及时、真实,避免因不能及时掌握被征信者信用变动给客户带来损失。因此需要:

1. 建立数据采集原则

大数据征信涉及的信息比传统征信要广泛得多,包括线上和线下、金融和非金融等大量的信息,如电商的交易数据、社交类数据、网络行为数据等。为确保信息采集合规合法、不侵犯个人隐私,需要严格遵守相关法律法规,更重要的是制定征信机构内部数据采集安全机制。

首先,坚持信息采集的依法合规(不触碰监管红线),为此征信机构要做到:在采集个人信息时应当经信息主体本人同意,未经本人同意不得采集;不采集法律、行政法规规定禁止采集的信息;非经严格授权及告知公民负面影响的情况下,不采集个人的收入、存款、有价证券、商业保险、不动产的信息和纳税数额信息等。其次,坚持数据信息采集的真实性、全面性、及时性、持续性。大数据征信机构的数据来源有其特殊性,是用户在线上线下真实轨迹的记录,会最大限度地减少一些用户功利性的粉饰。同时,要采用先进建模技术进行实体匹配,并核实各种数据资料的真实性。

2. 加强征信机构内部控制制度

完善的征信内控制度是合规开展征信业务的重要保证。对此,我国征信业监督管理对此有一系列规定。征信内控制度一般包括信息报送管理制度、系统用户管理制度、信息系统操作流程、合作方数据安全控制办法、数据质量与异议维护管理办法、岗位风险管理制度、内部风险审计制度、信息系统安全管理办法等。

首先是数据安全管理。为此需要:①限定数据信息安全涉及人员的管理权限,包括数据访问范围、访问目的等限制;②实行数据信息安全性分级管理;③对传输与处理中的数据信息进行加密。其次是数据质量管理。数据质量是指数据满足业务运行、管理与决策的完善程度,为此需要从六个方面控制质量:真实性、精确性、有效性、完整性、及时性、一致性①。最后是数据备份、恢复与清理管理。数据信息安全监督部门、数据使用部门、数据的系统开发维护部门对数据加工、使用、传输、存储与销

---

① 真实性:数据真实反映业务实际情况;精确性:数据精确程度满足业务要求;有效性:数据定义符合业务规则,并且数据值在业务规定范围内;完整性:所需的关键数据项在系统中有定义,并且都采集了数据;及时性:能够在数据需求的期限内获得最新的数据,或按要求的更新频率刷新数据值;一致性:反映同一业务实体的数据及其属性具有一致的定义和含义,且在不同系统或同一系统内多次记录时保持相同。

毁过程的合规性进行检查，发现问题立即整改。数据管理部门进行督察。

上述内控措施和严格的制度规定如果能得到认真执行，将有效保护被征信者的信息安全。

附录　征信基本方法：FICO 评分法

个人征信实务的理论基础是"5C"和"1S"原则，即个人品德（Character）、能力（Capacity）、资金（Capital）、抵押担保（Collateral）、状况（Condition），以及稳定性（Stability），体现了"先考虑偿还意愿、后考虑偿还能力"的理论。从各国征信实务来看，信用信息基础数据通常可归纳为五大类，即个人识别信息、信用交易信息、就业信息、公共记录、被查询记录，基本反映了"5C"和"1S"原则，能够较好地进行建模和评估个人信用状况。

征信业务的工作模式一般有两种：一是传统的资信调查法，包括现场调查或核实；二是依靠大型数据库的海量信息进行建模的方法。对个人征信而言，因为自然人数量庞大、金融活动所涉及的资金量小，主要采取海量信息建模的方法。传统的征信建模起源于 20 世纪 50 年代费尔（Bill Fair）和艾萨克（Earl Isaac）发明的信用分统计模型，后经美国个人消费信用评估公司费埃哲（Fair Isaac）开发成 FICO 评分法，并被全球绝大多数征信机构所采用或借鉴。

FICO 信用分的基本思想是把信用主体过去的信用历史资料与数据库中全体信用主体的信用状况相比较，采用统计分析技术给信用主体赋予一定的分值和权重，并计算最终结果。FICO 信用分模型利用大样本模型，对海量的信用信息数据进行分析建模，最终建立历史信用、借款逾期或坏账、房屋按揭还款、借款占信用额度的比例、租房租车记录、水电煤缴费记录、纳税情况等数十个变量，来评估个人的信用状况并计算信用分。

主要参考文献：

[1] 安建，刘士余，潘功胜 . 《征信业管理条例》释义 [M]. 北京：中国民主法制出版社，2013.

[2] 张巍，耿同劲，赵玉栋 . 论我国中小企业的"麦克米伦缺陷" [J]. 郑州大学学报，2004，37（4）：4 - 97.

[3] 徐骏飞 . 小微企业融资问题研究 [J]. 西南金融，2012（5）：267 - 269.

[4] 李扬 . 小微金融不只是小微贷款 [N]. 中国经济导报，2012 - 06.

[5] 何道峰等 . 小额信贷在中国——艰难前行的公益小额信贷 [M]. 北京：中国财政经济出版社，2013.

［6］林钧跃．征信技术基础［M］．北京：中国人民大学出版社，2007.

［7］孙志伟．国际信用体系比较［M］．北京：中国金融出版社，2014.

［8］中国人民银行征信管理局．征信与中国经济国际研讨会文集［M］．北京：中国金融出版社，2004.

［9］李曙光．中国征信体系框架与发展模式［M］．北京：科学出版社，2006.

［10］杨晖，卢昊．中国特色征信体系模式研究［J］．新金融，2011.

［11］征信前沿问题研究编写组．征信前沿问题研究［M］．北京：中国经济出版社，2010.

［12］中国人民银行征信管理局．征信专题研究［M］．北京：中国金融出版社，2009.

［13］张鹏．个人信用信息的收集、利用和保护——论我国个人征信体系法律制度的建立和完善［M］．北京：中国政法大学出版社，2012.

［14］齐爱民．论个人资料［J］．法学，2003（8）.

［15］章政，田侃，杜丽群等．信用蓝皮书：中国信用发展报告（2012～2013）［M］．北京：社会科学文献出版社，2013.

实践篇
Case Studies

第七章 微型金融的边界

——以中和农信小额信贷为例

【摘要】我们以中和农信在农村地区发放的微型贷款为例探讨微型金融的边界。微型金融在客户定位、贷款额度、信贷产品、风控方式等方面与传统金融有本质性区别，这构成了微型金融的上边界。微型金融需要在社会使命目标下确定能够实现财务自足的贷款利率，这是它区别于公益慈善的下边界。我们通过 Rosenberg 模型和成本加成定价法计算出中和农信在维持一个较低的 1% 利润率目标时应收取的利率与中和农信实际贷款利率 20.64% 几乎相等，说明中和农信基本处于财务自足状态。

一、引言

当前，发展"普惠金融"已成为一个社会热点。普惠金融的概念是指"立足机会平等要求和商业可持续原则，通过加大政策引导扶持、加强金融体系建设、健全金融基础设施，以可负担的成本为有金融服务需求的社会各阶层和群体提供适当的、有效的金融服务"[①]。就国际经验来看，以微型贷款为主体的微型金融被视为实现普惠金融最重要的途径之一。

微型金融在国际范围内有着丰富的理论和实践积累，国内也有各种以微型金融的名义开展业务的机构，但其中很大一部分并不符合国际上对微型金融的通用界定。例如，我国商业银行所谓的"小微贷款"与国际标准相差甚大；九千家小贷公司大多数依然沿用银行的信贷模式，贷款数额不低、利率较高，只有寥寥几家追求微型金融的

---

① 2015 年《政府工作报告》缩略词注释，中国政府网，http://www.gov.cn/xinwen/2015-03/11/content_2832629.htm。

社会使命。中国微型金融概念的混淆使用，与我国中小企业长期"融资难"的大背景有关，但微型金融概念的"移花接木"使得本来为最低端客户服务的真正的微型贷款（微贷）被边缘化，一些国际微型金融研究领域的主流问题没有得到很好的研究，造成符合国际标准的微型金融在中国实践中面临不少难题：如何设计制度给缺乏抵押品的低收入群体贷款？如何征信、审贷，如何控制风险，与传统银行的区别在哪？商业可持续性和社会使命如何平衡？

回答上述问题涉及如何准确地认识微型金融的服务边界。微型金融的边界划定表明了它与其他金融服务方式的区别。

首先是微型金融与传统金融的边界，即微型金融的上线边界[①]。是不是有些金融需求，传统金融机构不能够或者不愿意提供，必须依靠其他的机构来提供？答案是肯定的，微型金融的存在就是为了弥补传统金融的空缺。以农村为例[②]，国有大型商业银行、农村合作金融机构、邮政储蓄银行是农村信贷服务的主要供给者，近年来又出现了一批新型的农村金融机构，如村镇银行、小额贷款公司等。这些金融机构都提供小额贷款服务，但层次有明显区别。微型贷款与传统信贷的分界线在于：微贷服务的客户是不能从传统金融机构获得贷款的贫困或低收入人群，他们位于客户金字塔的最底层；微贷需要利用有别于传统信贷的产品设计、风险控制方法，如利用熟人社会的信息对称性，采取联保贷款的方式增加同伴监督，贷款给妇女，采用社会惩罚、再贷款激励、简便快捷的审批等；贷款额度很小。

其次是微型金融与公益慈善的边界，即普惠金融的底线边界。金融服务无法回避成本问题。在技术条件一定的情况下，金融的普惠程度越高，成本越高。如果不是慈善赠予或持续接受补贴，那么必然存在一个底线边界，在这个边界上，微型金融能够自我可持续生存。微型金融必须在商业可持续性和社会使命之间寻找一个平衡点。其中一个核心的工作就是在既定社会使命目标的前提下（寻求一个较低的利润率水平），确定能够实现财务自足的贷款利率。

20世纪90年代初期，国际非政府组织在中国进行了小额信贷试点项目。在这些项目的试验陆续终止后，一些小额信贷项目转变为小额信贷机构。中和农信项目管理有限公司（以下简称"中和农信"）就是其中的一个。中和农信前身是中国扶贫基金会小额信贷项目部，于2008年转制成公司化运作，是一家专注于农村中低收入群体小额信贷的社会企业。中和农信旨在通过无需抵押、上门服务的小额信贷方式支持贫困地区中低收入家庭开展创收性活动，同时还提供多种形式的非金融服务，全面提升客户

[①]　这里"传统金融"是指主要的金融服务方式，如传统银行业，它们的服务对象通常是有资产可供抵押的中高端客户，以及近年逐渐受到重视的为中小企业提供信贷服务的银行和非银行金融机构。

[②]　微型金融在城市和农村的实现形式有所不同，但本质特征是一致的。

的综合能力，从而实现可持续脱贫致富。中和农信是中国众多小额信贷机构中，业务最接近国际上"微型金融"概念、发展较成功的一家，是研究中国普惠金融发展的代表性案例。通过对中和农信的业务模式和财务数据的研究，我们可以观察到微型金融的上下边界。这将有助于人们更好地认识微型金融的概念，形成有利于我国微型金融事业发展的针对性政策。

二、微型金融与传统金融的边界

我们以中和农信在农村地区发放的微贷为例，探讨微型金融与传统金融的边界。微型金融表面上看是在传统金融的客户之外将金融服务的对象层次朝向更低端延伸，实际上是金融运作方式的本质性转变。微型金融在信贷产品设计、风险控制方法等方面与传统金融有着巨大的差异。这种差异划分了微型金融的上边界。

（一）客户定位

从客户层次定位上看，中和农信的服务对象与传统金融机构以及新兴的营利性小贷公司几乎没有重叠，是极小可能从金融机构获得贷款的低收入农民。之所以有这个客户定位，是因为中和农信的前身是中国扶贫基金会的内设机构，扶贫是根本目标，小额信贷是实现手段。这符合国际上微型金融的主流理念。目前，在我国农村信贷市场上，占据最主要地位的是农村信用社，其次是农业银行和邮政储蓄银行。但这三大金融机构在面向"三农"提供信贷支持时，面临着交易成本激增的问题，当贷款额度到了5万元以下，盈利可能性很小，因此客户很难进一步下沉。以农村信用社为例，其信贷服务覆盖了8.7万农户，约占全国农民数的1/3，仍有相当一部分农民被排斥于金融服务之外，只能依赖民间借贷融资。中和农信服务的是剩下的2/3农民中的一部分，在农村金融市场，它实际上并不构成对其他金融机构的竞争，而是对现有金融体系的一种补充。

（二）贷款额度

虽然都笼统被称作"小额信贷"，但相比于传统金融机构提供的小额贷款，中和农信的贷款额度更小，应更严谨地称作"微贷"。目前，中和农信的人均贷款规模为10000元。小组贷款中，不同的客户级别贷款限额不同：第一次贷款的客户是一级客户，客户得到过一次贷款并按期归还，再贷款时就可自动升为二级客户，二次贷款并未逾期的可自动升为三级客户。每户第一次贷款限额为10000元，二级客户限额为12000元，三级客户限额为16000元。个人信用贷款的最高额度仅为50000元。小组贷款一般为一年期，农户在还款时，实行 10 个月等额本息还款，这就将农户的还款压力平摊在整个借贷期间。小额贷款既不能直接影响农民的大额投资，也不足以让农民以信誉为代价而故意违约；即使违约，单笔损失也不会对中和农信产生大的影响。

（三）信贷产品

中和农信的主打信贷产品是小组联保贷款，其区别于主流信贷产品的特点是：①无需抵押。传统金融机构在审批贷款时，注重是否有抵押或担保，以"物"为本；而中和农信的服务对象是传统金融机构的非优质客户，没有抵押或公职人员担保。针对这样的客户特征，小额信贷产品设计理念是不看客户现在的资产情况，而相信客户未来的还款能力与还款意愿。因此微贷是一种以"人"为本的信贷产品。②采用联保方式。中和农信的联保贷款借鉴了以孟加拉格莱珉银行为代表的国际微型金融机构的信贷模式，并结合中国具体情况有所改造。申请贷款的客户需要首先自发组织一个联保小组，中和农信完全不干涉小组的组成。联保小组通常由 5 人组成，组员均有借贷需求，相互负有贷款连带偿还责任。联保在筛选信贷客户中的作用很明显。一般联保的客户多为邻里、朋友或者亲戚（直系亲属除外）之类的"熟人"。熟人社会中，人们对彼此的背景和人品都有较为透彻的了解，信息沟通及时、信息量丰富、信息质量高，一些不良的人群基本就能在组建联保小组的过程中自动直接筛除。因此，联保小组这一机制具有隐形的征信作用，降低了信息不对称程度。③主要贷款给妇女。之所以将妇女作为重要客户群体，是因为妇女是家庭的核心，更加期盼家庭的稳定，且妇女的诚信度也更高，对于借钱的责任心和把控风险的意识较强，此外，妇女通常不需要大额投资，中和农信的小额贷款更加符合这一群体的需求。因而，面向农村妇女发放贷款有助于提高妇女的家庭地位，也有助于降低贷款的风险和违约率，还有助于盘活家庭小产业，实现家庭增收的目标。

（四）风控方式

由于采用了无抵押的联保贷款模式，中和农信的风险控制方式也就显著区别于传统金融机构针对有抵押或担保的贷款而采用的风控手段。联保是微贷中最重要的风控组织，联保小组使得主要的风险控制在小组成员之间的自动选择和监督机制中得以实现。小组贷款的形式利用了中国乡土社会中人际交往所形成的信任和道德，不仅降低了信息不对称程度，还会提高被助者违约的声誉受损成本，减少了借贷活动中常见的逆向选择和道德风险的问题。联保小组在很大程度上为小贷机构分担了贷前审核、贷中监控、贷后处理的工作。然而，联保方式也存在运行的难度和潜在的风险：①随着服务半径的扩展，组建小组的成本可能会提升，小组质量会下降。根据规则，只有同时聚齐了 3～5 人的借款人才能够形成组，但不同人的借贷需求并不经常能同时发生，相互信任、熟悉的人在同时段具有额度接近的信贷需求更加不易，新的贷款申请人进行这样的匹配，交易成本并不低，有可能导致组的质量下降。②如何防止"多人借款、一人用钱"，即串谋现象的发生。这需要信贷员具备更强的甄别能力，而遴选优秀的信贷员需要更高的成本。中和农信的基层信贷员工作比较辛苦，如一组不到 50000 元的一年期贷款，需要信贷员至少上门服务 12 次，其中 1 次调查、1 次放款、10 次收款。信贷员都是当地农民，而且大多是 30 岁以上的已婚妇女。但如果把这些工作交给传统金融机构的白领信贷员去完成，则需要很高的工资补偿，而且由于缺乏深入社区的群众基础，获取信息的能力要弱于农民信贷员。这也是传统金融机构的业务很难"下沉"的原因。

三、微型金融与公益慈善的边界

中和农信是中国扶贫基金会发起成立的机构，经营初衷不是靠贷款盈利，而是通过提供普惠金融服务实现扶贫的社会使命。它的社会使命体现在：主要服务贫困地区低收入农民；客户群体中农户比例占到 99%，有 80% 的人连续三年无法从传统的金融机构获得贷款；妇女在客户中的占比达到了 94%①。中和农信在发展的早期，资金来源主要靠财政资金和强调社会价值的非营利性资本。但是随着发展规模的扩大，中和农信越来越需要从市场上获得资金——如商业银行的批发贷款，并为此付出成本，因此财务可持续是至关重要的。财务可持续能够保证中和农信的经营表现并有助于其业务扩展，同时也可以不再依赖持久的捐赠来维持正常的服务。为了能让机构可持续发展，中和农信需要做到财务自足，因此会在一个较低的利润率目标下，向客户收取合理的利息，这是它区别于公益慈善事业的地方。目前，中和农信具备一定的盈利能力，但利润率相对金融机构较低，资产质量较好。从财务指标可以看出（见表 7-1），目前的贷款利率是能够维持中和农信财务自足的。那么，这个利率的确定是否合理？会不会像一些观点认为的，公益性小额贷款机构应该向农民收取比银行更低的利率呢？如果我们能够找到一个让中和农信维持财务自足的最低贷款利率，也就确定了微型金融的下边界，在这条边界之下的小额信贷服务就是更偏向于公益慈善性质的。

表 7-1   中和农信 2009～2014 年盈利能力指标与贷款质量指标   单位：%

年份	2009	2010	2011	2012	2013	2014
总贷款收益率	—	—	20.07	21.14	20.93	20.71
净利息收益率	16.69	15.88	15.20	15.47	15.28	16.45

① 2014 年数据，数据来源：中和农信年报。

续表

年份	2009	2010	2011	2012	2013	2014
成本收入比率	65.49	64.24	52.70	53.65	57.90	60.88
债务权益比	109.41	153.02	200.95	300.56	171.58	292.21
总资产收益率	1.02	2.78	2.20	1.62	1.32	1.04
净资产收益率	2.22	6.58	6.20	7.62	4.16	3.48
PAR>1	0.05	0.07	0.76	0.28	0.84	0.33
NPL>30	0.05	0.05	0.61	0.23	0.80	0.27

注：①PAR>1代表大于1天不良贷款率，NPL>30代表大于30天不良贷款率。这两项指标用以衡量中和农信发放贷款的质量。

②总贷款收益率、净利息收益率、成本收入比率、债务权益比、总资产收益率及净资产收益率综合反映中和农信的盈利能力，具体计算方法参见年报。

资料来源：中和农信2009～2014年年报及各月度简报财务数据。

（一）中和农信的贷款利率解析

中和农信公示的一年期贷款利率是13.5%（优质客户可以下降到12.5%）。商业银行一年期贷款的基准利率在5%左右，通常银行根据个人或小企业客户的不同情况发放贷款时，利率上浮30%～50%（但要求抵押或担保）。营利性小额信贷公司的一年期贷款利率通常会接近基准利率的4倍。中和农信目前执行的是13.5%的贷款利率，从表面上看比从商业银行贷款利率高不少，比营利性小额信贷公司低得多。利率水平高于银行等大型金融机构是合理的，这使得有其他融资渠道的人不会向小额信贷机构贷款，就能使小额信贷资金真正流向从其他金融机构无法获得贷款的群体，保证小额信贷机构服务农村发展的使命。但是用13.5%与金融机构公示的贷款利率直接比较是有问题的，因为中和农信使用的是等额本息还款方式下的贷款利率。

下面我们把中和农信贷款利率折算为一次性还本付息方式下的利率，与银行进行比较。中和农信一年期的小额信贷，等额本息贷款利率为13.5%，假设第0期获得贷款10000元，还款方式是前两个月不还款，从第3个月开始每月还款1135元，到第12个月还清。实际上，农户从第3个月开始就不能完整使用10000元贷款了。我们应用计算净现值的思路，采用内部收益率（IRR）的方法，由后10个月每月还款1135元来计算一次性还本付息的实际利率。将之后每一次的现金流贴现到第0期，与第0期贷出的10000元相等。由内部收益率方法得到大致每月的收益率为1.72%，由此可得，年化收益率为20.64%（即百分比年利率，中和农信称之为"综合费率"）。这个综合费率是可以和商业银行及营利性小贷公司公示的贷款利率相比较的。根据1.72%的月收益率，计算得到理论上中和农信一年期贷款的实际收益率为22.71%[①]。

---

① 实现这个收益率的前提是信贷资金必须及时有效地配置。

通过比较可以看出，采用一次性还本付息方式的利息明显高于等额本息还款方式的利息。因为采用等额本息的方式，利息和本金都在逐月递减，付出的总利息较低；而一次性还本付息方式借款人每月所支付的利息是一样的，因而利率水平较高。对于农民而言，分期还款能够减小到期一次性还本付息的压力，经实践检验，13.5％的利率是能够接受的；而对于中和农信而言，分期还款能够加速资金周转，产生更高的收益。据统计，中和农信的小额贷款资金周转率远高于 1（李静，2013）。如按照每笔贷款 13.5％的收益率、年周转率 1.68 次计算，年收益率可达 22.7％。由于采用了等额本息还款方式，中和农信的公示利率与一般的小额信贷公司相比，就显得不那么高了，这对于并不精通金融知识的农民而言，感情上也易于接受。

但是中和农信作为一家公益性小额信贷机构，收取年化 20.64％的贷款利率，是不是偏高？最低利率为多少才能够维持商业上的可持续？很多国际研究成果支持小额信贷机构收取较高贷款利率的做法，因为小额贷款的特点使其在客户考察和甄别、贷款发放和回收方面的成本较高，需要依靠利息收入来覆盖其高昂的融资、经营及贷款损失成本（阿芒达利兹和默多克，2013）。利率的主要构成要素有运营成本、资金成本、贷款损失准备和利润。Rosenberg、Gonzalez 和 Narain（2009）指出，运营成本构成了利率的主体部分；贷款损失准备对多数贷款公司来说占比不大，因此对利率的影响较小；微型金融机构的负债资金成本高于银行，推动了贷款利率上升。世界银行扶贫协商小组（CGAP）和 MIX-Microfinance Information Exchange 对全球几百家小额信贷机构的调查显示，小额信贷机构要想实现财务可持续，其贷款利率平均需在26％左右。如此看来，中和农信收取的利率低于全球中值水平。

（二）通过 Rosenberg 模型估算中和农信可持续利率

CGAP 专家 Rosenberg（2002）提出了能使微型金融机构可持续发展的贷款利率定价模型：

$$R＝（AE＋LL＋CF＋K－II）／（1－LL）$$

其中，AE 是行政成本与平均贷款余额的比值。行政成本指除去资金成本和贷款损失外的成本总和，包含职工工资及福利、社会保险费、广告费、租赁费、办公费等。LL 是贷款损失率，即贷款损失总额除以平均贷款余额的比值。CF 是资金成本与平均贷款余额的比值。K 为预期利润与平均贷款余额的比值。II 是投资活动的收益与平均贷款余额的比值。

尽管 Rosenberg 模型在估算微型金融机构可持续利率时存在一些问题，但它不失为一种简单易行的计算方法。为了将中和农信的实际利率与符合中和农信可持续发展的利率水平进行比较，我们将中和农信 2009～2014 年年报中的相关数据代入 Rosenberg 模型中进行检验，检验结果见表 7-2。其中，我们选用了三种预期利润目标进行对照，K^1 表示利润率为 0，对应的 R^1 是收入恰好覆盖成本时的最低可持续利率；K^2 的利润率 1% 是中和农信对外宣称希望维持的利润率目标，对应 R^2；K^3 是中和农信现实的利润率水平，由当期的营业利润除以平均贷款余额得到，对应 R^3。

表 7-2　Rosenberg 模型下中和农信可持续利率　　　　单位：%

年份	2009	2010	2011	2012	2013	2014
AE	13.39	11.97	13.28	13.50	14.18	14.26
LL	1.12	1.42	1.56	0.60	1.11	1.17
CF	2.87	2.80	5.08	4.95	4.82	3.93
K^1	0	0	0	0	0	0
K^2	1.00	1.00	1.00	1.00	1.00	1.00
K^3	0.98	2.39	2.89	0.17	2.11	1.60
II	—	—	—	—	0.39	0.09
R^1	17.58	16.42	20.23	19.17	19.95	19.49
R^2	18.60	17.43	21.25	20.17	20.96	20.51
R^3	18.58	18.84	23.16	19.34	22.08	21.12

注：实际贷款损失数据不可得，用贷款损失准备数据代替；投资收益无 2009~2012 年的数据，计算时用 0 代替。

资料来源：中和农信 2009~2014 年年报，作者计算。

计算结果表明，根据 2011~2014 年的数据，运用 Rosenberg 模型得到的中和农信的最低可持续利率 R^1 与中和农信年化贷款利率 20.64% 相差 1 个百分点左右；维持一个较低的 1% 利润率目标时，R^2 与中和农信年化贷款利率几乎相等。R^3 是用作对照项的，它与理论上计算出的中和农信实际收益率 22.71% 接近，说明模型是基本适用的。2009 年和 2010 年的计算结果整体偏低，主要与数据质量有关。以 Rosenberg 模型结果判断，中和农信目前的利率水平可以支撑其可持续发展，这也解释了为什么中和农信在兼顾社会使命的同时还能够实现累计盈利。然而我们也注意到，中和农信的行政成本占比是逐年递增的。其原因在于农村的微型贷款属于劳动密集型服务，在农村基础设施不健全、新增网点较多的情况下，需要增加雇员，而农村劳动力成本也逐年提升，这导致了行政成本占比逐年增加。

（三）通过成本加成定价模型估算中和农信可持续利率

为了与 Rosenberg 模型结果进行对照，我们借鉴目前商业银行常用的贷款利率定价方法——成本加成法再次估算中和农信的可持续利率。成本加成定价法的公式是：

　　　贷款利息收入＋非贷款利息收入＝总成本＋合理利润　　　　　　　　（7.1）

其中，总成本包括运营成本、资金成本、贷款损失准备、其他业务支出、税收等。

将公式（7.1）细化可得：

$$LI+CI+II+OR=(FC+AC+FE+TS+LA)+RP \qquad (7.2)$$

其中，LI 为贷款利息收入，CI 为手续费及佣金净收入，II 为投资收益，OR 为其他业务净收入；FC 为资金成本，AC 为管理费用，FE 为财务费用，TS 为营业税和所得税费用，LA 为资产减值准备，RP 为合理利润。中和农信的负债资金来源主要有两部分：一是来自商业银行的批发贷款，贷款利率加上担保费用实际资金成本约为 8%～9%；二是股东借款，股东借款的资金成本要低于商业贷款，但占比较小。从股东的角度而言，合理利润率（R_0）包括预期的盈利水平（中和农信定为 1%）加上对通货膨胀的补偿。综上所述，（7.2）式进一步改为：

$$LB \times R_L+CI+II+OR=FC+AC+FE+TS+LA+(A-L) \times (R_0+\pi) \qquad (7.3)$$

其中，LB 是平均正常贷款余额，R_L 是平均可持续贷款利率，A 是平均资产总额，L 是平均负债总额，π 代表通货膨胀率。由（7.3）式得到可持续贷款利率 R_L 的表达式：

$$R_L=[(A-L) \times (R_0+\pi)+(FC+AC+FE+TS+LA)-(CI+II+OR)]/LB$$

根据中和农信年报数据，我们估算了不同年份的 R_L，结果见表 7-3。R_0 是中和农信提出的 1% 的预期利润目标，R_L^0 是代入 R_0 值计算的可持续贷款利率；R_1 是以当期营业利润除以当年平均贷款余额得到的实际利润率，R_L^1 是代入 R_1 后得到的可持续贷款利率，作为 R_L^0 的参照。从结果可以看出，2011～2013 年成本加成定价模型计算出的可持续贷款利率要高于中和农信年化贷款利率 20.64%，2009 年、2010 年和 2014 年的可持续贷款利率低于 20.64%。总体而言，成本加成定价法可持续贷款利率高于 Rosenberg 模型得出的可持续利率，主要原因是后者考察的成本要素少于前者。这说明，按照目前的贷款利率，中和农信的小额信贷业务已经接近微型金融的下边界。

表 7-3　成本加成定价法的中和农信可持续贷款利率　　　　单位：万元

年份	2009	2010	2011	2012	2013	2014
LB	18797	38914	66081	85619	118146	187216
FC	409	81	267	376	491	6014
A－L	7639	13120	21716	28084	41905	55870
π	−0.70%	3.30%	5.40%	2.60%	2.60%	2.00%
AC	1774	3443	6365	8969	13108	19532
FE	—	18	321	665	494	0
LA	166	409	819	452	1131	1794
OR	−25	−26	−22	30	0.4	280
TS	300	−50	542	1200	1323	1933
CI	−0.1	−62	−395	−636	−574	−965

年份	2009	2010	2011	2012	2013	2014
II	—	—	—	—	392	139
R_0	1%	1%	1%	1%	1%	1%
R_L^0	18.28%	18.08%	23.09%	21.12%	21.67%	19.94%
R_1	0.98%	2.39%	2.89%	0.17%	2.11%	1.60%
R_L^1	18.27%	18.71%	23.87%	20.81%	22.13%	20.16%

注：投资收益无 2009～2012 年的数据，计算时用 0 代替。
资料来源：中和农信 2009～2014 年年报，作者计算。

四、结论

本章以中和农信对农村低收入群体的微型贷款为例，探讨了微型金融与传统金融、公益慈善的区别，界定了微型金融的边界。微型金融的客户定位是传统金融机构不愿意或不能够提供金融服务的低收入人群，贷款额度很小，风险高，需要采用区别于主流信贷产品的设计和风险控制手段。由于微型贷款在运营的过程中面临较高的成本，微型金融机构必须通过收取一定水平的利息才能实现财务的可持续性。当微型金融机构收取的利率长期低于最低可持续利率时，它就更多地具有了慈善公益组织的属性。

一个微型金融机构的最低可持续利率是不断变动的。它一方面取决于机构的运营效率，另一方面取决于机构所收到的补贴。中和农信享受了不少补贴和优惠，如可享受 5 万元以下支农贷款的利息收入免交营业税和所得税的特殊税收优惠政策；能够获得国家开发银行、中国农业银行等大型金融机构数以亿计的批发贷款，而其他公益性小额信贷机构由于机构背景、经营管理和风险控制能力等原因，只有极少数能够同样享有类似的资质和待遇；政策支持、税收减免、资金支持等多重优势，提升了中和农信的信誉和业务开展的效率，降低了运营过程中的成本。对于那些没有补贴和优惠的微型金融机构而言，最低可持续利率应该更高。

因此，从微型金融机构的角度而言，有必要通过改善运营效率来降低成本，从而降低最低可持续利率，提高金融的普惠程度。从金融政策制定者角度而言，有必要明晰微型金融与其他金融服务方式的界限，制定更有针对性的政策。

主要参考文献：

[1] CGAP. Definitions of Selected Financial Terms, Ratios and Adjustments for Microfinance [Z]. Microfinance Consensus Guidelines, 2003.

[2] Rosenberg, Richard. Microcredit Interest Rates [Z]. CGAP Occasional Paper 1, 2002.

［3］Rosenberg，Richard，Adrian Gonzalez，Sushma Narain. The New Moneylenders：Are the Poor Being Exploited by High Microcredit Interest Rates? ［Z］. CGAP Occasional Paper 15，2009.

［4］李静. 中和农信小额信贷案例［A］//《小额信贷在中国》丛书编委会. 小额信贷在中国：艰难前行的公益小额信贷［M］. 北京：中国财政经济出版社，2013.

［5］（美）贝琪兹·阿芒达利兹，（美）默多克. 微型金融经济学［M］. 罗煜，袁江译. 沈阳：万卷出版公司，2013.

第八章 传统银行做小微金融的信用风险控制①②

——探索中的民生银行

【摘要】中小微企业在财务管理规范程度、信用记录可获得性、抵押资产价值方面与大型企业的差异，决定了对中小微企业贷款的风险控制与大中型企业截然不同。从事大企业贷款的金融机构转向小微金融领域，需要在风险控制的方法、流程，以及组织结构上做大幅度调整。民生银行作为早期踏入小微金融蓝海的大型传统商业银行，在信用风险控制方面进行了不断探索，经历了由传统的经验控制、人工监测为主模式向数据分析模型模式的转变，拟形成更具有"信贷工厂"标准化、模块化、规模化特征的风控管理模式。民生银行的经验对大型银行做小微金融具有借鉴意义。

一、引言

金融活动的实质就是管理风险、控制风险，甚至经营风险。金融机构的经营活动中，面临的风险主要是信用风险（违约风险）、利率风险、市场风险、操作风险、技术风险以及政策风险等。对于专门从事信贷业务的金融机构而言，最大的风险则是信用风险；从事小微金融的机构也不例外。由于信贷业务是小微金融中最主要的业务，信用风险也是小微金融机构面临的主要业务风险。

信用风险管控的核心是度量风险和处置风险。前者需要对风险的大小进行评价，需要收集分析大量反映客户还贷能力的信息；后者需要金融机构对承担的风险进行化解、对冲和保险，保证不至于因为承担风险而蒙受损失。两者都需要合理定价、合理

---

① 本案例的写作得到民生银行总行和民生银行小微金融部的大力支持，在此表示感谢。
② 本案例中的小微金融业务概指对中小企业的贷款（SMEs Loan）。

组织投资结构，以及投资期间的恰当管理（贷中与贷后）。

银行传统贷款业务中，对大中型企业的信用风险度量主要依赖借款人相对规范的财务报表、以往的信贷记录、可以追溯的仓储货运单据等，以及对公司的现场调查。大公司的数据信息透明度高、规范性强、可验证性强，银行获取数据信息相对简单，工作强度低，并且由于贷款家数少的缘故，现场调查工作量小。

当金融服务的客户由大企业转向小微型和自就业个体时，传统信用风险度量办法则不再适用。小微企业群体数量庞大、分布面广、经营期短、信用记录不足、财务信息不规范，甚至没有财务信息，在可以反映借款人还款可能性的信息中，更多的是非财务信息或者软信息。若商业银行按照传统标准获取小微企业信息并度量风险，不仅可信度下降，而且成本将大幅度提高。尤其在社会征信体系建设落后的情况下，小微企业失信成本不高，更加大了金融机构面临的道德风险。

表 8-1　大中型企业与小微企业信用风险特点比较

信用风险特点	大中型企业	小微企业
信息特点	软信息少	软信息多
	信息同质化、可对比	信息异质化、难以对比
	信息完整程度高	信息不完整、碎片化
	有规范的财务信息	无规范的财务信息
违约成本	较高	较低
道德风险	较低	较高

　　注：针对小微贷款发放前的审核工作，国内外小微金融的实践者总结出一系列有价值的信用风险评估方法，如浙江泰隆银行考察三表（水表、电表、税表）三品（人品、产品、抵押品），德国 IPC 金融公司提出一套根据小微企业财务和非财务信息综合评价信用风险的 IPC 技术，富国银行（Wells Fargo）、爱尔兰银行（Hibernia Corporation）开发出小微信贷评分模型等。这些办法基本是通过近距离沟通以及利用地缘、亲缘、血缘等网络关系获取信息，需要投入大量人力。因此，其使用均需要金融机构"接地气"，即有能力获取足够的软信息、碎片化信息。显然，区域性金融机构具有获取信息的优势。

对于小微贷款发放后的风险管控，一个有效的办法是通过建立借款人之间的担保、联保关系，形成网络组织内部各借款人之间相互制约的机制，进行贷后风险监测和风险控制。该办法既可以约束借款人行为，达到降低违约风险的效果，又可以帮助衡量风险。尤努斯开创的孟加拉乡村银行小组借贷模式是典型代表。另一个办法则是通过信贷员定期回访客户、进行频繁的实地监测，实现贷后风险管控。这两种办法同样是"接地气"的。地域型金融机构可以方便地组织借款人网络并置身于其中，更方便直接监测和回访客户，因而具有贷后风险管理的优势。

随着传统金融领域竞争加剧，越来越多的银行希望开疆辟土，拓展新的业务领域；小微金融作为一片蓝海，成为各类银行的关注点。但小微企业的上述信用风险特征，使那些擅长做传统公司信贷业务的商业银行，尤其是全国性商业银行不可避免地面临以下挑战：

（1）小微企业贷款与传统公司贷款风险控制方式不同。正如前文所述，对于大中型企业，银行能够从公司财务报表及以往信用评价中获得授信审批的有效信息，能够利用一对一调查监控做好贷后管理。然而，对于经营情况复杂多变的小微企业，银行难以获得有效的信用记录，准确认定其资产、收入等财务信息。如果商业银行按照传统的公司客户授信审批和贷后管理方式进行小微企业信用风险管理，必然造成高成本且效果不佳。

（2）传统大型商业银行人工成本过高。传统大银行的人工成本适合大宗信贷交易。当单笔信贷额度下降到小额如 100 万元时，需要 100 笔贷款才能和"传统对公业务"（大公司贷款）的单笔贷款额度（1 亿元）比较，但是小额贷款的单笔人工成本并不简单地等于传统业务的 1/100。因此，传统大银行适应于传统业务的信用风险管控方式将由于成本的骤然上升而失去价值。地域型金融机构借助劳动密集型工作方式管控信用风险的做法，对于人力成本很高的传统大银行来说显然是无法承受的。根据国家统计局 2014 年的统计数据，全国各行业从业人员平均收入为 4.99 万元/年，金融行业（银行和非银行金融机构）为 10.82 万元/年，四大国有银行为 24.01 万元/年，8 家全国性股份制上市银行平均人员收入为 37.24 万元/年[1]。可见，商业银行的人工成本远高于其他非银行金融机构，全国性大型商业银行的人工成本高于区域型、中小型银行，股份制银行更高于四大国有银行。因此，传统大银行做小微金融，不可能采取直接劳动力密集型战略。

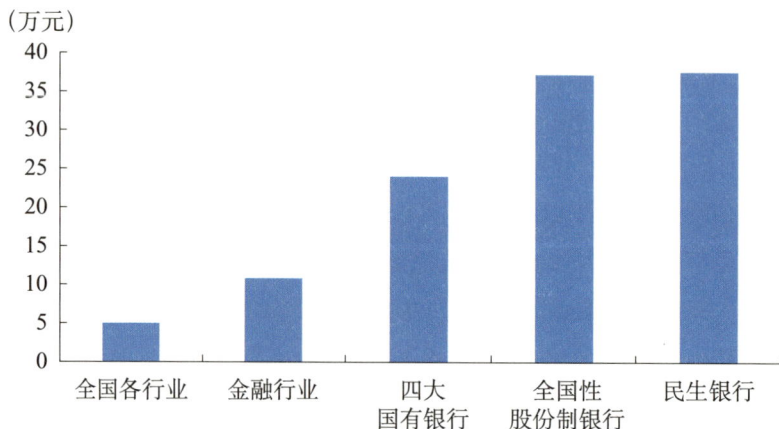

图 8－1　2014 年中国商业银行业平均人工成本

（3）大型商业银行没有地域优势，无法与企业建立有效的互动、共生关系。小微金融的一个重要特点是银行与客户建立紧密的联系，并以此密切监督客户的经营情况

---

[1]　数据根据上市公司年度报告整理。8 家全国性股份制上市银行指招商银行、浦发银行、中信银行、华夏银行、光大银行、民生银行、兴业银行和广发银行。

和还贷能力变化，进行实时风险监控，同时提供必要的帮助，实现共同成长。但是对于距离底层较远的传统大银行来说，建立这种关系有很大困难：首先，基层网点不够多，缺乏"接地气"的"地面部队"；其次，增加网点建设、发展地面部队的举措对于人均成本偏高的传统大银行而言是不现实的。缺乏本土性，缺少与企业的互动性和共生性，这使从事小微金融业务的大型银行在风险控制上更为困难。

面对业务新、人工成本高、难与小微客户互动的困境，对于小微贷款，大型商业银行与其他小微金融机构相比似乎处于天然的劣势。传统大银行该如何发掘出自身优势，应对小额贷款带来的种种挑战，有效管理小微金融的信用风险呢？

民生银行作为资产规模在国内排名第 13 位的全国性商业银行，2009 年起正式进入小微金融领域，并将其作为银行主要发展战略。在此之前，民生银行与其他全国性商业银行并无区别，竞争的压力驱使它进入这片蓝海。民生银行是如何应对小微金融信用风险控制问题的？是否找到了传统大银行做小微金融的有效途径？我们希望通过剖析民生银行小微金融信贷风险控制的案例，寻找这些问题的答案。

二、小微金融风险控制体系

（一）历史回顾

中国民生银行是我国首家全国性股份制商业银行，成立于 1996 年。截至 2014 年底，银行资产总额超过了 40000 亿元，居全国第 13 位，是名副其实的全国性大型商业银行。

2007 年，民生银行为避免同质化的竞争，迎接即将到来的利率市场化改革，基于对中国经济转型和民营经济崛起的战略化思考，在战略调整上迈出了重要一步：将"做民营企业的银行、小微企业的银行、高端客户的银行"作为未来五年的发展规划。2009 年，民生银行进一步将小微金融定为其主要发展战略，并推出了专门针对中小微企业的商贷通等一系列金融产品[①]。至此，民生银行正式步入小微金融领域。

一向服务于金字塔尖的大企业客户、高端客户的民生银行，突然将一部分力量下沉到小微金融这个陌生的领域，是如何应对小微金融信贷风险管控挑战的？追溯历史，

---

① 商贷通产品是民生银行最早投向市场的小微金融产品。该产品专门向个体工商户、小型企业主及微型企业主提供用于生产或投资等经营活动的人民币授信业务及存取款、消费信贷等一揽子金融服务。向融资需求在人民币 500 万元以下的中小企业主、个体工商户等经营商户提供贷款。商贷通不通过公司贷款卡进行操作，其借款体现在个人征信上，属于个人经营性贷款，支付用途必须和公司营业执照上的经营范围一致。商贷通支持包括房屋抵押、联合担保、信用担保等多种担保方式，在一定额度与期限内支持随借随还，根据实际借出的天数及金额计息。

我们看到在不断"试错"的实践探索中，民生银行的风险管理理念发生了巨大变化。

初入蓝海，竞争对手寥寥，民生银行几乎原封不动地照搬了中国银行业老一套的贷款风险管理办法——抵押贷款管理办法，但很快发现许多小微企业几乎没有可抵押的资产。于是，民生银行转而寻找担保公司增信，然而几轮业务后它发现不少担保公司根本无法承担小微企业的风险。至此，民生银行开始思考小微贷款实行"抵押贷款"的必要，在调整了对小微企业贷款风险管控的基本指导思想后，逐渐放弃了抵押贷款的担保方式，从"抵押品崇拜"到"弱担保"再到彻底破除"抵押品崇拜"，民生银行逐步推出了各类信用产品。从开始对小微金融的不了解、不适应到逐步了解、适应，民生银行经历了理念、制度、方法的转化。在艰难变革中，它开始真正深入小微金融这片蓝海。

取消抵押担保手段后如何进行风险管理，是对民生银行新的挑战。民生银行尝试推出互保联保模式，但很快发现互保联保模式会出现较高的"风险传染"，一旦出现问题就会造成群体性的债务困境，处置难度和成本反而提高。于是，民生银行进一步推出合作社形式的促进会，其核心内容是下设的合作互助基金。合作互助基金按分行设置，不限制客户类型和客户数量，参会客户缴纳风险保证金（授信额度的10%）和风险准备金（授信额度的1%），前者贷款归还后即全额退回，后者归银行作为风险拨备①。

互保联保、合作互助基金，以及风险补偿基金，均是希望借助借款人集体的力量控制贷后风险，实现"风险自偿"。从信贷风险管理全流程看，这些贷后风险控制的措施只是信贷风险管理的一部分，还没有解决贷前风险评价、风险定价以及投资组合管理的问题，而这些内容对一家大型商业银行的信用风险控制是至关重要的。

我们发现，民生银行在进入小微金融领域的同时，对信贷风险控制确定了四个富有特色的"战术"：第一，测算特定行业风险，选择可进入行业；第二，运用"大数法则"组合投资；第三，确定覆盖风险的价格；第四，对有效客户实行批量营销。

四个战术中的第一个明显具有传统大银行风格，民生银行可以发挥自己的研究分析优势，通过宏观和行业分析做行业定位，锁定客户种类，降低由行业风险引发的贷款违约；第二和第三个战术可以帮助实现小微贷款组合的风险对冲，确定合理的贷款利率；第四个战术体现了民生银行对人工成本的考量：通过批量营销锁定客户群，虽然每批客户包含众多小微企业，但"批发交易"减少了一对一访查的工作量，降低了人工成本。四个战术都体现了传统大银行做小微贷款"扬长避短"的策略。但隐含的问题在于，批发交易是否具有一定程度的"系统性风险"？小微企业信息不对称程度

---

① 2014年民生银行北京分行进一步改革互助合作基金模式，成立风险补偿基金替代互助合作基金，基金成员按授信额度缴纳2%的风险准备金，不再交10%的保证金。这种做法降低了借款人的资金成本，也扩大了银行市场份额。

高，是否有碍于合理定价？

2011 年，考虑到更为激烈的同业竞争与小微金融业务的复杂性，为更好地实现商贷通业务的可持续盈利与风险控制，民生银行正式推出小微金融 2.0 升级版，力图通过这个举措从产品、服务、社会责任、风险控制等多个方面提升小微金融业务。2.0版本中信贷风险控制的方式，逐步由传统的经验控制、人工监测为主，转变成了以数据分析模型为主、利用"信贷工厂"将小微贷款的审核与监测转为线上操作。小微金融 2.0 升级版的风控思路，体现了利用大数据进行风险监控的思想以及民生银行进一步降低人工成本的决心，而小微金融 2.0 升级版风控有效性的关键则在于其可实现的程度。

2013 年，民生银行"小微宝"产品上线，其特点是：通过移动运营和移动销售实现微贷业务多渠道受理、柜面化处理，在缩短业务办理时间的同时也以此获取到可用于风险管理的数据信息。另外，民生银行加快了"信贷工厂"决策引擎的建设，进一步完善了信用风险评分模型，小微金融业务向全方面信息技术化的方向推进。

2014 年，民生银行小微金融业务的风险控制继续沿着数字化、信息化的方向发展。为获取更为完备的风险控制数据信息，民生银行确立了支付结算、融资、财富管理以及互联网金融的小微产品线，同时建立了七个专项化风险控制模型、开发了垂直搜索引擎这一新的风险信息管理工具，利用数据分析实现从贷前检查、贷中审批到贷后监测的全过程。

回顾民生银行小微金融信贷风险控制发展路径，我们可以清晰地看到该银行从进入小微金融领域之初，就在努力规避传统大银行做小贷的劣势，发挥大银行研究实力强、数据收集和数据分析能力强的优势，将信息技术化作为风险控制的方向。不可避免地，这将会带来风险控制手段从经验控制、人工监测到数据分析、自动化监测的转化，而风险控制流程的重点也从前台转向了中后台。

（二）风险控制基本原则

民生银行前任董事长董文标在决定将小微金融作为重要发展战略时，提出了风险控制的基本原则：以"大数法则"核定、对冲风险，以合理定价覆盖风险，以小额、批量交易降低风险和控制成本。民生银行认为，这些基本原则是对小微金融风险控制的创新，也是对传统贷款"客户评级"和"债项评级"两维风险定价方式的扬弃。这些基本原则在民生银行的重要产品商贷通上得到充分体现。

1."大数法则"下的投资原则

据民生银行解释，"大数法则"是指当贷款资产池中样本量足够大，且单笔资产规模较小时，实际贷款损失趋向于预期贷款损失。按照这一原则投资，民生银行可以将贷款损失率控制在预期值以内，也可以确定更为合理的覆盖风险的利率价格。

"大数法则"的成立需满足三个条件：①资产池的样本量足够大；②单笔贷款金额足够小，单笔贷款产生的风险对总体平均贷款风险不会产生显著影响；③资产组合的各项头寸风险相关性较弱，能够对冲非系统风险。若各商户的违约情况相关性强，做1000户小额贷款则等价于做1户规模相当的大额贷款，这就无法满足"大数定律"的条件。

商贷通产品正是按照这一原则进行投资：业务部门按照总行和小微金融业务部的投资战略，选择可进入的区域行业、商圈产业链，进行小额、多笔投资，力图将贷款违约率控制在预测的违约概率范围内。

2."价格覆盖风险"下的定价原则

价格覆盖风险原本是银行的经营生存之道，但在中国的利率管制下这个规则被弱化了。银行经营传统的公司业务相对可以轻松获利，无需过多考虑定价问题；而在高风险的小微金融领域，民生银行必须重新举起定价的旗帜。根据其诠释，价格覆盖风险的定价原则是指小微贷款的利率价格，在覆盖资金成本、运营成本之后，还需覆盖"大数法则"解释的预期风险损失。

按照"收益覆盖风险"的定价策略，商贷通业务的定价模型为：

$$P = R + CC + OC + RC$$

其中，P 表示商贷通贷款利率，R 表示预期目标利润率，CC 表示银行的资金成本率，OC 为银行运营成本率，RC 为风险成本，具体分解为：

商贷通风险成本 RC＝资产组合预期损失率 GEL＋经济周期风险溢价 MR＋区域风险溢价 DR＋行业风险溢价 IR＋基于贷款设计的定价调整 TP

其中，资产组合预期损失率是商贷通按照"大数法则"做大批量组合投资形成的平均贷款损失。如果"大数法则"成立的条件存在，则贷款的特有风险能够得到有效对冲，资产组合的平均贷款损失趋向于预期贷款损失，因而可以用商贷通资产组合的总体预期损失率代替单笔贷款预期损失率，降低定价模型开发难度。以上风险溢价成本均根据大量原始数据测算得出。

价格覆盖风险的定价体现了收益与风险匹配的原则：在这一定价策略下，只要不良贷款率在"大数法则"估算的范围内，民生银行就可以保证收益覆盖风险。价格变动的灵活性使得民生银行对风险较大的贷款有一定宽容度，这或许可以解释民生银行近年来小微贷款不良率上升的原因。然而，该定价策略同样极度依赖对风险的准确测算，若对资产组合的预期损失率估计不准确，发生超出模型预期的系统性风险，民生银行在该行业或区域内同样面临着亏损的可能性。2012年的民生银行钢贸巨额坏账事件才过去不久，这使我们不得不对这种风险控制的效果产生一定的怀疑：大型商业银行的系统风险分散优势确实能使小微金融业务避免致命性的打击，但并不能使银行彻底避开系统风险带来的损失，在经济下行期，民生银行应当如何确保其宏观研究的准确性仍然是一个值得探究的问题。

另一个不可忽视的事实是，小微金融面对的是一个缺乏规范财务信息、缺乏信用记录、数量庞大的群体，按照传统方法获取所需要的信息确定预期损失率不仅困难，而且成本居高不下，依赖精准数据信息的"收益覆盖风险"定价模型的可靠性也因此受到影响。如何以低成本获取客户的准确信息？这对于民生银行是一个严峻的挑战。

3. 批量、小额的交易原则

商贷通的批量交易原则对于民生银行来说，一是可以规避高人力成本劣势，二是可以按"大数法则"实现大规模、多笔数的贷款。批量原则体现在商贷通的"一圈一链"战术上。"一圈"即商圈，民生银行对目标商圈内的小微客户分层、分类进行授信；"一链"即产业链，由一个核心企业和为核心企业服务的小商户、小业主构成。这一战术体现了批量交易的特点，通过按照"一圈一链"进行授信管理，民生银行减少了信用风险控制的工作量，降低了人工成本，同时也增加了企业间的黏合度，有利于抱团发展。

但是，在对小微企业做圈和链的按类聚合时（所谓客户整合），是否也会加大群体的同质性，因而增加系统风险？这是民生银行必须正视的问题。它在2013年推出的城市商业合作社以及互助基金会模式或许有助于解决这一问题，因为按照合作社管理规则，可以大幅度增加进入者的差异性、增加企业数量。

商贷通的小额交易原则用意颇深，其目的是通过降低户均贷款余额，增加贷款笔数，实现投资组合池对冲风险、降低单笔贷款违约率。民生银行研究发现，不良贷款的回收率与贷款额度之间存在反向关系（见图8-2）。降低单笔贷款额度看似增加了工作量和管理难度，但相对提高了投资的安全性。

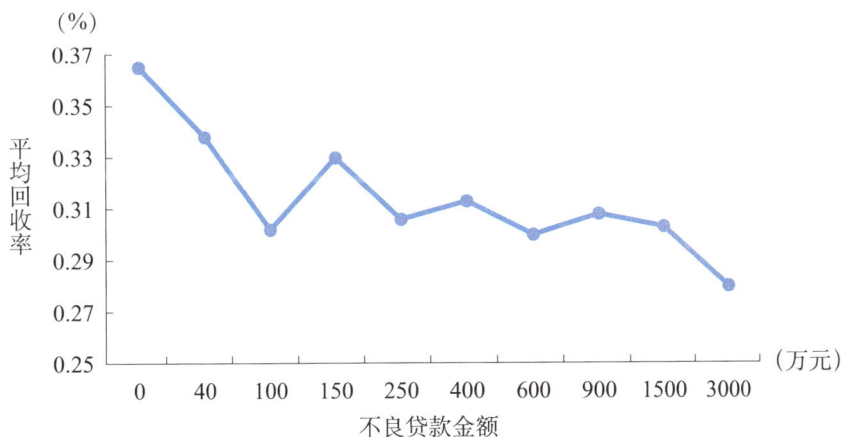

图8-2 不良贷款回收率与贷款额度的关系

与此相关的另一个贷款原则是，"不使客户过度负债"。民生银行认为，贷款额度的确定更应该保有余地，以保证即便在投资失败导致借款资金全部损失时，借款人依然有一定能力还贷。这个类似"客户保护"的原则在降低贷款额度的同时，也降低了违约风险。

2009 年以来，民生银行坚持奉行小额贷款的原则，逐渐下移客户层次，降低户均贷款金额，显示出与传统商业银行追求大金额贷款截然不同的风格。在 2011 年民生银行推行小微金融 2.0 版后，降低单笔贷款金额的做法得到了进一步强化。

图 8-3 列示了 2009～2014 年民生银行的资产客户数及户均贷款余额。

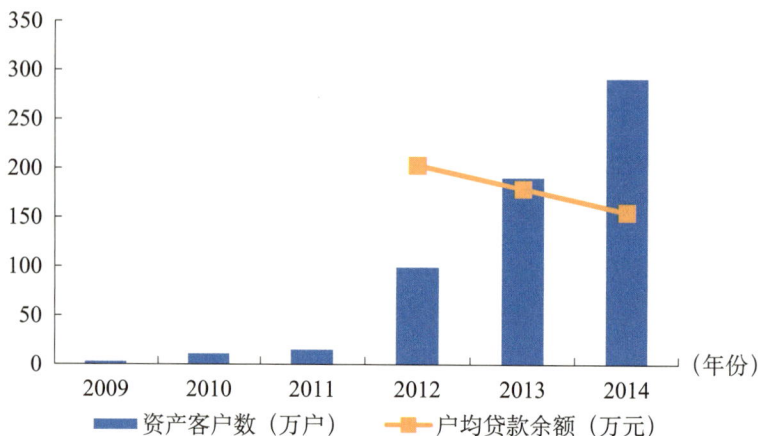

图 8-3　2009～2014 年民生银行小微贷款规模
资料来源：民生银行年度报告。

图 8-3 展现了民生银行"降低单笔借款金额"的额度策略，也体现了贷款客户数大幅度增加的趋势：2009～2011 年小微贷款资产客户数一直维持在相对稳定的较低水平，而在 2011 年小微金融 2.0 流程再造推行之后，小微贷款的资产客户数逐年攀升。在户均贷款余额方面，该指标从 2012 年至 2014 年逐年下降，2014 年户均贷款余额达到人民币 155 万元。不过从小微金融的一般做法看，这个数字更接近"小贷"而非"微贷"。

（三）风险控制架构

1. 基本架构

在民生银行内部，小微金融业务的风险控制由董事会风险管理委员会、小微金融部及各分行分工协作进行。从管理分工上可以划分为战略决策层、业务管理层和业务执行层三个层级。

（1）战略决策层。同其他商业银行一样，民生银行对于信用风险控制有专门的部门设置。银行董事会风险管理委员会是信贷风险管理的最高机构，负责确定全行年度整体性业务导向、风险偏好和风险管理战略。小微金融风险控制只是董事会风险管理委员会关注的一部分内容。在风险管理委员会的统筹下，每年3～4月由民生银行总行风险管理部授信评审部、资产监控部、法律合规部、资产保全部等多部门共同协作，制定小微金融的总体投资策略，从整体上把握系统性风险，避免小微金融业务遭遇经济周期、行业、区域问题带来的大批量违约打击。总行各相关部门通过宏观经济研究、"一圈一链"（商圈产业链）研究、"大数法则"测算风险概率等从战略上把握投资风险。这项工作也并非一年一次，可能根据本年中宏观经济环境等的重大变化进行相应的调整。

由于集群（行业、地区等）范围内，企业具有很强的相互关联性，违约情况也具有相对均衡值，因此在风险管理的政策层面做好集群管理，明确行业、地区导向性目标就显得尤为重要：2009年，民生银行小微金融侧重于商圈管理、制造业贷款；2012年，我国经济下行，政策层面的风险控制指导小微贷款实行结构调整，转向服务业、高科技产业、零售业等弱周期行业；2014年，小微金融在行业选择方面，从传统的"衣食住行"向大消费和现代服务行业升级，在客户业态方面，则从偏重商圈经济逐步向"O2O"平台经济、产业链整合。

显然，小微金融的投资战略决策对于拥有充沛资金、可以跨区域跨行业经营，且可以大批量、大手笔运作的大商业银行来说至关重要。传统大银行拥有雄厚的研究实力以及广泛的信息渠道，这种强大的研究优势使其得以形成有效的研判效果，这些恰好是区域性小银行及小金融组织的劣势。

（2）业务管理层。按照民生银行组织结构，总行的小微金融部和下级分行都具有业务管理的职能。总行小微金融部的工作主要是在总行制定的年度投资战略基础上，将行业与区域组合，形成更具体的投资策略，如在东北地区重点发展农业、在西部地区重点关注基础设施建设、在东部地区退出纺织制造业、在北京鼓励文化创意产业与服务业贷款等。2013年以前的管理体制中，分行的管理权限不清晰甚至不足。2013年实行小微金融业务升级（小微金融2.0版）以后，分行管理权力大幅度增加，形成了真正的业务管理层级。

（3）业务执行层。业务执行层是最终落实战略、实现贷款发放的层级，涉及业务部门的实际操作，民生银行的业务执行层是支行。即使在客户质量良好的行业、地区中，政策与业务的规划也不可能彻底解决个案的违约问题。据民生银行研究，仅依赖规划层面的风险控制贷款违约率可能高达5％～6％，因此还需要通过个案层面的信用管理来解决客户个体的违约问题。

业务执行层面的信用风险控制重在个案，针对每个客户的违约风险进行贷前、贷中和贷后的管理。在这个过程中，业务管理层的风险控制部门负责向分行信贷部门提供风险量化工具的技术支持，各分行在投资政策与风险量化数据的指导下，根据实际情况与工作经验在一定范围内执行具体操作：在贷前和贷中工作中，支行根据总分行投资战略选择贷款对象后，再根据上级行提供的客户风险评分指标进行审批、担保物要求、授信额度与定价工作；在贷后工作中，分行工作人员利用风险控制支持系统，根据人民银行征信数据、法院工商信息等查看跟踪贷款存续期内申请人经营情况，以此决定是否需要人工跟踪监测等。

上述民生银行小微贷款信用风险控制总体架构和流程如图 8-4 所示。

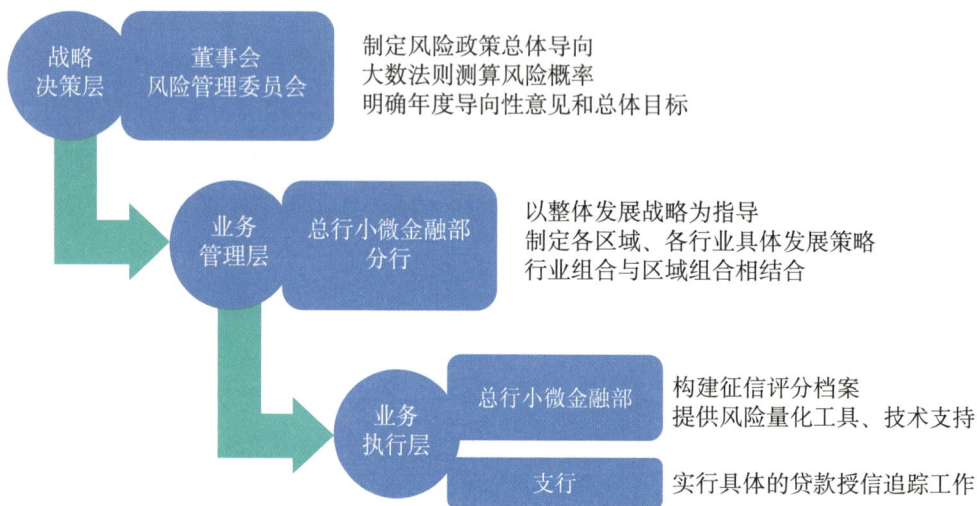

图 8-4 民生银行小微贷款信用风险控制架构及流程

2. 结构变革

民生银行实行总分行制度，2014 年其分行数达到 39 家、机构总数①达到 1021 家。对于这样的全国性商业银行而言，民生银行小微金融信用风险控制的整体架构充分发挥了其组织结构优势。如果将总行机构看作上层，省市级分行看作中层，地县级支行看作基层，则其风控权力的特色在于：由上层（董事会风险管理委员会和总行业务管理部门）把握投资战略和风险控制原则以及战略细节调整，负责风险控制战略决策层的一系列活动；中层和基层组织具体计划的制定和实施，完成业务管理层、业务执行层的风险控制活动（见图 8-5）。

事实上，在 2013 年之前，民生银行对小微金融业务实行"两级（总行、分行）管理、一级（支行）经营"，总行业务部门直接涉足具体业务，有对项目、客户的审批权。但是在实践中发现，这种管理方式还是"头重脚轻"：总行权力过大，分行权力与

---

① 机构数量包含总行、一级分行、分行营业部、二级分行、支行等各类分支机构。

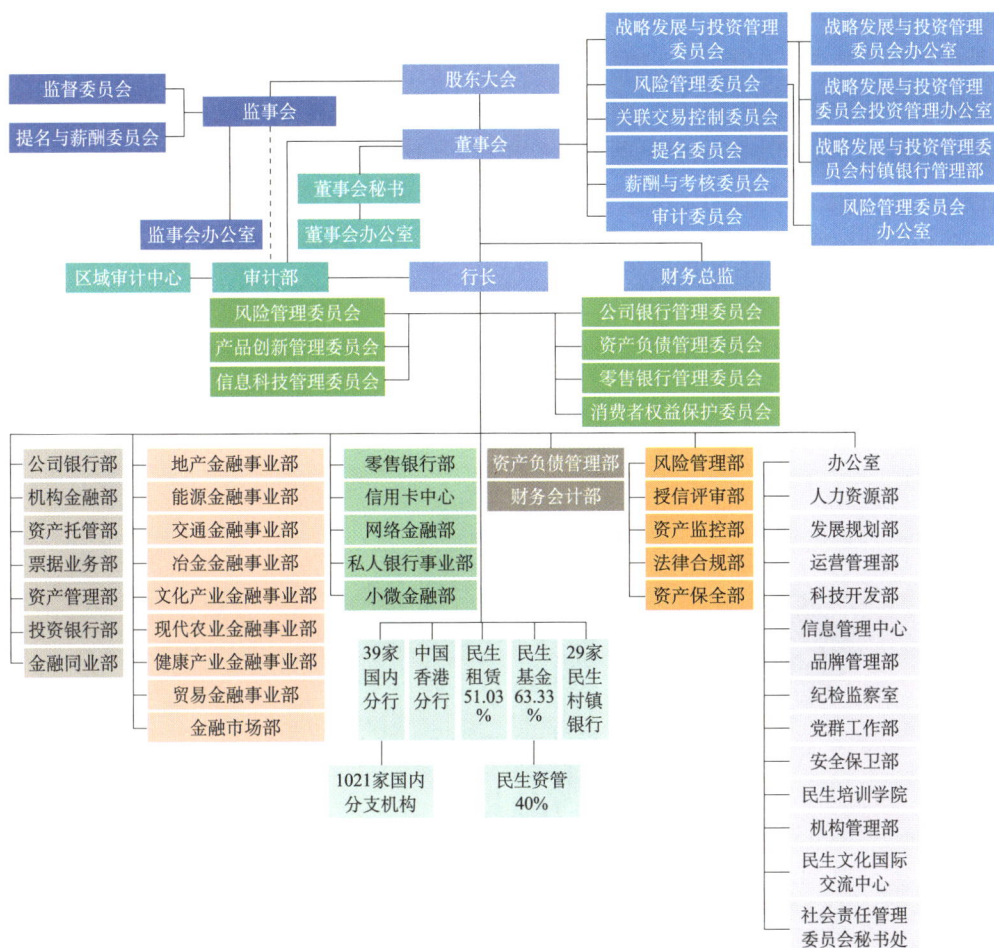

图 8 - 5　民生银行组织架构

资料来源：民生银行年度报告。

总行有一定重叠，支行作为最下沉的组织作用发挥不够。小微金融面对的是量多、分布广、变化大、差异性强的底层小型客户，对其信贷服务及信贷风险控制需要快速灵活的反应能力和处置能力。传统大银行原本就距离底层小微企业较远，即使其分支行机构能够起到一定的接近客户的作用，依然不如地域性金融机构"接地气"，其按照做大客户设计的贷款授权管理体系对于小微客户来说具有天然的缺陷。

2013 年，民生银行的小微金融 2.0 改革全面深化，调整管理架构，按照"聚焦小微、打通两翼、做强分行、做大支行"方针，缩小总行授权范围，强化分行权力。所谓的做强分行，是指总行权力从之前的批项目、批客户改为批规划，批项目、批客户的权力下沉给分行。

值得关注的是，2.0 版本下的管理变革并没有直接加大支行层级的权力，只强调做大支行，而非做强，其具体表现为支行在信贷授权权力下移的改革中并没有获得更多授权，这意味着民生银行对以前支行的经营模式并不完全认可。在小微金融 2.0 改革前，民生银行支行是分散化作业，市场开拓、客户管理基本依赖于信贷员的关系和经验，这在多层级的大银行中容易产生委托代理问题，表现为信贷员将客户资源私有化以及其他道德风险。强化分行，意味着民生银行将以分行为核心，推行国外大型小微金融机构的"信贷工厂"模式：该模式具有标准化、模块化、规模化的特点，要求分行作为工厂的核心层提供信贷产品规划设计、营销策划、质量控制，支行作为执行层，侧重于对客户的"落地提升"和售后服务。在 2.0 版本中，分行是业务层面的核心和信贷风险管控的核心。

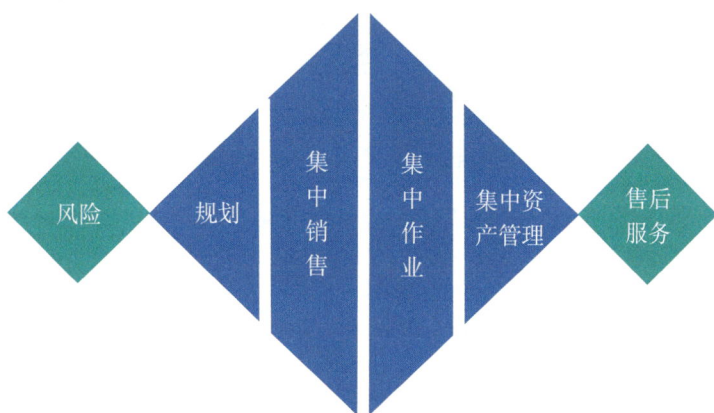

图 8-6　小微金融 2.0 版本下分行是业务管理和信贷风险管理的核心

3. 变革与新挑战

民生银行在经历了近六年的探索后，业务管理和信贷风险管理模式开始接近"信贷工厂"模式。事实上，就小微金融业务而言，民生银行高人力成本、多管理层级、机构设置相对远离小微企业（非地域）的缺陷，以及其在宏观研究、投资组合配置、定量分析能力方面的优势，使其更适合采用"信贷工厂"模式做小微金融。也许是数据获取能力的局限或者其他原因，民生银行最初避开了这种模式。重回"信贷工厂"模式，面对更高标准的信用数据采集、分析、评价要求和技术能力，民生银行是否能够应对这一挑战？

三、风险控制 2.0——依托信息技术的信用风险控制体系

在小微金融 2.0 转型之后，个案层面的风险控制彻底由现场观察、经验判断转变成利用征信数据分析模型进行审批决策与贷后跟踪。然而，想要实现模型评分的精确

性，将小微金融的风险控制细化到客户个人，最为关键的因素在于底层数据的收集，只有获得准确的、独立的数据信息，才能确保模型的有效性。由于小微客户的特殊性与复杂性，在正规贷款时常用的资产、收入等财务指标在小微信贷决策时并不完全适用，因此发掘新的信息源、确保信息准确性则成为了小微金融风险控制技术方面的基本要求。伴随小微金融业务的全面升级以及信用风险控制手段的重点向技术模型偏移，民生银行必须加大信息获取以及分析加工数据信息的力度。

（一）充分获取数据信息是关键

为便于分析，我们从信息生成的角度将客户信息分为静态信息和动态信息两种。静态信息一般指过去较长时间内产生的、具有一定稳定性的信息，更多地揭示客户基本属性；动态信息是近期发生的、可能迅速变化的信息，更多地揭示客户近期行为特征。

民生银行客户信息获取的途径主要是内部生成和外部交换（购买）。下面将按照信息获取途径，分别从内部信息和外部信息看民生银行是怎样获取风险控制数据信息的。

1. 内部信息

在本章中，我们将内部信息理解为民生银行依靠自己的力量可以收集的客户信息。

（1）获取内部静态信息。内部静态信息主要是客户基本信息、凭证影像等。基本信息中有：①客户身份特征信息，如年龄、性别、收入、从业年限、家庭资产与负债、家庭成员是否被列入法院失信人名单等；②客户经营信息，如企业的注册资本、贷款卡信息、销售额、净利润、资产负债情况、经营范围等。信息范围不仅有小微企业主本人，而且包括企业主家庭成员。客户申请小微贷款时的相应凭证影像也全部留存。

由于小微客户的特殊性、财务信息的不完整，静态信息多多益善。

内部静态信息主要由民生银行授信工作人员在贷前检查、贷中审核阶段中获取。以商贷通的授信流程为例，可以看出内部静态信息的获取与核查过程。

如图 8-7 所示，银行工作人员在获取上述信息之后，会将这些信息全部上传至对应信息平台，供全行进行分析和使用。

从以上内部静态信息的内容和获取途径看，民生银行与其他金融机构几乎不存在差异。

（2）获取内部动态信息。商业银行可以从事其他小微金融机构无法从事的存款、支付、结算等一系列业务，这些业务为银行提供了更多的经营收入，也提供了更多的客户信息，特别是使得商业银行可以更容易地追踪客户交易流水信息。由于小微企业缺乏安全的财务制度和财务报告，经营流水就成为最重要的信息源，能够帮助银行了解企业最新经营状态和财务状态。对于人力成本高、地域关系弱的全国性商业银行，

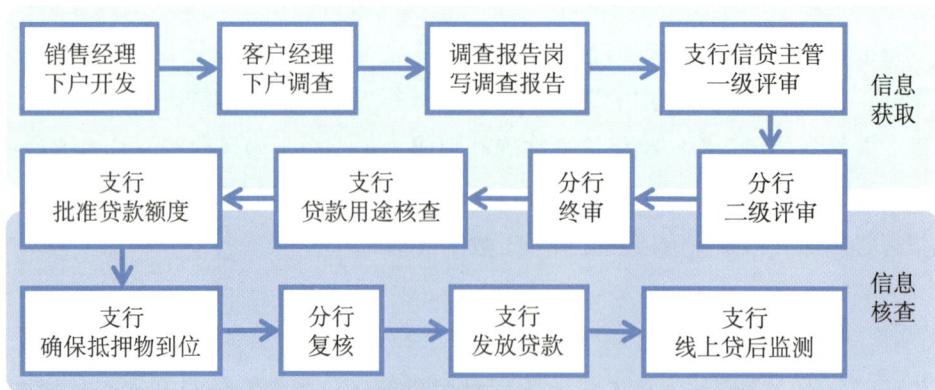

图 8 - 7　民生银行商贷通授信管理流程以及内部静态信息获取过程

了解包括经营流水在内的客户动态信息将极大地帮助改善相对薄弱的贷后监测。

民生银行获取的内部动态信息，正是小微客户在其行内账户的流水情况。民生银行在其一系列小微金融产品的设计中，都体现了这种对账户流水信息的重视：

1）商贷通。按照商贷通规则，凡申请贷款的客户需在民生银行开立个人结算账户，其经营实体则需在民生银行开立企业结算账户。另外，凡申请信用贷款或企业互助担保贷款的客户，更需要将民生银行作为主要结算银行，承诺授信期内在民生银行的结算量不低于授信额度的 3 倍。这一方面起到了吸收储蓄的作用，另一方面也为银行的贷后监测提供了商户的流水数据。

2）小微宝。小微宝是指以手持移动终端（iPad）为载体，将移动互联、数据分析技术与小微金融服务相结合，为小微金融销售团队提供多功能支持的移动销售平台，其实质是一款 APP 应用。依托小微宝，民生银行以"月月有活动、小微有声音"为主题，开展常态化小微客户活动，建立小微客户关怀体系，其中包括了针对小微企业主、企业主配偶及子女等的各类活动。这一客户关怀体系从两方面实现了对信用风险控制的支持作用：一是获得小微企业主及其家人的多方面信息，直接为贷后监测提供信息基础；二是吸引客户将民生银行作为主要结算银行，间接为贷后监测提供流水信息。

3）商隆卡、乐收银。商隆卡套卡是民生银行面向小微客户推出的全新银行卡产品，适用于小微企业主及其家人、生意合作伙伴、员工，商隆卡用户可在企业账户和个人账户间灵活选择并随时支取；乐收银是民生银行为小微企业提供的刷卡机，可以实时收付款，如果客户也使用民生卡刷卡付款，更可享受免手续费的优惠。乐收银、商隆卡在留住客户、提升客户存款量的同时，也为民生银行带来了宝贵的信息资源：通过监测商隆卡交易情况能够获得企业流水、上下游企业流水、企业主家庭收支等一系列信息。同样，乐收银作为企业常用的 POS 机结算系统，能够将企业的每一笔交易信息传递到银行终端，实现贷后监控。

　　能够获取到银行内部的动态信息是大型商业银行在小微金融方面不可多得的优势，相较于其他小贷机构，商业银行能够更为容易地追踪到客户交易流水情况，并利用该数据进行贷后的跟踪监测。然而，要能够将信贷客户的流水数据利用起来，前提是客户选择民生银行作为主要的支付结算银行，而发展小微贷款以外的小微金融服务则是实现该前提的必要条件。如果用直接存款派生率（即有贷客户存款量与商贷通总规模之比）作为反映小微企业客户在获得民生银行贷款的同时还使用民生银行提供的其他服务（如存款服务）的程度，从 2010 年底的数据看，商贷通的直接存款派生率仅为16.90％，距离真正用好征信信息实现贷后风险控制，民生银行还有很长的路要走。

　　2. 外部信息

　　（1）获取外部静态信息。外部静态信息主要是小微企业客户的工商信息和法院信息。工商信息是小微企业在工商系统备案的基本情况，包括注册号、注册资本等；法院信息包括自然人或企业的相关案件状态、与申请贷款的小微企业主或小微企业相关的诉讼事件等。此外，由人民银行征信中心还可以得到个人及企业主的信用记录，但前提是客户必须在银行有过个人或者企业的借贷行为。

　　外部信息主要来源于中国人民银行征信中心，以及民生银行分行所在地的工商局、法院等。民生银行在获取这些信息时，采用购买或者交换的方式。从目前的效果看，这部分数据为贷款提供支持的渠道相对畅通，但该部分信息仍然具有较强的局限性，不能充分反映小微客户的信用情况。因此，民生银行计划未来与工商、税务等相关部门和组织机构展开进一步合作，以保证信息渠道通畅。

　　（2）获取外部动态信息。银行外部的动态信息主要指客户在经营和生活中发生的与信用评价有关的动态信息，而这些信息从银行内部工作流程中无法获取，具体包括社交、消费、现金收支、经营等随时发生的动态信息。

　　对于小微企业客户，这些非财务的动态信息能在很大程度上弥补财务信息的不足，有助于实时描述客户状态，帮助实现对客户信用风险的准确"脸谱识别"。借助于互联网和移动互联网技术，民生银行目前在获取客户包括社会活动、消费娱乐活动等的"线上"活动信息方面不存在技术障碍，它也正在通过自己开发以及与拥有相关数据的信息企业、部门合作的方式，获取这部分数据信息源，如与银联等企业展开合作，但其具体进展还处于"进行时"状态。

　　银行外部信息的获取在一定程度上也体现了大型商业银行的特色：购买这些信息、搭建利用这些信息的平台等都将会带来高昂的固定成本，只有小微贷款存量足够大的金融机构才能够化解这部分成本并实现盈利。另外，在互联网时代，蚂蚁金服、微众银行等小微金融机构已经实现利用借款人在线消费、社交表现等非传统数据评估借款人信用的情况，而民生银行获取的银行外部动态信息还主要局限在与客户征信情况直接相关的信息，因此在外部信息的获取与利用方面，民生银行或许还需要进一步学习与改进。

（二）有效使用数据信息是核心

获取足够的数据信息仅是实现"信贷工厂"风险控制模式的第一步。数据分析、信用评价以及对分析结果的使用效率——如何将分析结果系统性地运用到审批、放款、监测的各个环节中，直接影响该风控模式的效果。

民生银行在小微金融2.0版改革中，着手建立以两大"引擎"支持系统为核心的风险控制技术体系：垂直搜索引擎主要负责实现数据的储存、查询和推送；决策引擎负责贷款过程中各种评分指标的生成和推送。

两大引擎系统与业务系统的对接如图8-8所示。

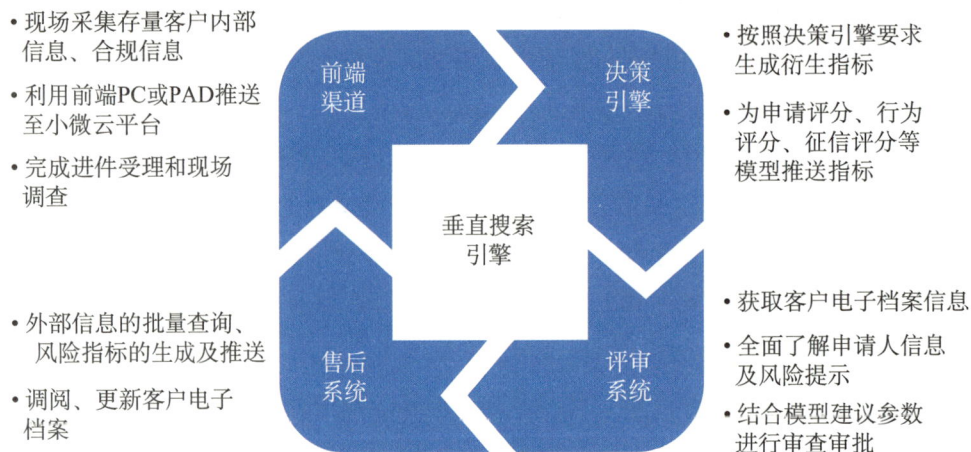

- 现场采集存量客户内部信息、合规信息
- 利用前端PC或PAD推送至小微云平台
- 完成进件受理和现场调查

- 外部信息的批量查询、风险指标的生成及推送
- 调阅、更新客户电子档案

- 按照决策引擎要求生成衍生指标
- 为申请评分、行为评分、征信评分等模型推送指标

- 获取客户电子档案信息
- 全面了解申请人信息及风险提示
- 结合模型建议参数进行审查审批

图8-8 民生银行"垂直搜索引擎"与"决策引擎"的工作原理示意

1. 垂直搜索引擎

垂直搜索引擎相当于一个信息集成的查询软件，具有搜索权限的工作人员在载有该搜索引擎的PC或PAD上输入客户证件号、申请书号等基本信息，则可以获得贷款申请人的行内外全方面资料构成的信息档案，在放贷全程实现电子化的管理与监控。

垂直搜索引擎通过综合查询、信息推送、电子档案、数据分析、销售支持五大服务，对业务系统起到支持作用。所有服务中，最核心的内容是信息查询服务，该引擎主要提供以下信息：

（1）客户基本信息：包括小微企业主本人、企业主家庭成员、企业的基本信息以及授信业务相关主体的黑名单自动检测。

（2）工商信息：工商信息详细展现了小微企业在工商系统备案的基本情况，包括注册号、注册资本等。

（3）行内信息：行内信息将申请人、申请人配偶及关联企业在民生银行的信贷往来、结算往来、金融资产、使用核心产品情况等集成在一个页面内，工作人员可通过该页面查询到申请人在民生银行的资产状况、信用卡使用状况等。

（4）法院信息：法院信息同样可以查询到自然人或企业的相关工商信息，了解与申请贷款的小微企业主或小微企业相关的诉讼事件等。

（5）凭证影像：凭证影像由一线工作人员上传，记录了客户在民生银行申请每一笔小微贷款时的影像资料。

（6）售后检查：售后检查包括了行为评分及贷后检查，主要为二次申请的客户提供信用支持，如果客户首次在民生银行申请贷款则没有售后检查的信贷记录。

（7）征信点评：工作人员可通过征信点评页面获得客户征信情况的简要概况，该页面同时以图表形式展现了客户的贷款记录、担保结构、前五年放款情况、未来五年贷款到期余额等信息，负责人员可借助该页面执行贷中、贷后的监测跟踪工作。

（8）账户流水：账户流水依托于对客户在民生银行的账户进行的监控工作，通过该页面可了解小微企业在民生银行实施结算的流水情况，并以此还原客户的销售收入、交易行为，对客户的淡旺季、交易对手、交易时间段、交易类型进行分析，监督贷款人的可疑大额交易、可疑交易对手、可疑短时进出交易等。

其中，客户基本信息、凭证影像来自银行内部静态信息；售后检查、征信点评、账户流水来自银行内部动态信息；工商信息、法院信息等则是来自银行外部的信息。

垂直搜索引擎不仅为贷前决策提供帮助，而且通过售后检查信息（行为评分及贷后检查）为二次申请的客户提供贷款决策支持，通过征信点评为业务及管理人员提供贷中、贷后的监测跟踪支持（见图8-9）。

垂直搜索引擎提高了获取客户信息的全面性、即时性、透明性和整合性，方便了银行相关部门和员工查询、跟踪客户情况，对利用信息技术进行信用风险控制起到了至关重要的作用。当然，垂直搜索引擎的质量在很大程度上取决于数据信息获取的全面性和及时性，这也是民生银行必须解决的问题。

2. 决策引擎

在垂直搜索引擎提供的大量原始信息的基础上，决策引擎使用特定的数据分析技术和分析模型对数据进行分析，生成衍生指标，为各类评分模型提供依据，对贷款过程中四个重要决策内容——是否准入、担保方式、利率、授信额度——提供辅助决策。

决策引擎的评分系统主要基于 Logistic 回归分析，依托的数据主要为 0～1 分类变量。目前决策引擎主要为以下决策项目和模型提供支持：

（1）政策与限额管理：包括客户的基本准入条件、授信政策要求、行业区域风险限额等。

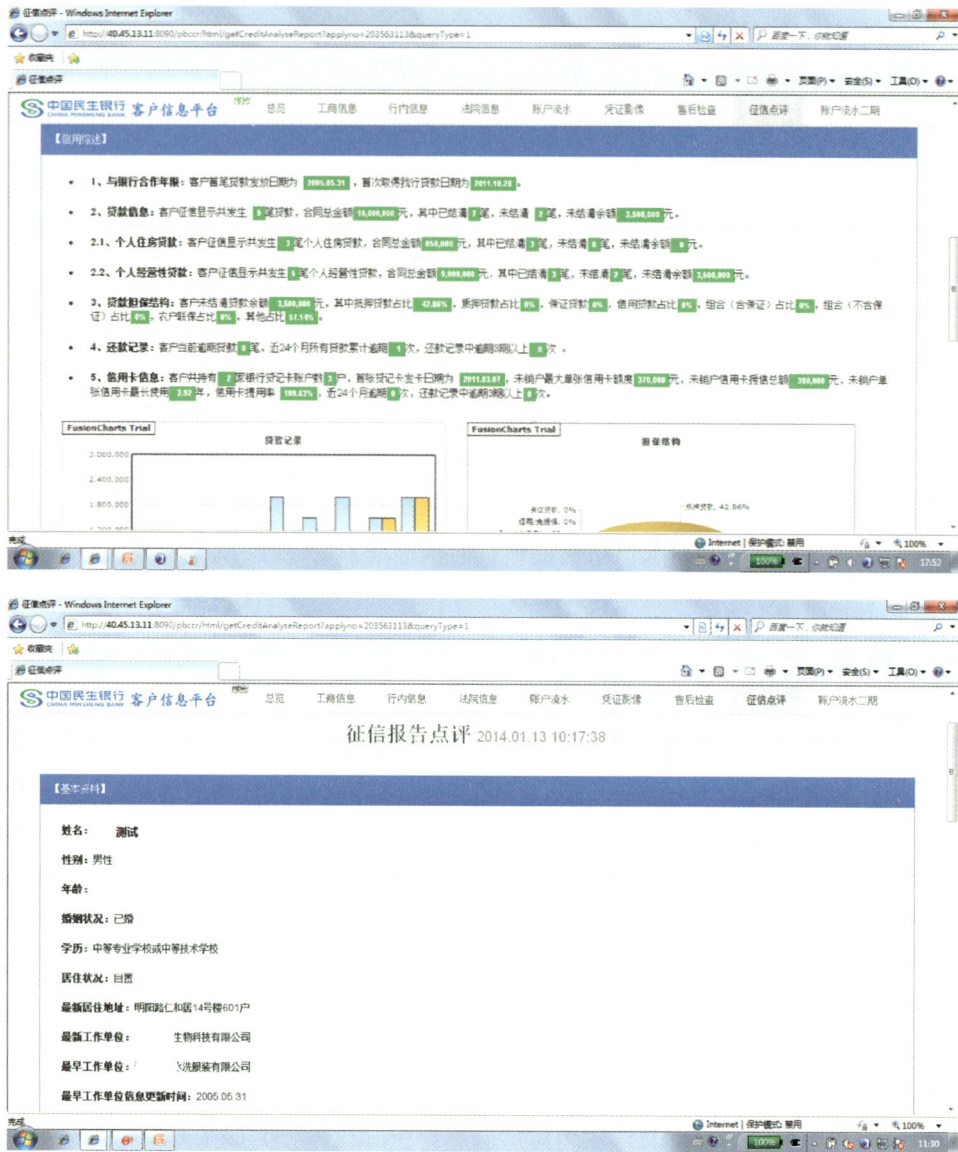

图8-9　垂直搜索引擎征信点评工作页面

资料来源：民生银行风险控制技术。

（2）申请评分模型：该模型根据企业类型、是否有抵押物、商圈及产业链的区别分成七大类，客户在申请贷款业务时，决策引擎自动根据业务类型调用适配的模型，给出评分模型以帮助决策。

（3）征信评分模型：引用人民银行征信系统评价客户的负债情况、负债结构、履约行为。

（4）二维评分风险评级：根据客户的申请评分与征信评分产生8×8交叉决策矩阵，对客户进行分层管理，采取不同的信贷政策，如对信用等级优良的客户配置弱担保产品、对信用等级差的客户提高担保措施或压缩授信额度等。

（5）二维调整系数：在放款额度方面，在根据客户的收入、资产情况等要素计算出客户的基础额度后，利用二维额度调整系数确认客户资质，根据客户资质确认放款额度；在贷款定价方面，首先根据分行地域特点、同业竞争、担保方式等要素确定每个分行、不同产品的基础利率，再根据二维定价调整系数确认每位客户的贷款定价。

（6）行为评分模型：可直接用于预警、催收、续授信、定价策略等。

图8-10是决策引擎在贷中审批时的作用示意图。

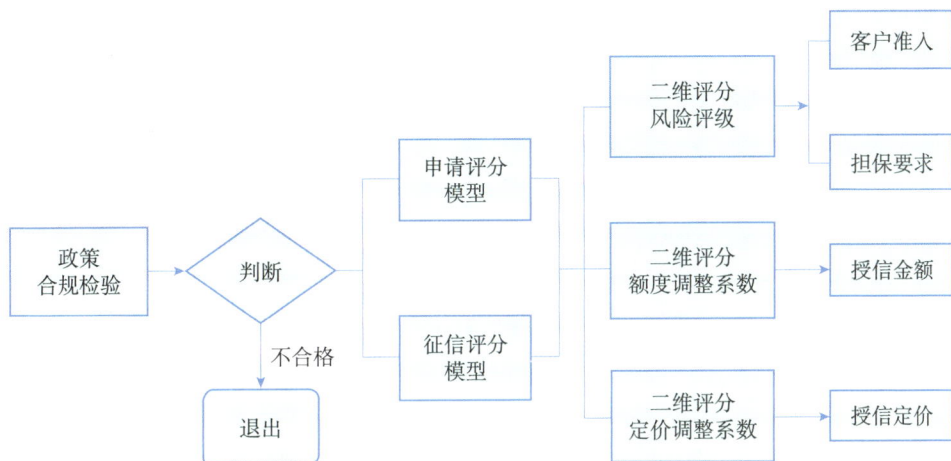

图8-10　民生银行决策引擎在贷款审批中的作用

此外，民生银行计划按照 Basel Ⅱ 中的资本管理办法，将申请评分、征信评分两套评分系统合并为一个回归模型，采用显著性较强的变量构造评分标准，进一步提升模型的准确性。

决策引擎的推出使民生银行的小微金融业务向信贷工厂方向大大推进了一步，提高了贷款决策的科学理性和风险控制质量，降低了基层银行的工作难度，节约了人工成本。

从两大引擎的内容看，民生银行风险控制所需要的信息技术与数据分析能力均相对完善，基本平台已经搭起，最终效果还取决于信息获取的数量和质量。至此，民生银行小微金融2.0版的信用风险控制体系，已经接近大数据行业的边沿。

两大支持体系的构建同样体现了大型商业银行实践小微金融的独特性：只有资金量充足的金融机构有条件承担支持体系建设带来的大量固定成本，而大型商业银行高昂的人力成本又使其无法像多数小贷机构那样，依赖信贷员执行贷中贷后的风险控制。相对而言，信息化的风险控制平台建设降低了单笔贷款的变动成本即人力成本，同时将风险控制的重点从贷后监控转为了贷前、贷中评审，利用银行特有的流水数据，在一定程度上破解了商业银行贷后监控不足的困境。我们因此认为，信息化风险控制体系的建设对大型商业银行而言几乎是必然的。

四、小微金融信用风险的控制效果

风险控制是金融业务的生命。民生银行从进入小微金融蓝海那一天开始，就在不断探索与变革信贷风险控制模式，而这种探索的效果如何呢？由于无法获知民生银行小微金融运营的具体成本与收益，我们只能通过其公开发布的银行年度报告中的经营信息窥其一貌。

（一）小微金融规模

民生银行的贷款与垫款可分为公司贷款与零售（个人）贷款，零售贷款则包括小微企业贷款、信用卡透支、住房贷款等。到目前为止，民生银行小微金融业务的重点还是小微企业贷款。

在过去5年中，民生银行贷款总额稳步上升，零售贷款占贷款总额的比例从2009年的16.49％上升到了2014年的36.11％，小微企业贷款占零售贷款总额的比例则从2009年的6.10％上升到了2014年的62.65％，2014年小微企业贷款在贷款总额中的占比已高达22.63％。因此可以断定2009～2013年，民生银行零售贷款业务发展的主要原因就是小微企业贷款额的提升；虽然2013～2014年，信用卡透支作为一项零售业务发展的态势超过了小微企业贷款，但当前小微企业贷款仍在零售贷款、贷款总额中占据着十分重要的地位，体现了民生银行"做民营企业银行、小微企业银行和高端客户银行"的战略定位（见图8-11）。

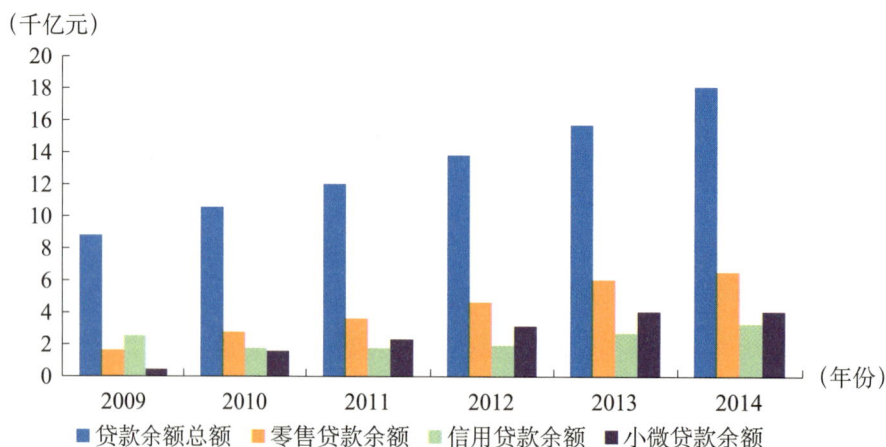

图8-11　2009～2014年民生银行的零售贷款余额、信用贷款余额与小微贷款余额

（二）小微金融的收益

民生银行年报中没有对小微贷款部分收益指标的直接披露，但由于 2010 年以来民生银行小微贷款占零售贷款的比重超过 50％，我们可以借助零售贷款平均收益率的变化，大致判断小微贷款平均收益率变动趋势（平均收益率＝利息收入/贷款平均余额）。

根据年报数据统计，2008～2011 年民生银行的零售贷款收益率低于公司贷款收益率，但 2011 年之后零售贷款收益率高于公司贷款收益率，且二者之差逐年提高（见图 8－12）。鉴于小微贷款占零售贷款的比重高于 50％，可据此估计小微贷款平均收益率相对于传统业务而言存在着明显上升的趋势。

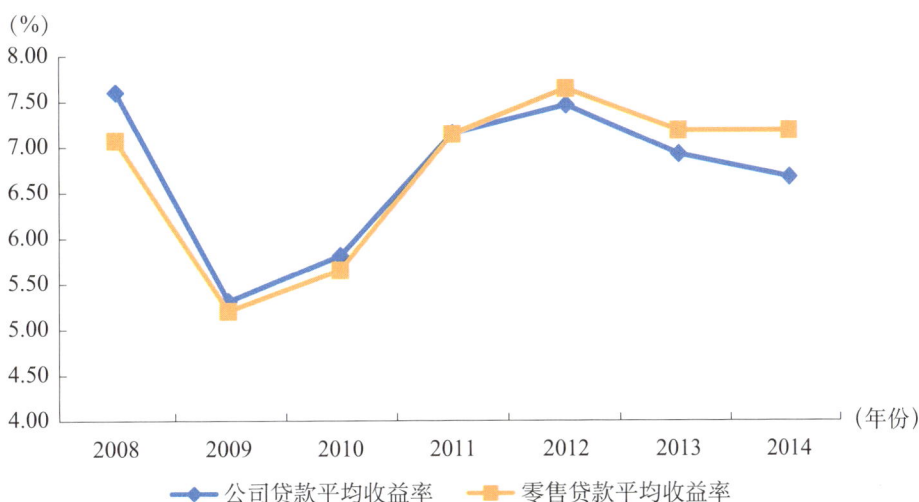

图 8－12　民生银行 2008～2014 年贷款收益率变动趋势

由于贷款收益率仅反映出利息收入与贷款规模的关系，而我们无法获知小微贷款以及公司贷款的具体成本及风险情况，也因此无从回答"小微贷款定价能否覆盖风险成本"这一问题。但至少从图 8－12 中我们可以得出民生银行的小微贷款业务正逐步走向成熟这一结论，从而对其小微金融的盈利前景做出乐观的预期。

（三）信用风险控制效果

若用不良贷款率变化评价对于小微贷款的风险控制效果，我们使用民生银行年报数据得到图 8－13 这一趋势图。

由图 8－13 可知，民生银行小微贷款的不良率相对于民生银行整体贷款不良率以及全行业贷款不良率而言，始终有更快的上升趋势，从 2010 年远低于行业平均以及行内平均水平的 0.09％，一路攀升，到 2014 年与民生银行整体不良率齐平，达到 1.17％，尤其是 2013 年以后不良率上升速度迅速加快。对此，我们首先可以用经济不

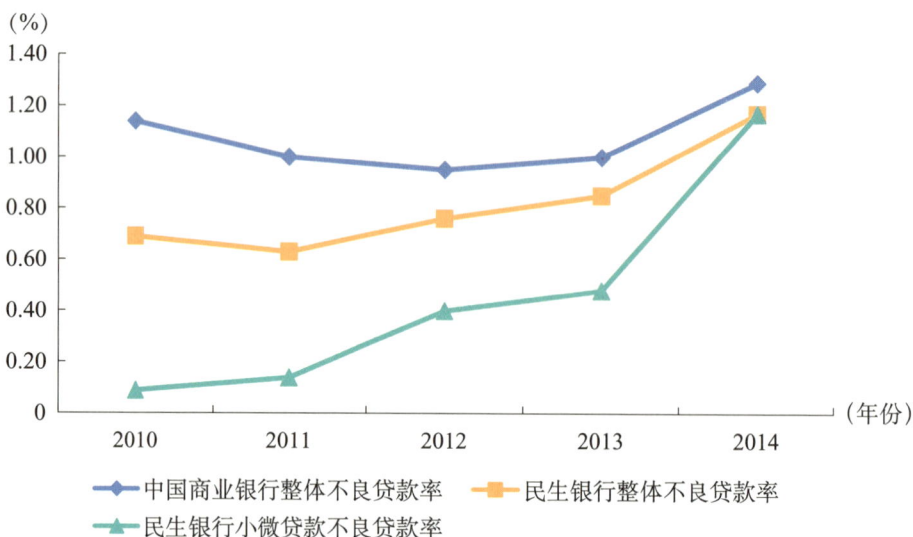

图 8-13　2010~2014 年民生银行不良贷款率变化趋势

景气的理由解释：2013 年以来全国经济不景气趋势加重，而经济下行期受到影响最大的首先是中小微企业。然而，民生银行从 2011 年开始推行并逐步深化的小微金融 2.0 转型以及风险控制体系全面升级，是否在一定程度上抵御了经济下行带来的小微贷款损失？从现有的数据信息中很难找到答案。因此，我们也很难对民生银行风险控制体系建设的效果妄加评论。

另外，民生银行小微贷款风险控制关于"收益覆盖风险"的基本原则是否在一定程度上提高了对小额贷款不良率的宽容度？我们可以从民生银行零售贷款收益率高于平均贷款收益率的变化趋势中感受到该原则的实施效果。另一个值得注意的现象是，民生银行小微贷款不良率上升快于整体贷款不良率是从 2011 年开始的，与此同时发生的是小微贷款客户大量扩张，资产客户数从 2011 年的 15 万户大幅度上升至 2012 年底的近 100 万户。如果按照大数据投资原则和价格覆盖风险原则来理解，似乎这些数字体现了民生银行"有意为之"的可能性。

但无论如何，风险控制的最终效果应该体现在小微金融业务净利润的变化趋势上，限于数据的可能性，我们无法依此得出分析结论。

五、结论

我们试图通过对民生银行的信用风险控制制度的案例研究，探索大型商业银行做小微金融业务在信贷风险控制方面的特点、优势与挑战。通过总结民生银行信用风险管理模式的案例，我们有以下发现：

（一）传统大银行在小微金融风险控制方面的优与劣

在小微金融业务方面，大型商业银行与其他小微金融机构相比，在风险控制上具有相对的劣势和优势。人工成本高、风控办法传统、与客户地理距离较远、管理层级较多等劣势的存在，导致了传统大银行在信贷风险管控方面授信流程过长、对风险处置反应速度慢、贷后监控不足。研究能力强（宏观研究、行业研究、数据分析与建模能力）、跨地域和跨行业投资能力强、管理规范则是传统大银行做小微金融的优势，这些优势体现在小微金融的信用风险控制上则是：有能力组织跨地区跨行业投资以对冲系统风险；有能力相对准确地研判宏观和行业风险，制定投资战略；有能力按照"大数法则"组织投资，利用"收益覆盖风险"进行定价。这些优势及劣势的聚合，无不指向一个成熟的信用风险控制模式——"信贷工厂"模式。

表 8-2　大型商业银行与小金融机构相比风险控制的优劣

	类型	大型商业银行	小金融机构
商业银行劣势	可变成本	职工薪酬高，客户数量多，使得贷后监控成本过高	人工成本低，可利用下户调查、经验操作执行授信与监测
	组织架构	组织架构复杂导致授信流程长，对风险反应有时滞	组织架构简单，能够快速执行授信、对风险做出反应
	客户互动	与客户的互动仅限于资金借贷，无法参与到客户的社会生活中、获得有效的软信息	"接地气"、了解客户，能够根据当地客户特点实行信用激励等风险控制手段
商业银行优势	固定成本	可负担和分摊大量研究、技术平台构建的高昂成本	资本量不足以支撑强大的研究队伍从事必要的宏观、行业分析以及数据挖掘
	分散风险	全国性经营的商业银行可通过合理的贷款行业区域配置、定价定额策略分散风险	地域型的小金融机构系统性风险高且难以分散
	全面服务	可提供储蓄、支付、结算等相关金融服务，获得客户流水数据信息用于风险控制	地域性非银行金融机构服务品种相对单一，仅能提供贷款服务，不易利用客户流水信息

（二）民生银行的风险控制发挥了传统大银行的优势

民生银行对小微金融业务的探索与改革在一定程度上发挥了传统大银行的优势，在探索过程中，民生银行小微金融业务从 1.0 版本进阶到 2.0 版本（见图 8-14）。

在 1.0 版本阶段，民生银行对项目信用风险监测与评价主要依赖现场调研和经验判断，贷款授信和风险控制通过"二级决策、一级经营"的制度实施，授权环节较多，基层支行经营分散、各自为政，较多依赖联保、互保、合作社等借款人网络组织的约束力量控制和消化风险。这种"风险评价靠经验，风险控制靠联保"的做法，在本质上类似于孟加拉乡村银行等地域性金融机构，除了大数据投资战略和定价策略以外，并没有体现传统大银行的优势。

在 2.0 版本阶段，民生银行的小微金融风险管控模式出现了质的变化：通过业务管理模式向中间层级——分行的集中，风险监测、评价的重心后移，通过总行统一建立的垂直搜索引擎和决策引擎实现信贷风险的实时监测和评价，并通过量化分析模型输出指标，协助授信管理层进行授信管理的决策。与 1.0 版本相比，2.0 风控模式更强调对数据信息的获取和分析，更重视信息技术、互联网技术在信贷风险监测环节的全面性和即时性价值，更重视集中分析、集中决策和集中管理，因而更具有"信贷工厂"标准化、模块化、规模化的管理特征，而这种信贷工厂特征只有将业务重心集中到一个适度的高度——分行才合适。

小微金融版本	1.0版	2.0版
信用风险 识别、评价、监测	现场调查、经验判断 碎片化、非标准化	数量化、标准化 垂直搜索引擎+ 决策引擎
贷款决策	"大数法则"投资原则 "收益覆盖风险"定价原则 小额分散投资原则（"不使借款人过度负债"）	
授信管理和风险管理 组织结构	二级决策（总行+分行） 一级经营（支行）	做强分行 做大支行
组织管理的特点	基层分散经营	信贷工厂：集中决策、 标准化、模块化、规模化
风险管控对借款人 互助组织的依赖	有较强依赖	依赖性较弱

图 8 - 14　民生银行风险控制模式升级——1.0 版本与 2.0 版本比较

（三）获取大数据能力是风控模型效果的关键

小微金融 2.0 版的风险控制效果，还取决于民生银行获取大数据的能力。民生银行在最初开展小微金融业务时，为什么没有发挥大银行的优势，而直接选择信贷工厂模式？原因之一可能是获取足以判定小微企业信用风险程度的信息难度太大。随着信息技术的进步和经验的积累，民生银行开始正式接触强调数据分析和评价能力的信贷工厂风险控制模式。即使是对于有强大研究能力和数据分析、建模能力的大银行而言，这种模式最大的挑战依然是数据获取。到目前为止，民生银行已经将数据信息的获取融入全方位的小微金融业务中，利用储蓄、支付、结算等多项业务服务获取经营流水信息，并打通了其他获取外部信息的渠道，如获取来自税务的"硬信息"、来自银联的"活的硬信息"以及来自其他大数据企业的活信息。总之，利用信息技术实现信用风险控制将是商业银行小微金融业务发展的必然趋势，而获取底层信息的充分性与准确性将极大地影响这种风险控制的效果。

（四）民生银行还需要进一步完善风险控制模型

民生银行选择将大数据征信作为其风险控制的主要方式，也就意味着分析模型的准确性将直接决定信用风险控制的准确性。从防范系统性风险的角度，民生银行的风险控制依赖宏观经济、商圈产业链研究，而这些研究则依赖基于"大数法则"的回归分析，当发生这些研究无法获知的意外情况时，民生银行同样面临亏损的风险。从防范特有风险的角度，在贷前贷中审批方面，民生银行依赖大量模型的征信评分以及商贷通"收益覆盖风险"的定价策略，这就对模型的准确率有极高的要求。在贷后监测方面，民生银行更加依赖模型评分等系统信息，而模型的反应往往与现实具有一定的时滞，相比于其他小微金融机构主要依赖现场观察的贷后监测，这种对模型的过度依赖可能使得民生银行不能完全适应小微金融风险突发性强的要求。因此，民生银行有必要不断对模型进行必要的分析与调整，确保其分析控制模型的有效性与准确性。

虽然我们目前无法对民生银行小微金融信用风险控制的效果进行完备的评价，但其在过去多年中探索所获得的经验与教训，仍然对其他从事小微金融业务的商业银行具有重要的借鉴意义。

主要参考文献：

[1] 刘伟. 小微金融可持续发展战略思考 [Z]. 中国民生银行信息管理中心，2011.

[2] 从小微客户信用数据挖掘谈小微风控提升 [Z]. 中国民生银行信息管理中心，2014.

[3] 现行小微贷款业务发展瓶颈及新业务模式探索 [Z]. 中国民生银行管理中心，2014.

[4] 刘伟，苟志龙. 大数定律和价格覆盖风险原则下商贷通产品定价策略研究 [Z]. 中国民生银行管理中心，2010.

[5] 浅谈小微业务的发展及相关建议 [Z]. 中国民生银行管理中心，2014.

[6] 李昆芳. 中国民生银行小微企业信贷风险管理研究 [D]. 广西大学硕士学位论文，2013.

[7] 张智，傅晓军，王腾飞. 对征信中心个人信用评分产品开发的思考 [J]. 征信，2012（3）：25 - 28.

[8] 中国民生银行历年年报.

第九章　微型金融如何实现社会绩效与财务绩效双重目标

——对南充美兴双重目标平衡机制的研究

【摘要】服务弱势群体的社会目标与财务盈利的商业目标往往难以兼顾，成为困扰 MFIs（Microfinance Institutions）发展的重大问题。中国首家全外资小额贷款公司——南充美兴通过实施社会绩效管理瞄准社会目标。同时，在资源约束的条件下，通过平衡服务深度和服务广度、生产效率和管理效率，在有效控制经营成本的前提下，以利率为杠杆获取财务盈利，实现财务目标，从而构建了兼顾双重目标的内在机制。南充美兴的成功经营，为 MFIs 兼顾双重目标提供了宝贵经验。

微型金融（Microfinance）是一种重要的扶贫工具，联合国曾将 2005 年作为"小额信贷年"在全球予以推广，2006 年孟加拉乡村银行创始人尤努斯博士则因为在减贫领域的突出贡献而获得诺贝尔和平奖。1994 年，中国引入微型金融，迄今不仅中国农业银行、邮政储蓄银行、农村信用社、国家开发银行等正规金融机构积极开展小额信贷业务，还逐步建立了村镇银行、小额贷款公司等专营小额信贷业务的机构，微型金融已经成为缓解弱势群体融资难题的根本力量（何广文等，2009）。然而，近年来随着农村金融市场化改革的推进，包括村镇银行、小额贷款公司在内的各类 MFIs（Microfinance Institutions）偏离"三农"、"垒大户"、"嫌贫爱富"等现象日益突出，服务弱势群体的社会目标与财务盈利的商业目标难以兼顾，成为困扰 MFIs 发展的重大问题。

为此，本章以中国首家全外资小额贷款公司——南充美兴小额贷款公司（以下简称"南充美兴"）为例，探讨 MFIs 如何兼顾双重目标的问题。下文拟分三条主线展开：南充美兴双重目标实现情况、南充美兴如何平衡双重目标以及社会绩效在其中的作用。

一、南充美兴双重目标实现情况

(一) 双重目标实现情况的衡量标准

在微型金融发展早期，扩大对弱势群体的覆盖面（Outreach）是其主要目标，随后，财务可持续能力（Financial Sustainability）变得越来越重要，MFIs 的目标开始变得多元，最终在国际范围内形成了一个相对一致的观点，即认为 MFIs 具有覆盖弱势群体和财务可持续的双重目标（Double Bottom Line）（张正平，2011）。

关于双重目标实现情况的衡量标准，不同学者的看法不同。其中较有代表性的有：Yaron（1992）提出以补贴依赖指数（SDI）作为衡量指标；Morduch（1999）则提出以操作可持续比例（OSR）和经济可持续比例（ESR）作为衡量指标。根据国际知名的微型金融信息交换机构（Microfinance Information Exchange），实践中多综合 ROA、ROE、OSS、FSS 等指标衡量 MFIs 的财务可持续能力。张正平（2013）综合上述观点，采用经营可持续（OSS）和财务可持续（FSS）两大指标体系[①]，并细化成七个指标，以衡量双重目标实现情况。本章内容参照张正平的观点。

表 9 - 1   小额信贷机构双重目标实现情况衡量指标和衡量内容

目标	衡量指标	衡量内容
对弱势群体的覆盖面	活跃贷款户	服务广度
	总贷款额	服务广度
	人均贷款额/人均 GNI	服务深度
财务可持续能力	活跃客户数/信贷员数	生产效率
	(人均贷款成本＋贷款损失预提费用) /总贷款额	管理效率
	OSS（经营可持续能力）＝经营收入/调整后经营费用	经营可持续能力
	ROE ＝ 经营利润 / 平均净资产	盈利能力

注：①活跃贷款户为"Active Borrowers"的英译，GNI（Gross National Income）为国民总收入；②由于相关数据难以获得，这里 ROE 作为 FSS 的替代指标，以此衡量财务可持续能力。下同。

资料来源：张正平（2013）。

(二) 南充美兴双重目标实现情况

南充美兴是中国首家外资小额贷款公司，由法国美兴集团、世界银行国际金融公

---

① OSS ＝ OI/ (OF ＋ FC ＋ LC)，其中，OI 为年经营收入、OF 为年经营费用、FC 为年财务支出、LC 为贷款损失准备金。如果 OSS 大于 1，则表明该机构具备"经营可持续能力"。

FSS ＝ OI/ (OF ＋ FC ＋ LC ＋ CC)，其中，OI 为年运营收入、OF 为年运营费用、FC 为年财务支出、LC 为贷款损失准备金、CC 为资本成本。如果 FSS＞1，则表明该机构具备"财务可持续能力"。

司和德国复兴信贷银行共同投资设立。公司性质为非金融机构，不吸收公众存款，主要经营小额贷款业务。定位的是金融体系最末端市场，服务的是社会最底层群众。自2007年开业以来，南充美兴旨在帮助无法从传统金融途径获得金融服务的弱势群体，坚持发放小额信用贷款、坚持服务"三农"客户、坚持普惠金融的推广、坚持践行企业社会责任。截至2014年底，贷款余额47531.47亿元，活跃贷款客户15135户，权益收益率12.15％，保持了良好的经营态势。同时，继2014年8月开设第一家分公司——达州分公司后，目前正在筹建巴中、遂宁分公司。达州分公司已于2015年1月实现盈利，验证了南充美兴微贷模式的可复制性。

表 9 - 2　南充美兴双重目标实现衡量指标

时间	2007年12月	2008年12月	2009年12月	2010年12月	2011年12月	2012年12月	2013年12月	2014年12月
活跃贷款户数（户）	—	1908	3293	5580	6311	9181	11771	15135
贷款余额（万元）	323.08	1761.46	6049.80	13318.48	20084.59	24646.69	35991.04	47531.47
人均贷款额/人均GNI（％）	91.09	224.01	411.73	464.36	519.28	383.45	387.28	356.75
生产效率（户）	—	62	94	103	103	145	149	139
管理效率（％）	—	13.27	12.40	9.92	9.55	9.52	7.88	10.58
ROE（％）	−63.82	4.27	3.11	6.20	9.60	13.48	13.26	12.15

资料来源：南充美兴历年审计报告。

从覆盖面看：2007～2014年，南充美兴的贷款余额持续增加，从2007年的323.08万元增加到2014年的47531.47万元，增加了146倍；活跃客户数量同样逐年增加，从初期的1000余户扩展到2014年的1.5万余户，增加了14倍；人均贷款额/人均GNI在2007～2011年逐年增加，随后虽然有所下降，但均保持在平稳水平。从这三个指标来看，南充美兴成立至今，对弱势群体的服务广度持续扩大，服务深度也有所提高。

从财务可持续性看：南充美兴的生产效率呈上升趋势，有效客户数从成立初期的62个增加到2014年的139个；管理效率在10％小幅波动，近年呈上升趋势；ROE逐年上升，2011年后均保持在10％以上。从这三个指标来看，南充美兴实现了财务可持续，且其可持续能力有不断提高的趋势。

可见，南充美兴的覆盖面和财务可持续性均有所提高，双重目标得以较好的兼顾。近年来，南充美兴的成功经营吸引了众多同行的考察学习以及海内外多家银行及投资机构的合作兴趣。南充美兴蝉联2011年、2012年、2013年"中国小额贷款公司竞争力100强"，蝉联2010年、2011年、2013年"中国小额信贷机构最佳社会责任奖"等奖项，在微型金融行业享有广泛的知名度和美誉度。

二、微型金融机构的目标瞄准——社会绩效管理

对于 MFIs 来说，扩大对弱势群体的覆盖面是其与生俱来的使命；相比之下，财务可持续能力更像一种约束（Robert S. Kaplan，2013）。MFIs 通过实施社会绩效管理瞄准覆盖弱势群体的社会目标，履行社会责任，逐渐成为新共识（孙正平，2011）。

那么，南充美兴是如何实施社会绩效管理的？南充美兴的社会绩效管理始于 2010 年 11 月，旨在通过实际行动，以符合社会普遍价值观的方式体现扶持弱势群体的社会使命。围绕社会使命，南充美兴将社会绩效管理的目标群体扩大到客户、股东、员工、社区、环境五大群体，通过客户服务、员工发展、环境保护、社区互动、投资者关系五个构面的内容，将各利益相关方纳入社会绩效管理体系中，以有效瞄准社会目标，避免出现目标偏移（见图 9-1）。

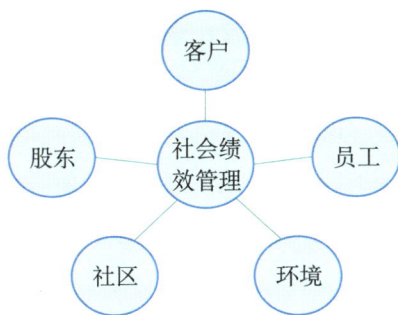

图 9-1 南充美兴绩效管理的五个利益相关者

资料来源：南充美兴社会责任章程（员工手册）。

南充美兴不仅提出上述理念，而且将其落实到日常管理中。具体做法有：第一，成立了专门的社会绩效管理部门，针对社会绩效目标设置流程，将其转化为实际行动。第二，通过会议、培训、宣传等途径，将公司使命为全体员工所熟知。我们发现上至总经理，下至普通员工，都能够结合自身岗位职责，非常清晰地阐述公司使命和社会绩效的内容和要求。第三，为保证社会绩效管理的落地实施，设置社会绩效细化指标（见表 9-3）并进行分析，检测各流程的实施效果。

表 9-3 南充美兴社会绩效指标及分解

	指标名称	指标定义	考核方式
客户	贷款发放速度	贷款在 3 天之内发放的比例	定量
	续贷率	贷款在不同期间内续贷的比例	定量
	产品使用率	客户使用不同产品数量的比例	定量

续表

	指标名称	指标定义	考核方式
客户	普惠金融占比	新增客户在与美兴合作之前从未在其他金融机构贷款的比例	定量
	非银行客户占比	客户在与美兴合作之前从未与其他金融机构有过合作的比例	定量
社区	客户营业额增长	客户在美兴贷款期间的营业额增加了25%的比例	定量
	客户所雇员工的增长	客户在美兴贷款期间所雇用的员工增加了10%的比例	定量
员工	员工培训率	员工在过去的12个月之内接受过培训的比例	定量
	员工离职率	员工在过去的12个月之内离职的比例	定量
环境	环境影响	贷款对环境产生影响的比例	定量
股东		以季度为单位报送股东社会绩效报告	定性

资料来源：南充美兴社会绩效报告。

2014年5月，国际评级公司沛丰评级公司（Planet Rating）对南充美兴的社会目标实现情况进行评价，最终评定为4-（最高为5+，但目前还未有公司取得5+），这是其在中国公司中颁发的最高评价等级，充分肯定了南充美兴的社会目标实现情况。

三、微型金融机构双重目标的平衡机制

尽管实施社会绩效管理有助于瞄准社会目标，但在实践中，基于制度性缺陷或经济利益诱致等因素，一些MFIs仍然会经常出现过度关注财务目标而偏离社会目标的现象。中国的监管制度规定小额贷款公司不得吸收公众存款。因此，小额贷款公司的资金主要来源于自有资金。在这样的信贷资源约束下，服务深度和服务广度的平衡问题尤为突出。

那么，南充美兴是如何兼顾双重目标的？我们发现，南充美兴构建了兼顾双重目标的内在机制（见图9-2）。一方面，在信贷资源约束的情况下，通过平衡服务深度（人均贷款额/人均CNI）和服务广度（活跃贷款户），不断提高扶持弱势群体的覆盖面，实现社会目标；另一方面，在人力资源约束的情况下，通过平衡生产效率（活跃客户数/信贷员数）和管理效率（（人均贷款成本＋贷款损失预提费用）/总贷款额），在有效控制经营成本的前提下，以利率为杠杆获取财务盈利，实现财务目标。平衡，可谓是其中的关键要素。

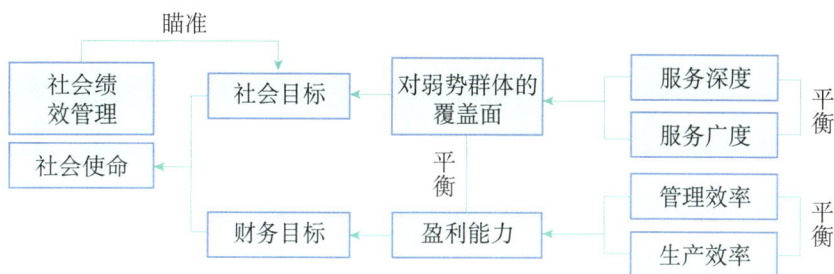

图 9 - 2　南充美兴双重目标平衡机制

（一）服务深度和服务广度的平衡

作为无法吸收公众存款的小额贷款公司，如果在有限的资本金内过分逐利，必然会偏离公司最初的价值目标和市场定位。南充美兴的经验主要有：

（1）平衡信贷额度配给。一方面，南充美兴在贷款限额内（信用最高限额 50 万元），按照贷款额度对客户进行分层管理（5 万元之内为微型贷款，5 万～15 万元为小型贷款，15 万元以上为中小型贷款）。根据放贷笔数而非额度对员工进行绩效考核。在总额度上设定一个"大额贷款"上限，即每月单笔超过 10 万元的贷款不能超过总贷款余额的 25％，以此制止员工过分逐利的冲动，鼓励员工拓展客户数量。另一方面，南充美兴加入"斯玛特客户保护认证"（Smart Campaign）、"微型金融客户保护联合行动原则"，根据客户在南充美兴的信贷历史记录给予评级（由高到低分为 AA、A、B、C、D 五个等级），根据客户的评级结果和实际需求，逐步调整授信额度，避免客户过度负债。这样一来，短期内可能无法体现效益，但是伴随着客户跟公司一起成长，长期效益就体现出来了：南充美兴的客户续贷率接近 50％；续贷客户中 70％的客户较上次增加了信贷额度。正是凭着这样的"投资"眼光，南充美兴以"慢"换"快"，不断拓展客户广度，夯实客户规模（见图 9 - 3）。

（万元）

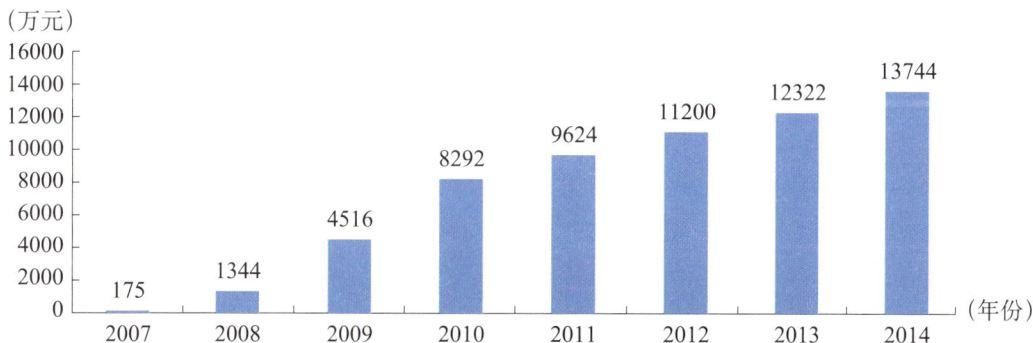

图 9 - 3　历年贷款笔数发放情况

资料来源：南充美兴社会服务报告（2014）。

（2）平衡信贷产品类型。虽然南充美兴的主要信贷产品"美商贷"、"美易贷"已经能够满足大部分目标客户的需求，但为进一步扩大服务范围，在此基础上又推出了"装修贷款"、"货运贷款"、"创业贷款"、"助学贷款"、"环保贷款"等产品。例如，南充美兴经营范围主要在南充三区六县，这些地区大部分属于城乡接合部。随着地方新农村建设，不少征地农民虽然得到政府补偿的新房，但因为没有一技之长难以找到工作，而面临贫困的威胁。为此，南充美兴适时推出"创业贷款"，重点支持这部分客户，以此将客户及其家人本可能沉没的人力资本与货币资金结合起来，快速改变其贫困状况，取得了良好的扶贫效果。2015 年初，南充美兴进一步推出"环保贷款"，重在支持构建沼气池、购买太阳能热水器以及从事其他节能减排和环境保护的项目。

此外，南充美兴设置伤残贷款指标（约占信贷总额的 0.5%），专门用于鼓励信贷人员拓展长期被传统金融排斥在外的伤残客户，提高对弱势群体的覆盖面。

（3）平衡信贷环境效益。南充美兴注重贷款的环境效益，坚决拒绝世界银行国际金融公司的《限制清单》中涉及的行业（见表 9 - 4），并根据贷款的环境影响分为 A、B、C 三个等级。其中，A 类为严重不良影响，B 类为中等不良影响，C 类为对环境影响较小或无不良影响。截至目前，发放贷款中 B 类和 C 类的占比达 95% 以上。贷款发放之后信贷人员会定期拜访客户，跟踪贷款项目对环境的影响情况。

表 9 - 4 限制行业清单

序号	禁止行业
1	涉及强制性劳动或雇用童工的生产或行动
2	生产或交易任何违反国家法律法规或国际条约与协议，或触犯国际禁令的产品及上述违法行为
3	香烟的生产和交易
4	涉及武器、军火和弹药的生产和交易行为
5	酒精饮品的生产和交易
6	从事赌场、赌博或同性质企业
7	社会及 CITES 规定的野生动植物及其产品的交易行为
8	放射性物质的生产和交易
9	未黏合的石棉纤维的生产和交易
10	设计商业伐木作业等行为
11	含有 PCBs 物质的产品的生产和交易行为
12	大量危险化学品的生产、贸易和交易行为
13	涉及国际禁令管制下的药品的生产和交易行为
14	涉及国际禁令管制下的农药和除草剂的生产和交易行为
15	涉及国际禁令管制下的破坏臭氧层物质的生产和交易行为
16	涉及使用超过 2500 米长度的渔网进行海洋捕鱼的行为
17	在原住民没有完全同意的情况下，侵占其拥有土地，或裁决而进行开采或其他活动

资料来源：南充美兴社会责任章程。

就这样，南充美兴通过良好的商业治理、风险控制和业务规模的扩展，有效地平衡了服务深度和服务广度，从而撬动更多的资本，获取长期而稳定的商业回报。

（二）管理效率和生产效率的平衡

在总贷款额一定的前提下，信贷风险控制得越好，管理效率就越高；在活跃客户数一定的前提下，信贷员人均管户数越高，生产效率就越高。可见，管理效率与生产效率的平衡，实质是人力资源投入与信贷风险控制之间的平衡。

（1）平衡人员配置与风险控制。南充美兴结合区域特点，在引进法国美兴集团的微贷模式时，做了大量本土化改进，将以前以硬性指标（财务指标）为主、依赖计量分析的版本改为硬性指标和软性指标（非财务指标）并重的模式。将各种贷款申请和评估文件进行专门设计，信贷员根据表格内容对客户进行评估之后，贷款审批人员可以不用上门现场评估也能对客户情况做出准确的判断，很大程度上提高了生产效率，节约了运营成本。

另外，这种风控模式主要依靠信贷员的人工评估和贷款审批人员的判断，因此对人员的数量和素质要求都比较高。在长期实践中，南充美兴建立了自身独特的人才观，认为小微信贷业务是一个坚持长期积累客户的过程，个人的"关系"、"资源"都是有限的，而肯吃苦、人踏实、善交流、有上进心，才是选人的核心。因此，招聘时较为偏爱有过一定社会经历甚至遭受过挫折、正处于困境或家庭负担较重的应聘者。这样从招聘环节就确定了成员基调，减少了日后摩擦。新员工入职后，安排3个月的封闭式培训，使其快速融入团队。在为员工提供具有竞争力和激励性的薪酬福利体系的同时，搭建了包括后备人才、中层管理者及精英人才的阶梯式人才培养渠道。南充美兴目前的182个员工中，90％来自南充本地，员工离职率低于10％，高层管理者100％来自一线队伍的客户经理。完善的人力资源管理体系有效地提升了南充美兴的管理效率。

（2）平衡流程设置与风险控制。对客户的评估过程由信贷员人工完成，如何控制信贷员的道德风险成为摆在面前的一个关键问题。南充美兴通过摸索，建立了"主协办双人尽调"模式，选拔能力突出的信贷员担任小组长，配备其他信贷员组成一个小组。小组的每个贷款项目均配备主办、协办两位信贷员（小组长为主办信贷员），负责做好客户的贷前调查、贷中审查、贷后管理。小组长既是团队管理者，又是专职贷前调查人员，还要帮助其他信贷员做好信贷业务。对小组长的考核以该团队总体业绩为依据，偏重于贷款户数和贷款质量。双人贷前调查完成后，按照申请额度的不同，可由信贷员独立审批完成或报信贷委员会评审（信贷委员会按照审批权限不同分为三个级别）。

这样一来，既发挥了主办信贷员的业务优势，督促其对协办信贷员进行"传、帮、带"，又能够对主办、协办信贷员双方形成制衡，达到了提高效率和风险控制的双重效果。目前 110 个信贷员管理着 1.5 万多个客户，人均管理 140 户，不良贷款率仅为 0.34%。

（三）覆盖面和盈利能力的平衡

作为以发放小额贷款为主的小额贷款公司，贷款的价格——利率对其盈利能力具有至关重要的作用；但如果利率定价过高则会损害目标客户的利益，影响扶贫效果。目前，南充美兴分期还款类贷款占全部贷款的 80%，执行 1% 的月利率，并在贷款发放时按贷款金额的 1% 一次性收取手续费用，实际年化利率 22.32%；整贷整还类贷款占全部贷款的 20%，执行 1.6% 的月利率，实际年化利率 19.2%。同期，当地其他小贷公司月利率分别在 1.25%～2.5%；商业银行的年化利率分别在 8.95%～15.6%。可见，南充美兴利率定价高于商业银行，在小贷公司中属于中等。

调研发现，南充美兴较高的利率定价很大程度来源于贷款成本。一是人工成本较高。与坐台制的商业银行不同，为向客户提供"短、频、快"和方便快捷的信贷服务，南充美兴的信贷员会到客户家放款。而且，为减少客户的还款负担、降低风险，往往是一周或一个月收一次款，一笔贷款要收 12～50 次款，操作成本大大增加。二是商业银行的贷款额度大，一笔贷款可能是几百万元甚至上亿元。而南充美兴的平均单笔额度为 4 万元左右，但是操作成本却几乎是相同的，因此大大增加了贷款成本。三是资金来源不同。南充美兴无法吸收公众储蓄，只能通过支付股利或借外债的方式来吸收资金，资金成本较高。四是风险成本。南充美兴 90% 以上的贷款为信用贷款，风险比抵押贷款（商业银行开展的小微业务多数要求抵押担保）大得多。

弱势群体可以接受这样的利率定价吗？答案似乎是肯定的。小额生产投资一般具有很好的现金流。正常情况下，收益能够覆盖借款成本。特别是对于农民来说，农耕活动季节性强，向南充美兴借款以在农闲时经营生产项目，并不占用时间成本，却能产生额外的收益。此外，南充美兴贷款定价公开、透明，没有隐形的、额外的相关费用支出，且在放款效率、服务专业度方面都具有优势。例如，实行客户保护条例，禁止信贷员在催收过程中辱骂或强迫客户等。这些都构成了南充美兴的"软实力"。南充美兴极低的不良贷款率、逐年持续递增的客户数量和较高的客户满意度（见表 9-5）验证了其在利率定价和覆盖面之间的平衡。

表 9-5　南充美兴客户满意度调查结果　　　　　　　　　　　单位：%

调查项目	2012 年	2013 年
美兴印象	90.60	94.00
贷款产品	93.00	98.00

调查项目	2012 年	2013 年
贷款流程	89.30	92.60
服务质量	78.00	79.80
员工专业度	98.00	99.80

资料来源：南充美兴市场部客户满意度调查报告（2012，2013）。

综上所述，南充美兴围绕扶持弱势群体的社会使命，以社会绩效管理为手段，较好地平衡了服务深度和服务广度、生产效率和管理效率、利率定价和覆盖面。因而，南充美兴赢得了当地政府和民众的尊敬和信赖，给自身带来了正面影响力，增加了信用程度并争取到更多融资机会。2013 年，成功取得四川省商务厅批复，同意其增加投资总额至 3 亿元，并成功融得海外资金 1900 万美元；2014 年，获股东增资 5000 万元达到注册资本金 1.5 亿元，并利用财务杠杆引进外债 16960 万元，保证了业务的快速增长和市场的需求，进一步实现了财务盈利能力的可持续发展，也较好地兼顾了扶持弱势群体的社会目标和可持续发展的财务目标。

四、结论

（一）平衡兼顾双重目标

可持续发展的财务目标与服务弱势群体的社会目标是 MFIs 追求的双重目标。然而，可持续发展的财务目标与服务于弱势群体的社会目标会产生矛盾。这种矛盾的本质和根源是公平和效率的矛盾。从南充美兴的实践中我们发现，兼顾双重目标重在"平衡"二字。首先，平衡是一把尺度。它既是发展目标或计划在时间和空间上的平衡，又是执行计划时资源供应的平衡。其次，平衡是一种态度。MFIs 首先应牢牢把握服务弱势群体的社会使命，进而在商业化的环境中探索可持续的发展路径，这既需要理念上的认识到位，又需要实践中的摸索总结。最后，平衡是一种舍得。作为兼具双重目标的 MFIs，在业务发展中更应该注意有所为有所不为，损害环境的、客户的，不利于长期发展的，即使短期内能够带来财务效益，都应该坚决地舍弃。

（二）实施社会绩效管理

社会绩效管理对实现 MFIs 可持续发展而不偏离其宗旨和目标具有重要的作用和意义，既是实现双重目标的内在需求，也是平衡推进双重目标的动态过程。MFIs 实施社会绩效管理的作用和意义，可通过对客户、员工、社区、环境、股东等不同构面表现出来。南充美兴社会绩效管理的借鉴意义主要在于：首先，社会绩效管理和评估是一个复杂的系统工程，不同利益相关者对此有不同的诉求，并以不同的形式参与评估。在一定程度上，引入国际组织借鉴其先进经验，采用标准化的社会绩效体系有利于中国 MFIs 的发展。其次，中国的 MFIs 近年来取得了长足发展，但仍需进一步构建和完善社会绩效评价体系并细化操作流程，使财务目标和社会目标完成情况可以清晰、规范地进行评价和披露，以赢得更好的社会认同和发展环境。

（三）完善市场配套措施

MFIs 想要获得更大的发展，让更多的被正规金融排斥在外的贫困、低收入人群获得发展机会，促进普惠金融体系的建设，离不开政策配套环境的发展和完善。一方面，引导市场竞争机制发挥作用，建立健全 MFIs 资金进入和退出机制，通过市场手段方法约束和规范 MFIs 的发展；另一方面，结合经济社会发展和微型金融实际，完善法律法规、评级分类、规划编制等配套措施，为微型金融的长足发展奠定良好的市场基础。

综上所述，MFIs 的长足发展要求其必须重视兼顾双重目标，这也是其获得投资、政策和制度支持的重要前提。本研究以南充美兴为例，探讨 MFIs 如何兼顾双重目标，对于正在飞速发展的中国微型金融而言，所做的努力和探索还远远不够，唯以期取得抛砖引玉之效果。

主要参考文献：

［1］James Copestake. Mainstreaming Microfinance：Social Performance Management or Mission Drift？［J］. World Development，2007，35（10）：1721 – 1738.

［2］Era Dabla-Norris，Yan Ji，Robert Townsend，D. Filiz Unsal. Identifying Constraints to Financial Inclusion and Their Impact on GDP and Inequality：A Structural Framework for Policy［Z］. IMF Working Paper，2015.

［3］Abraham A.，N. Pavoni. The Ecient Allocation of Consumption under Moral Hazard and Hidden Access to the Credit Market［J］. Journal of the European Economic Association，2005，3（2 – 3）：370 – 381.

［4］Jonathan Morduch. The Microfinance Schism［J］. World Development，2000，28：617 – 629.

［5］Yaron Jacob. Successful Rural Finance Institutions［Z］. Discussion Paper No. 150，Washington D. C.：World Bank，1992.

［6］Robert S. Kaplan. Case Study Research Design and Methods［M］. SAGE Publications，Inc，2013.

［7］何广文. 县域经济更需要本土化的金融服务［J］. 农村金融研究，2013（1）.

［8］利率上限与小额信贷［Z］. 世界银行扶贫协商小组（CGAP），2004.

［9］周孟亮．我国小额信贷社会绩效评价指标设计研究［J］.农村金融研究，2011（2）.

［10］张正平，郭永春．小额信贷机构目标偏离影响因素实证研究——基于固定效应模型的检验与比较［J］.财贸经济，2013（7）.

［11］孙良顺，周孟亮．小额信贷机构使命偏移研究述评［J］.西北农林科技大学学报（社会科学版），2014（5）.

［12］何剑伟．小额信贷商业化中的目标偏移——一个理论模型及西部小额贷款公司的经验研究［J］.当代经济科学，2012（7）.

［13］张正平．微型金融机构双重目标的冲突与治理：研究进展述评［J］.经济评论，2011（5）.

［14］张正平，王麦秀．小额信贷机构能兼顾服务穷人与财务可持续的双重目标吗？——来自国际小额信贷市场的统计证据及其启示［J］.农业经济问题，2012（1）.

第十章 破解中小企业 (SMEs) 融资困境的探索：第三方互助联盟

——对郑州"3＋1"诚信联盟的案例研究[①]

【摘要】中小企业融资难问题是困扰中小企业发展的瓶颈。郑州"3＋1"诚信联盟以善·诚信理念为引导，以诚信积分和风险评价为手段，通过引导会员企业做"自组织"的管理，实现贷后风险控制。初步形成了一个具有控制、化解与承担中小企业信贷风险功能的金融服务组织。"3＋1"诚信联盟通过有效管理第三方代理组织的做法，为破解中小企业融资难问题提供了宝贵经验。

"融资难"、"融资贵"一直是困扰我国中小企业发展的瓶颈。面对这些缺乏抵押物、经营期短、财务信息不完整、管理不规范、稳定性差、风险高的企业的借款需求，银行往往"避而远之"。由于不稳定性问题，中小企业的融资难问题可能比微型企业更大。如何有效解决中小企业融资难，给这部分对我国 GDP 增长、就业增长、创新增长有巨大贡献的企业群体以资金支持，一直是政府努力解决的问题，也是众多致力于中小企业贷款的金融机构苦苦探索的问题。

本章希望通过对河南郑州"3＋1"诚信联盟——一个介于银行和中小企业之间的第三方非营利组织的研究，探讨第三方组织在解决中小企业融资难问题的模式创新。

本案例研究将围绕对郑州"3＋1"诚信联盟的定位、运营模式、文化理念、运营效果以及持续发展展开。

---

① 本案例的写作得到郑州"3＋1"诚信联盟的大力支持，在此表示感谢。

一、中小企业融资与银行贷款中的"痛点"（Niche）

中小企业是一个特殊的群体，它们的规模不大，但也不"微"。按照世界银行口径（人数、销售收入、贷款额度），中小型企业处于雇用人数在 10～300 人、销售收入在 500 万～3000 万元，银行贷款在 100 万～500 万元的水平之间[①]。

中小微企业的划型标准：按雇员数目

类型	世界银行	中国
中型企业	50~300人	100~300人
小型企业	10~50人	10~100人
微型企业	<10人	<10人

中小微企业的划型标准：按销售收入数目

类型	世界银行	中国
中型企业	300万~1500万美元	3000万~3亿元（约500万~5000万美元）
小型企业	10万~300万美元	500万~3000万元（约80万~500万美元）
微型企业	<10万美元	<500万元（约<80万美元）

中小微企业的划型标准：按贷款规模

类型	世界银行	国内银行
中型企业	10万~100万美元	>500万元（约>80万美元）
小型企业	1万~10万美元	100万~500万元（约15万~80万美元）
微型企业	<1万美元	<100万元（约<15万美元）

- 2011年7月，中国政府颁布了新的《中小企业划型标准规定》，首次将"微型企业"纳入中小企业范畴
- 然而，中国对小微企业的划型标准仍然明显高于国际惯例，尤其是按照贷款规模衡量
- 国内商业银行迫于政策压力扶持小微企业，实际动作又主要服务于大中型企业，所以只能在"划型标准"上做文章
- "划型标准"的差异导致我国面向小微企业的扶持政策，在目标的针对性和实施效果上均受到影响

图 10 - 1　世界银行对中小微企业的划分标准

资料来源：郑自强. 对发展中国小微金融体系的总体思考［R］. 中国人民大学"小微金融研究中心"工作报告，2014.

从企业特点看，相较于微型企业，中小企业处于发展扩张中的变化点、管理档次上的转折点，因而有更大的不稳定性和风险性；相较于大中型企业，中小企业的资金实力、技术实力、市场规模均处于下游，缺乏抵御行业波动和宏观经济波动的能力，风险较高。无论比上还是比下，中小型企业均处于风险高的阶段。

从银行（投资人）角度看，中小企业可抵押的资产少，信息透明度低，银行缺乏抵御贷款损失的手段；中小企业的利润水平不高，难以承受高贷款利率，银行难以通过高利率覆盖风险。因此，中小企业相比大中型企业和微型企业，是更加不受银行等金融机构欢迎的企业，中小企业融资更难。

据研究，中小企业融资困境问题在发展中国家尤其严重，以至于在发展中国家出现"消失的中间段"现象——中小企业的贷款规模及数目小于微型企业和大企业

---

　①　国家统计局 2011 年对中小微企业按照 15 个行业、两个口径（营业收入、人员）进行了划分。统计标准略高于世界银行。

（Ayyagari et al., 2003）（见图 10-2）。

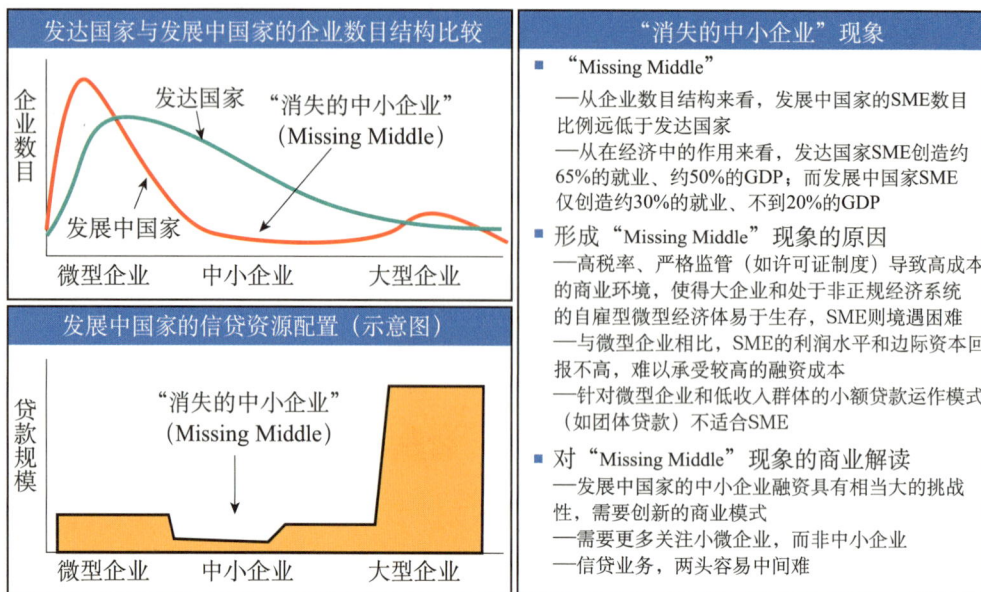

图 10-2 中小企业融资难与"消失的中间段"现象

资料来源：郑自强. 对发展中国小微金融体系的总体思考［R］. 中国人民大学"小微金融研究中心"工作报告，2014.

如何解决中小企业融资难的问题？实践中不乏各种创新性的做法，如通过担保、联保、小组借贷方式、互助合作社等办法替代抵押贷款方式，依靠声誉机制、借款人之间的联合保证和相互制约，填补因缺乏抵押物带来的风险控制缺失问题。但这些办法多数是由贷款人（如银行）直接实施或者在贷款人倡导下由借款人组织实施。实施过程中也有很多问题，如无法避免联保人之间的"风险传染"、"道德风险"[①]、组织贷款的效率不高等问题，影响了上述方法对于信贷风险的控制效果。

为什么由银行等投资人发起的联保、小组借贷等借款人联合组织不能有效发挥控制风险的作用？回答这个问题可能比较复杂，但有一点是肯定的，即贷款人委托借款人自己管理自己时，在监督不到位的情况下非常有可能发生严重的委托代理问题，表现为"道德风险"或者"放任自流"。银行等专业贷款机构需要面对众多借款人，无暇对其发起的借款人联合担保组织投入大量精力管理，使这些组织在一定程度上失灵。

如何找到一个有效的办法帮助解决联保互助组织的委托代理问题，有效控制中小企业贷款中的信用风险控制问题？这既是中小企业融资与银行贷款中的"痛点"（Niche），也是一片待开发的"处女地"。

---

① 指某个联保成员在加入联保组织时向其他成员隐瞒经营风险问题，如在多家银行借款形成高杠杆。提高其他成员保证金损失的可能性。

郑州"3+1"诚信联盟的做法，是通过第三方组织介入并对借款人联合组织进行精细有效的管理，解决中小企业贷款中联保互助组织的委托代理问题，实现有效识别风险、控制风险、化解风险和转移风险。

二、定义郑州"3+1"诚信联盟

郑州"3+1"诚信联盟是 2013 年 7 月成立的。在做这个案例研究时，我们感到精准定义郑州"3+1"诚信联盟的性质并不是一件简单的事情。根据联盟创始人与总负责人邢勇的定义，诚信联盟是一个"在政府指导下，与金融机构合作，为小微企业提供融资服务、俱乐部式的银企诚信共赢平台"。但这似乎囊括了太多的内容，也寄托了邢勇对联盟作用的更多期许。

第一层理解：为什么是"联盟"？

按照联盟目前的主要工作，我们将其定义为一个介于银行等金融机构和中小企业间的第三方非营利组织，该组织通过联合担保等方式帮助银行进行风险管理，为企业实现融资（见图 10-3）。

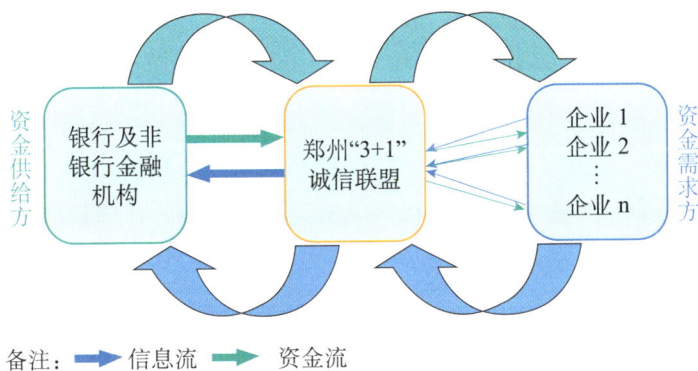

图 10-3　联盟与金融机构、企业的关系

所谓第三方，是指"3+1"诚信联盟既不是放贷银行的派出机构，也不是借款企业，而是处于中间地位的第三方组织的非营利实体。从借款企业的角度看，该实体的工作内容是帮助自己获取经营发展必需的资金，相当于是借款方的受托人；从银行贷款方的角度看，该实体则帮助自己承担、化解对中小企业放贷的风险，相当于是贷款方的受托人。从这个意义上说，联盟具有双重委托代理关系（见图 10-4）。

作为银企借贷关系中银行方的代理人，联盟作为借款企业联合担保的代表，对银行承担贷款损失风险，同时通过对借款企业识别风险、控制风险、化解风险、转移风险，实现对企业的贷后风险管理。所以，诚信联盟的工作可以帮助解决银行组建借款

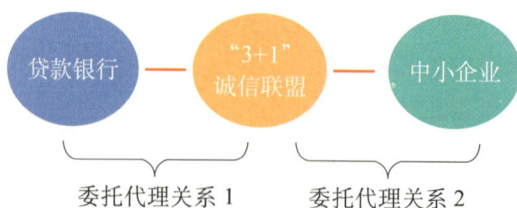

图 10-4 "3+1" 诚信联盟与贷款银行和中小企业间的双重委托代理关系

企业联合担保、互助组织时出现的两个难点——运作成本高与受托人自我约束失灵，进而解决银行与借款企业联合组织之间的委托代理问题。

作为银企借贷关系中的企业方代理人，联盟可以帮助中小企业克服融资难困境，并通过风险管理和其他管理服务帮助企业改善经营、降低融资成本。虽然"3+1"诚信联盟具有双重代理人的身份，但两个身份并不是并列的，从联盟对自己的定位看，其根本立场还是为中小企业服务，是要打造一个"以资金为引领的，帮助中小企业互助共赢的平台"。

同时，联盟将自己定位为一个非营利组织，以彰显其服务而非营利的特点，并规范自身行为，更好地实现服务中小企业的目标。

如果从管理模式看，"3+1"诚信联盟在银行借贷活动中事实上发挥了第三方担保公司的作用。但如果这样理解联盟，并将其归类于担保公司，就过于简单化了，因为"3+1"诚信联盟的初衷和终极目标不是一个单纯做金融交易的担保机构，而是做一个服务于中小企业、引导中小企业实现互助共赢、与中小企业共生共长的"企业之家"。为此，诚信联盟投入大量时间精力于该组织的模式设计、机制设计、文化建设，以求形成一个能够识别风险、控制风险、化解风险、转移风险，在风险管理中实现企业发展壮大的联盟组织。

第二层理解：为什么是"诚信联盟"？

"3+1"诚信联盟的创始人邢勇坚信即便在借贷这种赤裸裸的金钱交易中，依然有诚信可言，唯有诚信，才有久远。因此，联盟高举诚信的旗帜，引导会员诚实守信、自觉自律。通过合理的制度设计，形成对诚信者有奖励、对失信者有惩罚的模式，实现联盟成员共生和发展。所以，"诚信"始终是"3+1"诚信联盟实现其愿景的理念保证，也是其"企业文化"。

第三层理解：为什么是"'3+1'诚信联盟"？

至于联盟名字中"3+1"的内容，则蕴含了中国道家思想的智慧。按照邢勇的解释，"3+1"取意于老子《道德经》中的"一生二，二生三，三生万物"。其中，"三"

具有绵延不断、涵容兼蓄的精神，而"一"是基础，是大道。"3＋1"体现了联盟创始人对联盟绵延生息、涵容并蓄的发展追求。的确，从"3＋1"诚信联盟的运营模式上看，"3"指政府、金融机构、中小企业，"1"指联盟组合。联盟的工作规则、组织架构、工作流程等，也均体现了"3＋1"数字组合的精心设计。"3＋1"诚信联盟的标志如图 10-5 所示。

图 10-5 "3＋1"诚信联盟标志

从"3＋1"诚信联盟的定位和理念中，可以感受到联盟组织者对于帮助中小企业解决融资瓶颈、助其发展的殷切之情，以及通过弘扬善·诚信理念引导中小企业在借贷交易中守信守约的真诚。但理念的实现必须有合理的制度设计，包括激励与约束的制度，否则诚信理念只能流于空谈。联盟管理者的主要精力放在制度设计上。从 2013 年联盟成立至今两年多的时间内，联盟的经营管理制度不断变革、深化、细化，但始终围绕如何在诚信理念下有效控制信用风险、帮助中小企业融资的中轴线。

三、"3＋1"诚信联盟的运营模式

（一）工作原理

作为一家帮助中小企业实现融资、帮助银行等金融机构管理信贷风险的非营利中间组织，"3＋1"诚信联盟（以下简称诚信联盟）目前的工作（运营）模式是：

（1）从金融机构（目前是郑州银行）获得有确定期限、额度、利率的贷款授权。目前银行统一授权价格为年利率 8.245%（月利率 0.687%），额度为 3 亿元，期限为 2 年。

（2）按照联盟征信评级标准对会员进行筛选，将符合标准的会员企业批量推荐给金融机构，帮助会员企业获得每笔 100 万～300 万元、期限 1 年的信用贷款。对优质会员，联盟会实施最高额授信制度，授信额度最高可达到 1000 万元以内。

（3）联盟与银行协商后形成对企业的放款利率（目前平均 12.245%）。银行授权利率与企业借款利率之差（目前是 4%）是联盟的管理费（其中 1% 进入诚信力量金，1% 作为风险准备金，2% 用作联盟运营）。联盟对企业的风险定价会根据企业的申请和信用资质情况有所差异。贷款利息分月等额偿还，本金在 1 年期期末偿还。

（4）实行担保金制度。目前会员需缴纳的担保金会按照风险定价政策有所不同，在 11%～20% 浮动。担保金在贷款发放前一次性缴纳，直接进入放款银行专门保证金账户。若联盟成员发生逾期，根据不同情况处理不同：若利息逾期，可选择先行由所在分会会长代偿，诚信力量金贴息①返还给分会会长；若本金逾期，联盟先行代偿，再由所在分会通过自我救助机制风险缓释或自我纠错，采取诉讼、非诉讼手段处置。

担保金制度是借款人对信贷损失的集体承担。但如前述，该制度存在"风险传染"的可能性。面对中小企业这个高风险企业群体，如何避免由于担保带来的个别会员违约引致会员企业大面积被"传染"？这是诚信联盟尽全力解决的问题。联盟除了在会员中按行业组织"善·诚信"互助会进行风险监测、互帮互扶，以控制风险和化解风险外，还建立由所有会员企业共同拥有的"诚信力量金"，以逐步替代担保金，实现风险隔离，不让诚信企业受牵连。在没有外部资助的情况下，诚信力量金目前依赖联盟负责人邢勇的个人捐助以及从 4% 的管理费中抽取 1% 的方式累积。诚信力量金正在逐步积累中，目前已入账 125.47 万元。

（二）基于"征信贷"原则的贷款差异化管理

按照邢勇的解释，"征信贷"中的"征信"二字是取自《左传》中的"君子之言，信而有征"，"征信"表达的意思是验证言行。所谓"征信贷"原则，就是联盟根据企业信用资质发放贷款。按照这个原则，诚信联盟根据对企业客户征信评级结果进行贷款利率、金额、期限的差异化管理。

（1）价格差异化。诚信联盟在银行授权的情况下具有自主定价权，即不同会员企业实际贷款成本可以有所不同。按照信用评价从高到低排列，截至 2015 年 7 月联盟会员企业中借款成本最低为 10.8%，最高达到 13.8%，贴息后最低借款成本为 8.1%。差异化定价的做法不仅用于贷款发放，而且用于贷后管理——联盟根据企业的诚信表现和经营状况定期调整评价结果。联盟为此设计了一套详细的积分标准。价格差异化的目的是控制信用风险。

（2）额度差异化。联盟对经营良好、有足额抵押物并接受联盟共同监管资产账户的优质会员群体实施最高额授信。这意味着符合最高授信额度的会员有融资需求或遇外界融资困难时，联盟会牵头组织融资，资金可以来自银行，也可以来自联盟内部周转资金或会员内部多余资金。最高授信额制度可以增加会员黏稠度，保证联盟及会员的资金安全。额度差异化管理的效果除了以激励会员自律的方式达到控制信贷风险的目的以外，还通过调剂会员企业资金余缺（相当于内部资本市场），提高了资金的使用效率。

---

① 贷后补贴利息，最低可补贴至银行基准利息。详细说明见后文。

按照图 10-6，诚信联盟作为一个平台，在投资人端可以接入多家金融机构。这种做法既可以避免因为某家银行改变信用政策，如抽贷，给会员企业带来的债务风险，帮助降低企业财务风险，提高联盟承担风险的能力，也可以提高联盟代表会员企业对投资者的议价能力，有助于降低企业的融资成本。

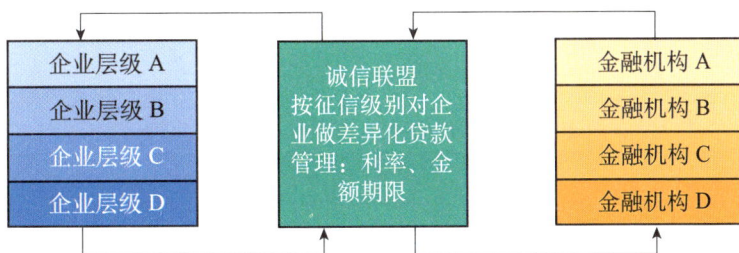

图 10-6　差异化管理的层级池示意

（三）联盟运营情况

从 2013 年 7 月至 2015 年 7 月，联盟已有会员 665 个，其中有 159 家企业通过审批获得贷款，放款累计总额 4.02 亿元，约放款 260 笔。平均每笔贷款金额 155 万元，属于典型的中小企业贷款。借款企业分布于 15 个行业，商贸企业居多。所有企业均是郑州当地企业。

联盟于 2014 年出现两起违约，已经进入诉讼程序；2015 年新增两起不良，目前正在处置，现仅代偿利息。现联盟实际不良率为 2.38%。

鉴于中小企业的高风险性质，尤其在当前经济下行期中小企业经营的艰难性，对于以中小企业为服务对象并且是非跨地区经营的诚信联盟来说，将不良率控制在 2.38% 已经是很不容易了。需要注意的是，联盟 2014 年的两起违约有欺诈性质，当时诚信联盟的风险控制体系建设刚刚起步。2015 年的两起违约主要是由经济下行、企业经营不佳导致的无力还贷。从违约性质的变化可以看出联盟风控体系建设开始取得一定成效。

考虑到建立一套以诚信激励为主导的风险控制体系需要时间，诚信联盟严格控制贷款规模的扩张速度，从严把握入选客户的标准，在联盟成立后的第一年，贷款客户只增加了 60 家。从第二年开始，风控制度逐步完善，也只增加了 99 家贷款企业。在这段时间，向诚信联盟提出入会申请和借款申请的企业有 462 家。如果说诚信联盟的收入来自管理费，出于盈利的目的，联盟有极强的动机快速扩张贷款额，也有极方便的机会实现扩张。诚信联盟没有这样做，一方面体现了其不以盈利为目标的经营宗旨，另一方面表现出其完善制度的耐心和控制信贷风险的决心。

诚信联盟的平均"受托"贷款利率为 12.3%，贷款不良率为 2.38%，从价格覆盖风险角度看，如果与其他从事中小微企业贷款的金融机构相比，诚信联盟的定价似乎太低了。

从表10-1可以看出，诚信联盟的贷款利率与其承受的风险相比，溢价程度在所有样本中相对最低。即便诚信联盟不以盈利为目标，但与扶贫组织中和农信相比，依然偏低。如果要实现可持续发展，在不提高利率的情况下，就需要努力控制成本，包括降低贷款损失成本。这是诚信联盟必须攻克的一道坎。

表10-1　平均贷款利率的风险覆盖程度比较

金融服务机构	单笔贷款平均额度（万元）a	平均贷款利率（%）（复合年率）b	贷款不良率（%）（30天以上逾期）c	价格的风险覆盖度 d≈b−c
民生银行	155	9～15	1.17	较高
台州银行	45	12	0.37	高
中和农信	1.2	13.5（26.8）	0.27	高
南充美兴	4	13.44（26）	0.34	高
"3+1"诚信联盟	155	12.28	2.38	较低

注：①资料来源于案例调查。
②复合年率是按照分期等额偿还本息做法计算的实际贷款利率。

四、诚信联盟的贷款流程

"3+1"诚信联盟的管理理念和制度设计完整地体现在贷款发放与管理过程中。联盟工作通过"三中一部"的组织架构进行。

（一）诚信联盟的组织结构

所谓"三中一部"，即联盟的银企合作中心、会员管理中心、风险处置中心和综合管理部（见表10-2）。"三中一部"覆盖了联盟的所有组织机构。三个"中心"是具体业务的经办部门，综合部起到综合协调的作用。三个"中心"中，银企合作中心负责与银行信贷部门合作，共同选出符合贷款标准、可以放贷的企业；风险管控中心负责贷前、贷中、贷后的所有风险衡量、监测、评价工作；会员管理中心负责对会员的日常管理和服务，其工作目标是帮助形成会员间的互律和互助，通过"自组织"实现风险控制。这也是诚信联盟最有特色的部门。

表 10－2 "3＋1"诚信联盟各部门主要职责

分类	中心/部门	主要职责
业务部门	银企合作中心	开发、维护合作金融机构；制定和完善信贷风险管理制度，审批贷款业务，控制风险，确保贷款流程畅通；制定、完善行业贷款模板，为业务开发出具指导性操作意见
	会员管理中心	建立、完善自组织体系，增强会员间黏稠度建设；做好会员贷后风险识别工作，通过自我救助、自我纠错化解企业风险，实现自组织、自管理、自风控、自发展
	风险处置中心	处置贷款风险，让失信企业增加失信成本；建立并完善处置模板；对 C 类会员及产生不良贷款的会员，进行合法督导、催收及处置
后台部门	综合管理部	负责联盟内部人事、行政、财务、信息管理各项工作，满足联盟的各项需求

（二）诚信联盟"3＋1"式贷款流程

"3＋1"的数字规则在贷款流程中的体现是，通过"三中一部"，按照"3 个 3 天加 1 天"的时间表完成放贷（见图 10－7）。

第一个"3 天"是收集资料信息和审核阶段。联盟工作人员要根据对资料的分析得出对企业经营年限、销售额和资产负债率三个指标的判断，并根据三个指标将所有企业划分为三期——种子期、成长期、发展期。每期又分为三级，银企合作中心由此形成初核报告并对申请借款企业给出初步评判。

第二个"3 天"是现场调查阶段。联盟会员管理中心下设的评级部、风险控制中心下设的风控部与郑州银行的客户经理共同组成一个三方联合小组，对被评为成长期或者发展期的企业进行实地走访和现场调查，完成尽调报告。在初核报告与尽调报告的基础上，联盟将被调查企业分为 AAA、AA、A、BBB、BB、B、CCC、CC、C 共 9级。凡是进入 BBB 以上的企业，其申请资料有资格进入联盟内部的审贷会讨论。凡企业在 BBB 级以下者则被要求补充资料，或者追加担保等方式提高自己的信用等级，以期达到 BBB 等级以上，能够进入内部审贷会审核。

内部审贷会由联盟所有职能部门代表组成，根据各个职能部门代表的意见，在达成多数同意的情况下，将企业资料转入联合审贷会做最后审定。

第三个"3 天"是贷款决策阶段。联盟和郑州银行共同组成联合审贷会对内审会通过的企业申请做最后审查。若审查通过，则企业签订与联盟的协议和与银行的贷款合同。由于联盟需要承担所有贷款损失，其审查标准严格程度甚至超过银行。一般通过联盟内审会评审的企业绝大部分（超过 90％）可以通过银行审贷会的审批，但会存在郑州银行认为可以放贷却不能通过联盟内审会的情况。

最后"1天"是完成放款的阶段。企业成为银行借款人，同时也成为联盟的会员。

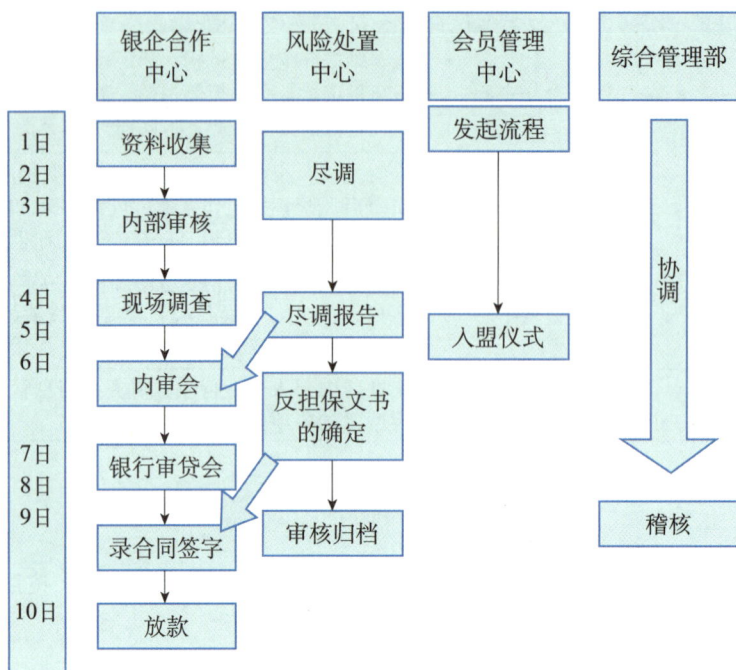

图 10-7 "3 个 3 天加 1 天"贷款流程示意

与微型贷款（50 万元以下）相比，诚信联盟 10 天的放款速度与微贷款相比不算快（微贷放款时间一般为 3～4 天），但与一般中小型企业贷款比较，联盟处于平均水平。由于诚信联盟是银企借贷关系中的第三方组织，其工作的实质还是帮助银行筛选客户、贷款发放后监督管理客户，这使联盟的放贷流程会比银行增加一些环节，延长了贷款审批时间。但尽管如此，诚信联盟将贷款授信时间控制在 10 天已实属不易。根据我们走访企业时的反馈意见，"3×3+1"的贷款效率受到了企业的普遍肯定。

五、善·诚信互助会——联盟会员的自组织机构

企业进入联盟成功获得贷款后，他们不但成为"3+1"诚信联盟的会员，而且也是善·诚信互助会会员。善·诚信互助会是诚信联盟下的一个会员自组织机构：会员们在自己选举出来的优质企业带领下，进行内部自我管理，实现集体帮助下的"自我救助"和"自我纠错"①，以控制风险和化解风险，实现共同成长。

---

① 按照诚信联盟的解释，所谓自我救助，是指企业在日常经营中因不可抗力造成经营问题，并且在满足四个条件（保全固定资产在联盟名下、亲属签署担保协议、承诺联盟利益大于外部利益、选择性还款时优先选择联盟）的情况下由联盟实施的救助。自我纠错是指联盟采取诉讼与非诉讼手段，对风险客户债务进行催收与处置。

（一）善·诚信互助会的理念

善·诚信互助会是诚信联盟运作模式中非常有亮点的地方。这个亮点体现在两个方面：第一，弘扬诚信文化，以遵诚守信的理念激励借款人守约；第二，鼓励互帮互助，建立会员之间的关联，通过"家"文化的影响以及激励制度，实现会员间的互律、互助，在共同发展中控制风险、化解风险。可以说，"3+1"诚信联盟"弘扬诚信、互帮互助"的理念和文化主要通过善·诚信互助会的机制设计与运转实现。

要弘扬诚信文化。按照一般银企关系，借款者（融资人）往往被视为有违约"原罪"。所有信用风险控制手段的目的是防止罪犯犯罪，均体现了严格的监控、制约、惩罚特点。但按照"3+1"诚信联盟的理念，更倾向于认为企业家都有"善"的种子和诚实守信的内在基因，只要小心培育，就能令其开花结果，即激发企业家在借贷契约关系中自觉遵守约定、保证还款付息的原动力。基于这个信念，诚信联盟要求入盟的会员签署遵守诚信的《"3+1"诚信联盟入盟盟约》。同时在机制设计上，引导会员重视声誉、实践诚信。对诚信者有奖励，对失信者有惩罚。

要倡导"用善的理念做助人的事"。企业一旦成为联盟会员，就形成了企业之间的社会联系与经济联系。无论愿意与否，担保金制度本身就将企业自己的利益与他人捆绑在一起，形成"一人犯罪，九族株连"的制约效果。但是与冷冰冰的契约约束不同，诚信联盟通过倡导"用善的理念做助人的事"，将被动牵连变成主动帮助，激发人们助人助己的"善念"和主动行为。这种被动向主动转化会产生不同的效果：通过主动施救帮助陷入财务困境的企业缓解债务困难，提高不良贷款回收率；将被动承担损失转化为：①主动提供帮助，化解风险；②主动监督，提前预警；③主动参与征信，提供同业者的有效信息，提高征信信息的准确度。当然，助人为乐理念的建立也需要有效的激励机制配合，实现"善有善报"。

按照善·诚信理念组织借款人互助会，实际上是通过发挥借款企业的主观能动性，在互帮互助的氛围下实现自律、自强、共生。从风控的角度看，善·诚信互助会不仅有助于分担风险、监控风险，而且有助于化解风险。后者是通过互助会成员对弱势企业的帮扶实现的。善·诚信互助会这种将善恶放在得失之上、将长远利益放在短期利益之上的做法，可换来联盟会员集体更有效和更稳定的发展。诚信联盟的做法体现了追求促进社会公平和谐发展的"好金融"的精神。

表 10-3　联合担保组织中主动帮助与被动担保的风险控制效果比较

	被动担保模式	主动帮助模式
风险监测	无法实现	主动实现
风险分担	被动实现	主动+被动实现
风险化解	无法实现	主动实现

善·诚信互助会的理念可嘉，但更值得关注的是互助会的制度设计，没有好的制度，再好的理念也无法实现。诚信联盟在善·诚信互助会的机制设计上几易其稿，不断创新，初步形成了激励、约束效果。

（二）善·诚信互助会的组织架构

善·诚信互助会下设发展委员会、诚信自律委员会和三一别院（见图10-8）。

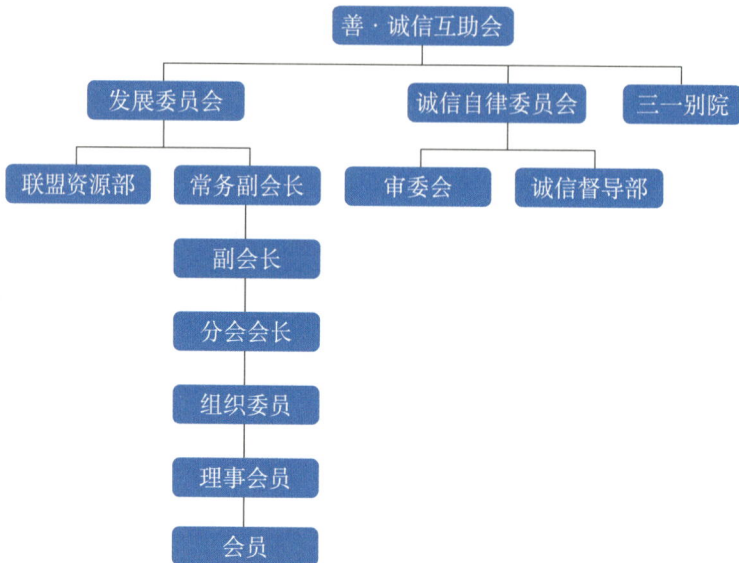

图 10-8　善·诚信互助会的组织架构

发展委员会的主要职责是组织建设互助会。会员的层级结构由低到高依次是：会员、理事会员、组织委员、分会会长、副会长、常务副会长。理事会员为已获得贷款的会员。分会按行业设置，目前共有13个分会，标准分会为10人，分会内部管理为三进一制，即每3位理事会员会有1位组织委员，每3位组织委员会有1位会长。所以互助会会员是联盟会员的核心成员，也是主要的监督激励对象。

诚信自律委员会主要发挥监督会员的"自律"作用，代表全体会员对联盟重点关注的会员及续贷会员进行风险评估、讨论，自律委员会对企业是否续贷、是否增加额度或降低额度有建议权。自律委员会总共有7个委员，委员由自荐或他荐产生，但最终决定权在联盟会员管理中心。目前联盟已经按照自荐和他荐方式，经会员踊跃投票产生了第一届自律委员会委员。

三一别院被称作联盟的"线下俱乐部"，是一个有茶室、咖啡厅等可供会员互相沟通、交流、联谊的场所，也称为会员之家。作为会员之家，三一别院为会员企业提供资源对接和生意洽谈的场所，以方便企业的经营。此外，诚信联盟还以允许优秀会员成为三一别院股东的方式激励会员诚信与互助，股东可以参与分享三一别院的资源。

（三）善·诚信互助会的激励机制

激励机制是落实诚信联盟"诚信、互助"理念的制度保障。诚信联盟对于互助会员的激励机制主要体现在"诚信积分管理"、"诚信力量金"、"退保"三项制度安排上。

1. 诚信积分管理

诚信积分的基本原则是，遵守诚信按时还本付息者、积极参与互助会活动帮助他人者、为风险监控提供帮助者，以及积极配合银行存款结算要求者获得加分。积分从企业成功获得贷款后开始累计。会员原始积分统一为零，以后按照积分规则在原始积分基础上加减。每季度根据会员月平均积分增长值在联盟网站上公示排名。

诚信积分的排名从高到低分为三甲、二甲、一甲和乙四个级别，其中三甲企业占10%，二甲企业占20%，一甲企业占50%，乙级企业占20%。积分越高，享受的贷款贴息就越大。三甲会员可以享受贴息补助，月贷款利息可从贷款当期银行利率降到银行基准利率，目前可以从 6.87 厘降到 4.04 厘。

2. 诚信力量金

积分的目的是为了评价和奖励。诚信力量金是为奖励善助他人者和诚信者专门设置的，以期通过自我造血，逐步替代保证金，提高联盟承担风险能力。诚信力量金由贴息退保金、救助金和互助金三部分构成。

贴息退保金用于给积分高的会员贴息奖励。贴息退保金来自联盟向会员收取 4% 管理费中的 1%。贴息奖励分"季度贴息"和"余额贴息"两种，按照"季度贴息"，会员积分在评选期内整体排名前 10% 的会员贷款利率降到 4.04 厘/月（目前银行基准利率下），整体排名前 11%～30% 的贷款利率降到 5.25 厘/月（目前银行基准利率下）。贴息额每季度以现金形式付给会员。按照"余额贴息"，每个授信年度的贴息金池中若有盈余，将在末季度评选结束后，全部分配给联盟所有贷款会员（诚信积分最差的乙级会员不享受此贴息）。

救助金是帮助那些在经营活动中出现短期资金周转困难的企业的资金。首批救助金 50 万元由联盟负责人邢勇个人捐赠，作为启动资金。后续救助金来源于：①在经营活动中出现短期资金周转困难的被救助会员认捐一定比例的利率作为捐赠；②在续贷时出现短期资金周转困难的被救助会员认捐一定比例的利率作为捐赠款项。捐赠规则如表 10-4 所示。

救助金的发放须通过分会会长和"善·诚信"组织副会长审核，以及联盟会员管理中心审核。金额不超过 50 万元，期限不超过半个月。

表 10 - 4 "救助储备金"来源

"救助储备金"来源 1（按天计息）			
时间	15 天以内	15 天（含）至 1 个月	1 个月（含）至 2 个月
认捐利率	0.5%	2%	3%
"救助储备金"来源 2（一次性捐赠）			
时间	7 天以内		7 天（含）以上
认捐利率	1%		2%

救助金的设置体现了对陷入资金困境企业的帮助，也体现了被助者对助人者的回馈，这种激励机制的意义不仅是弘扬"助人为乐"、"助人为善"的利他精神，而且帮助联盟通过会员间的自我救助，实现风险化解的效果。另外，救助金关于受助者必须回赠资金的规则一方面有助于解决救助金来源；另一方面体现了"人人助我、我助人人"的智慧，为互助会这个企业会员的自组织创造了一种正循环的力量。

互助金是用于企业贷款中由于借新还旧而产生临时资金不足情况的资金。资金来源于互助会内其他会员的主动提供（相当于会员间相互借贷），由联盟提供贷款担保。还旧贷新同样需要经过审核批准：借款人提前一个月通过分会长向联盟提起需求，由联盟担保并发起需求，其他会员自愿提供有息互助金，得到互助金的会员需在得到新贷款后的第一时间归还互助金。为了保证互助金的安全以及对高积分者的激励，联盟规定这项救助只对一甲以上资质的会员提供。

诚信力量金是实现激励机制的重要保证。在资金来源十分有限的情况下，诚信联盟创造了一个既能给善·诚信者提供物质奖励（贴息），又能在激励的同时形成资金反哺的运行模式，这个模式在实现对联盟会员诚实守信、互帮互助的正向激励的同时，还实现了诚信力量金的积累，尽管积累的速度可能很慢，但却是稳定的。另外必须引起重视的是，由诚信力量金激发的精神文明在"商界"发展的能量之大，是不可估量的。

3.退保机制

所谓退保，就是退还保证金。按照联盟设计的规则，每个季度诚信积分评比中凡获得前五名的会员企业都有退保的资格。具体做法是：从下个季度开始，每月退还保证金的 1/12，一个季度可退还 1/4 的保证金。但是要求每个季度的评比相互独立，季度末积分清零。联盟给予优秀企业退保，是为了不让诚信企业为失信企业买单，始终保持联盟更多优秀企业健康成长，同时，退保机制也会激励会员企业努力自律助他以获取高积分，得到实实在在的利益。

（四）善·诚信互助会的效果

善·诚信互助会看起来有完美的理念、设计精致的运行制度，但实际运行效果如何？互助会员是否真的愿意积极参与到互助会的互律互助活动中，使互助会发挥控制风险、化解风险的效果？这是我们在案例调研中非常关心的事情。

为此，我们于 2015 年 2 月 4 日走访了三家会员企业，希望从他们那里了解对互助会的感受。谈话内容按照是否认同联盟、互助会理念，是否愿意支持互助会的"互助与互律"活动等问题展开。

从受访企业主的谈话中可以归纳出以下共同点：

（1）对互助会有很强的认同感，认为联盟给了他们"家"的感觉，让他们这些中小企业主在外艰难打拼之余，能找到可以交流和相互帮助的群体朋友，这是他们极其渴望的。

（2）感到联盟是真心实意为他们做事，特别是在看到联盟真的给高积分的会员提供贴息和退保优惠后。

（3）愿意为其他会员提供帮助。

我们的调查距离互助会成立不过半年的时间，互助会效果如何还有待观察。相信随着时间的推移，互助会会产生更大的效果。

互助会的意义在于自己管理自己，实现风险控制效果（以及其他效果），即所谓"自组织"式的管理。诚信联盟的意义在于帮助、引导互助会成员自己管理自己，而帮助与引导的手段是善·诚信的文化理念以及合理的激励制度。

六、基于"诚信积分＋动态风险评级"的贷后管理

至此，我们已经感受到"3＋1"诚信联盟模式的价值不在于联保的形式，而在于对联保组织的经营。这是联保背后更深层的东西，需要精耕细作。作为银企借贷关系中的第三方组织，联盟苦心"经营"这个联保组织的首要目的是解决信用风险控制问题，特别是贷后风险管理控制。

为此，诚信联盟除了建立善·诚信互助会引导会员互律互助以外，还建立一套动态风险评级办法，形成"诚信积分＋动态风险评价"的奖励办法；除了监督企业风险状况以外，还帮助企业改善经营，降低风险；除了努力提升整体会员企业的质量以外，还淘汰救助无效的会员企业。按照邢勇的解释，这是吐故纳新。必须有吐故纳新的机制，才能保证联盟这个"蓄水养鱼的池子"水质清澈，才能养好鱼、养大鱼。

（一）贷后动态风险评级办法

与诚信积分不同，动态风险评价是对企业经营质量和还款能力的评价，从内容上看与贷前风险评价基本一致，不过是后者在贷后的延续。贷后风险评级从可视监控、

非财务信息及财务信息三个方面动态评价企业风险，力争做到实时评价。

可视监控即视频监控措施，参加联盟的各个企业一旦获得贷款，都被接入联盟的视频监控系统中，联盟在每个贷款企业的主要办公场所都安装了视频监控系统，并派专人实时监控。

非财务信息即收集非财务信息，由专家打分。信息来自互助会熟人圈和其他渠道，专家来自互助会同行业会员以及外部专家。由于采集的信息更有针对性、更可靠，专家更加"内部"化，可以显著降低信息不对称程度并节约成本。

财务信息由企业通过联盟网站、手机应用等定期向会员管理中心自报，由会长负责督促，联盟负责监督核实。

联盟根据以上三方面信息将会员划分为 A、B、C、D 四个等级。A 类为优秀企业，联盟要大力支持；B 类企业是联盟需要关注的待查企业；C 类和 D 类企业是问题企业。

（二）"诚信积分＋动态风险评级"的优惠政策

为了全面评价会员企业的诚信互助表现和经营风险表现，联盟将诚信积分与动态风险评级结合，制定针对会员的一揽子优惠政策，具体实施标准如表 10－5 所示。

表 10－5　诚信积分与风险评级结合

序号	诚信积分风险评级			措施
1	三甲 10％	＋	A 类	可享受贴息权利
	三甲 10％	＋	B 类	待审
	三甲 10％	＋	B－类	不享受贴息
	三甲 10％	＋	C 类	追加手段
2	二甲 20％	＋	A 类	可享受贴息权利
	二甲 20％	＋	B 类	待审
	二甲 20％	＋	B－类	不享受贴息
	二甲 20％	＋	C 类	追加手段
3	一甲 50％	＋	A 类	正常
	一甲 50％	＋	B 类	正常
	一甲 50％	＋	B－/C 类	追加手段
	一甲 50％	＋	D 类	追加手段或退出
4	乙级 20％	＋	A 类	正常
	乙级 20％	＋	B 类	追加手段
	乙级 20％	＋	B－/C 类	追加手段
	乙级 20％	＋	D 类	追加手段或退出

资料来源："3＋1"诚信联盟。

（三）救助与淘汰机制

1. 救助机制

在同时考虑诚信积分与动态风险评级的情况下，对于诚信积分很高但出现经营危机的三甲会员，如果能够满足联盟所规定的四个条件（承诺联盟的利益高于个人的利益；有选择性还款时首选联盟还款；联盟保全资产；亲属签订保证协议），联盟会对会员企业进行救助。四种主要的救助方法是：内部兼并重组，脱困重生；保全资产，保障经营；倡导会员出手救助；安排工作，保障生存。

"救助"体现了联盟对那些"善·诚信"表现很好，但陷入经营困境的企业的救助。

2. 淘汰机制

对于诚信积分很低且经营糟糕的乙级 D 类企业，联盟让其稳健退出；乙级 B 类企业和暂不退出的 C 类企业多采取信用增级的方式进入 A 类。信用增级的方法有很多，如有足够的抵押物，或者找到合适的保证人。如果会员企业不进行信用增级的话，就要稳健退出。

联盟对失信的会员进行网上公示，并且采取一切可能的措施进行追偿，提高综合失信成本。

七、进一步的讨论

（一）领导人理念与领导力

两百多年前，英国启蒙思想家、经济学家大卫·休谟说过：尽管人是由利益支配的，但利益本身以及人类的所有事务，是由观念支配的。

联盟的创始人邢勇成长在中原地区，精通中国传统的儒、释、道文化和意拳，具有深厚的文化底蕴。"3+1"诚信联盟从成立之初就十分重视理念文化建设，形成了以"善"和"诚信"理念为核心，以"家"文化为载体的一种文化氛围。这种理念和文化潜移默化的作用对于组织的发展起到了十分关键的作用。

邢勇奉行"用善的理念去做事，用商业模式把善发扬光大"、"按市场规律帮人"的想法，一步一步建立并完善了"3+1"诚信联盟的各项制度。在与联盟工作人员的接触中，我们能感受到员工对邢总的支持和信任；在我们对会员企业的调研中，我们也深刻感受到企业负责人对邢总的拥护："邢总做事坦坦荡荡，他做的每一件事情都摊开让我们看，能够感受到联盟是真的在帮助我们，为我们着想。"

邢勇在设计诚信联盟的运行机制时，十分强调平衡问题："一边是企业，一边是金融，怎么做这个杠杆平衡，需要用一种智、一种方法来平衡。""'三加一'是个平台，平台的一边是小微企业，另一边是金融机构。这个平衡处于不停的调和过程，只要保持平衡，最终就能够达到一个共赢的结局。这个平衡模式就是我们所说的银企合作共赢平台。"

邢勇将诚信联盟建设形象地比喻为建设一个鱼池生态系统，是："度征信法，建征信池，引金融水，养企业鱼，诚信为氧，征信为纲，均衡生态，水活鱼长。"

至于"3+1"诚信联盟名字的由来，是出于邢勇对"3+1"这样一种数字组合的思考。无论是联盟的名字，还是联盟的组织架构，甚至于联盟的工作流程都与"3+1"息息相关。在我们的调研中，他也反复强调来自《道德经》中的哲学智慧："一生二，二生三，三生万物。'三'，它是一个绵延不断的、可以涵容很多东西的精神。所以我们取了'三'。'一'是什么呢？'一'是基础，道生一，这是一种大道。发心的时候要符合道，遵循这种大道，三生万物才能生出来更多。我们一直也在探讨，如何把数和我们所做的事情联系在一起，找出更有利于事情往前推的模式和方法。我们也发现，把三和一结合在一起的时候，确实有利于事情的推进前行。"

（二）善·诚信互助会体现出的风险控制智慧

善·诚信互助会从两个意义上有助于提高信贷风险控制效果：

1. "家"文化——满足企业家情感需求，增加会员关系的黏性

"3+1"诚信联盟打造出联盟的"家"文化，将会员企业看成是"家人"，也给联盟会员提供了"三一别院"这样的实体场所来沟通联络感情，还定期举行会员活动，鼓励各分会分别组织活动，以增加了解、增进感情，这使常年"孤军奋战"的会员企业有了强烈的归属感。在对联盟会员的走访中，我们也切身感受到了这种"家"文化确实是中小企业家迫切需要的情感需求。用联盟某分会会长、郑州童谣商贸有限公司负责人田凤梅女士的话说：

"生意场上，处处是荆棘，你的竞争者、你的同行者、你的拥护者，一路走来，所有的风险、所有的担当，只有老板一个人承担，这是我最真切的感觉。在联盟中，虽然每个人具体的成功目标有多高我不清楚，但是起码在这一段路上，我们手挽手、肩并肩，一起往前走，只要大家愿意同行，这种感觉真的很好。我对'家人'就是这样理解的。因为太多像我一样的小企业的老板，一直以来都是孤军奋战，有了这样的一个体系，只要他知道了、了解了，都愿意加进来，没有人会拒绝。"

可以看到，联盟通过"家"文化的建设以及会员自组织平台的搭建，逐渐打造出了诚信熟人生态圈，大幅度提高诚信联盟会员间关系的黏性（网络活跃度）。网络活跃度的提高可以起到如下作用：

（1）降低信息不对称程度。以往银行对于中小微企业的授信往往受制于信息的缺乏，尤其是财务信息的不完整、不可靠。"3＋1"诚信联盟通过促进会员企业的日常了解、接触，不但能够增加获得会员企业信息的途径，而且能够掌握会员企业更多的全方位信息，有效降低银企之间的信息不对称程度，刻画出更加清晰准确的"企业画像"，达到贷前及时发现风险，贷后有效化解风险、承担风险的效果。

（2）创造声誉机制发挥作用的条件。在会员企业相互了解的基础上，诚信文化能够更好地发挥作用。熟人社会下信息流动更加及时、充分，声誉机制能发挥更大的作用。诚信企业在会员中会赢得更高的声誉，面临经营危机时会得到更多的帮助和支持；而失信企业则"失道寡助"，不仅丧失再次获得贷款资金的机会，而且会丧失联盟会员的信任与合作的机会。

（3）实现会员企业间的互助共赢。在"家"文化的倡导下，会员企业互相监督、互相帮助。调研中的一个细节让我们印象深刻：一位会员给联盟打电话，反映有一家会员企业在经营上可能出现了一些问题，意不在于向联盟反映问题，而是希望通过联盟的资源帮助这家企业渡过难关。由此我们看到，通过联盟两年的发展，会员之间已经建立起深厚的感情。

需要注意的是，"3＋1"诚信联盟虽然不是互联网线上的组织模式，但其背后所蕴藏的经济理念却与"互联网思维"有异曲同工之妙。诚信联盟真正的财富在于通过互助会方式所聚集起来的数目众多且有很大增长空间的大量中小微企业。利用互助会这种易于扩展的社会网络模式，诚信联盟既可以突破以往民间借贷这种本质上仍是以血缘、地缘为纽带的熟人社区模式，又可以以中小企业业务的相似性和相关性为边界，限制或者划定某一个特定的互助会所承载的社会网络扩张的速度和规模，避免了因成员增加而导致的社会关系的强度弱化从而不能起到网络作用的风险。因此，合作＋网络，应该是所谓互联网思维和精神的真正内核，以合作为动力、以网络为形式，在网络中互利、在合作中前进。

现实中，利用小组、群体共同借款并互相承担连带责任的贷款形式并不少见，但是像"3＋1"诚信联盟这样如此注重会员网络建设、推动会员自组织活动、真心帮助中小微企业经营发展的组织不多。大多数金融机构将重点放在"责任共担"上，引导成员互相监督，但并没有真正从企业发展入手，引导小组或者互保联盟互帮互助、向着更加共赢的角度发展。

2. 激励机制——将善·诚信文化理念落到实处

善·诚信互助会的诚信积分机制对会员有着很大的激励作用，会员为了获得贴息退保等利益，不仅会提高自我约束能力和参加联盟活动的积极性，而且会主动对其他会员实施互助、监督，从而加强了声誉的作用力。相反，若会员破坏声誉，则积分会很低，不但享受不了任何优惠政策，甚至可能被强制退出联盟，得到惩罚。因此，贴息退保机制和诚信力量金的设置，保证了联盟的有效运行。

在调研过程中，一位会员的说法印证了诚信积分制度的激励作用："我相信积分对每一个人都有作用，无论是老会员还是新会员。我们小企业从银行贷款，几厘几厘的去抠，因为我们的利润空间太小了。所以我就在乎积分，因为积分可以贴息，降低我们的成本。甚至邢总还说可以退保，这对于以前的我们，是想都不敢想的事情。"

（三）问题与建议

通过对"3＋1"诚信联盟的案例研究，可以看到作为一个第三方非营利组织，诚信联盟已经在力所能及的范围内精心耕耘，形成比较完善的管理激励制度进行贷后风险控制。但是，在风控方面依然有三个问题值得引起注意。

（1）联盟分散风险的能力。由于诚信联盟的地域性限制和经营规模的有限性，其无法通过大量分散投资对冲特有风险。"3＋1"诚信联盟所服务的中小企业本身高风险的特征，使这个问题变得更严峻。尤其经济下行时期，是中小企业受影响最大的时期。关于这个问题，邢勇先生有自己的对策，他准备在管理模式基本成熟、风控制度基本完善后，在全国复制诚信联盟，这样可以增加企业地域以及行业差异，帮助对冲风险。

（2）对社会征信体系的需求。在"3＋1"诚信联盟日常管理中，最大的工作量是对企业的动态征信，需要通过各种方法掌握企业的实时信息以判断贷款违约可能性。虽然联盟有自己的地面部队，特别是有积极主动的会员企业作为监控地面部队，但毕竟还是很费时费力的。如果有良好的社会征信体系提供服务，诚信联盟的工作量可以大大减轻，成本大大降低，效果也大大提高。此外，联盟会员的信息如果可以纳入影响范围更广的征信体系中，可以大幅度增加企业违约成本，限制企业恶意违约。为此，需要政府与市场的征信机构积极关注中小企业金融服务机构的征信需求并形成相应的信息交换。

（3）对政府支持的需求。本届政府高度重视创业创新和中小企业的发展，并采取一系列措施解决中小企业融资难问题。"3＋1"诚信联盟的案例引发我们提出一个问题：怎样的政府扶植才是最有效率的？在这个案例中，诚信联盟没有使用政府的一分钱资助，完全依靠自己的智慧和能力，实实在在为中小企业融资提供帮助，努力将"金融之水浇灌于中小企业之树"。但这并不容易，联盟依然承担很大风险。如果政府将扶助中小企业融资的资金以诚信力量金的方式提供给类似诚信联盟这样运作良好的中小企业服务机构，会比简单给银行贴息效果要好许多。这样一方面可以极大地缓解联盟的资金压力和承受风险压力；另一方面可以扩大规模，使更多的企业获得联盟的融资服务和其他管理服务。以这种渠道实现政府扶植，可以起到"四两拨千斤"的效果。

【结语】

郑州"3＋1"诚信联盟在破解中小企业融资难的问题上进行了有益的探索。通过对郑州"3＋1"诚信联盟案例的剖析，我们不但感受到"好金融与好社会"的理念能够得到实践的呼应，也格外欣喜地发现了网络自组织、自演化所焕发出的勃勃生命力。联盟下设的善·诚信互助会，虽然目的起于依靠相关行业的业内专家对本行业入会会员进行监督以分担贷前审查、贷中监控和贷后管理的成本，然而一旦互助会的网络已经结成，网络内部的各种行为就会自发形成，包括互帮互助、资源共享、危机救济等多项互助会内部会员自身发起的活动已然产生并逐步扩展。从这个意义上讲，这不仅在学理上为我们了解社会网络的产生、发展、演化提供丰富的实践素材，更在实践上对我国滞后的各类社会组织的发育和发展、对公民社会的培育都有着极其深远的意义。

附件

附件 1　诚信积分管理办法

编号	积分项目	积分类型	分值	备注说明
1	会员每月 8 日前提供银行流水结算单	加分	10～25 分	提供贷款银行结算流水，50 万元以下加 5 分，50 万元（含）以上加 10 分，100 万元（含）以上加 15 分，150 万元（含）以上加 20 分，200 万元（含）以上加 25 分
				提供其他银行结算流水，100 万元以下加 1 分；100 万元（含）以上加 3 分，300 万元（含）以上加 5 分
		减分	5～10 分/次	每月 8 日前未及时提供企业流水，扣 5～10 分/次
		减分	10 分/次	经核实，申报虚假流水，扣 10 分/次
2	支持贷款银行业务	加分	10 分以上	自己装 POS 机加 10 分（限 1 次）；为合作银行有存款支持的 50 万元以内加 5 分，50 万元以上加 10 分
3	按期还本息，不逾期	减分	—	月息逾期 1 次扣 5～10 分/次

续表

编号	积分项目	积分类型	分值	备注说明
4	为联盟推荐新会员	加分	20分/人	会员在贷款期间为"3＋1"联盟介绍新客户加1分/人；推荐客户成功贷款的，每户再加19分
5	提供其他会员风险信息	加分	5～20分/次	提供其他会员风险信息，查证属实后加5～20分/次
6	能积极配合参加联盟组织的活动	加减分	累积分	每参加1次加3分 会员在贷款期间连续2个月未参加联盟组织的活动，每次扣1分
7	保障监控正常	减分	5分/次	属人为关闭、破坏、干扰联盟监控的行为，扣5分/次
8	企业重大信息变更告知	加减分	5～10分/次	企业重大信息（如装修、地址变更、非正常休假、主营业务、重大项目、经营场所、股权、投资及债务等）在规定时间内（至少提前15个工作日）告知的加10分，不告知联盟工作人员的扣5分/次
9	提供诚信力量资金帮扶	直接贴息	10万元，贴400元金额 20万元，贴800元金额 30万元，贴1200元金额 40万元，贴1600元金额 50万元，贴2000元金额 60万元，贴2400元金额 70万元，贴2800元金额 80万元，贴3200元金额 90万元，贴3600元金额 100万元，贴4000元金额	1档：互助金额50万（含）～100万元，按互助金额高低依次挤占三甲名额； 2档：互助金额10万（含）～50万元，按互助金额高低依次挤占二甲名额； 若贴息会员与提供互助会员重复，则参照《诚信力量金管理办法》享受双重贴息

资料来源："3＋1"诚信联盟。

附件2　对"3＋1"诚信联盟善·诚信互助会会员的访谈记录摘要

时间：2015年2月4日

地点：河南省郑州市

访谈对象：

（1）企业主田凤梅女士。郑州童谣商贸有限公司负责人，诚信联盟善·诚信互助会童装行业分会会长，非当地人。

（2）企业主杨来宾先生。郑州豫盛粮油经营部负责人，诚信联盟粮油市场分会会长，非当地人。

一、访谈田女士

问：您是怎样看待诚信联盟的贷款联保服务的？

答：诚信联盟比简单的联保组织好。

像我们这样的小型公司，就 40 多个员工，主要是销售儿童玩具，也有生产，不过是代加工。从企业成立之初到现在，和银行打交道也很多。开始银行根本不理，后来有了房产等固定资产，银行才慢慢接受。但靠固定资产去贷款毕竟不够。2012 年开始兴联保贷款，3~5 户绑在一起贷款。我参加过一些五户联保的，也参加过同一个市场绑定的，多则几百户，少则三五十户，去银行贷款。从贷款开始到还款期限的这一段时间是没人管没人问的。出了问题大家就要承担。我记得一个很鲜活的例子：我参加过我们市场组织的一个集体贷款（联保贷款），其中一个公司的员工要辞职，要求老板当天发给工资（一般老板发放工资是在每月 10 号），虽然老板说你放心走就可以，10 号我们的会计会把工资准时打到你的卡上，但是员工不同意，当场两刀，老板毙命。那个老板的妻子不在郑州，出了事情贷款不能偿还了，我们大家的保证金就被扣了。这中间没有任何人管我们，只是告诉我们其中一家出事了，保证金被扣了，仅此而已。身边这种例子很多。另外，如果三家一起联保，而且三家都是朋友，希望大家都好。但是很难说其他人是否在其他银行也参与了贷款，那么这会不会给我们三个人的贷款形成风险？这风险有多大？虽然我们是好朋友，但是这种风险是把控不了的，我根本就不知道该怎么办。诚信联盟帮我们解决了这些问题。

诚信联盟让我们在银行贷款中有了被服务的感受。

我们一路走来，和银行打交道很多，但是都是靠自己的。最大的感受是没有主宰权，别人只是告知你，没有丝毫的把握，什么都不知道。并且从借到钱到还款从头至尾无人问津，包括银行的人，更有甚者，银行发现问题时第一反应就是先让把欠银行的钱还了，剩下的事情银行就不管了，银行只是保证它自己的利益。

但诚信联盟不是这样。邢总最初跟我说的是，联盟的初衷很简单，就是帮助中小微企业。说实在的，刚开始我是真的很不理解，但是后来看到联盟做的种种事情，让我感觉到很温暖、很感动。

问：您怎样看诚信联盟这个"家"？

答：诚信联盟让我们找到了超过家人的家人。

企业家本来每个人都是独自甩臂，昂首挺胸地往前走，一个人往前走，就算迈的步子再大，甩的臂再高，但是你不知道前面的风险有多大。当有一天，遇到一颗石子，摔倒了，胳膊断了是轻的；遇到一个坑掉进去了，没人拉你，上不来了才是大问题。

你身边真正的亲人，你的追随者都不知道你是如何掉下去的。说实在的，在这个社会上做生意久了，你真正的家人是帮助不了你的，你遇到了困境，他们想要伸手援助，力量却不够，顶多是解决你的三餐，帮你找个工作。但是你在社会上做生意、开公司，考虑的不只是自己的利益，你还想带着你的员工一起往前走。出现困难家人帮不了，需要另一种家人——企业家。

邢总组织我们企业家在一起成为家人，就是让我们一起手挽手往前走，如果有人掉队，大家可以相互扶持。虽然每个人的成功目标有多高我们不清楚，但是起码在这一段路上，我们可以手挽手、肩并肩，一起往前走，只要大家愿意同行。这种感觉真的很好。生意场上，真的很艰难，处处是荆棘，一点不夸张。你的竞争者、你的同行者、你的拥护者，一路走来，所有的风险、所有的担当，只有老板一个人承担，很难。联盟让我们找到了可以帮扶的、超过家人的家人，真的很好！

问：为诚信联盟做事需要付出，但没有直接利益回报，您愿意吗？

答：非常愿意。

我在大家的推荐下当了互助会分会会长，后来又做了自律委员会的委员，需要为联盟做些事情，会花一些额外的时间，但我很愿意。

我认为诚信联盟的核心就是希望大家把风险降到最低，一路前行，协助我们每一家企业一路走好。虽然中间很多技术的东西（指诚信积分规则）我理解得不是很透，但是我认为核心就是在这里。我很赞同，也愿意做出贡献，希望我们的联盟一路走好。我分管的工作其实就是去真正了解企业，他们遇到困难时我们帮他们一把，他们真的有问题了，在我们的能力范围内，也伸一把手帮助他们。但是如果他们真的出大问题了，那不好意思，我们一帮人不能跟着你一个人跳下悬崖，所以我们救不了你了。但是最起码我们努力过了，我们问心无愧。我认为这是我们自律委员会应该做的。一帮人往前走，总有几个是吹哨的，总有几个是侦察的，总有几个是帮助救援的。我是这样理解的，所以我愿意为这个组织奉献。

二、访谈杨先生

问：您做这个行业很多年了是吧？什么时候加入诚信联盟的？

答：我应该说是从 2000 年开始做食用油一直到现在，是最早一批加入联盟的。

问：您对联盟的事情肯定特别积极，要不您怎么能当会长。能谈谈您的感受和看法吗？

答：我很认可这种诚信联盟模式。不像担保公司那种，人情味不多。我们与联盟工作人员交流有亲切感，交流起来没障碍，感觉很好。另外，这个模式也解决了我们这些外地人借款无抵押的问题。

做粮油行业一般资金需求量大，哪一家都是几百万元。该行业利润率不高，就是靠做规模，靠原始积累扩大规模很难，需要借钱。我和银行原来也打过交道，沟通起来感觉到有障碍。一些银行还要回扣，要少了不愿意，要的多又不好直接张口。结果时间一直拖，有时候一个多月还办不下来。和联盟打交道，主要的体会就是借款难度系数降低了，风险系数也降低了，与银行沟通变得容易了。之前我们担心续贷周期长，但是实际上周期不长。联盟选择的客户群一般都是比较优质的，我们也比较放心。

问：这个行业的风险在哪儿？你作为会长和一个行内专家，如何帮助联盟做风险监控呢？

答：风险主要来自粮油价格波动。行情好了，我就想多存一点货，如果行情不好，我就尽量把货多抛一些，我手头库存减少一些，降低一下库存。经营多年下来，我对这个规律的把握都比常人要好得多。

咱们这个分会下面有十二三个会员，大家都在一个市场里面做了十多年，相互很熟悉。一些会员是亲戚、老乡，圈子不大，最多问一个人就能问出来他的实际情况怎么样，从侧面很容易了解各家的经营情况。

第十一章 坚守者"拍拍贷"

——对 P2P 网贷平台拍拍贷的研究

【摘要】P2P 网络借贷作为发展普惠金融的重要力量，在中国爆发出了极强的生命力。但在中国大量 P2P 平台改变商业模式、向商业银行模式演变以求发展的情况下，唯有拍拍贷公司坚持做纯粹的网贷交易平台，不垫付，不做线下交易。拍拍贷为其的坚守付出了增长速度远低于同行业的代价，当然也收获了安全性和稳健性增长。此案例给出的重要启示是：①社会征信体系落后是中国 P2P 网贷平台商业模式变异的根本原因，社会征信体系是 P2P 网贷平台健康发展的生命线；②缺乏法律与监管是该行业市场失序的重要原因，完善法律和加强监管刻不容缓。

依托互联网的个人间直接借贷——P2P 网贷，开创了数据信息时代借贷交易的新模式。P2P 网贷取消了银行等专业中介机构，让最终的借款人和最终的贷款人直接见面，形成类似股票债券交易的直接投融资模式。这个最早产生于英国的金融创新模式于 2006 年植入中国后，爆发了极强的生命力，以世界上独一无二的速度迅速增长，使中国成为世界上最大的 P2P 网贷市场。但是在中国社会征信体系落后以及监管缺位的情况下，哪种发展模式能够提供最好的保障，帮助 P2P 网贷企业沿着正确的方向快速行驶，是众多 P2P 网贷平台企业苦苦探索的事情。有不少企业为了实现快速扩张，采取"线上线下"结合的商业模式，为投资人提供垫付、担保等贷款保障手段，因而迅速扩大了市场占有率和经营收入。在竞争乱象中，拍拍贷公司坚持不碰政策红线，坚持不垫付、不做线下交易，以至于这家最早的 P2P 网贷公司的交易额一度远远落在众人之后，营业利润也不高。

让人感到不解的是，拍拍贷作为一家营利组织，为什么要做这种坚持？坚持的意义何在？我们希望通过对拍拍贷公司的深入研究，回答上述问题。

一、背景——P2P 网络借贷

（一）P2P 网络借贷的缘起

Peer to Peer（P2P）网络借贷是指"个人与个人间的小额借贷交易，一般需要借助电子商务专业网络平台帮助借贷双方确立借贷关系并完成相关交易手续"[①]。

"随着互联网的发展和信用环境的成熟，个人间直接借贷这一人类最早的金融模式焕发出新的活力"[②]。互联网的连接作用消除了时空限制，使数量众多的借款人与投资者能够建立跨地域和跨熟人圈的联系，个人间借贷活动的发生范围被极大扩展。在这个背景下，基于互联网的 P2P 借贷应运而生。2005 年 3 月，世界上第一家具有 P2P 网络借贷性质的"Zopa"网站在英国诞生。

P2P 网络借贷不仅是个人借贷的互联网化，更深层次的意义是金融脱媒：它脱离了传统中介的支持，直接连接资金的需求者和借出者，将非熟人圈的大规模借贷行为纳入直接金融范畴，因而具有颠覆性的意义。这种去中介的借贷交易以极其灵活的交易方式，降低了交易时间成本和交易成本，大幅度提高了资金使用效率，并让利于借贷交易双方——"借款人可以获得更便利的信用融资渠道和更低借款成本，投资人可以获得比银行存款更高的回报"[③]。Zopa 模式一经推出便得到广泛关注和认可，迅速在其他国家复制，2007 年由拍拍贷引入中国，随即平台相继涌现，影响范围不断扩大，交易数额日益增长。

P2P 网贷的技术优势使得资金供求双方迅速匹配、快速成交，无论交易额有多小。P2P 网贷还可以帮助借贷双方得以突破传统借贷中的地域局限、人缘局限、资金局限，使得受益人群大幅度增加：使那些在传统金融中因交易成本过高而无法得到金融服务的小微企业、个人，可以在 P2P 网贷环境下得到便捷服务。有学者对比美国信用卡公司 Experian 的数据后发现，在美国 P2P 网贷平台 Prosper 上的借贷人群通常是其所属信用级别当中信用分数较低、不易获得传统金融服务的人群（Freedman and Jin, 2008），说明 P2P 网贷借助互联网，可以服务到更多群体，更具有金融的包容性。因此，P2P 网贷更具有普惠金融的性质。

2015 年 7 月，国务院将互联网＋普惠金融列为 11 个"互联网＋"的重点领域之一，P2P 网络借贷作为一种服务于小微企业和个人的网络借贷活动，成为发展中国普惠金融的重要力量。

[①] 百度百科：P2P 金融，http://baike.baidu.com/view/4821552.htm。
[②③] 《互联网金融报告 2014——通往理性繁荣》，课程主持人：谢平。

（二）中国 P2P 网络借贷的发展①

2013 年被称为中国"互联网金融元年"。作为互联网金融中的佼佼者，P2P 网贷迎来了井喷式的发展，引世人瞩目。到目前为止，"中国上海的 P2P 网贷平台'陆金所'的累积交易规模已经位居全球第一"，中国已超越美国成为全球最大的 P2P 交易市场。但是与国外相比，中国的 P2P 网贷平台倒闭"跑路"的数量也是世界首屈一指的。从 2013 年下半年开始有大批平台倒闭或遭挤兑，P2P 网贷因此受到越来越多的质疑，被称为"野蛮生长"。

根据网贷之家发布的《中国 P2P 网贷行业 2014 年度运营简报》，2014 年 P2P 网络借贷成交额以月均 10.99% 的速度增长。2015 年 1~7 月，累计成交量达到 3831.29 亿元（见图 11-1）。其中仅 7 月 P2P 网贷全行业的整体成交量就达到 825.09 亿元，环比增长 25.10%，是上年同期的 3.8 倍。P2P 网贷全行业历史累计成交量已经达到 7660 亿元，同样迅速增加的是 P2P 网贷平台数量。2015 年 7 月底，全国正常运营的平台 2136 家（见图 11-2），环比上涨 5.32%。其中，7 月新上线平台数量为 217 家。

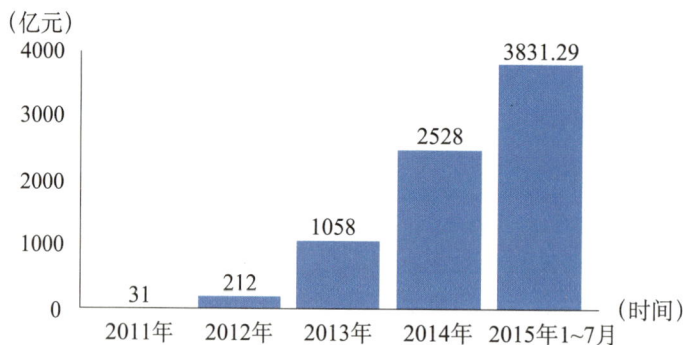

图 11-1　各年网贷成交量

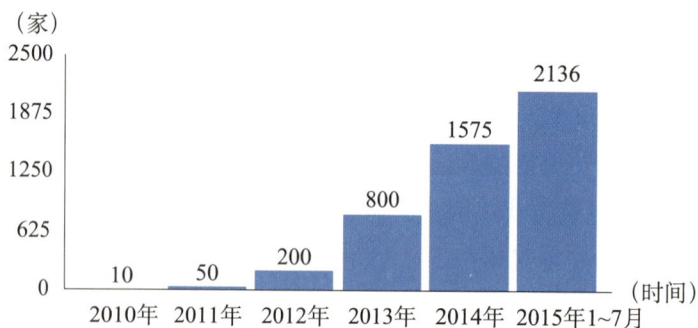

图 11-2　各年网贷平台数量

① 此部分数据均来自网贷之家，http：//www.wangdaizhijia.com/。

但伴随着交易规模和平台数量的增长,P2P 平台频现挤兑、倒闭事件。2015 年 7 月新增问题平台 109 家,累计问题平台已经达到 895 家(见图 11-3),而 P2P 网贷行业累计平台数量达到 3031 家(含问题平台),问题平台占比已经达到 29.52%。

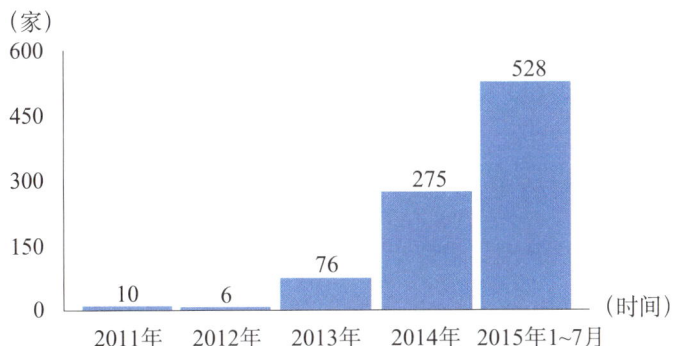

图 11-3　各年问题平台数量

资料来源:网贷之家。

中国 P2P 网贷的发展速度之快与"跑路"事件之多,均创造了"世界第一",这种"冰火两重天"的现象反映了行业发展的失序。这不仅严重影响投资者信心,而且导致"劣币驱逐良币"现象。在这样的环境下,很多 P2P 平台纷纷"抱团"成立行业联盟进行自我约束,联手与问题平台划清界限,以求行业健康持续发展;另外,行业呼吁规范,呼唤法律法规的监管,使市场重拾对 P2P 行业的信心。

按照行业生命周期理论,目前国内 P2P 网贷行业正处于"幼稚期"向"成长期"的过渡阶段:市场增长率仍然保持较高水平;"网贷平台主要致力于开辟新用户和占领市场"[1];行业暂无明确监管,市场壁垒很低,可以自由进入和退出,因此也导致 P2P 行业鱼龙混杂。"监管将至"的消息不断出现,但监管落地的消息一次次"踏空",这种监管政策的不确定也符合幼稚期的发展特点。但是从 2014 年开始,监管细节开始向市场释放:划定了 P2P 发展的四条红线,提出了监管的十大原则,强调了 P2P 风控机制。尤其是进入 2015 年,随着银监会普惠金融部的设立,《关于促进互联网金融指导意见》的出台,P2P 行业将逐渐回归理性,进入洗牌阶段,从而进入成长期,迈向成熟期。

与国内群雄竞争的局面不同,美国 P2P 借贷市场基本上完全被 Lending Club 和 Prosper 占领,其中 Lending Club 市场占有率接近 80%。2014 年 12 月 12 日 Lending Club 以 50 亿美元的身价成为首个登陆纽交所的 P2P 平台,意味着其完成资源整合并确定了成熟的发展模式。

---

① 《2013 中国网络借贷行业蓝皮书》。

其实早期中美的 P2P 网贷行业 "处于同一起跑线上，Lending Club 成立于 2007 年，中国上海也出现了拍拍贷"[①]；2008 年 Lengding Club 在 SEC 登记，主动接受监管，为自身业务开展扫除了合规障碍，但中国直到现在还未形成具体的监管标准；2014 年 Lending Club 成功上市，而中国 P2P 平台上市前路漫漫。发展的分歧与两者根植的社会环境息息相关，很多条件在中国尚不具备，因此，中美 P2P 行业生长在不同的土壤中。

（三）P2P 网络借贷的中国土壤

与国外比较，我国 P2P 网络借贷生长的土壤环境既是一片沃土，有长期金融管制留下的巨大市场发展空间，又是一片荒原，杂草丛生、缺乏管理、野蛮成长。对于 P2P 网贷行业来说，严重缺乏市场基础设施（法律、监管、社会征信体系）的保障。

1. 缺乏健全的信息披露制度

P2P 网络借贷的实质是撮合借贷双方的资金供求需求，在撮合过程中帮助投资人准确识别借款人信用风险。为此，信息披露是第一要义。按照金融中的 "原罪" 推论，没有几个借款人愿意如实披露自己的全部信用信息，因此必须有强制规则。强制规则下的信息披露一方面可以通过法律规定实施，一方面可以通过社会征信体系实现。

就 P2P 网贷而言，欧美国家充分发挥司法健全和征信体系健全的优势。美国将 P2P 网贷借贷视作一种证券交易，归证监会（SEC）管辖。要求所有 P2P 交易平台必须进行全面的风险揭示，包括持续报告借款发行（相当于收益权凭证发行）说明书说明借款的具体细节，投资者随时可以在 SEC 的数据系统和网站查到这些数据。此外，所有借款人按照规定，需要提交第三方有公信力的征信机构（FICO）提供的信用评分，以帮助投资者迅速、客观地度量借款人信用风险。

我国目前的情况是：①没有完善的有公信力的第三方征信机构提供的信用评价。国内唯一一家有权威的征信机构——人民银行征信中心在 P2P 网贷平台起步后的相当长时间内，拒绝对 P2P 网络借贷平台提供征信服务。此外，这家征信中心的征信记录覆盖率很低，仅占全国人口的 23%，信息内容匮乏，"公信" 但没有 "力"，信息披露只能依靠借款人提交的无法验证信息，真实与否依赖借款人的 "觉悟"。②没有明确的监管机构对平台交易信息披露做明确规定。监管机构缺乏严苛的信息披露制度和惩罚机制。

信息披露制度的严重不健全，特别是有公信力的第三方征信力量缺失，导致 P2P

---

① "中国 P2P 行业已走 7 年，监管缺位严重拖后腿"，搜狐证券，http：//stock.sohu.com/20140821/n403638119.shtml.

平台无法建立自动化的审贷、定价和相应的风险控制模式，平台只能在借款人提供的信息基础上，尽己所能提供信用评价（评级）供投资人参考，或者以其他方式为投资人提供风险保障。信息披露制度严重不健全的另一个严重后果是，助长了P2P网贷领域的金融诈骗行为。

2. 缺乏监管

我国P2P网贷行业目前处于"三无"状态——无准入门槛、无行业标准、无监管法规。无准入门槛导致没有实力的平台只需几千元就可以开展业务；无行业标准，导致资金错配、资金池等高风险模式频频出现；无监管机构和条例，没有对信息披露的制约和责罚，导致平台跑路事件频出，而且投资者普遍维权难，投诉无门，诈骗行为审判无依据，并由此引发了一系列问题。

中外P2P发展土壤的巨大差异造成P2P在国内外演化出截然不同的模样，具体体现在P2P平台的商业模式以及其发挥的角色上。

（四）P2P网络借贷的模式变异

1. P2P的中国式改造

在P2P模式中，存在一个中间服务方——P2P借贷平台，它为借贷双方提供直接公开的交易平台，使借款人避开了申请困难、程序复杂的银行借款方式。平台在交易过程中扮演信息中介的角色，"主要为借贷双方提供相互的信息交流、信息价值认定和其他促成交易完成的服务"[①]。在国外模式中，平台充当的都是中间人的角色，不介入借贷交易，收入来源主要是收取中介服务费和管理费。在这种模式中，P2P平台本质上是一个信息中介（见图11-4）。

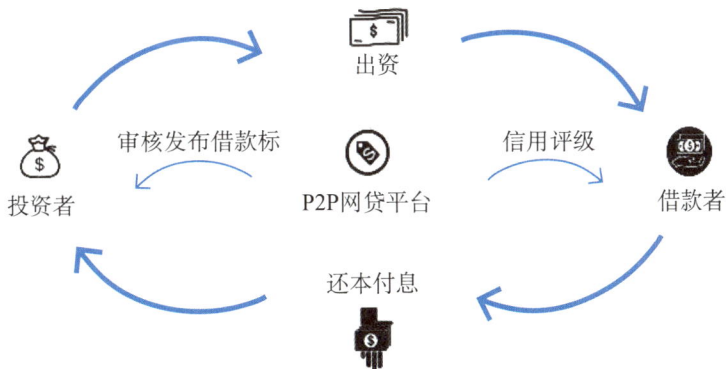

图11-4 P2P网络平台交易流程

---

① 《2013中国网络借贷行业蓝皮书》。

但是，中国的土壤环境使 P2P 网贷这个舶来品在落地生根时发生了变异：不再是简单的信息中介平台。

鉴于国内信用环境差，征信体系建设严重落后，监管缺失，不具备欧美国家开展 P2P 网贷的前期条件；也鉴于国内投资者对于理财具有普遍保守的心态，风险承受能力低，国内大部分 P2P 网贷平台为了控制风险和获取客户，开始花费大量人力和财力组建线下销售与风控队伍，与借款人面对面完成借款信息采集、信用信息核实等工作，或者依托当地分支机构或门店寻找潜在优质借款人。另外，平台为了吸引用户还推出投资者保障计划乃至本金担保承诺。这样一来，P2P 网贷平台不仅扮演信息中介的角色，还扮演了信用中介甚至资金中介的角色。这些 P2P 网贷平台发生了变异。

保障和担保模式可以迅速增加平台的交易量，2009 年红岭创投开创本金垫付模式，并凭借担保模式在一段时间内成功领跑国内 P2P 行业。之后围绕着 P2P 业务的主要环节，又衍生出多种细分方式。

从图 11-5 可以看出，P2P 借贷主要环节出现了细分和差异化，这些环节类型的组合可以产生很多种业务模式。在行业中被广泛采用的业务模式主要包括传统模式、债权转让模式、保障模式和平台模式。

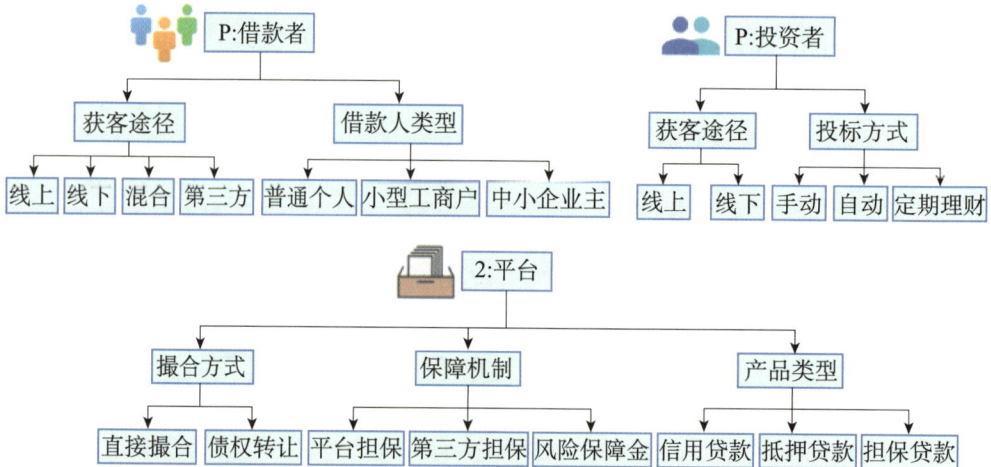

图 11-5 我国 P2P 借贷业务各个环节的细分

资料来源：《2014 中国 P2P 借贷服务行业白皮书》。

2. 主要模式介绍

（1）传统模式（见图 11-6）。传统模式是个人对个人的纯线上模式，借款者自主发布贷款信息，投资者自行选择出借项目，平台作为中介，不负责交易成本和贷后的资金管理，同时不承担担保，投资者自身承担违约风险。

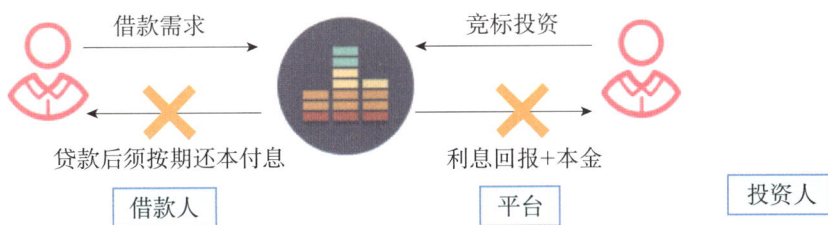

图 11 - 6　传统模式

（2）债权转让模式（见图 11 - 7）[1]。债权转让模式又称"多对多"模式，是指借贷双方不直接签订债权债务合同，而是通过第三方个人先行放款给资金需求者，再由第三方个人将债权转让给投资者。其中，第三方个人与 P2P 网贷平台高度关联，一般为平台的内部核心人员。P2P 网贷平台则通过对第三方个人债权进行金额拆分和期限拆分，将其打包成类似于固定收益的组合产品，供投资者选择。

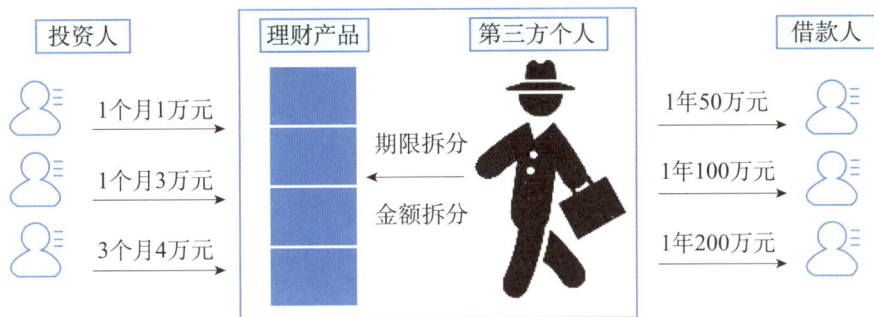

图 11 - 7　债权转让模式

（3）保障模式（见图 11 - 8、图 11 - 9）。中国不完善的信用体系使得投资者在准确评价借款人信用时变得十分困难，而且互联网的虚拟性使得借贷风险进一步放大。为了迎合投资者，平台开启保障模式保证投资者的资金安全，按照具体办法，保障模式可以分为担保模式和风险准备金模式。

"担保模式是指 P2P 平台为了降低投资者的风险而提供的一种具有资金担保服务功能的借贷模式。在该模式下发生逾期违约后，投资者可以从资金担保方获得本金或利息补偿，从而降低或避免损失"[2]。按担保资金的来源可以将担保模式划分为 P2P 网贷自身担保和第三方担保两种模式。

"风险准备金模式是指 P2P 平台公司建立一个资金账户，当借贷出现逾期违约后，平台将动用资金账户里的资金垫付剩余本金或本息，从而达到保护出借人的目的。资

---

　　① 罗明雄 . P2P 网贷三大模式之纯平台模式和债权转让模式［EB/OL］. http：//stock. sohu. com/20140711/n402104734. shtml.

　　② 《2013 中国网络借贷行业蓝皮书》。

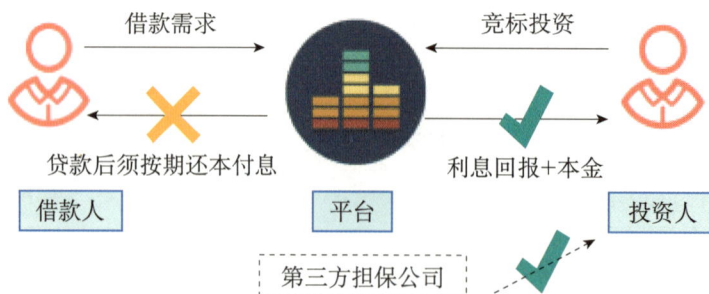

图 11 - 8　担保模式

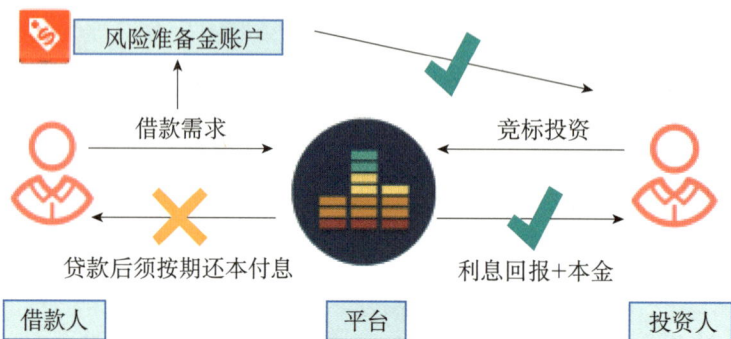

图 11 - 9　风险准备金模式

金的来源包括但不限于平台自有资金、借款管理费、投资者收益分成提取等"①。

（4）平台模式（见图 11 - 10）。随着 P2P 发展，寻找借款人这项工作逐渐被独立出来，交由一些专业的小额贷款公司或担保公司完成，这种模式就是以有利网为代表的平台模式。"平台模式是指借款人来源于合作的小贷公司及担保公司，并由小贷公司及担保公司提供担保，平台不参与借款人的开发及本金垫付"②。平台模式最大的特点就是投资者不再直接对接借款人，而是贷款机构。

总体来说，P2P 网络借贷原本应该建立在高度个人信用建设的基础上，但由于中国目前社会信用体系落后，金融监管缺位，大多数 P2P 网贷平台的商业模式发生了一系列变异，形成"五颜六色"的混合模式。

但是我们发现，在我国众多 P2P 网贷平台竞相改变商业模式的推陈出新中，唯有一家在静悄悄地坚守，坚持做传统的平台模式，坚持不提供垫付和担保。它就是将P2P 网贷平台带进中国的拍拍贷。拍拍贷被业界同行认为过于"理想化"，其发展也一直不温不火，被很多近几年才起步的平台轻松超越③。为何拍拍贷一直在坚守，坚守

---

①② 《2013 中国网络借贷行业蓝皮书》。

③ 到目前为止，我国坚持传统模式且规模较大的 P2P 平台也只有拍拍贷一家，而采用各种形式进行担保的平台占比在 99％以上。

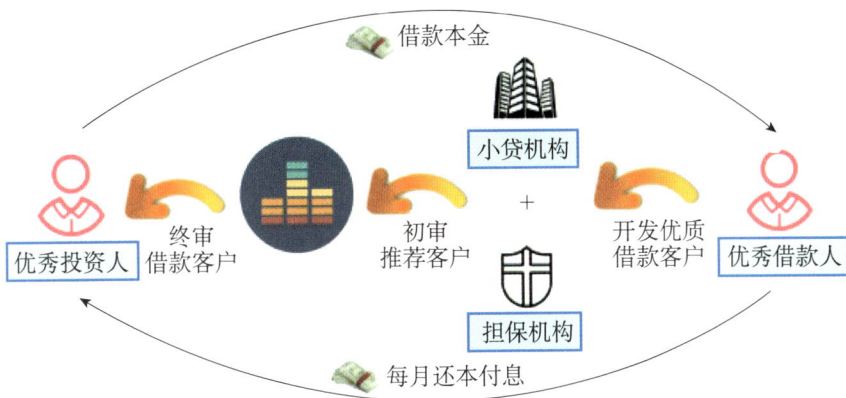

图 11 - 10　平台模式

资源来源：网络借贷与中小企业融资。

具有怎样的意义？我们希望深入其中得到答案。

二、拍拍贷的坚守

（一）拍拍贷的发展历程①和运营框架

2005 年，Zopa 模式在全世界得到广泛的关注和认可，与此同时，拍拍贷创始人张俊发现，一方面国内小微企业融资难，另一方面很多白领有钱但缺少投资渠道。在参考 Zopa 模式后，他与其他三位来自上海交通大学的工科生一起，于 2006 年创办了国内首家 P2P 平台——拍拍贷。创业初期的他们已经感受到互联网与金融结合的大潮，因此，也可以说是 P2P 模式选择了他们。

创业初期的拍拍贷对商业模式也做了多方面探索。期初是依靠熟人相互介绍拓展业务，但效率不高，随后拍拍贷转向开放平台模式，即拍拍贷模式的雏形。起步阶段由于缺乏数据而且找不到合适的风险评估方法，拍拍贷采用了线下考察的模式。但这种方式成本过高、效率过低，且公司缺乏对信用风险的诊断经验。经历了半年艰苦摸索，以及对国外线上交易的详尽考察后，2008 年拍拍贷决定回到纯线上模式。从此该模式延续至今，不再变化。至于平台不承诺垫付本息，是拍拍贷在创业之初就定下的铁律。因此，"纯线上不垫付"可以说是拍拍贷的代名词。

按照纯线上不垫付的运营模式，有借款需求的客户首先向平台提交个人信息、借款用途信息等，拍拍贷在审核资料真实性并对违约风险做出评价后，将所有通过平台

---

① 发展历程由《对话网贷人：第七期》整理而成，http://www.wangdaizhijia.com/news/fangtan/17292.html。

审核的信息发布在平台上，供有投资需求的客户选择，投资者最终确定贷款对象和贷款金额。借贷交易达成后，借款人必须按约定的还款方式还本付息，投资人得到相应投资回报。如果借款人违约，平台不提供资金担保，投资者承担全部违约损失。在这个模式中，拍拍贷只作为单纯中介平台进行信息发布和信用甄别，不承诺担保，保留了 P2P 网贷的本来面貌。

表 11－1　拍拍贷的发展历程

2015 年	2015 年 4 月，拍拍贷正式公布成功完成 C 轮融资，成为行业首个完成 C 轮融资的 P2P 平台；2015 年 3 月，正式发布"魔镜系统"，这是行业首个真正基于征信大数据的风控系统
2014 年	2014 年 11 月，荣获 2014 年度中国最佳 P2P 网贷平台大奖；2014 年 3 月，宣布完成 B 轮数千万美元融资
2012 年	2012 年 9 月，获得红杉资本的千万美金 A 轮风险投资
2011 年	2011 年 10 月，获得 2011 信息服务业论坛"最具创新模式奖"和"最佳贡献奖"
2009 年	2009 年 4 月，免费模式升级为收费模式，业务模式首次被 CCTV 和福布斯报道；2009 年 3 月，信用评级系统、认证系统和反欺诈系统全部正式上线
2007 年	2007 年 6 月 18 日，拍拍贷在上海成立，成为中国第一家网络信贷企业

资源来源：拍拍贷官网：拍拍贷大事记。

（二）拍拍贷的发展现状

拍拍贷在 7 年的发展历程中，交易规模做到了连续 5 年维持 200％以上的增长速度，2013 年交易规模超过 10 亿元，2014 年达到 27 亿元，实现增速 158.36％（见图 11－11）。2015 年第一季度的报告显示，拍拍贷第一季度累计交易量实现 4.8 亿元，同比增长 274％，创平台季度成交量新高。此外，平台交易的活跃度在提高，2015 年第一季度成功投资 165 万笔，成功借款 9 万笔。拍拍贷的业务覆盖全国近 78％的县市，并且平台用户地域分布平均、分散。拍拍贷注册用户达到 600 多万户，成为行业内最大的在线交易用户群体。

从自身发展状况看，拍拍贷做得相当成功。但是作为中国 P2P 网贷平台第一人，也作为保持原生态商业模式的仅此一人，拍拍贷在行业中处于怎样的发展水平？在图 11－12 中，我们对比了不同模式的代表平台的交易规模。红岭创投采用担保模式，在 2014 年的交易金额达到 147.74 亿元；有利网通过与小贷公司合作，在经过短短两年的发展后，交易金额达到 72.92 亿元；创立于 2010 年 4 月的人人贷采用的是风险准备金模式，成交量达到 37.28 亿元。除此之外，采用债权转让的宜人贷于 2013 年成立，截至 2015 年 2 月累计放款金额为 30 亿元，而平台累计交易促成金额在 5 月已突破 50 亿元。作为国内第一家 P2P 平台，在发展 7 年后的 2014 年交易规模才突破 20 亿元，在 P2P 市场的吸引力已经大大削弱，地位迅速滑落，与其他平台相比可谓成长缓

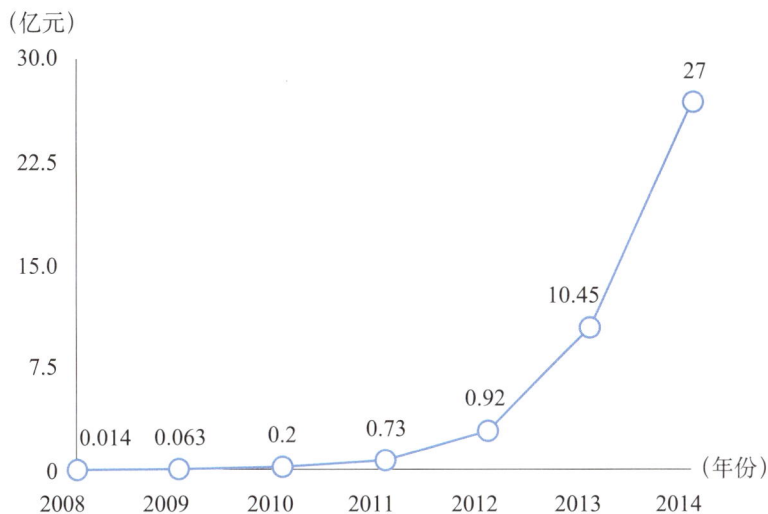

图 11 - 11　拍拍贷的各年交易规模

资料来源：艾瑞咨询报告，拍拍贷官网和 2015 年第一季度报告。

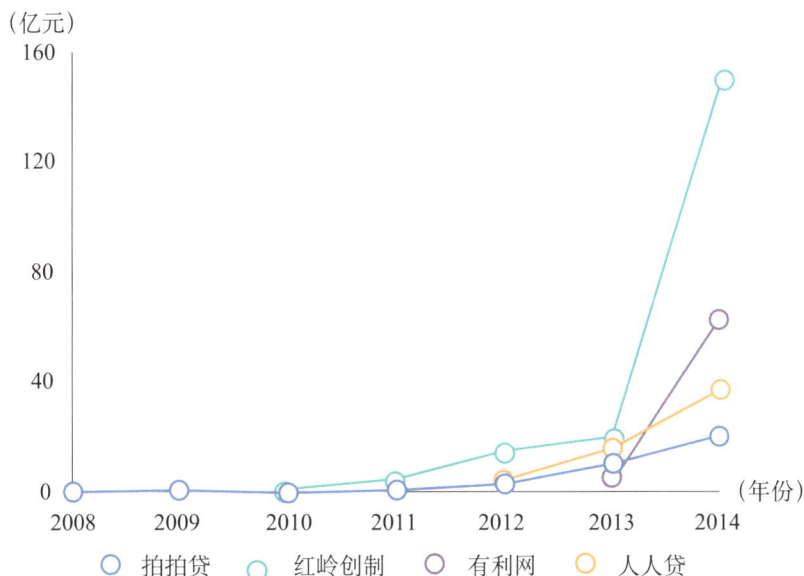

图 11 - 12　四大平台历年交易规模

资料来源：有利网 2014 年度报告、艾瑞咨询报告、2013 中国 P2P 借贷服务行业白皮书、人人贷官网。

慢。还有媒体描述拍拍贷为"长不大"的拍拍贷。拍拍贷的不利发展使得其他 P2P 平台做出相应的思考和改变，纷纷通过模式改造吸引了更多投资者参与，交易量在短期内迅速扩大。"拍拍贷的团队，则像一群略显落寞的理想主义者，坚守在自己的理想国中"[①]。

[①]　"拍拍贷历劫记"，中国企业家网，http：//www.iceo.com.cn/com2013/2014/0221/277828 _ 4.shtml。

不过，他们凭借独特的坚守受到资本的追捧和肯定，2015 年 4 月拍拍贷正式宣布完成 C 轮融资，再次成为国内 P2P 行业首个完成 C 轮融资的平台。投资永远是看未来，拍拍贷吸引机构投资很重要的原因是因为平台的可持续性以及可扩展性，这也许就是坚守的意义。

三、坚守的意义

所谓坚守，就是拍拍贷在其他国内较为知名网贷平台纷纷通过担保等各类形式承诺平台垫付时，仍在坚持 P2P 借贷中介的本质。但平台坚持不介入交易、不赔付本金的做法也令拍拍贷陷入"长不大"的怪圈。作为孤独的坚守者，拍拍贷走过了 7 年多的岁月，并且不断受到资本市场青睐，目前已成功完成 C 轮融资。投资者究竟看好拍拍贷的什么？其价值何在？

对此，我们将从坚守的经济意义和社会意义上进行梳理和分析，以了解拍拍贷坚守的意义所在。

（一）坚守的经济价值

1. 坚持不垫付

（1）真正的"定心丸"。拍拍贷坚守的线上不垫付模式是真正属于互联网金融的未来模式，它保留了 P2P 的原始面貌。拍拍贷不介入交易过程，投资者需要自己承担逾期和坏账的风险，因此平台避免了因垫付功能而产生的系统风险，因此平台几乎没有经营风险，生命力顽强①。

与不垫付模式相对应的是垫付模式：当借款人出现违约时，投资者可以从平台或从第三方担保公司获得本金保障。"本金垫付承诺"的宣传口号，就像一颗"定心丸"，俘虏了很多投资人的心：投资者不用承担任何风险，也不必花费大量精力对借款人进行风险判断。这个做法一下子就抓住了市场的焦点，也因此迅速崛起。"那么，这样的'定心丸'是否真的让人定心呢？"②

2009 年红岭创投开创了本金垫付模式，但红岭创投的创始人周世平说："'本金垫

---

① 拍拍贷于 2011 年 7 月 4 日启动了一项所谓本金保障计划，但该计划条件极其严苛，首先，保障对象不是整笔贷款，而是坏账额大于回收额的部分；其次，只对成功投资 50 笔以上、每笔贷款额不超过 5000 元，并且每笔贷款额不超过借款标的金额 1/3 的投资人提供保障。由于条件苛刻，满足保障计划的人寥寥无几。推出本金保障计划以后的 8 个多月内，只有 4 位用户触发了本金保障的条件。该保障计划实际上是一项奖励计划，目的是鼓励投资人做小额分散投资。

② P2P "本金垫付承诺"、"定心丸"未必定心，网贷新闻，http：//www.wangdaizhijia.com/news/guonei/4797.html。

付'其实是一把'双刃剑',一方面实现了为出借人保本,但另一方面却增加了网站自身的风险",因为原本投资者承担的风险转移到了平台或者担保公司身上。当平台自身不能抵御风险,违约率超过其赔付能力时,平台会因此倒闭。2014 年 8 月,广州金山联纸业老板疑跑路事件①使红岭创投平台形成 1 亿元的坏账金额,坏账金额创 P2P 网贷纪录。按照本金垫付的承诺,红岭创投为投资者兜底损失,形成巨大的财务压力。2015 年 2 月,红岭创投平台的投资产品"安徽 4 号标"因为安徽森海园林公司资金周转困难出现 7000 万元违约,红岭创投不得不再次兜底,承担本息兑付。但是"兑付神话"并不总能实现。如贷帮网,当面对一笔高达 1280 万元的逾期资金时,CEO 尹飞拒绝兜底,与其在网站风险揭示书对投资人"在一定条件下会回购债权"的承诺相悖。毁约的做法使贷帮网受到了舆论谴责。虽然平台拒不兜底避免了损失,但丢了声誉,最后也许会被迫出局。以上事件说明,承诺本金垫付的兜底做法大幅增加了平台承担的系统风险,可能给投资者带来更大的损失,而不是很好的保障措施。

互联网金融的本质还是金融,互联网这一工具并未改变金融的本质属性。P2P 网贷平台必须怀揣一颗对金融的敬畏之心。健康的金融产品依靠的是健全的风险控制体系,兜底表面上是为投资人挽回了损失,但实质上是平台风险管理出现重大失责。平台真正要做的事情是加强风险管理,为投资者提供安全的投资环境,否则翅膀永远都硬不起来。拍拍贷虽未向投资者承诺本金垫付,但平台因此安全性提高,投资者不必担心平台会停止运营倒闭甚至跑路,以致自己血本无归。

所以,拍拍贷作为一个纯信息中介,致力于为投资者提供准确、全面的信息,帮助投资者做出精准判断,完成资金借贷过程。投资者承担的风险都在个人掌握之中。这种做法看似短期内丢了市场,实则在长期内赢得市场,是一种更健康、更稳健的做法。就像最"危险"的地方往往就是最安全的地方一样,P2P 网贷平台给投资人真正的"定心丸"不是垫付,而是不垫付。

(2)吸引"聪明"的钱。市场充满风险和不确定性,在如何应对这些风险的时候,不同的人有不同的思考和行为。在不垫付的模式下,拍拍贷对每笔借款不做担保,投资者自己承担违约风险,因此不会轻易随大流,资金的流向会经过判断和计算,按照拍拍贷的说法,"拍拍贷的每笔交易成交都是出借人自己的智慧选择,所以在拍拍贷上流动的资金是聪明的钱"②。推动投资者具备风险识别能力,可以根据借款人披露的信息做准确的风险判断。

在垫付模式下,投资者放弃自己的独立思考和判断,把选择权让与平台,对每笔

---

① "广州金山联老板跑路调查",http://finance.eastmoney.com/news/1355,20140901418596190.html。
② 拍拍贷不担保考验"钱的智商",网贷新闻,http://www.wangdaizhijia.com/news/guonei/4338.html。

投资只考虑收益率的高低，缺少一层投资者的筛选机制。此外，高收益往往伴随高风险，投资者在追逐高利率的同时，平台会面临更大的逾期和违约概率，承受更大的垫付压力，进而要求平台具有更强的风控能力抵御风险。当平台资金不足以覆盖坏账时，资金链将承受巨大考验。如果平台自身难保，给投资者的保障更无从谈起。

所以，拍拍贷的不垫付模式会挑选到更多有良好投资教育、有风险规避意识的投资者，过滤掉懒惰的投资者，吸引的是"聪明钱"。长远来看，不垫付模式会越来越好地运转下去，垫付模式会暴露出越来越多的问题。

（3）合规经营。虽然，P2P网络借贷行业发展初期缺乏明确的监管法规，但有关部门依然在不同场合呼吁P2P网贷只是一个撮合借贷的交易平台，存在一些不能触碰的红线。因此，虽然没有明确法律，但从业者对于政策导向还是基本清晰的。鉴于明确的法律规定迟迟没有出台，踩红线者越来越多。直到2015年7月18日，市场期待已久的互联网金融行业监管政策终于落地：十部委发布了《关于促进互联网金融健康发展的指导意见》。随指导意见的出台，银监会对于P2P行业的监管细则也即将出台。按照指导意见，"个体网络借贷要坚持平台功能，为投资方和融资方提供信息交互、撮合、资信评估等中介服务。个人网络借贷机构要明确信息中介性质，主要为借贷双方的直接借贷提供信息服务，不得提供增信服务，不得非法集资"。"P2P平台不得以自身为投资人提供担保；不得为借款本金或者收益做出承诺，不承担系统风险和流动性风险，不得从事贷款和受托投资业务，不得自保自融"。同时，最高人民法院也在时隔24年后重新发布对民间借贷的司法解释，明确了P2P网贷平台的信息中介性质。

对于P2P平台引入第三方担保公司的担保模式没有被否定，但是要求第三方担保公司受《中小企业融资担保机构风险管理暂行办法》的监督，必须有融资性担保公司的资质，并且担保责任余额一般不超过自身实收资本的5倍，最高不超过10倍，对单个担保人的融资性担保余额不能超过净资产的10%。这些规定将一大批担保公司挡在P2P网贷平台之外，使那些依赖第三方担保为投资人保险的P2P平台面临担保不足的问题。

按照目前有99%的P2P网贷平台运作模式中有提供垫付、担保、信用增级内容的行业状况，随监管细则出台，将有一批踩"红线"的违规经营平台面临被淘汰的命运——或者整顿或者退出市场。当然，那些坚持合规经营的P2P平台也迎来了蓬勃发展的春天。

拍拍贷坚持扮演信息中介角色，不垫付、不担保，满足合规性，平台不承担系统风险和政策风险，走的是一条最稳健的道路。同时，还培育了一批坚持理性投资的投资者，体现了拍拍贷的智慧。

2. 坚持纯线上

划分 P2P 网贷平台模式的另一个角度是纯线上模式和线上线下结合模式。纯线上模式是指获客渠道、信审风控、促成交易、放款的全部流程都在互联网上完成。目前国内大部分 P2P 平台正与这种模式渐行渐远，主要原因是国内征信体系不健全，个人信用状况难以判断，所以大部分 P2P 平台的线上工作只相当于国外 P2P 平台流程的一部分，用户获取、信用审核在不同程度上已经由线上转为线下。例如，大多数平台直接在各城市成立办事机构或开设分公司，还有部分平台采用加盟模式，让加盟商成为各地的业务操作员。拍拍贷没有这样做，它不仅坚持不垫付，而且坚持"纯线上"，即坚持在线上完成全部操作流程。到目前为止，我国 P2P 网贷平台中明确表示不做线下业务的只有拍拍贷一家。为什么拍拍贷要坚持纯线上业务？我们从用户获取和信用审核两个角度来考察这种坚持的意义。

（1）信用审核。拍拍贷是利用线上的大数据风控模型完成信用审核工作的。但是，大数据风控建立在数据积累的基础上，在有公信力的第三方征信服务基本缺位的情况下，拍拍贷发展初期面临缺乏数据的问题。但即便如此，拍拍贷仍然坚持风控要从线上走，之所以这样做，是因为线下调查成本太高、缺乏经验以至于效果不理想。在这段时期，拍拍贷的线上审贷工作更强调对借款人信息做定性而非定量分析，以避免出现太多问题。随着可获取公开数据信息的增加，以及自我积累的客户信息增加，拍拍贷的信用风险评价手段逐渐从定性分析转向定量分析。

与拍拍贷不同，很多 P2P 平台面对缺乏社会征信服务的问题时，纷纷将信贷审核的工作转至线下，与借款人面对面交流，完成借款信息采集、信用信息核实等工作。这种方式可以将风险控制在较小的范围内，但是涉及环节多、参与人数多，不能标准化处理，很大程度上依赖审核员的个人经验。这种依赖个人的方式成本偏高，且不能保证质量。对于 P2P 网贷平台来说，不是最佳模式。相反，依赖数据模型的贷款风险评价方式尽管在数据量有限下不准确，但随着用户量累积和交易记录累积，系统对用户风险的判断会越来越准确。

所以，从信用审核的角度看，P2P 网贷平台坚持纯线上的价值，在于"坚持"两个字。

（2）用户获取。P2P 网贷平台的交易规模至关重要，没有规模就无法覆盖成本。在中国居民储蓄迅速增长、潜在投资人（出借方）很多的情况下，拓展平台交易规模的核心就是拓展借款人规模，增加对借款人的用户获取（获客）量。

在纯线上模式下，对借款人的开发也是在线上完成的。由于获取借款人的关键在于尽可能为借款人提供快速低成本的融资服务，而纯线上相较线下模式，在人工成本上可以降低很多（批量经营）、在审核时间上可以缩短很多（使用大数据分析模型可以迅速完成对借款标的的信用审查、核准、上线过程），在拍拍贷的平台上，如果用户积极配合，几分钟就可以完成整个流程。因此，纯线上模式有助于满足客户低成本高效率的融资需求，在获客方面具有一定的优势，但缺点是获客时是被动等待而不是主动出击。

在线下模式中，P2P平台通过各地网点人员进行营销。这种主动出击的方式有助于挖掘有借款需求的客户，尤其是大额客户，实现业务量迅速扩张。缺点是人员成本、店铺成本以及管理成本因此大幅度提高。为了覆盖增加的运营成本，平台要么提高交易的收费标准，要么提高单笔借款金额实现规模效应。但这样一来，P2P平台借贷的单笔交易金额会提高，不是小微借贷，而是中大额借贷，其性质发生了变化，从小微金融转向传统金融领域。这个结果不仅会形成P2P网贷平台与传统银行业的竞争，还因为单笔借贷额度加大增加了平台的信用风险。

拍拍贷不走线下获客的路子，避免形成臃肿的线下团队和高昂的运营成本，坚持纯线上获客。这个做法使其能够将运营成本控制在2%以下，成本降低使其可以让利于平台上的交易者，增加客户量。而且随着用户规模的扩大，规模效应会使得成本的优势更加明显，形成良性循环。

纯线上获客模式的优势除了降低成本和提高放款速度以外，还有客户黏性高以及员工边际贡献度大的优点。从客户黏性看，随着行业竞争愈演愈烈，比起客户数量，"客户黏性是成为平台价值的重要衡量指标"[1]。显然，将拍拍贷的线上获客模式与线下获客模式相比，那些由借款人自发选择进来的客户比被营销员积极游说进来的客户，具有更强的客户黏性。至于员工边际贡献度，纯线上模式可以通过系统的批量化操作处理交易全流程，大大减少员工数量，提高员工的边际贡献。目前，"拍拍贷平均每个员工每月可以贡献近50万元的交易量（撮合成功的贷款规模），而线下为主的P2P公司月人均贡献交易量约在4万元"[2]。由此可见，拍拍贷模式是效率最高的P2P模式。建立如此一套操作系统必然会发生大量研发成本，但是一旦规模做大之后平均分摊到每个用户身上的成本就足够低了。

根据以上分析，我们发现对于线上线下孰优孰劣的问题，不能简单地从获客量多少下结论。采用线下模式的宜信，2013年的成交规模达到300亿元左右，而采用线上的拍拍贷成交量仅有10亿元，显然拍拍贷远不及宜信。但从交易成本看，宜信的成本肯定会高于拍拍贷。高交易成本会驱动平台有做大额交易的倾向，偏离小额交易。这

---

① "易通贷：用户黏性是投资人选择P2P平台新指标"，中国商业电讯，http://www.prnews.cn/press_release/118967.htm。

② "P2P模式再争辩：拍拍贷力挺纯线上"，你我贷，http://www.niwodai.com/view-xindai/article-fe602162536.html。

不符合政府政策导向，也加大了经营风险。如果把眼光放得长远一些，我们更看好拍拍贷采用的线上业务模式。因为该模式更能发挥互联网平台交易的优势，只要坚持，就能久远。

表 11-2　线上模式与线下模式核心特点

业务环节	用户获取	风险控制	交易成本	政策风险
线上	1. 易于用户规模拓展及精准营销 2. 用户数据可追溯，可积累 3. 易于长期用户教育与黏性提升	1. 掌握交易数据与流水，易于数据及可控经验积累 2. 提升网控效率与精准性，降低人员道德风险 3. 受数据规模及维度制约	1. 节省人力成本、运营成本等 2. 批量化操作，提高效率，易形成规模化效应	第三方平台防触政策红线
线下	1. 短期内交易额较快增长 2. 易于对用户的快速说服与教育	1. 传统风控模式风险低 2. 容易产生道德风险 3. 周期相对较长 4. 无法自己掌握核心数据	涉及过多线下环节，成本高，使 P2P 失去普惠性	容易碰触政策红线，非法吸收公共存款以及非法集资

资料来源：艾瑞咨询报告《P2P小额借贷典型案例模式研究报告》。

拍拍贷坚持不垫付、纯线上的运作模式，看起来发展速度慢，也很保守、很平淡，但它的模式受外部环境影响较弱，基本依靠内生用户的黏性和数据积累，增长缓慢但具有后发优势。拍拍贷选择的是一条"走得更远，走得更稳的路"。拍拍贷的坚守，换来的是最有后发优势的广阔前景，这也许就是投资人看到的拍拍贷价值。

（二）坚守的社会意义

1. 践行普惠金融

互联网技术的发展降低了企业供给的边际成本，改变了供给曲线，让供给曲线与需求曲线相交于远尾，颠覆了经济领域中的二八原则，为小本生意创造了极大的盈利空间。P2P网贷行业正是利用了长尾效应，专门做服务于小微企业和个人的小微金融交易。但也正是这个客户群体被传统金融遗弃，是普惠金融的服务对象。所以，P2P网络借贷的服务对象，就是普惠金融的对象，P2P网络借贷做的是普惠金融的事情。

拍拍贷将自己的平台用户定位为屌丝用户群体，致力于让没有信用体系的人群更容易地借到钱，将放贷额集中在几千元到几万元的区间。2013年，拍拍贷单笔平均借款额为 1.1 万元，87％的借款标的金额在 1 万元以下。2014 年，单笔借款数字还在继续下降。据张俊介绍，2014 年拍拍贷的单笔平均贷款约为 6000 元。

中国小微金融领域市场巨大，是一片蓝海。从人民银行征信中心的数据可以推算出，目前能够得到银行信贷服务的人口只占全国总人口数的 23％，这个数据大致说明小微金融市场的广阔性。拍拍贷早在 8 年前就意识到这一巨大的市场空白，并先行进入，进行微金融服务。拍拍贷在实现其经济利益的同时，也帮助被传统金融排斥的人群获得金融服务，践行了普惠金融的理念。更加可贵的是，拍拍贷通过坚持纯线上的商业模式控制成本，避免因线下操作带来的成本压力而不得不提高贷款额度，改变服务群体性质的问题，坚持下沉，始终触及底层社会群体。在 2015 年 7 月 22 日召开的中国互联网大会暨首届中国普惠金融大会上，"拍拍贷因其 8 年来坚持纯线上个人无抵押小额信贷服务，践行普惠金融的理念，荣获大会颁发的 2015 年度'互联网＋'普惠金融优秀案例大奖"[①]，其为普惠金融服务做出的努力得到了充分肯定。

2. 教育投资者

我国 P2P 网贷生态圈中有 4 大参与主体：监管层、平台、借款者和投资者，其中投资者主要是非专业的个人。我国的个人投资者普遍存在投机心理强、风险意识差的特征。在教育投资者增强风险意识、做理性投资方面，拍拍贷是一个践行者。

拍拍贷 CEO 张俊认为，"不担保是为了吸引'聪明钱'。'聪明的钱'能够做出趋利避害的选择，能够做正确的事，在获利的同时对公司、行业、经济起到更多正面的作用"。拍拍贷希望借此倡导一种市场机制，教育投资者学会控制风险，同时严格控制平台的整体风险。例如，拍拍贷在 2011 年 7 月 4 日启动一项本金保障计划，承诺对那些成功投资 50 笔以上、每笔贷款金额不超过 5000 元并且小于借款标的金额 1/3 的投资人给予奖励（对坏账超过回收额的部分给以补偿），以教育、鼓励投资者做小额、分散的投资操作。分散投资是投资界的铁律，拍拍贷经过大数据分析发现，只要满足以上条件，做到投资足够分散，很少会有人出现亏损。"该计划推出后 8 个多月内，只有 4 位用户触发了保障的条件"[②]，说明小额分散投资的原则卓有成效。

张俊认为，如果说 8 年前拍拍贷担负着普及理财知识的任务，那么现在任务转变了，"要通过本金保障的分散投资条件来培养用户的分散投资理念，做聪明的独立理财人"。通过图 11 - 13 中单笔投资金额的分布状况，我们可以看出拍拍贷平台的投资者有更强的分散化投资意识。

投资者教育任重道远，P2P 网贷平台在组织直接借贷的金融交易活动中，一方面

---

① "中国互联网大会召开，拍拍贷 8 年践行普惠金融获优秀案例奖"。
② "本金保障计划续"，拍拍贷官方新浪博客，http：//blog.sina.com.cn/s/blog_70f2dea10100y5ym.html。

（元）

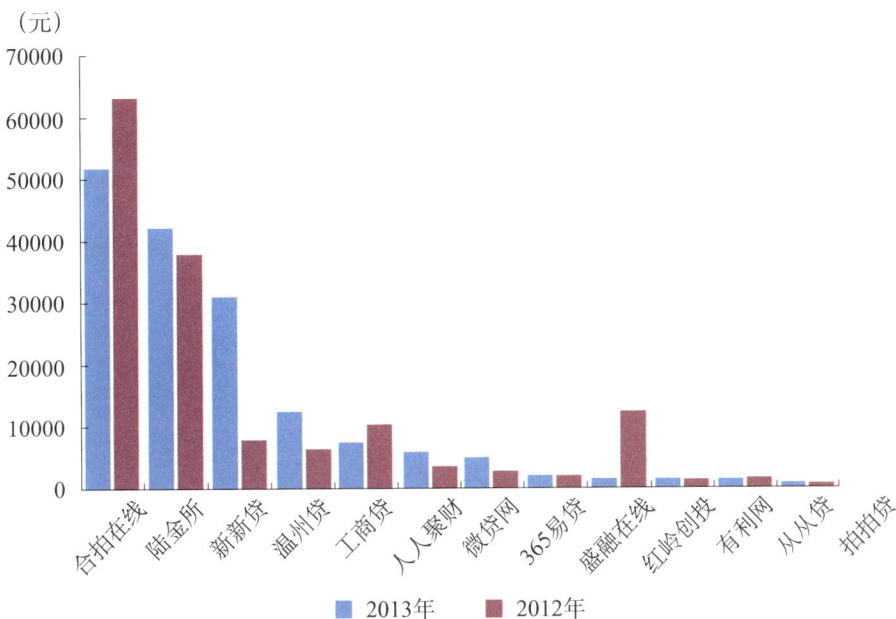

图 11 - 13　13 家平台平均单笔投资金额

资料来源：中国 P2P 借贷服务行业白皮书。

通过完整的信息披露，让投资者全面、系统地了解拟投资对象，准确把握投资风险；另一方面倡导用户分散化投资，从而降低风险，实现自我保护。事实上，教育投资者做一个智慧的投资者比平台任何形式的保证都有用。

四、对坚守的支撑

作为孤独的坚守者，拍拍贷在中国背景下践行传统 P2P 模式，一路走来十分艰辛。除了对理想的执着追求外，支撑拍拍贷坚守下来还必须有"硬件"的支持，这个"硬件"就是拍拍贷基于大数据的风险控制体系。

拍拍贷坚持纯线上，意味着放弃从线下辨别借款人信息的真实性。在缺乏有公信力的第三方征信资料的情况下，线下辨别是一个相对较好的信用风险识别办法。但拍拍贷考虑到成本过高和人员经验不足，放弃了该方法，坚持纯线上。代价是，扩张速度不能过快，风险识别的准确度相对不高。

在坚持纯线上的初期，拍拍贷对任何借款人都采用同样的授信额度标准——首次授信最高借款金额 3000 元，无论他/她的信用评级如何。经过一段时间的用户信用积累后，慢慢增加放贷额度。最初的风控偏向定性分析标准，如已婚比未婚信用好，女性比男性信用好等。公安部 2009 年对外开放数据后，可以从网上获取的公开数据越来越多，在积累了足够多的数据后，拍拍贷的风控转向定量分析标准。在定量分析阶段，系统可以直接进行审核、评分，在此基础上定价、定额度。低信用评分的用户批准的借款额度低，借款利率高。

以定量为主的风险控制要求有大数据支撑以及与之相应的信用风险控制体系，坚持纯线上的拍拍贷始终致力于基于大数据的风险控制系统建设。经过多年累积，"拍拍贷的风控系统已经形成由反欺诈系统、信用评级系统、基于信用评级的风险定价系统三个子系统构成的风控体系"[①]。

（一）基于大数据的风控思路

借贷交易中，风险控制的核心是对借款人的信用风险进行识别和评价。对此，拍拍贷的基本思路是，首先基于一些假设来判断借款人的信用资质，然后在不断积累数据的基础上，逐渐提高假设和模型的精确性。当用户违约后，平台会搜集其尽可能多维度的信息，并假定具备这些特征的借款人是高风险人群，随后通过平台积累的该借款人多次放贷还贷信息，检验本次违约与借款人信用风险的关系，进而对风控模型的精准性做持续优化（见图 11－14）。

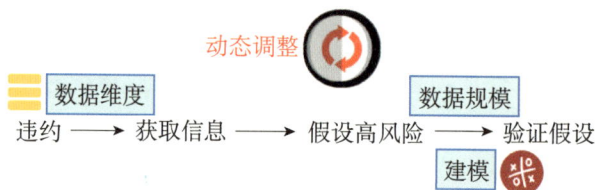

图 11－14　拍拍贷风控思路

上述环节中有三个关键部分，首先是能够获取用户多少维度的信息，这与信息技术水平有很大关系。其次是数据规模，数据规模由用户规模决定。有了用户才会有数据，才会有更准确的评级，有了更准确的信用评估则可以吸引更多的用户，因此就有了正向循环。整个风控体系在正向循环的动态调整过程中不断优化。最后是分析方法，也就是建立怎样的风险评估模型分析用户信用状况。

（二）大数据来源

大数据是拍拍贷风控体系的基础。基于此，平台才能根据一流算法，发挥顶级数据挖掘和分析能力，形成基于大数据的风险控制优势。拍拍贷的数据来自用户自我提供和用户授权平台收集两个渠道。

[①] "解密拍拍贷风控术"，第一财经日报，http://www.yicai.com/news/2014/08/4009094.html。

　　用户在拍拍贷平台上提出借款申请时，需要提交注册信息，并授予平台权限去检索他的个人信息。在检索信息方面，拍拍贷与公安部身份证信息查询中心、工商局、法院等全国十几家权威的数据中心合作，以及与淘宝、敦煌网等电商平台合作，共享用户信息。另外，拍拍贷利用搜索引擎收集借款人散落在互联网上的碎片化信息，如网络行为轨迹、社交网络行为、消费记录等，具体如论坛发言，微博粉丝数量、发布内容、关注对象，登录拍拍贷网站的习惯，注册时的填写速度等。目前拍拍贷一个借款人的平均参考因素（信息）有 400 多个，高者达 2000 多个。在信用审核中，拍拍贷首先通过权威数据中心核准借款人的真实姓名和身份信息，再利用多维度信息按照自建风控模型进行信用考量和评估。

　　为了积累大量数据，拍拍贷高度重视平台用户规模扩张，因为可以借此做数据分析。截至 2015 年 6 月 30 日，拍拍贷服务的人数已经达到 642 万，是整个行业中用户规模最大的一家平台。

（三）基于大数据的风控系统

　　关于建模方法，拍拍贷经历了从 Case by Case 分析，到回归分析方法，再到根据人群细分建立 18 个模型的变化。根据选择的细分模型，可以对任一借款人进行信用评估。据拍拍贷介绍，这个模型的准确度相当高。目前拍拍贷平台的坏账率大约只有 1.7%，主要归功于这个模型。从图 11 - 15 中可以看出，拍拍贷已经形成了有效的风险控制体系，平台的逾期率大幅降低。

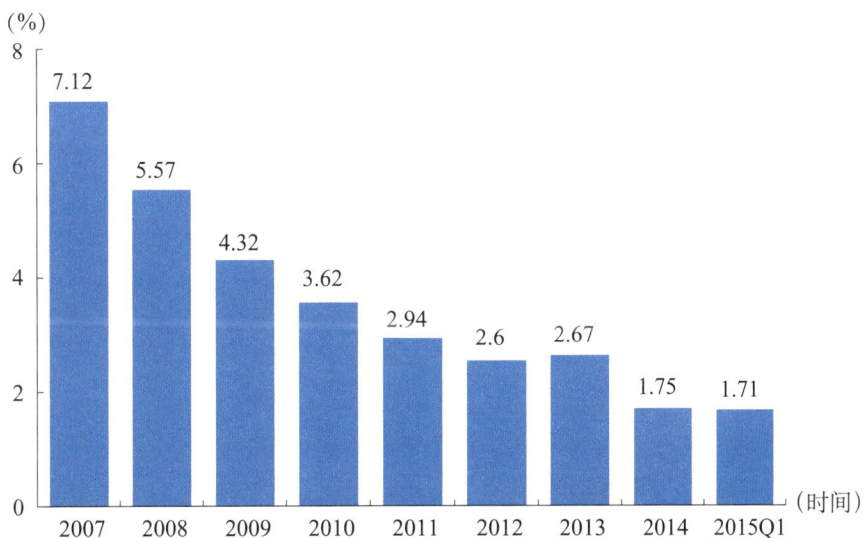

图 11 - 15　拍拍贷平台逾期率情况

资料来源：拍拍贷 2015 年第一季度报告。

2015 年 3 月 24 日，拍拍贷正式发布风险控制系统"魔镜风控系统"[①]，拍拍贷称此次发布的"魔镜风控系统"占据了三个第一：行业内第一家以大数据风控模型为核心、行业内第一家能够预测每一笔借款的违约率、行业内第一家能够基于风险评估相应地定价。魔镜基于注册用户 600 万、活跃用户占 15％而累积的近 40 亿条数据开发而成。拍拍贷实时更新记录每个借款者 2000 多个字段的信息，从中层层筛选，提炼出能够预测一个人信用的信息维度和信息变量，最终生成针对每个标的的风险评级。基于大数据技术，该系统可以做到对每一笔借款给出一个相应的风险评级，预测逾期率，并根据风险评级形成风险定价，以保证与风险对应的收益。经过几个月的检验，到目前为止，预测的结果与真实情况基本相符，真实结果没有超出预测范围（见图 11－16）。

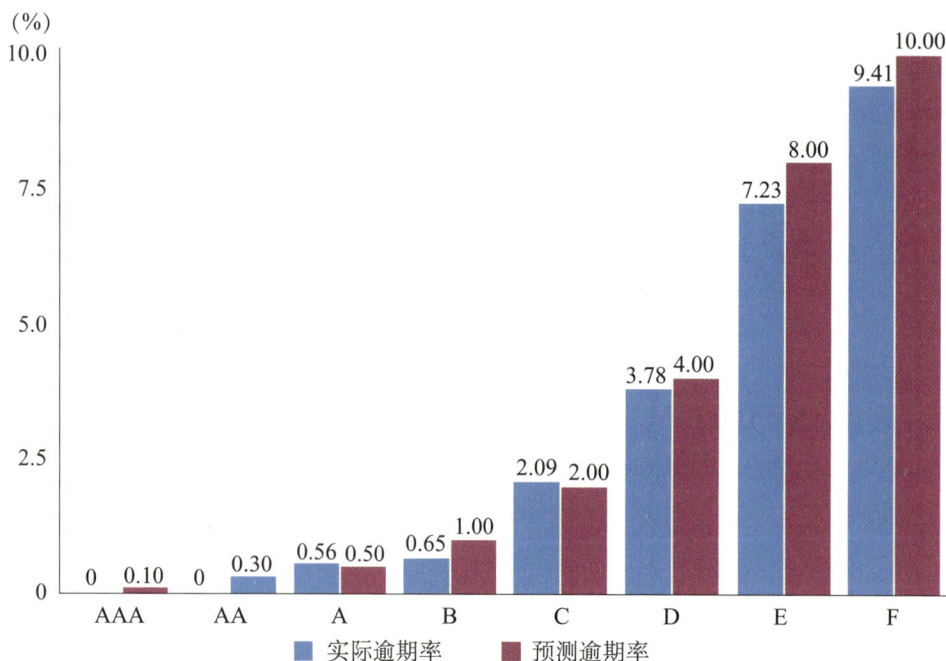

图 11－16 实际逾期率对比魔镜系统预测值
资料来源：拍拍贷 2015 年第一季度报告。

随着用户数量不断增加，可以有更多数据量和更多数据维度用来完善魔镜系统，使其提供更精准的预测，产生更广泛的应用价值。事实上，魔镜系统的开发是被"逼上梁山"的，如果中国存在一套类似 FICO 的有公信力的第三方信用评分系统和征信服务，拍拍贷这些苦苦坚持的 P2P 网贷平台可以节约更多的人力物力做平台该做的事情，在 P2P 网贷的路上走得更远、更好。拍拍贷这些 P2P 网贷公司自力更生开发出卓有成效的风险评估系统，既是它们的荣耀，也是小微金融领域以及普惠金融事业的悲

---

① 拍拍贷发布"魔镜"大数据风控系统，搜狐证券。

哀。如果从全社会的角度看，社会征信体系的落后加大了小微金融的运作成本，而且造成社会资源的浪费。

五、坚守的未来——拍拍贷向何处去

经过长达 8 年的坚持，拍拍贷这个孤独的"坚守者"脚下的路日渐平坦。但是，竞争环境依然是残酷的，这个被认为过于理想化的坚守者，接下来的路要怎样走？值得我们关注。

（一）厚积薄发

尽管过去 8 年里拍拍贷发展缓慢，但进入 2015 年，拍拍贷的交易量迅速放大。根据拍拍贷的最新数据显示，2015 年以来，拍拍贷的交易量呈现几何级递增态势，单月交易量从 2 亿元到 3 亿元的突破仅历时不到 3 个月。6 月单月成交额首度突破 3 亿元，创平台成立以来单月最高交易量，实现同比增长 244％，环比增长 24.56％，环比增长速度远远超过全行业的 8.19％，也高于同行业的红岭创投、鑫合汇、PPmoney（环比增长分别是－6％、20％、2.8％）①。拍拍贷的坚守开始开花结果了，厚积欲薄发。

需要注意的是，"拍拍贷平台借款申请笔数位居行业之首，上半年拍拍贷共收到 143 万笔借款申请，审批通过 25 万笔借款，同比增长 248.6％，相当于每分钟发放 1 笔成功借款。与行业相比，拍拍贷上半年单月发标量几乎已经等于行业成交量排名前 3 平台的总和"②（见图 11－17）。

在如此高效处理数十万借款申请能力的背后，是拍拍贷强大的自动化运营系统、魔镜风控系统和精准风险定价决策的共同支撑。2015 年 6 月的行情初步检验了拍拍贷开发风控系统的能力和效率。"另一个领跑行业的数据是，上半年拍拍贷借款人数规模超过 23 万，一家平台服务的借款人独占行业总借款人的 22％"③。另外，在 6 月撮合的 6 万笔借款中，有近一半的交易笔数贡献自新客户，这说明拍拍贷坚持纯线上发展客户的模式是有成效的。

此外，拍拍贷也推出多元理财产品（彩虹理财计划和快投工具）吸引投资人。彩虹计划每周发标 3 次，用户可预约投资项目，收益率根据投资期限依次递增，产品推出后，每次近 500 万元的资产包会在短短数分钟之内被迅速秒抢。快投工具可以帮助用户高效地分散投资：投资者的投资基金会通过系统根据一定算法自动分散投资到最

---

① 网贷之家 2015 年 7 月月报。
②③ 拍拍贷半年报，http：//www.ppdai.com/help/MediaReports187。

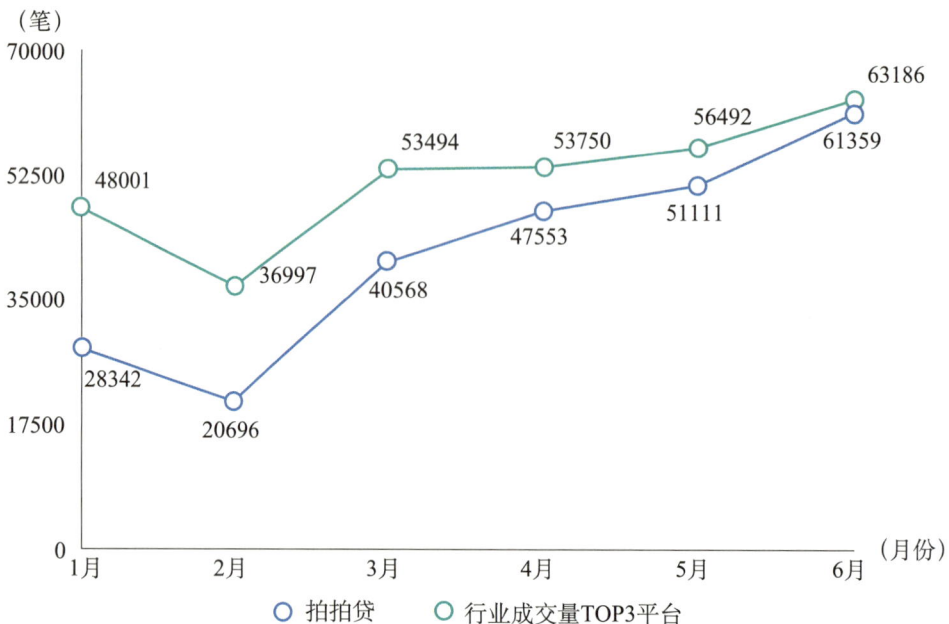

图 11 - 17　拍拍贷月发标量逐渐趋于行业 TOP3 平台总和
资料来源：拍拍贷半年报，网贷之家。

多数百个标的。拍拍贷的线上不垫付模式在分散化投资的投资理念以及不断推出的投资产品下，已经成为业内稳健投资的风向标，吸引了更多投资人涌入网贷市场。

（二）互联网金融集团

我们发现，坚持不垫付、坚持纯线上，做原生态 P2P 网贷平台的拍拍贷，也在为自己设计超越纯粹 P2P 网贷平台的发展蓝图。拍拍贷拟突破单一 P2P 网贷业务，发展征信、资产生成、财富管理等业务，逐步成为一个互联网金融集团。在资产端，打算开发更多的借款产品，以及基于消费场景的应用，来服务借款用户；对于财富管理端，拍拍贷打算以个人信贷为基础，通过更加多元化的资产配置产品和极致的使用体验满足线上理财人群的需求；对于大数据征信端，拍拍贷已经将该系统独立出来，准备对社会提供征信服务，更大程度上发挥该系统的价值。

拍拍贷的远景规划也许是它坚守的必然结果。但无论商业模式怎样变化，拍拍贷的两个核心价值——做依托互联网、大数据的金融服务，做合法合规的金融服务——都是且只能是它实现价值增值的基础。

六、对坚守的反思

拍拍贷是中国唯一一个在长达 8 年时间里坚持原生态运作模式（信息中介）的

P2P 网贷平台。可以想象，在中国社会征信体系严重落后、相关金融监管严重缺位的环境下，做原生态的坚守有多不容易。作为第一个将 P2P 网贷引入中国的平台，看着一个个后来者通过模式创新从自己身边轻松超越时，拍拍贷的坚守有多艰难。

从拍拍贷的案例中我们得到以下两点结论：

（一）完善社会征信体系建设是保证中国 P2P 网贷平台健康发展的生命线

按照中央十部委签署的《关于促进互联网金融健康发展的指导意见》的界定，P2P 网络借贷平台是撮合借贷双方实现个人间直接借贷的信息中介。但是，如果信息中介严重缺乏信息，其撮合下形成的金融交易就只能是投机而非投资交易了。

信息来于何处，最直接的来源是有公信力的第三方征信机构。美国 P2P 网贷平台之所以能快速发展，是因为它不用担心无处寻觅借款人的征信记录，发达的社会征信体系以及政府拥有的公共记录信息披露制度，保证可核实信息来源的便捷性。在这个意义上，包括社会征信体系以及公共记录信息在内的社会信用信息服务制度和披露制度是 P2P 网络借贷行业发展的基础设施。但是这个重要的基础设施在我国几近于零。

中国的社会征信体系发展严重滞后，人民银行征信中心经过近十年的发展，集中了其管辖职能覆盖下的各商业银行借贷信息。这个唯一的全国规模的征信中心不仅数据信息内容贫乏、覆盖人群少，而且缺乏服务意识。作为一家国家最高金融监管部门的下级机构，对自己究竟是政府监管部门还是一家征信服务机构的定位并没有搞清楚，这可以理解。但带来的代价是，由于迟迟不能为 P2P 网贷平台提供征信服务，迫使各平台自寻出路：或者踩政策红线，为投资人提供垫付、担保，以补偿信息缺乏带来的投资风险；或者自己慢慢开发征信系统，同时承担由此带来的成本。

因此可以毫不犹豫地说，中国 P2P 网贷平台的商业模式之所以大量出现踩政策红线的违规行为，在相当程度上是社会征信体系建设严重滞后所致，也是中国政府主导征信体系模式的低效率所致。

我国征信体系建设的严重滞后使 P2P 网贷行业为此付出了沉重代价：提高了行业成本，加大了行业风险。如果社会征信服务不能有大的改善，这个专注于小微金融领域、致力于为小微企业和个人提供便捷金融服务的行业甚至会因此面临生存危机。在这个意义上，我们说社会征信体系建设是 P2P 网贷平台的生命线。只有加快社会征信体系建设，才能保证 P2P 网贷行业的健康发展。

（二）完善法律与监管是 P2P 网贷平台健康发展的保证

从 2007 年我国第一家 P2P 网贷平台出现开始直到 2015 年 7 月，在长达 8 年的时间内，对于 P2P 网贷平台这种与钱、投融资有直接关系的行业，一直是法律真空、监管真空。这本身就是十分危险的事情。没有监管的金融肯定会成为野蛮生长的金融，最终以泡沫破裂，给社会带来金融震荡、经济震荡告终。

P2P网贷行业尽管没有走到这一步，但一直是险象丛生。缺乏监管、缺乏惩罚机制，使P2P网贷行业鱼龙混杂，任何一个人都可以轻易注册一个平台开张，也可以轻松将投资人的钱席卷而去，即所谓"跑路"。截至2015年7月底，累积问题平台达到895家，7月新增问题平台109家，从问题平台事件类型上看，跑路类型平台占该月总问题平台数量的比例为57.80%[①]，以至于在社会公众眼中，P2P网贷和诈骗跑路两个名词连在了一起。

与任何其他领域一样，法规与监管总是要滞后于新生事物。我国监管部门没有很快出台监管法规，也是出于对互联网金融的审慎了解和观察。但法律监管真空中受损失最大的是那些真正愿意做好P2P网贷业务的创业者和企业家，以及像拍拍贷这类坚持不碰法律红线的坚守者。首先，法律与监管真空，使P2P网贷行业面临极大的政策风险，政策不确定会促成从业者的短期行为和投机行为；其次，法律与政策监管真空使守法者吃亏，长期下去，必然形成"劣币驱逐良币"的局面。十分庆幸的是，8年之后终于等来了政府的行业指导意见，也为拍拍贷这样的守法者带来了希望。

但在庆幸的同时，我们依然对政府需要花费如此漫长的时间去观察一个金融创新现象，迟迟不建立相应法律规则而感到遗憾，毕竟效率太低了。与我们同时起步的其他国家如美国，在第一家P2P网贷平台出现后不到两年就出台了明确的监管法规，我们却要等待8年。在大众创业、万众创新的时代，法律监管体系建设的低效率，可能会成为阻碍社会进步的掣肘。

主要参考文献：

Freedman S.，Jin G. Z.．Do Social Networks Solve Information Problems for Peer-to-Peer Lending? Evidence from Prosper.com［Z］．Working Papers，University of Maryland，2008.

---

① 网贷之家2015年7月月报，http://bbs.wangdaizhijia.com/thread-552826-1-1.html.

第十二章　百融至信

——大数据征信

【摘要】一方面，金融业尤其小微金融，对于有公信力的第三方征信服务有极大需求；另一方面，我国社会征信体系的落后远远不能满足需求。互联网、电子商务和大数据等新型技术为征信业快速发展提供了契机。百融至信依托自身大数据技术及来自零售、社交、媒体、航空、教育、运营商、品牌商等线上线下多维数据源，形成有效的风险评价。百融至信的案例证明，大数据征信技术能够以其特有的"动态信息"机制改善传统征信与风险评价的效果，迅速扩大覆盖人群的范围，缓解金融活动中的信息不对称程度。大数据技术在征信行业的应用是对该行业的创新与推动，对于加快我国社会征信体系建设具有极其重要的作用。

第一次工业革命蒸汽机带动了交通运输变革，第二次工业革命电话电报创造了新的通信方式，20世纪60年代计算机技术开启了信息时代，每次技术革命都使得信息的传送速度得到大幅提升、传送区域向更广的范围扩展。随着21世纪初互联网/移动互联网、电子商务和社交网络的逐步成熟和广泛使用，互联网用户数量大幅增加，用户在网络上发生的购物、社交、浏览网页、搜索等行为产生了海量的数据，大数据技术应运而生，征信技术也正在发生新的变革。

但是，大数据技术怎样应用到征信领域？与传统征信相比具有哪些优势？还存在哪些需要克服的问题？我们希望通过对百融至信案例的深入分析，对以上问题给出答案。

一、百融至信发展历程

百融（北京）金融信息服务股份有限公司（简称"百融金服"）旗下的百融至信

（北京）股份有限公司（简称"百融至信"、"百融"），是在国务院推进社会征信体系建设以及互联网/移动互联网和大数据技术快速发展的背景下，严格依照国家管理要求及信息系统安全等级测评报备制度设立的大数据征信公司。该公司作为一家专业提供大数据金融信息服务的公司，其征信业务发端于百分点科技有限责任公司（简称"百分点"）从事互联网营销业务积累的海量数据基础，包括用户线上线下的行为、消费、阅读、偏好、社交、汽车、房产信息及黑名单数据等。自 2013 年开展征信业务以来，百融至信已经积累了 5 亿左右的实名用户数据和 7 亿左右的匿名用户数据，并且与多家商业银行、互联网金融公司达成合作协议，其中处于测试及前期沟通阶段的金融机构超过 100 家。

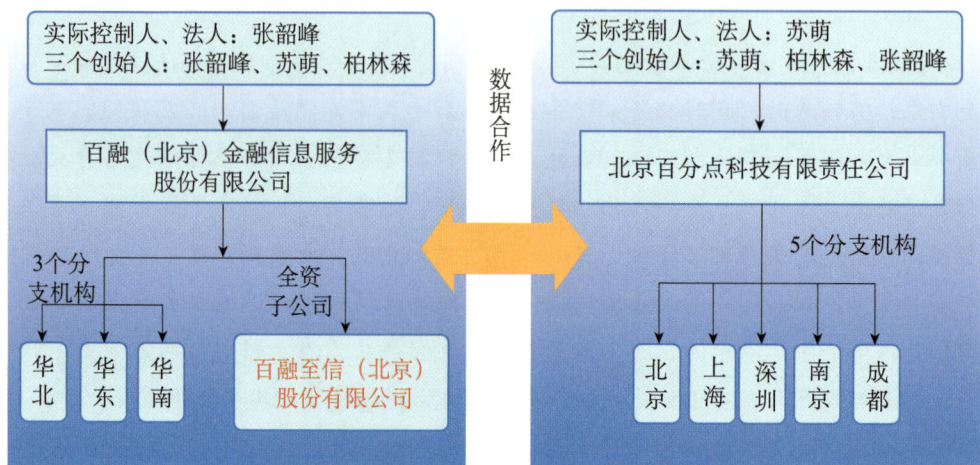

图 12-1 百融至信、百融金服和百分点之间的关系
资料来源：百融金服、中国人民大学小微金融研究中心。

（一）第一阶段：互联网精准营销（2009 年 7 月至 2014 年 3 月）

2008 年以来，中国电子商务进入高速发展阶段。为获取更多的流量、改善用户体验、提高转化率，各电商企业对个性化用户推荐的需求逐步变得迫切。在此背景下，百分点科技有限责任公司于 2009 年 7 月在北京成立，以互联网精准营销起步，为电子商务企业与互联网媒体企业提供站内流量转化和商业智能分析的相关产品与整体优化解决方案，同时也为传统行业提供大数据基础技术、大数据管理和应用的云平台和整体解决方案。

2010 年，百分点完成推荐引擎的研发、测试。该推荐引擎通过深入整合用户的行为记录，构建用户偏好统一视图——用户"画像"，打通网页、移动 APP、微信和邮件等界面，实现整个购物过程中的个性化推荐，达到智能导购的效果，提升网站用户体验。2012 年，百分点推出专为电商企业研发的智能商业分析引擎，用于为电商平台增加流量和销售额、优化运营决策。

目前，百分点已经和包含凡客诚品、1 号店、聚美优品、银泰网、麦包包、第一财经周刊、财新网、西祠胡同等在内的近 1500 多家知名电子商务企业和资讯类网站成为合作伙伴，每天为 8200 多万用户提供 2.5 亿次个性化精准推荐以及商业智能分析服务，并已开始涉猎在线教育、在线旅游、金融、证券、制造业等多个领域。针对不同行业的特点，百分点成立了相应的行业事业部开展业务，其中金融行业事业部覆盖了银行、证券、保险、P2P 借贷等金融业态。

（二）第二阶段：金融营销与风控服务（2014 年 3～12 月）

金融业产业链从前端业务到后端风控都是基于数据的，与基于实物商品的其他业态相比更易于与互联网技术相结合，尤其是金融企业的核心功能——以征信为核心的风险管理与控制技术。伴随着技术进步和商业模式创新，互联网、大数据等新型技术逐步向传统金融行业渗透。

百分点经过 5 年多的积累和发展后已经形成了包括 5 亿左右的实名用户数据和 7 亿左右的匿名用户数据的大数据底层平台。在对实名或匿名用户进行"画像"的精准营销过程中，百分点发现了这些数据的另一个重要用途——征信，于是专门开展征信业务，并将其纳入金融行业事业部。2013 年以来，随着国家《征信业管理条例》、《征信机构管理办法》、《社会信用体系建设规划纲要（2014～2020 年）》等一系列法律和政策陆续推出，我国个人征信市场开始进入快速发展阶段。为适应监管需求，保证征信业务健康发展，百分点公司于 2014 年 3 月将原金融行业事业部分拆，注册成立百融（北京）征信股份有限公司（简称"百融征信"），原存量业务整体迁移至百融征信，并获得了央行授权的企业征信牌照。

百融征信依托大数据技术及来自互联网、线下零售、社交、媒体、航空、教育、运营商、品牌商等多维数据源，为金融业客户提供精准营销、贷前信审、贷后管理服务，帮助客户降低风险率、提升核准率，为客户提升整体运营管理水平给予支撑。2014 年 12 月，在多元金融信息服务业务的架构基础上，百融征信再次更名，成为百融（北京）金融信息服务股份有限公司，下设金融征信、金融营销、金融不良资产管理等分/子公司，实现集团化运作。目前，百融金服已经与 70 多家金融企业建立合作关系，其中包括多家银行、保险、证券等传统金融机构，以及 P2P 网贷等互联网金融公司。

（三）第三阶段：百融至信——专注个人征信（2015 年 1 月至今）

为进一步适应监管要求，建立信息系统安全等级测评报备制度，支持个人征信业务的发展，2015 年 1 月，百融金服旗下单独设立了全资子公司——百融至信（北京）个人征信服务股份有限公司，与百分点科技和百融金服共享平台和信息资源，专注个人征信领域，开展个人征信业务。在征信业务领域，百融至信已经与多家商业银行、互联网金融公司达成合作协议，处于测试及前期沟通阶段的金融机构也超过 100 家。目前，百融至信正在积极申请个人征信牌照。

二、搭建大数据平台

搭建大数据平台是实现大数据征信的基础。所谓大数据平台，是指对于数据"采集、整理、保存、加工、提供"的完整过程。

百融至信依据《征信业管理条例》中征信业务的定义，从以上五个层次开展征信业务，实现了从数据采集到数据整合与利用（整理、保存、加工），再到向客户输出产品（提供），搭建了完整的大数据平台（见图 12-2）。百融至信的大数据平台拥有两大优势：一是综合线上线下多维度数据进行数据采集；二是基于"五大引擎"和"十一系统"进行数据整合与利用。

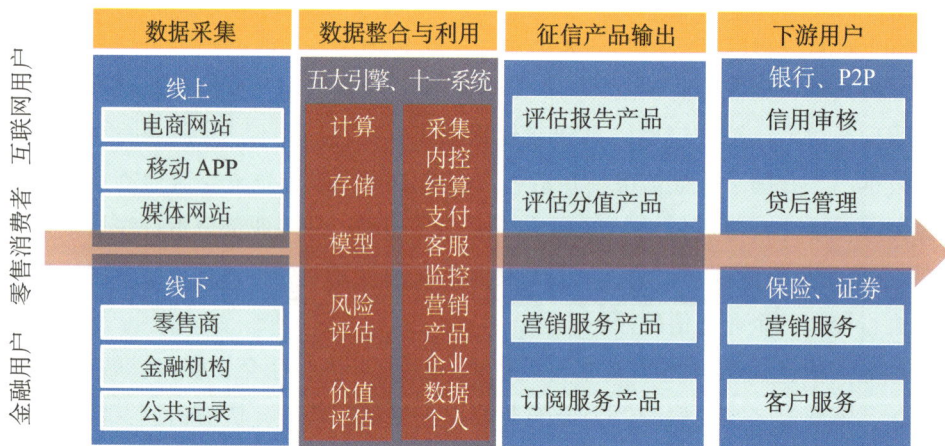

图 12-2　百融数据采集—处理—输出总体框架

资料来源：百融金服、中国人民大学小微金融研究中心。

（一）线上线下多维度数据采集

数据采集是大数据征信中最为重要的环节，如何在合法合规的前提下获取真实、全面、及时的信息，是百融至信工作的一个核心点。为此，百融至信制定了数据采集原则：坚持客观、独立、公允的第三方立场，遵守法律法规和相关的监管规定，确保数据信息采集的真实性、全面性、及时性、持续性。

在数据采集原则指导下，百融至信经过努力，形成了其多维度数据采集特色，数据来源多维度（包括线上线下数据），并且做到了数据全面、更新及时、动态性描述，弥补了传统征信模式数据维度少、不够及时、无法动态描述信用变化等缺陷。

1. 采集原则

百融至信数据采集原则的具体内容是：

第一，坚持信息采集的依法合规，不触碰监管红线。为此严格做到：采集个人信息经信息主体本人同意，未经本人同意不进行采集；坚决不采集个人的宗教信仰、基因、指纹、血型、疾病和病史信息以及法律、行政法规规定禁止采集的其他个人信息；未经严格授权及告知负面影响时，不采集个人的收入、存款、有价证券、商业保险、不动产的信息和纳税数额信息等。

第二，坚持客观、独立、公允的第三方立场。艾克发（Equifax）、益百利（Experian）和环联（Trans Union）等国际征信巨头都是独立的第三方征信机构，自身或关联方没有开展金融业务，这样才能保证征信机构公平地为客户提供征信服务，才能避免与客户的利益冲突。百融至信无论是股东还是关联企业均没有金融及类金融背景，避免了存在既当"裁判员"又当"运动员"的利益博弈。

第三，坚持数据信息采集的真实性、全面性、及时性、持续性。百融至信的数据来源能够反映被采集对象在线上线下真实轨迹的记录，能最大限度地减少一些数据采集对象功利性的粉饰目的，并且，百融至信还通过技术方法匹配和核实各种数据资料的真实性。

2. 采集渠道

百融至信数据采集具有多渠道、多维度特点。其数据信息采集渠道包括：①信息主体自主提供；②通过开展推荐引擎服务的 1500 多家线上电商、媒体、社区提供；③通过开展大数据技术服务和 O2O 服务的线下零售商、品牌商提供；④建立战略合作关系的第三方数据源；⑤由公共部门包括政府部门、司法部门在依法履职过程中产生的公开信息（包括法人和公民的资质、奖励、表彰、屏蔽、纪律处分、行政处罚、法院、欠税等信息）；⑥其他数据来源。数据类型包括人口统计学数据，如性别、年龄、电话号码、住址、工作地址、学历、职业等，线上行为数据包括消费、航空、旅游、社交、阅读、娱乐、新闻、资讯、视频、音乐、游戏等，线下数据包括零售商消费、金融机构借贷、公检法等。

百融至信的数据 60% 左右来自线上，同时百融也在进一步拓展线下市场和数据来源，与很多知名大型零售商展开了合作，如兴隆大家庭、朝阳大悦城、万达集团、王府井百货、银泰百货等。深入开展与线上线下客户的合作，进一步拓宽合作领域和行业，可以使百融实时动态地取得更加优质和完整的交易数据，在确保公民隐私权的情况下初步实现对公民基本信息的广覆盖。

（二）数据整合与利用

准确、全面、及时的数据是征信服务的血液，精准、高效、稳定的模型是征信服务的灵魂。除了海量数据采集的基础之外，大数据平台的搭建还需要对原始数据进行清洗、整理，实现对数据的整合与利用。

百融至信的关联公司百分点作为一家国内有影响力的数据运营服务型企业，在以数据为核心的征信信息系统建设方面具备先天优势。这为百融至信在数据采集、数据计算、数据挖掘、数据服务等方面的业务开展提供了坚实的技术基础。百融至信在原技术基础之上，按照系统稳定性、数据安全性、应用高可扩展性的原则，又设计推出了包含"五大引擎"和"十一系统"的百融至信信息系统（见图 12-3），并进一步提炼出适合征信行业的数据特征及算法引擎，以支撑百融至信的产品及业务发展。

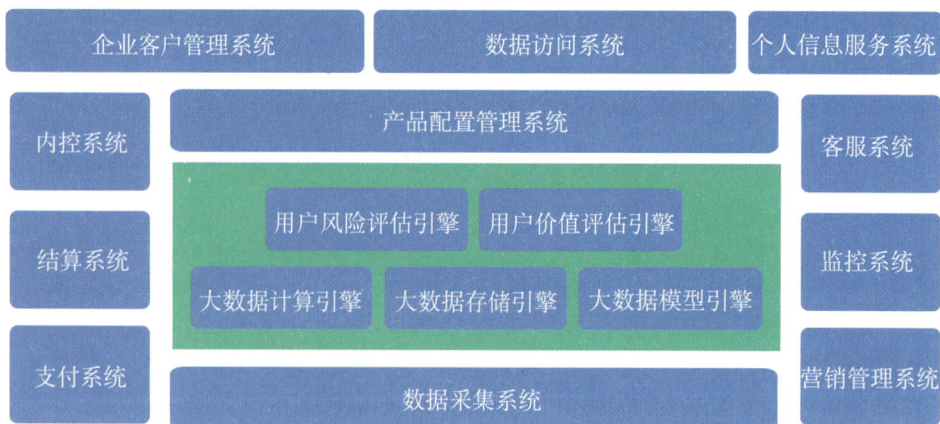

图 12-3　五大引擎和十一系统

资料来源：百融金服。

1. 五大引擎

"五大引擎"是百融至信信息系统的核心，也是百分点多年来大数据处理技术、数据挖掘技术以及全网海量积累数据优势的集中体现，分别是"大数据存储引擎"、"大数据计算引擎"、"大数据模型引擎"、"用户风险评估引擎"和"用户价值评估引擎"。

"五大引擎"中，大数据存储引擎积累了国内最大的跨网站消费偏好数据，拥有 5 亿左右终端网络用户的消费与兴趣偏好，是提供第三方企业征信服务的数据基础；大数据计算引擎、大数据模型引擎负责百融至信征信信息系统中来自上千个渠道的数十亿原始数据的清洗、标准化、整合、分析、建模，用以形成百融至信用户"画像"以及提供高附加值征信服务的模型算法基础；用户风险评估引擎以用户阅读行为数据、消费行为数据、稳定性数据、品牌偏好数据等为基础，使用 4 个算法模型评估用户风险。这些算法模型分别是：①用户风险逻辑回归模型，一种基于逻辑回归算法建立的百融至信用户风险评估模型；②用户风险 SVM 模型，一种基于 SVM 算法建立的百融至信用户风险评估模型；③用户风险神经网络模型，一种基于神经网络算法建立的百融至信用户风险评估模型；④用户风险集成算法模型，一种基于以上各类算法建立的百融至信用户风险集成评估模型。

百融至信通过"五大引擎"，建立了针对每一个用户的风险评估机制和评估模型，形成了该公司对外提供征信产品和征信服务的核心优势。

2. 十一系统

"十一系统"包括数据采集系统、内控系统、结算系统、支付系统、客服系统、监控系统、营销管理系统、产品配置管理系统、企业客户管理系统、数据访问系统、个人信息服务系统。"十一系统"是百融至信信息系统的基础，也是有效支撑百融至信业务、产品设计、开发、应用以及客户服务的保证。

三、风险建模与信用产品

征信的目的主要是识别外部欺诈风险和信用风险。根据巴塞尔委员会的定义，外部欺诈风险是指第三方故意骗取、盗用财产或逃避法律导致的损失；信用风险是指借款者不能履行信贷契约中还本付息责任的可能性。百融至信线上线下融合的大数据征信模式通过对同一个人的多种 ID 表现出的行为、特殊名单库和量化建模等方法进行欺诈风险识别；基于"5C"法则①和线上线下多维度数据，应用多种模型进行信用风险识别和风险评估。

（一）线上线下融合的大数据风险建模

百融至信的建模思路主要是借鉴 Zest Finance 模型，使用线上、线下融合的海量非金融与金融数据进行信用风险建模，共包含消费、阅读、社交、旅游、娱乐、金融、公共记录等在内的大约 50 万个弱变量。

Zest Finance 模型综合了人口统计数据、网站行为数据、社交网络数据等结构化以及非结构化大数据，共使用约 70000 个变量进行建模，是大数据风险建模的基础。Zest Finance 模型的原理如下：首先，对收集来的海量弱变量进行处理，生成各种更加有效的衍生变量；其次，在关联性的基础上将这些变量重新组合成一些比较强的变

---

① 品行（Character）、偿还能力（Capacity）、资本（Capital）、抵押（Collateral）与环境（Condition）。

量；再次，将这些比较强的变量放入采用数十个独立的、不同的机器学习算法建立的模型中进行处理，每一个独立的数据模型给出一个独立的评分；最后，将这些评分进行加权组合，整合成最终的信用评分。

1. 欺诈风险识别

百融的欺诈风控体系主要基于 5 亿人的消费、阅读、社交、房产、汽车、借贷、理财和账户变动等真实线上线下行为数据构成的反欺诈数据库。其主要特点有：一是真实性强，用户在进行消费、阅读、社交时基本上没有信贷目的，没有进行身份造假、行为造假的意图；二是交互验证识别用户身份，通过跨屏、跨终端、跨浏览器等技术手段将同一个人的多种 ID 打通，并将同一个人在多种 ID 上表现出的行为进行贯穿，以准确识别用户身份；三是实时性强，用户在发生潜在欺诈行为并被捕捉到数据库中后，系统能够以毫秒量级的速度识别出风险。百融至信欺诈风险识别方法与传统方法的区别主要在于数据的多维度交互验证和模型的动态监控。传统方法主要基于身份证号、地址核查、电话确认等手段，这种方式能在一定程度上识别欺诈风险，但是仍然会有伪造、伪装等欺诈行为无法被识别出，在真实性、交互验证、实时性方面效果均不甚理想。

百融至信的欺诈风险识别方法主要包含三个部分：身份信息与行为异常核查、特殊名单库核查和量化的欺诈风险模型对潜在的欺诈风险进行打分。

（1）身份信息与行为异常核查。身份信息与行为异常核查是指通过验证信用申请者所提交的信息与百融数据库中申请者的信息匹配度，以确定申请用户身份的真实性。其中涉及的数据基础主要是个体用户的 PII 图[1]关系数据，包括身份证、手机号、邮箱、姓名、座机、地址、Cookie[2]、IMEI[3]。身份核查策略涉及的欺诈场景包括：同一台设备利用多个不同的身份多次申请信用卡或者贷款；同一台设备多次申请多家金融机构的信用卡或者贷款；冒用他人身份申请（身份信息与联系方式不一致）；申请地址与日常生活地址不一致；从来没有网上行为的用户突然进行网络申请信用卡等。

（2）特殊名单库核查。特殊名单库核查主要是针对个体欺诈风险进行敏感信息核查。个体风险敏感信息核查通过与特殊名单进行匹配查询，判断用户的信贷真实性。

百融至信有一个特殊名单数据库，该名单库是基于百融大数据分析平台建立起来的。特殊名单库的使用策略分为两类：一是新申请用户查询特殊名单库，如果查询命

---

① 个人可识别信息（Personal Identifiable Information，PII），即用户信息，包括姓名、身份证、手机号、邮箱等可以在现实世界中对应到一个具体的人的信息。

② Cookie 指某些网站为了辨别用户身份、进行会话跟踪而储存在用户本地终端上的数据（通常经过加密）。

③ IMEI（International Mobile Equipment Identity）即移动设备国际识别码，是手机的唯一识别号码。手机在生产时，就被赋予一个 IMEI。

中，那么返回特殊名单类型；二是新申请用户查询 PII 图关系数据库，针对扩展的用户身份信息再次查询特殊名单库，如果查询命中，那么返回图关系层级和特殊名单类型。百融特殊名单库的功能在于利用个体用户的 PII 图关系数据及特殊名单数据，通过与特殊名单进行匹配查询，判断用户的信贷资质。

（3）量化的欺诈风险模型。百融反欺诈模型是基于决策树算法和专家经验判断的混合型评分模型，使用定量的方法反映客户的欺诈风险，弥补人工审核盲区，缩短欺诈审核时间。模型结合反欺诈方面的专家经验，通过数据整合、抽样、变量分析、交叉验证、预测力检验、欺诈专家筛选变量、创建欺诈评分模型、模型评估和模型检测的工作程序，实现用分值来预测客户的欺诈可能性。一旦模型开始使用，就需要持续监控模型应用效果，并跟踪市场欺诈行为的变动，对模型变量和分值进行调整。

2. 信用风险建模

信用风险建模一般是对用户行为信息，应用"5C"法则进行信用评估。建模的类型可以很多，目的是根据现有数据，尽可能准确地评价用户风险。百融的数据特点是多维度，包含人口统计学数据、行为数据、资产数据等，数据维度多达几千种。为从海量信息中得到对用户的风险评价，百融需要使用的风险评估模型相对传统征信就要更加复杂。但总体上可以分为分类模型和算法模型两类。目前，百融至信使用的分类模型主要有评分卡模型、信用风险策略模型、信用评级模型、大数据集成模型；使用的算法模型主要有逻辑回归、决策树、KNN 法（K-Nearest Neighbor）、SVM 法、Bayes 法、神经网络等。如果以传统的评分卡模型为例，我们可以看到这些模型在大数据背景下的基本工作原理。

评分卡模型是一种基于逻辑回归算法定量评估用户信用风险的模型。使用该模型做信用评估时首先需要确定数据来源并选取样本。百融至信针对包括消费数据、媒体浏览数据、资产数据、商旅数据、匹配方式信息，以及银行申请表数据、逾期/不良数据等大量数据先进行探索性数据分析，即考察弱变量当中哪些变量可以用于信用评价[①]；在找到可用于评价信用的弱变量之后，再根据弱变量的预测能力，以及其对应的坏账率和业务含义，对弱变量分组，将其转化成较强的变量，强变量即为预测变量。预测变量的取值将作为违约变量（二值变量）预测能力的度量指标。根据分组产生的最新数据集合，就可以应用逻辑回归运算建立初始回归模型了。在回归模型的基础上，

[①] 探索性数据分析包括单变量分析、双变量分析、相关性分析、交叉验证和异常值分析。单变量分析中涉及的连续变量的统计量包括观测数、均值、标准差、偏度、缺失数、众数等；分类变量包括各分类的频数、频率、累积频数、累积频率。双变量分析用于预测变量与坏账率的趋势分析。相关性分析是要计算连续变量之间的 Pearson 相关系数，作为衡量连续变量相关性的指标。对这些弱变量进行交叉验证，以确定其是否能够评价信用风险。最后进行异常值分析，并剔除异常值。

用概率与分数之间的转换算法把概率转换成分数，进而得到评分卡。评分卡对所有申请贷款的群体做信用评价，包括信用质量较好、通过审批的客户信用，以及历史上没有通过审批的客户，以保证样本空间不会出现系统性扭曲。大数据信用风险建模流程如图12-4所示。

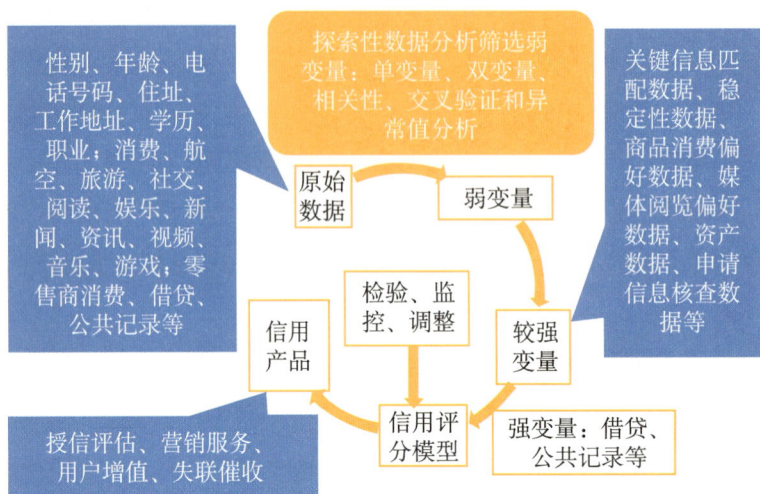

图12-4　大数据信用风险建模流程

资料来源：百融金服、中国人民大学小微金融研究中心。

最后的工作是检验、监控和调整模型。模型的预测能力、稳定性必须通过检验才可以运用到实际中。例如，模型建立之后，需要做稳定性监测报表，比较新申请人与开发样本客户的分数分布，对模型的有效性进行监控；需要做特征分析报表，比较目前和模型建立期间的所有评分卡特征的分布，对模型的有效性进行监控；需要做不良贷款数据分析报表，评估不同分值区间的不良贷款，与模型建立阶段的预测进行比较，监控客户贷款质量。一般一段时间后，随经济环境、市场环境变化以及用户结构不断变化，信用评分卡的预测能力会逐渐减弱，百融至信需要根据变化调整评分模型。所以，信用评分卡在建立后要进行持续的监控，在应用一段时间后要做适当调整或重建。

（二）征信产品

从国内外征信业务发展来看，征信业务产品有三个特征：一是征信结果（报告）的标准化，目前各国普遍采纳的是源于美国征信局协会（CDIA）征信报告的标准；二是征信体系融合，个人征信与企业征信呈融合趋势，在评价企业风险的同时会考量其高管、董事会成员的个人信用状况；三是信用服务产品不断细化，风险评估种类不断细化，从单一信用风险评价到资产预测、破产预测、偿债预测、收入预测等，从简单评分产品到定制化的数据应用与工具对接服务。评分产品仅是一个初级筛选的结果，在此基础上还可以作为模型输入对接定制化的客户应用。

百融至信目前主要的征信服务产品是关于欺诈和信用风险识别的授信评估系列产品，包括企业征信、个人征信，比较适合中国征信市场。公司正在努力将征信服务拓展到金融营销和一些增值服务领域，实现覆盖金融客户业务全流程的服务，如在贷前模块，提供营销引流服务、反欺诈服务、授信评估服务；在贷后模块提供用户增值、风险预警及追债委托服务（见图 12-5）。

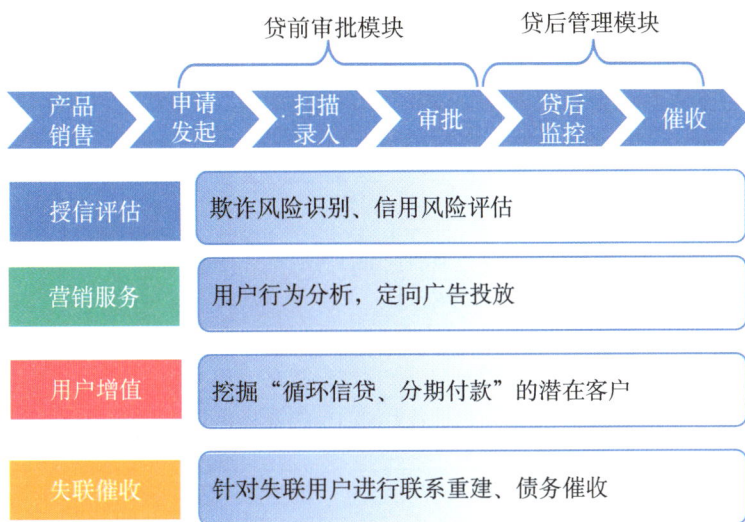

图 12-5　百融至信全流程征信产品体系

资料来源：百融金服、中国人民大学小微金融研究中心。

1. 反欺诈服务

反欺诈是信贷业务贷前审查的初始和必要步骤。在传统银行业务中，欺诈风险主要集中在信用卡业务领域；在以 P2P 为主的互联网金融等业务中，由于互联网的虚拟性使得造假的难度和成本大幅下降，欺诈风险更为严重。百融反欺诈服务利用身份信息与行为异常核查、特殊名单库核查和量化的欺诈风险模型等手段，在海量数据挖掘基础上实施反欺诈服务。其核心流程包括：特殊名单库核查比对拒绝、规则量化拒绝、设备反欺诈拒绝、高风险客户预警四部分内容。反欺诈业务是百融金服目前重点发展的一个业务。

2. 个人征信评估报告

百融至信的个人征信产品体系包括个人真实性评估报告、风险评估报告、价值评估报告、兴趣评估报告等（见表 12-1）。公司还计划进一步拓展个人征信服务，用于求职招聘、婚恋交友、房屋租赁、汽车租赁、贸易来往等领域。

目前，百融至信个人征信业务的服务对象主要有金融机构和普通客户。对于金融机构，主要提供互联网征信服务来满足其降低信用风险的需求，以及挖掘客户的需求；对于普通用户，主要是以便捷的方式帮助他们建立和增加信用记录，以获得更多的金融服务。

表 12 - 1　百融至信个人征信报告（个人征信产品之一）

报告名称	模块名称	释义
真实性评估报告	身份信息核查	用户身份证、手机号、邮箱、姓名、座机号等用户身份信息的一致性核查
	上网信息核查	用户设备上网城市的信息，需部署百融代码后可以提供
	位置信息核查	用户详细地址信息的一致性核查
风险评估报告	稳定性评估	用户手机、邮箱、姓名、地址等变更次数的评估
	商品消费评估（类目名加密）	用户商品消费行为的统计评估（类目名称加密后输出，细分到一级类目，VS：母婴用品）
	申请信息核查	用户身份证号、手机号和设备（需部署百融代码）的信贷申请及使用情况统计核查
	线上行为评估	用户设备上网的操作系统、上网类型等信息，需部署百融代码后可以提供
	商品消费评估	用户商品消费行为的统计评估（类目名称实名输出）
	学历背景评估	用户学历背景的评估
	风险评估模型	用户信用风险评分值或者策略规则
	初始额度模型	用户初始信用额度的评分值或规则
价值评估报告	小微企业主/企业高管标识	用户是否是小微企业主/企业高管的标识
	商旅消费评估	用户航空旅行的消费情况统计评估
	支付消费评估	用户一般消费情况统计评估
兴趣评估报告	阅读兴趣评估（类目名加密）	用户媒体阅读偏好统计评估（类目名称加密后输出，细分到一级类目，VS：财经）
	品牌兴趣评估	用户品牌消费的统计评估
	阅读兴趣评估	用户媒体阅读偏好统计评估（类目名称实名输出）
	商品兴趣评估	用户商品消费偏好统计评估（细分到三级类目，VS：汽车用品＄内饰精品＄颈枕/头枕）

资料来源：百融金服。

3. 百融信用评分

百融至信信用风险建模的最重要结果是生成百融个人信用评分。百融信用评分的分值在 300~1000 分，分数越高代表信用风险越低，违约的可能性越小。据了解，百融至信计划在百融信用评分的基础上做进一步拓展，形成百融评分体系，该体系包括信用申请分、信用行为分、欺诈评分、催收评分等。

百融信用评分不同评分区间与信用风险等级的对应关系为：［300，400）为极高风险，［400，500）为高风险，［500，550）为中风险，［550，650）为低风险，［650，1000］为极低风险。例如，对某商业银行某借款者做信用评分，得到百融信用分 613 分，属于低风险类别。从评分内容可以看出，该借款者在游戏、娱乐类活动上发生的交易次数较多，因而信用评分较低（36 分）；在教育、科学类活动上发生的访问次数较多，因而信用评分较高（56 分），这些线上行为变量可以在一定程度上帮助识别借贷申请人信用风险。

表 12-2　某借款人评分卡示例

入选变量	变量取值	信用分值
发生交易次数最多的项目类别	娱乐、游戏、动漫	36
	3C 数码	46
	餐饮食品、出差旅行	64
	穿衣打扮、居家生活	51
发生访问次数最多的项目类别	时政新闻、文学/艺术、财经、生活/地方类社区、历史/社会/人文	48
	科学/教育、财经/管理、汽车、旅游/交通、健康/医药、母婴育儿知识/问答、游戏/动漫	56
匹配类型	只有 ID 或者邮箱匹配	35
	ID 和邮箱匹配或者只有手机匹配	39
	ID 和手机匹配	45
	手机和邮箱匹配或者 ID、手机和邮箱都匹配	49
用户 3C 数据类目的消费金额	只有 ID 或者邮箱匹配	39
	ID 和邮箱匹配或者只有手机匹配	51
	ID 和手机匹配	54
百融信用分		613

资料来源：百融金服。

4. 百融征信助手

征信助手是百融至信的一款直接面向贷款用户的产品，涵盖 7 亿用户的消费、阅读、社交、资产和运营商数据。征信助手的使用者主要是个人或企业借款者和金融机构。对于个人或企业借款者，当有资金需求时，在 P2P 借贷平台或者征信助手合作机构的手机 APP 上申请借款，通过链接进入征信助手的界面，填写基本信息和授权相关账号，系统经运算后会显示借款者的信用评估结果、可提供的借款额度、期限和利率等。对于金融机构，在收到客户的申请信息后，金融机构登录征信助手后可以查看或下载征信助手为该用户出具的评估报告，并对借款方进行审核以决定是否进入后续借贷流程。

征信助手的功能包括前台功能、后台功能和其他功能（见图 12-6）。其中，前台功能主要体现在注册、登录、基本资料（包括姓名、身份证号码、手机号码和电子邮箱等）、网络账号授权（包括手机号码、淘宝账号和京东账号等）、更新资料（包括手机号码、淘宝账号和京东账号等）和分享（包括微信朋友圈、QQ 空间和新浪微博）。后台功能主要体现在机构后台和管理后台两方面，机构后台可以查看和下载用户评估报告，管理后台可以进行账号（角色）管理、借款用户查询和数据统计（按时间、机构和地域等维度）。其他功能主要是数据接口功能。

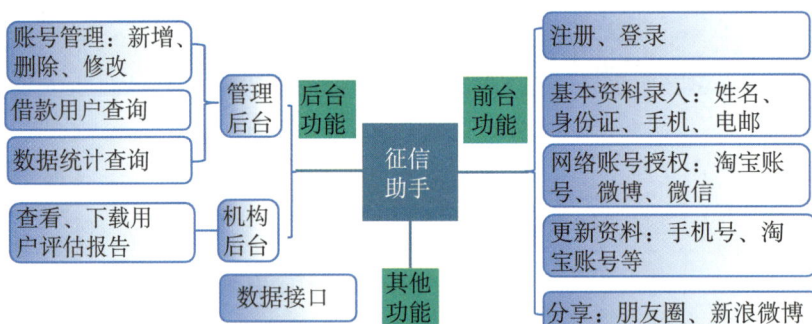

图 12-6　征信助手产品功能

资料来源：百融金服、中国人民大学小微金融研究中心。

四、大数据征信的效果

我国征信体系经过 20 多年的发展已经取得了明显的进步，但是仍然存在一些问题，导致总体征信效果不理想，如信用信息不足、人群覆盖面窄等。大数据征信技术的出现，以其特有的"动态信息"机制提供实时、动态的信用评价与监控，提高了信用评价的效果、扩大了覆盖人群的范围，以迂回的方式解决了"信息孤岛"问题、缓解了信息不对称程度。通过百融至信公司线上线下大数据征信建模的方法和应用案例能够发现，大数据征信能取得非常好的征信效果。

第一，扩大了信用覆盖人群。截至 2013 年 11 月底，中国人民银行征信中心征信系统收录自然人 8.3 亿多，但其数据维度相对单一，并且其中只有 3 亿左右的数据包含信贷记录，大部分自然人只有简单的身份信息记录，因此其实际的信用覆盖人数为 3 亿多人。在央行征信体系之外，很多个人没有信用记录，导致无法向借款者提供信贷、放贷数额低于（或高于）借款者客观的信用额度等问题。百融至信目前拥有 5 亿左右的实名用户数据和 7 亿左右的匿名用户数据，通过百融的大数据征信方法，可以为央行征信体系外的借款者做出适当的信用评估，扩大了信用覆盖人群，特别是在大多数申请者都不具备央行信用报告的互联网金融领域。

第二，有助于改善人民银行征信中心的信用评估效果。针对在央行有信用记录的借款者，百融可以从中筛选出央行评价为信用好，但实际并没有那么好的借款者，即识别出粉饰信用的借款者；也可以筛选出央行评价为信用差，但实际并没有那么差的借款者。

第三，有助于降低金融机构的不良率。征信的根本目的是识别、评估欺诈风险和信用风险，以帮助降低不良率。根据百融至信与银行、小额贷款公司、P2P 等上百家金融机构合作进行大数据征信业务的结果看，大数据征信已经取得了良好的效果。我们将对此展开分析。

（一）帮助降低银行信用卡业务的不良率

在百融金服的客户群体中，银行是很重要的一部分。近年来银行零售业务急速增长，各家银行在数据分析、数据存储、系统扩展等方面面临巨大的压力，在有效利用客户数据进行创新服务方面也面临重重挑战。随着银行的客户群规模越来越大，银行需要对不同类别的客户进行识别、给不同的消费者发放不同的卡片、评估信用卡用户的风险与价值。百融金服通过调阅银行用户评估报告，并结合线上线下数据进行信用建模，实现对银行用户的特征和价值识别，以解决一些银行信用卡中心和其他金融机构所面临的问题。

通过百融与国内排名前十的三家全国性股份制商业银行分别开展的多轮实测结果来看，利用百融至信的评估报告进行贷款风控，能将银行信用卡业务的不良率降低一半左右，效果良好。例如：

对 A 银行个人风险评估的效果是，经过 2 轮共 50 万真实用户的测试，基于用户评估报告，可以帮助该行将线下发展的个人用户的不良率降低至之前的 1/2，将线上发展的个人用户的不良率降低至之前的 1/3。

对 B 银行个人风险评估的效果是，经过 1 轮共 30 万真实用户的测试，基于用户评估报告，可以将该行线下发展的个人用户的不良率降低至之前的 5/8。

对 C 银行个人风险评估的效果是，经过 2 轮共 20 万真实用户的测试，基于用户评估报告，可以将该行线下发展的个人用户的不良率降低至之前的 5/7；对于没有人民银行征信报告的用户，可以将风险评估模型的 KS 值①从之前的 0.28 提高到 0.49②（见表 12－3）。

表 12－3　KS 值对比

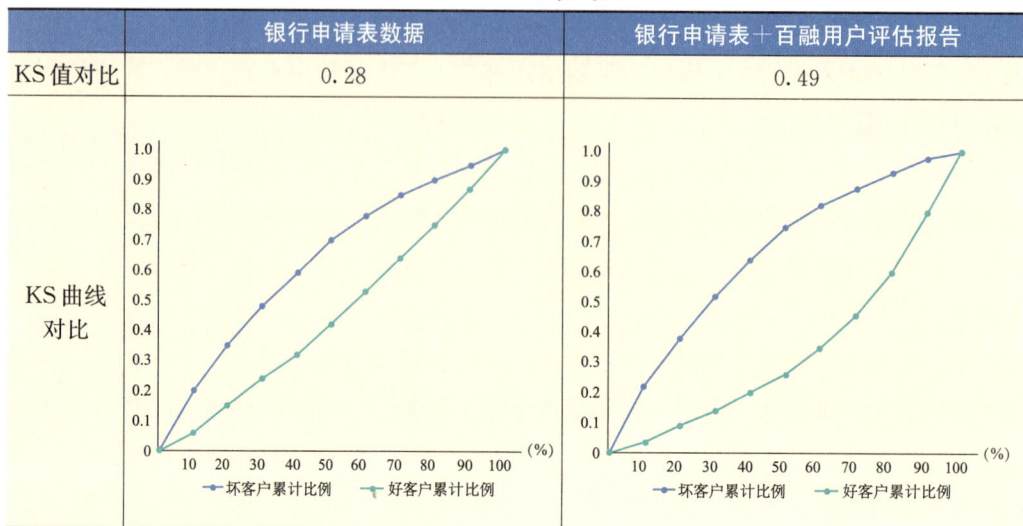

	银行申请表数据	银行申请表＋百融用户评估报告
KS 值对比	0.28	0.49
KS 曲线对比		

资料来源：百融金服。

（二）帮助降低小额贷款公司的不良率

小贷业务是小微金融最重要的领域，但由于其授信额度小，且主要面向小微企业和个人，其开展业务的薄弱环节主要在风控环节，尤其是贷前征信。百融至信可以通过对小贷公司线上、线下用户建立模型评估授信，以降低其贷款不良率。特别是对于利用手机端 APP 展开小额授信的小贷公司，百融至信更是有一套独特的风险识别方法：①手机 APP 能够获取手机的硬件编号，如果模型发现该编号的手机在一段时间内变换申请人身份信息，在本机构或数家机构之间多次申请贷款，则该手机对应的申请者存在较高的欺诈嫌疑；②手机 APP 能够获取申请者的地理位置，如果模型发现申请者在申请时的位置与他在申请表上填写的地址距离较大，那么该申请者风险较高。

---

①　K-S 检验是统计学中在对一组数据进行统计分析时所用到的一种方法。它是将需要做统计分析的数据和另一组标准数据进行对比，求得它和标准数据之间的偏差的方法。一般在 K-S 检验中，先计算需要做比较的两组观察数据的累积分布函数，然后求这两个累积分布函数的差的绝对值中的最大值 D。最后通过查表以确定 D 值是否落在所要求对应的置信区间内。若 D 值落在了对应的置信区间内，说明被检测的数据满足要求。反之则不满足要求。在百融模型中的 KS 值定义为，将样本所有申请者按评分由低到高排序，KS 值为对应的累计"坏"客户百分比与累计"好"客户百分比之差的最大值。

②　银行界统一使用 KS 值来评判模型区分好坏客户的效果，KS 值越大，模型区分效果越好。

某小贷公司通过手机端 APP 开展小额授信，同时在线下和线上接受贷款申请，授信额度在 500～5000 元。客户主要在三四线以下城市。百融至信在与该小贷公司合作中对其小贷业务做评估授信，使其在采用百融至信模型后，对线上线下客户的贷款不良率分别降至 7.57％和 5.32％，较之前下降 5.36 个和 4.26 个百分点（见表 12-4）。

表 12-4　某小贷公司客户不良率对比　　　　　　　　　　单位：%

客户分类		该公司之前的不良率	百融模型推荐用户的不良率
按获客渠道区分	线上用户	12.93	7.57
	线下用户	9.58	5.32

（三）帮助金融机构识别 POS 商户贷款的真实性

不少金融机构通过分析商户的 POS 机刷卡流水数据给商户授信，将 POS 流水数据看作商户的收入数据。然而，不诚信的小微企业主可能会通过故意做大刷卡流水数据的方法进行"刷信用"，从而达到骗贷目的。

根据中国台湾征信中心的量化建模经验，小微企业的企业信用 40％的权重取决于小微企业主个人信用，20％的权重取决于该小微企业合作上下游企业主个人信用。百融至信的分析结果发现小微企业信用与小微企业主的个人行为有较强的关联，如表 12-5 所示。因此，百融至信通过"POS 流水数据+商户户主个人数据"两类数据联合建模来预估商户的套现风险以及 POS 贷款违约风险，均发现百融金服的模型具有较强的指示作用，主要体现在信息的真实性和商户行为特征上，可以用来帮助金融机构识别 POS 商户贷款的真实性。

表 12-5　小微企业主的个人行为的风险程度

小微企业主的个人行为	风险程度
商户身份证和电话在数据中的显示是一致的	风险较低
商户的个人信用和企业信用分值较高	风险较低
商户匹配的 Profile 中有多个身份证号码	风险较高
商户在游戏、动漫、娱乐等类目上的消费级别高	风险很高
商户在经管、科技等类目上的活跃度较高	风险较低
商户关键刷卡人有多个身份证、手机号	风险较高
商户关键刷卡人与商户有共同的地址信息	风险较高

资料来源：百融金服、中国人民大学小微金融研究中心。

（四）帮助提高 P2P 公司的风控能力，降低其不良率

P2P 借贷是互联网金融的主要形式，但是其风控能力的短板导致 P2P 公司的实际

不良率较高，其征信手段的欠缺引致的高信用风险使得融资成本居高不下。百融至信通过与国内排名前三甲的某大型P2P公司合作，将百融大数据征信模式应用到该公司的风控环节，取得了较好的效果。

该公司客户来源有线上和线下两个大类渠道，借款的客户可分为工薪类和经营类。总体来看，百融评估的客户不良率大幅低于非百融评估的不良率。其中，分渠道评估效果是，线上数据整体匹配率①为66.77%，百融评估的客户不良率为7.57%，低于非百融评估客户不良率（12.93%）5.36个百分点；线下数据整体匹配率为43.50%，百融评估的客户不良率为5.32%，低于非百融评估客户不良率（9.58%）4.26个百分点。分客户类型评估的效果是，工薪类整体匹配率为60.48%，百融评估的客户不良率为5.56%，低于非百融评估客户不良率（13.45%）7.89个百分点；经营类整体匹配率71.69%，百融评估的客户不良率为6.53%，低于非百融评估客户不良率（11.68%）5.15个百分点（见表12-6）。

表12-6　P2P公司客户分渠道不良率评估效果　　　单位：%

客户分类		总数据量匹配率	百融评估客户不良率	非百融评估客户不良率
按客户来源渠道	线上	66.77	7.57	12.93
	线下	43.50	5.32	9.58
按客户类别	工薪类型	60.48	5.56	13.45
	经营类型	71.69	6.53	11.68

资料来源：百融金服、中国人民大学小微金融研究中心。

上述实例说明百融至信使用大数据征信，的确有助于更准确地识别借款人的信用风险，有助于降低贷款不良率，特别是对于小额贷款公司、P2P网络借贷平台等小微金融业务以及银行信用卡业务，有十分显著的帮助。

五、数据安全与个人隐私保护

大数据征信在带来降低信息不对称、控制信用风险等巨大好处的同时，也形成了一些潜在的隐患，首当其冲的就是信息安全问题，即个人隐私保护。大数据征信获取

---

①　总数据量匹配率是指在P2P平台登记的客户资料中证件号、手机号、邮件地址三项数据中至少有一项（重复匹配算一次）与百融数据库中的数据相匹配的客户数量占平台客户总数的比例。

数据的来源非常广泛，不仅包括线下的金融数据、公共记录信息，也包括线上的购物消费、阅读习惯、社交轨迹、在线旅游、娱乐爱好等数据信息，最终可达几万甚至几十万个变量。这些数据涉及个人敏感资料，如果稍有不慎造成信息外泄，对信息拥有者本人以及大数据征信行业本身都会带来伤害。因此，在进行大数据征信过程中，如何保护数据安全，不仅是公众最为关注的事情，也是从事这项工作的大数据征信公司最为关注的事情。

从百融征信的实践看，在外部监管环境既定的情况下，主要从数据安全管理和加强内部控制两条主线入手，严格比照国家信息系统安全等级保护三级要求执行。通过设计严格的管理制度以及对制度的认真执行，确保数据安全。

（一）建立严格的数据安全管理制度

百融至信作为独立第三方的新型征信机构，基于自身长期利益的考虑，十分重视数据安全的管理。为此，百融至信设计了严格的数据保护措施，该措施体现了全流程控制的特点：从原始数据进入处理流程后即开始，分别经过数据脱敏、数据分块、数据和应用程序安全分级、对数据处理过程实行加密和隔离等环节，直到流程结束。通过数据脱敏，对敏感数据如个人可识别信息（PII 信息）隐去关键信息并用随机字符串代替；通过对脱敏的数据分块，将同一人的信息分成不同的部分，并由不同的员工管理；通过对分块后的数据和应用程序进行安全分级，加大数据对应的具体个人的识别难度；通过在数据处理过程中的传输、存储、备份和清理等环节进行加密和隔离，降低数据泄露的可能性。

1. 数据脱敏

百融至信数据库中敏感的数据是 PII 信息，一批含有 PII 信息的数据进入百融至信数据库中，这批数据面临的第一道自动处理工序就是"PII 脱敏"。假设一位姓名叫"张三"、手机号是"13000000000"、身份证号是"517087198703180917"的用户的数据进入了数据库中，那么通过"PII 脱敏"，该人的姓名、手机号、身份证号等实名联系方式被转换为类似于"f4&＊Gx（8@3Y"的匿名用户编号。"PII 脱敏"工序通过计算机程序自动实现，不需要人工参与，因此员工无法接触到用户 PII 信息。以后"张三"这位用户在百融至信数据库中的代号就变为"f4&＊Gx（8@3Y"，对该用户相关信息的一切加工处理都将围绕着"f4&＊Gx（8@3Y"这个代号来进行。由于这样的信息无法对应到现实世界中的一个具体的人，因此即使被泄露，危害也非常有限。

用户的真实 PII 信息与匿名用户编号的对应关系在百融至信内部独立存放，在全公司范围内受到最高级别的监管。任何人员或应用要访问用户 PII 信息，都需要经过以下流程：

（1）申请者向公司数据管理委员会申报，审批通过后还需要输入 3 道授权密码才能进入 PII 查询系统。这 3 道密码由数据管理委员会的 3 位成员分别管理，但这 3 位成员并不固定，而是定期轮换。数据管理委员会之外的人并不知道当前这一刻是哪 3 位成员在掌管这 3 道密码。

（2）数据管理委员会中的 3 位成员亲自连续输入这 3 道授权密码。每当有人开始输入第 1 道密码，那么 PII 查询系统就认为一次"密码输入过程"开始了。整个"密码输入过程"必须在 3 分钟内完成，否则程序会出现超时报警，超时后必须从第 1 道密码重新开始输入。如果有人顺利地在 3 分钟之内正确地连续输入了 3 道密码，那么 PII 查询系统会认为本次"密码输入过程"是一次"正确的密码输入过程"，反之就是一次"错误的密码输入过程"。

PII 查询系统每天最多接受 3 次"密码输入过程"。不论这几次"密码输入过程"是否有错误，一旦某一天发生了 3 次"密码输入过程"，PII 查询都将自动锁闭，不再接受密码输入。不论"密码输入过程"是否有错误，每次"密码输入过程"都会被自动记录在 PII 查询系统的访问日志中，以备以后分析查询。每出现一次"错误的密码输入过程"，PII 查询系统的报警模块都会发出"普通级"的报警。如果某一天连续出现 3 次"错误的密码输入过程"，那么 PII 查询系统会发出"严重级"的报警。PII 查询系统有专人 7×24 小时地值守，实现人工监控每一次报警。"普通级"的报警将会被报警模块自动以短信和邮件的形式通知数据管理委员会的 5 位成员。一旦出现"严重级"报警，值守专员会人工联系数据管理委员会的 5 位成员，向他们通报当前状态并调查原因，同时启动应急流程。

2．数据分块

实名用户信息经过 PII 信息脱敏后，不易被外部人识别，已经提高了安全性。但这还不够，百融至信对这些脱敏信息还做进一步安全处理，即通过将数据进行分块，使得每位员工都只能看到一部分匿名用户的一部分属性信息。例如：

假设百融至信数据库中一共有 4 位用户，每位用户有 4 个属性，那么这 4 位用户的完整描述可以用表 12－7 这个 4×6 的表格来表示。百融至信的系统将行号为 1 和 2、属性编号为 1 和 2 的数据交给 1 号员工管理；将行号为 1 和 2、属性编号为 3 和 4 的数据交给 2 号员工管理；将行号为 3 和 4、属性编号为 1 和 2 的数据交给 3 号员工管理；将行号为 3 和 4、属性编号为 3 和 4 的数据交给 4 号员工管理。这种数据分块方法能保证每一位员工都只能看到部分用户的部分属性信息，从而进一步降低数据泄露所带来的危害。

表 12-7　百融数据分块原理

行号	匿名用户编号	属性1	属性2	属性3	属性4
1	f4&.＊Gx（8@3Y	员工1	员工1	员工2	员工2
2	g4&.＊Gx（8@3Y	员工1	员工1	员工2	员工2
3	h4&.＊Gx（8@3Y	员工3	员工3	员工4	员工4
4	i4&.＊Gx（8@3Y	员工3	员工3	员工4	员工4

资料来源：百融金服。

3. 数据和应用程序分级

除了数据脱敏、数据分块以外，百融至信还对数据和应用程序按照保密等级进行划分，并对不同安全级别的数据及应用程序做相应的安全管理规定。

百融至信对数据库中的数据按照保密度分为：①用户匿名唯一编号，该编号是类似于"f4&.＊Gx（8@3Y"这种无意义的字符串，该编号无法对应到现实世界中一个具体的人。②用户的人口统计信息，包括年龄、性别、职业、受教育程度等。③用户行为信息，包括消费、阅读等行为。④用户 PII 信息，即用户个人身份信息或者联系方式，包括姓名、身份证、手机号、邮箱等，可以在现实世界中对应到一个具体的人的信息。其中"用户匿名唯一编号"类数据已经不具备安全敏感性了，因为"f4&.＊Gx（8@3Y"无法对应到一个具体的人。但后三类数据较敏感，尤其是最后一类数据。

百融至信对于所有（内部或外部）应用程序，根据使用数据的保密等级将其分为：①A 级应用，涉及用户 PII 信息的应用，包括用户多重标识匹配、用户唯一编号和 PII 信息映射、用户个人信息挖掘等。此类应用仅在内部使用，其唯一目的是用于打通隶属于同一个用户的多种数据，使得多种数据可以与同一个用户相关联。A 级应用只在内部使用，不对外提供服务。②B 级应用，涉及用户行为和人口统计信息的外部应用。这类应用是针对金融机构具体需求，对数据进行加工或脱敏后输出给外部。③C 级应用，涉及用户匿名唯一编号的应用，包括用户匹配、个性化商品与内容推荐等。这类应用对内对外都能使用，它们输出的是用户匿名唯一编号（如"f4&.＊Gx（8@3Y"）以及不含敏感信息的模型结果（如该用户是否喜欢商旅型信用卡），输出匿名唯一编号是为了与金融机构匹配用户，输出不含敏感信息的模型结果是为了方便金融机构做出更加科学的决策。

4. 数据处理安控流程

（1）数据信息的安全使用要求。数据使用是指在非生产环境内利用生产数据开展各项活动的过程。百融至信的数据使用部门为严格控制数据在非生产环境中的使用，采取了一系列措施。主要是针对不同安全等级的数据设立相应的数据使用权限，并控制数据的使用范围，明确数据使用的时间周期，严格控制在使用周期内使用数据，保障数据不对外泄露。外包人员及其他非百融至信人员使用数据时，也要求按照公司相关要求执行，以保证数据的安全性。

（2）数据信息的安全传输要求。在对数据信息进行传输时，应该在风险评估的基础上采用合理的加密技术，特别是机密和绝密信息在存储和传输时必须加密。百融至信在选择和应用加密技术时，按照以下规范操作：符合国家有关加密技术的法律法规；根据风险评估确定保护级别，并以此确定加密算法的类型、属性，以及所用密钥的长度；听取专家的建议，确定合适的保护级别，选择能够提供所需保护的合适工具。

（3）数据信息的安全存储要求。数据信息的主要存储介质包括硬盘、U盘、磁带、光存储介质。

百融至信在进行存储介质管理时，按照以下规定操作：包含重要、敏感或关键数据信息的移动式存储介质安排专人值守；删除可重复使用存储介质上的机密及绝密数据，以避免在可移动介质上遗留信息，对介质进行消磁或彻底格式化，或者使用专用的工具在存储区域填入无用的信息进行覆盖；任何存储媒介入库或出库须经过授权，并保留相应记录，方便审计跟踪。

此外，公司要求内部员工只能在特定的、带有严密安全防护措施的计算机终端上编写数据处理程序。数据存储在远程机房的服务器上。员工直接操作的计算机终端没有数据存储功能，也不能连接公众网，因此计算机终端的操作者无法将数据导出或者发送至公共计算机网络，从而杜绝了数据被导出的风险。

（4）数据信息的备份与清理要求。百融至信在对数据信息备份时努力做到：数据信息备份采用性能可靠、不易损坏的介质，如磁带、光盘等。备份数据信息的物理介质注明数据信息的来源、备份日期、恢复步骤等信息，并置于安全环境中保管。一般情况下对服务器和网络安全设备的配置数据信息每月进行一次备份，进行配置修改、系统版本升级、补丁安装等操作前也要进行备份；网络设备配置文件在进行版本升级前和配置修改后进行备份。运维操作员确保对核心业务数据每日进行增量备份，每周做一次包括数据信息的全备份。业务系统将进行重大系统变更时，对核心业务数据进行数据信息的全备份。

百融至信在对备份恢复与清理时努力做到：运维操作员根据不同业务系统实际拟定需要测试的备份数据信息以及测试的周期；对于因设备故障、操作失误等造成的一般故障，需要恢复部分设备上的备份数据信息，遵循异常事件处理流程，由运维操作员负责恢复；尽可能地定期检查和测试备份介质和备份信息，保持其可用性和完整性，并确保在规定的时间内恢复系统；确定重要业务信息的保存期以及其他需要永久保存的归档拷贝的保存期；恢复程序定期接受检查及测试，以确保在恢复操作程序所预定的时间内完成；恢复策略根据数据信息的重要程度和引入新数据信息的频率设定备份的频率（如每日或每周、增量或整体）。

（二）内部控制

上述数据安全管理是业务流程方面的具体实施，要确保流程严格执行还需要有完善的公司内控制度，来监督执行数据安全管理规则。否则，再详尽、完善的数据安全管理规则也没有意义。

为此，百融至信构造了严谨的组织架构进行内部控制，能接触到核心信息的人屈指可数，并且相互牵制。百融至信共有三个委员会和七个职能部门，其中信息安全管理委员会、数据管理委员会和信用合规委员会共同构成了内部控制的核心机构（见图12-7）。

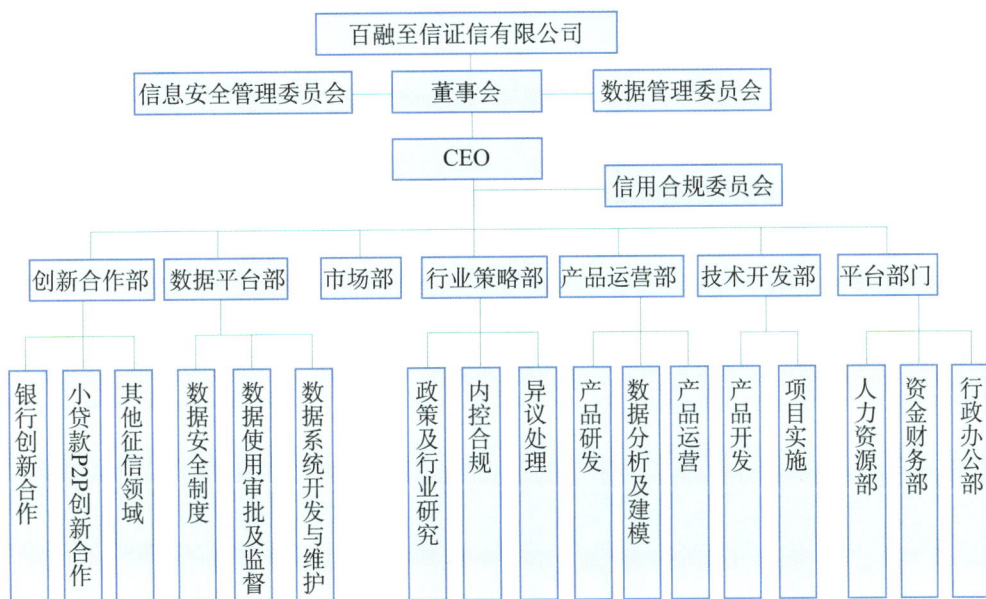

图 12-7 百融至信组织架构

资料来源：百融金服。

信息安全管理委员会的职责是指导业务拓展部、内控部和客服部等相关业务部门，制定相关征信内控制度，对公司财务、合规、风险评价、投资决策等报告内容及程序进行审核质询，直接对董事会汇报公司全面风险管理情况，提请改进和审议公司风险控制流程并监督公司管理层执行改进。该委员会设立的征信内控制度包括信息报送管理制度、系统用户管理制度、信息系统操作流程、合作方数据安控办法、数据质量与异议维护管理办法、岗位风险管理制度、内部风险审计制度、信息系统安全管理办法等。

数据管理委员会是数据质量工作的最高决策管理组织，具体职责包括对重大数据质量事项进行决策、监督数据质量整改工作执行情况、审批公司数据质量考评方案并监督考评结果、定期报告公司数据质量工作情况。

信用合规委员会负责定期开展信用合规自查，自查结果制成信用合规报告报送公司最高管理层及外部监管部门，并根据政府政策、法规实时制定或更新信用合规管理制度，审核公司信用业务合规水平，防控风险并及时纠错。该委员会还对每个项目进行立项审查，防止出现洗钱、贿赂、不正当竞争等违反国家法律与公司制度的行为。

六、思考与建议

随着我国经济发展和市场化程度的加深，征信体系的不完善已经成为制约我国经济发展和诚信社会建设的瓶颈。互联网/移动互联网、大数据等技术的逐步成熟，为我国征信业发展提供了有力的技术支持。充分有效地利用大数据征信技术，有助于迅速改善我国征信业落后的局面，甚至形成"弯道超车"的效果。

百融至信的案例为我们展示了民营的大数据公司如何利用大数据征信技术，为金融机构提供有关个人和企业的征信服务。百融的实践证明，大数据征信能够更好地弥补传统征信技术的不足，为金融机构信用风险控制提供更加有效的工具，也能够弥补政府主导下社会征信服务不足的缺陷，以其先进的技术和高效率的市场化运作模式填补征信市场的空白。事实上，有相当一批类似百融至信的第三方征信机构在追求自身发展的同时，也为促进社会征信体系建设做出贡献。

百融至信是我国大数据征信的先行者，它在开拓大数据征信业务的征程中，遇到的更多问题是创新者的开拓速度与法规制度建设速度的严重不匹配。这也许是一个普遍问题，但也是一个必须引起重视的问题，否则，即便是"先进的生产力"，也会在"落后的生产制度"下变成无用之力。如果说大数据征信是征信体系建设中的"先进生产力"，那么，完善征信法规制度建设，明确监管部门和监管职责，形成有效率的征信业发展模式，就是保证先进生产力发挥作用的生产制度。

我国大数据征信尚处于起步阶段，监管部门虽然对这一新兴事物的了解并不深入，但是对其发展持积极支持的态度，并采取了相应的监管措施。目前的行业监管主要由中国人民银行牵头，在制度设计、法律法规还不完善的前提下，基本采取"早请示、晚汇报"的模式，即由征信机构定期或不定期地向监管部门报备业务开展情况。但即便如此，对于实业部门来说，依然存在政策不确定的风险，不利于社会征信体系健康发展，需要尽快改善。

为此，政府需要从以下两方面加快工作进度：

（1）尽快建立并完善配套的征信法律制度和业务规则。从美国、欧洲国家征信立法和征信行业发展的经验中可以发现，在个人信息安全得到充分法律保护的前提下，为征信行业单独立法，将更有利于解决征信行业的发展问题。我国征信业的法律法规出台较晚，当前的征信业务规则落后于大数据征信技术，而且监管对象主要是传统征信机构，难以满足互联网、大数据等新技术背景下征信业发展的制度和法律需求。在征信业务开展过程中，大数据的收集和使用可能涉及国家信息安全、企业商业秘密、公民隐私等，为了给大数据条件下征信业发展提供制度保障，需要从征信立法层面完善信息安全和数据管理的法律制度，明确大数据背景下数据采集、整理、加工、分析、使用的规则，确保大数据时代征信业发展有法可依。应当制定个人信息保护的专门法规，对征信机构应尽量放宽对于个人敏感资料使用的限制，在不威胁重要的、基本的个人隐私或社会观念的前提下，以提高预测个人信用状况的准确性为首要前提。

（2）提升征信监督管理水平。大数据征信涉及互联网/移动互联网、数据技术等新技术手段，需要监管部门加强自身学习、与时俱进。首先，监管部门只有熟练掌握大数据征信的相关技术和业务流程，才能制定出符合大数据的征信业务规则，推动征信业尽快适应大数据时代的发展要求；其次，要制定并实施符合大数据时代征信业的监管措施，建立跨部门合作监管机制，如与互联网信息办公室、工信部等多部门协作；最后，通过建立全国性的征信行业协会，引导和推动行业自律，以行业自律促进大数据时代下征信业的有序发展。

2015年8月19日，国务院常务会议通过了《关于促进大数据发展的行动纲要》，该纲要认为开发应用好大数据这一基础性战略资源，有利于推动大众创业、万众创新，改造升级传统产业，培育经济发展新引擎和国际竞争新优势。同时强调：①推动政府信息系统和公共数据互联共享，消除信息孤岛，增强政府公信力，促进社会信用体系建设；②顺应潮流引导支持大数据产业发展，以企业为主体、以市场为导向，加大政策支持，着力营造宽松公平的环境，建立市场化应用机制，深化大数据在各行业的创新应用、催生新业态、新模式，形成与需求紧密结合的大数据产品体系，使开放的大数据成为促进创业创新的新动力；③强化信息安全保障，完善产业标准体系，依法依规打击数据滥用、侵犯隐私等行为，让各类主体公平分享大数据带来的技术、制度和创新红利。

这些政策导向如此鼓舞人心！我们相信，大数据征信代表了征信业的先进技术，只要有先进技术的引领以及相应法规制度的保障，有政府的大力支持，大数据征信一定会推动中国征信事业快速发展，并达到国际领先水平，真正实现"弯道超车"的效果。

主要参考文献：

［1］安建，刘士余，潘功胜.征信业管理条例释义［M］.北京：中国民主法制出版社，2013.

［2］张韶峰.线上线下融合的大数据风险建模［J］.中国征信，2014（11）.

［3］银监会（译）.新巴塞尔协议［Z］.2003.